木言[illegible]木言
馬它[illegible]馬它
[illegible]栗[illegible]栗
羊[illegible]富羊[illegible]
水象[illegible]水象

# 汉字文化教程

王 琪◎著

商務印書館
创于1897 The Commercial Press
2018年·北 京

**图书在版编目(CIP)数据**

汉字文化教程/王琪著. —北京:商务印书馆,2018

ISBN 978-7-100-16004-9

Ⅰ.①汉… Ⅱ.①王… Ⅲ.①汉字—文化研究 Ⅳ.①H12

中国版本图书馆CIP数据核字(2018)第064902号



**汉字文化教程**

王 琪 著

商 务 印 书 馆 出 版

(北京王府井大街36号 邮政编码100710)

商 务 印 书 馆 发 行

北京顶佳世纪印刷有限公司印刷

ISBN 978-7-100-16004-9

2018年10月第1版 开本 710×1000 1/16

2018年10月北京第1次印刷 印张 24¼

定价:75.00元

# 序

汉字是目前世界上使用着的最古老的文字，它是中国历史、社会、文化的载体。汉字特有的表意性，使它不仅是记录汉语的书写符号，它自身本就具有文化意义并与中国文化息息相关。因而从汉字入手探讨中国文化，或从中国文化的角度阐释汉字的构形取意，是一门非常重要的学问，而且是一门具有一定难度的学问。它要求研究者除了具有汉字学、语言学的基础之外，还要具有相关的考古学、历史学、社会学、民俗学等知识，并能将之加以正确、科学地综合运用。

随着我国综合国力的增长，汉语正走向世界，不少国家建立了孔子学院，外国人学习汉语的热情不断高涨，对汉字及汉字文化教材的需求量也不断加大。但随着科技的飞速发展，电脑的普及应用，在国人中却有冷落汉字文化的迹象出现，部分年轻人对汉字不认识，不会读，不会写，因而普及汉字及汉字文化知识也是国内教育界一直紧抓不放的重要工作。

鉴于以上情况，为了适应汉语走向世界的需要，为了适应当前社会发展的需要，为了学习、传承、发扬我国的优秀传统文化，王琪的《汉字文化教程》一书应运而生，这是一部不可多得的好教材。

粗读了整部教材，我最大的感受是，这部教材能够完成教导学生正确地认识汉字，正确地解读汉字，正确地使用汉字，深入地了解中国文化这一光荣使命。除了概念清晰，说解正确，引用的材料翔实、可靠等优点之外，这部教材最为突出的特点是，作者把从汉字入手探讨中国文化和从中国文化的角度阐释汉字的构形取意结合得恰到好处。教材用了五个章节，几乎四分之三的文字来进行阐释，涉及中国古代社会的生产方式、饮食、服饰、建筑、交通等诸多方面。我随便翻到“车种”一项，就涉及15个汉字。

作者对每一个汉字，都要引用字书说明其构形，引用训诂书说明其含义，还要引用传世文献印证其用法。对一些后世辞书、字书说解有误或不足之处，作者还进行了纠谬、补充，可见作者用力之勤，亦显出本教材内容的科学性及可靠性。

作为教材，章节之后有练习题，突出该章节的知识点；作为教材，有古文字构形，有图片，图文并茂，提供给学生直观的资料，利于学生掌握知识。

对于自学者，由于说解详尽，材料丰富、可靠，也不失为是了解汉字及汉字文化的良师益友。

总而言之，我认为这是一部具有专业性、学术性，同时兼有应用性、通俗性，有其普世价值一面的、当前社会所需要的好教材。

祈盼尽早出版面世。

迟　铎

2017年8月于西安

# 自序

自从20世纪80年代兴起“汉字文化学”热潮以来，有些高校开设了汉字文化学课程，一些相关著作也相继问世，它们大多从宏观和微观两方面来谈论汉字和文化的关系及其研究的方法。这些成果对汉字和汉文化的挖掘和传播大有裨益，但对于缺乏汉字、汉文化基础知识的人来说，有的汉字分析令人费解，有的文化联系比较牵强，有的误释不能辨别……诸如此类的不足大大妨碍了教学和科研的深入开展及成果的有效推广。所以，为了实现教学初衷，为了将先进而完善的研究成果转换成实实在在的教学内容，为了把教学和学习过程中发现的问题提炼成有益的课题，我在已开设多年的通识课“汉字文化”的讲义的基础上，编写此教材，努力使之体系完整、内容充实、语料丰富、条分缕析、结构连贯，突出系统性、历史性、实用性、知识性和学术性。具体特点表现在：

1. 为了兼顾专业性和普适性，既使用了术语和专业方法，也扩展了一些相关的典故成语和相关的文化，并配以简明的图片，加注字音和释义，提供例句翻译等；

2. 注重思辨，对一些同义字进行辨析，对解释模糊或有误的字进行考释；

3. 语言力求简洁，注重逻辑性，引例丰富，说理有层次；

4. 每章后设计若干练习题，总结本章主要内容并延伸思考。

编写本教材用时四年，虽殚精竭虑，但囿于才学和识见，难免出现错误，恳请方家通人指谬剔瑕。

王　琪

2017 年 7 月于西安

# 目录

## 第四章　汉字与生产



## 第五章　汉字与饮食

## 第七章　汉字与建筑



## 第八章　汉字与交通

# 第一章
## 绪　论

作为一门课程，“汉字文化”是为了普及和传播、继承和发展中华民族的优秀文化而开设的，主要讲述汉字的构造和发展、汉字和文化的关系；作为一部教材，《汉字文化教程》不但要完成以上的任务，而且明确了相应的五种学习方法。

## 第一节 “汉字文化”研究的对象和本书的性质、任务

### 一、“汉字文化”研究的对象

“汉字文化”是将记录汉语的符号和汉文化结合起来而形成的概念，指汉字的文化内涵及以汉字为基础而产生的文化现象，即所谓的“字里乾坤”。作为一门课程，“汉字文化”研究的对象正是这个概念的具体所指。

汉字和汉文化皆为中华民族所创造、继承和发展的象征性标签：前者相沿五六千年，承载着厚重的古代文明；后者始终伴随着我们，和谐融洽，生生不息。它们在中国传统文化的历史长河中，延续不断，互为表里。自古以来，人们就不只是把汉字作为交际符号，也在自觉或不自觉地解析汉字，探索其背后的文化内涵；同时巧妙地利用汉字创造新的文化样式，如书法、字谜、对联、印章等，甚至上升到为政治服务的高度。这种传统影响深远，在我们的思维方式、识字习惯、文化生活、学术研究等方面都发挥着重要的作用。

20 世纪 80 年代，我国学术界吸收了西方文化学之长，建立了汉字文化学。汉字文化学具有多边缘交叉的性质，交织了汉字学和文化学，是有关汉字文化的学科。它一方面以汉字为核心，研究汉字与文化的历史关系，并“从汉字与中国文化的血缘纽带中解释汉字所以产生、所以构造、所以发展的必然性”[①]；另一方面，研究在汉字基础上产生的以书法为主的精英文化及以字谜、对联等为主的大众文化。而作为一门通识课，汉字文化课需从汉字文化学的专业高位上走下来，平易化、通俗化，寓教于乐，雅俗共赏，故为配合本课程所编写的教材有别于《汉字文化学》类书籍，定名为《汉字文化教程》。

### 二、本书的性质和任务

本书是在通识课“汉字文化”讲义的基础上加以完善的，它不仅可以扩大中文专业者的知识面，而且还可以向从事其他专业的人普及汉字与汉文化

---

① 黄德宽、常森，《汉字阐释与文化传统》，中国科学技术大学出版社，1995 年，第 169 页。

知识；不仅适用于大学生，而且适用于具有高中以上文化水平的各行各业的人。所以，编写此教材既要注重专业性、学术性、严肃性，也要兼顾应用性、通俗性、趣味性。在结构设计上，本教材针对非中文专业者汉字基础薄弱、中国传统文化知识比较贫乏的特点，在用科学的理论和方法研究汉字和汉文化的前提下，一方面先介绍汉字文化专业知识，如“汉字”“文化”“象形”“指事”“会意”“形声”“表意性”等，以便普及分析汉字结构的方法和汉字演变规律的基本专业知识，然后由具体到抽象，分门别类地介绍汉字的文化内涵及文化塑造；另一方面，为了形象直观地拓展知识面，增强实用性，避免晦涩难懂、呆板无趣，全书不仅配有古文字、实物图和示意图，还适当地插入了一些介绍留传至今的文化词汇和成语典故的版块。

通识课的主要任务就是普及专业知识。就汉字文化课而言，它还肩负着一个更重要的使命，即传播和弘扬中国优秀的传统文化。近些年来，汉字和汉文化被一些国人冷落了，随之而来的是语文水平和文化素质的不断下降，特别是电脑的普及造成了“键盘手”不断增多的现象，他们忽视汉字的书写规则，提笔忘字，写错别字，对汉文化越来越疏离。这种现象折射了民族自信心和文化自信心的不足，语文教学空泛化、模式化的弊端，从根本上来看，应该是民族传统和家国意识的熏陶没有深入人心的结果。

面对以上挑战汉字和汉文化的所有因素，我们首先要形成忧患意识和危机意识，科学有效地化解一切阻碍民族事业和国家文化事业健康发展的矛盾；其次，纠正关于汉字和汉文化关系的一些谬说，如“教”就是孝顺、有文化，“夫”就是一人头顶十字架等。此类解说虽然体现了国人析字说理的传统，但其主观臆断、牵强附会的导向会直接影响汉字的正确使用和汉文化的正向传播。可见，民族文化的发展向汉字文化知识的普及工作提出了迫切的要求。所以，编写本教材不仅是为了满足课程的需要，更重要的是培养学习者正确分析汉字的能力，使之掌握汉字演变的规律，了解博大精深的中国传统文化，从而提升自身的文化素质和文化自信心，化解“键盘手”带来的文化危机。

## 第二节 “汉字文化”的教学内容和学习方法

### 一、“汉字文化”的教学内容

根据汉字文化课和本书的性质、任务，合理设计教学内容非常重要。目前有关汉字文化的书籍大多强调系统性和专业性：有的从文字学理论及应用讲到汉字与文化的联系，如何九盈等的《中国汉字文化大观》[①]；有的从本体论（汉字形体的文化功能）和关系论（汉字与汉语、汉字与精英文化、汉字与大众文化、汉字与汉文化传播的关系）两方面论证汉字和文化的关系，如何九盈的《汉字文化学》[②]；有的注重实践和理论相结合，先举例论证单字、字组、字系的文化蕴含，再探讨汉字与心理思维、汉字与文学艺术、汉字与民俗游艺等文化塑造，最后归纳总结汉字文化研究的理论方法，如刘志基的《汉字文化综论》[③]。而大多数是偏重于汉字文化内涵的研究：如黄金贵的《古代文化词义集类辨考》[④]用系联和辨析同义词的方式分析和揭示了大量的汉字形体结构与汉文化的关系，共分为国家、经济、人体、服饰、饮食、建筑、交通、什物等八个方面；王宁等的《〈说文解字〉与中国古代文化》[⑤]，设置专题，讨论专书中某些字的结构所反映的古代神权思想、王权思想、底层奴隶生活、古人发明权、玉文化、乐器文化、酒文化、饮食、车辆等文化内涵；许嘉璐的《中国古代衣食住行》[⑥]虽然是从词的角度来分析解释古代文化，但是也提供了许多与服装和佩饰、宫室和起居、车马和交通等相关联的文字材料；李景生的《汉字与上古文化》[⑦]着重从汉字所反映的物质文化和精

---

① 何九盈、胡双宝、张猛，《中国汉字文化大观》，北京大学出版社，2002 年。
② 何九盈，《汉字文化学》，辽宁人民出版社，2000 年。
③ 刘志基，《汉字文化综论》，广西教育出版社，1996 年。
④ 黄金贵，《古代文化词义集类辨考》，上海教育出版社，1995 年。
⑤ 王宁等，《〈说文解字〉与中国古代文化》，辽宁人民出版社，2000 年。
⑥ 许嘉璐，《中国古代衣食住行》，北京出版社，2002 年。
⑦ 李景生，《汉字与上古文化》，中国社会科学出版社，2009 年。

神文化两方面进行分门别类地论述；邵英的《古文字形体考古研究》[1]据汉字考释上古社会生产、生活、刑罚、技艺等四方面的文化内容。

综合上述研究成果的共同特点——重系统、讲专业、求科学，汉字文化课的教学内容理应与此保持一致，但面对知晓汉字理论和汉文化者寥寥的现象，就需要补充相关知识，以免难以入门，不知所云。缘此，本教材专门介绍一些汉字理论知识和汉文化知识，为了增强形象性、生动性，体现语言文字和文化的继承性，不仅配有一百多幅实物图和示意图，而且增加了一些相关的典故和成语；为了方便认读，给生僻字加注拼音和释义，给费解的引例提供翻译或解释。

需要说明的是，因课时有限，教学内容不能面面俱到，所以，本教材不是百科全书式的，而是结合与人类生活息息相关的事类（如生产方式和衣食住行）来谈汉字的文化内涵。具体情况如下：

第一，宏观介绍汉字和文化的关系（汉字的文化蕴含、汉字的文化塑造）；

第二，分析讲解汉字的性质和结构；

第三，汉字文化的分类阐释（生产方式、衣食住行）；

最后，每章还附有若干练习题，以引导学生复习掌握相关知识。

## 二、“汉字文化”的学习方法

学习“汉字文化”，首先要对汉字的造字结构和书写结构有所区分和把握。汉字具有表意性，其形义关系是分析文化意义的依据；而形义关系既可以用传统的造字理据来分析，也可以用书写理据来解释。如“教”，《说文》：“上所施下所效也。从攴（pū，轻击），从孝（jiào，仿效）。”段玉裁注：“上施，故从攴；下效，故从孝。”教就是在上有人示范，故用“攴”；在下有人仿效，故用孝。这是从造字结构的角度来分析的。而有人将“教”拆分为“孝”和“文”，认为教育就是使人孝顺，有文化。这是从书写结构的角度来解释的。两者角度不同，涉及的文化意义亦不同：前者客观如实地解析教育

① 邵英，《古文字形体考古研究》，科学出版社，2010年。

的过程，即传授与模仿相结合，这是对汉字的文化内涵的挖掘；后者主观附会出中国传统文化的追求，即儒家的人伦思想和文化尊崇，这是对汉字的文化塑造的阐发。所以，从不同的角度对同一个字进行分析，就可能得到不同的文化说解。有鉴于此，学习者要阅读文字学方面的书籍及古文字方面的语文工具书，在造字法理论的指导下分析具体汉字，并参加一些猜字谜、书法比赛等活动，亲近汉字，提高对汉字的敏感度，培养分析汉字结构的能力，为关联其文化意义做前期准备。

其次，熟悉和掌握汉字形体变化的规律，正确分析汉字结构。三千多年以来，汉字的形体经历了甲骨文、金文、大篆、小篆、隶书、楷书、草书和行书等阶段，同时也伴随着繁简的变化，因此，形义关系日渐模糊甚至丧失。如果不明于此，就会忽略或妄释汉字的形义关系，对相关的文化意义不能正确解诂。如“射”，据说武则天认为它应当为“矮”的本字，因为字形显示的意义是“一寸高的身材”，但殊不知此字是讹变的结果。在甲骨文和金文中，“射”分别写作、，是箭搭在弓弦上，或手持弓上之箭状，非常形象，而《说文》所提到的一个或体（异体字的一种）已发生讹变，其左半边混同于“身”，右半边为“寸”。虽然“寸”与“又”相通，但与“身”结合时就表示长度了。由此可见不明字体演变之害。

第三，汉文化博大精深，我们了解得越广泛、越深入，就越加感受到它与汉字之间的联系，从而有利于探明汉字的理据；否则，我们只能对汉字的造字结构或书写结构做表浅的分析，进行低水平的认字识字，而无法深入到文字的内部，无法延伸到与汉字字形有关的各种文化事项，这与“凡解释一字即是作一部文化史”[①]的感言相距甚远。因此，学习汉字文化就必须依托文化，“探讨汉字与中国文化的关系。也就是从汉字入手研究中国文化，从文化学的角度研究汉字”[②]。明确地说，就是做到从文化的角度来研究和解释汉字，认真分析汉字在构形中所蕴含的文化信息。

---

① 见陈寅恪《致沈兼士》一文，收于《沈兼士学术论文集》，中华书局，1986 年，第 202 页。

② 何九盈、胡双宝、张猛，《中国汉字文化大观·前言》，北京大学出版社，2002 年。

第四，以汉字为基础而衍生出的文化样式比比皆是，可分为精英文化（如书法）和大众文化（如字谜）两类，它们至今还丰富着我们的文化生活。如果我们能积极主动地参与或实践其中任何一项，熟悉和掌握其中的特点和规律，就能充分领悟汉字的魅力和影响力，探寻到汉文化深厚而独特的底蕴，从而更加有兴趣了解汉字的内容和形式。

第五，用对比的方法认识汉字。汉字不同于表音文字，它用线条或笔画构成一个个独立的、形义兼备的字形，是目治的；而表音文字是以字母拼写而成的一串串线性排列的记音符号，是耳治的。目治文字有利于以形表意，促发联想，具有画面感和对某一理念或现象的解释力，它不仅记录着丰富的文化内涵，而且与众多的文化样式密不可分。缘此，汉字不是简单的辅助性交际工具，而是充满魅力的文化符号。

研习汉字文化，必须对汉字和汉文化心存敬畏，充满好奇和乐趣。如果无视汉字的灵魂及其文化意义，继承和发展优秀的传统文化、传播汉字的愿景就会落空，个人的文化素质和民族的品格就无从提高。

**练习题：**

1. 结合实例说明“汉字文化”的定义。
2. “汉字文化”的内容和学习方法是什么？

# 第二章
## 汉字与文化的关系

汉字是表意文字，储藏着丰厚的文化信息；另一方面，汉字突破载体的功能，又成为新的文化样式的母体。因此，汉字和文化具有双向互动的关系，它们相辅相成，交错并行，绵延发展，从而使中华民族恒久于世界。

## 第一节　汉字是文化内涵的载体

### 一、汉字的表意性源自造字者的具象思维模式

汉字是目前世界上仅存的一种表意体系的文字。从有关造字的传说可以了解到汉字表意的根源。东汉许慎《说文解字·叙》:“古者庖犧（伏羲）氏之王天下也，仰则观象于天，俯则观法于地，视鸟兽之文与地之宜，近取诸身，远取诸物，于是始作《易》八卦，以垂（垂示）宪（效法）象……黄帝之史仓颉，见鸟兽蹏迒（háng）之迹，知分理之可相别异也，初造书契。”① 许慎没有直接陈述仓颉造字的传说，而是首先联系伏羲造八卦的始末，意在说明汉字和八卦皆为先民认知习惯的产物，在其创制过程中，具象思维都在发挥着重要的作用。具象思维是个体对意识中的物质资料进行有目的地加工和分析的过程，这些物质资料来自天地自然，来自人类自身。当某人通过仔细观察，将这些信息储存在大脑中以后，就开始了一个在模仿的基础上进行构建、运演、判别的全套过程。无论是卦象还是汉字都经历了这样一个过程，它们或以抽象的符号包含着多种意义和多种事物（图2－1），或以形象的形体展示着某一具体的意义。汉字正是在追求“象”的理念下形成并确定了以形表意的特征，如甲骨文十二生肖字（图2－2。按，图中的“鸡”右半部象形，左半部为“奚”，是声符）。

**图2－1　太极八卦图**

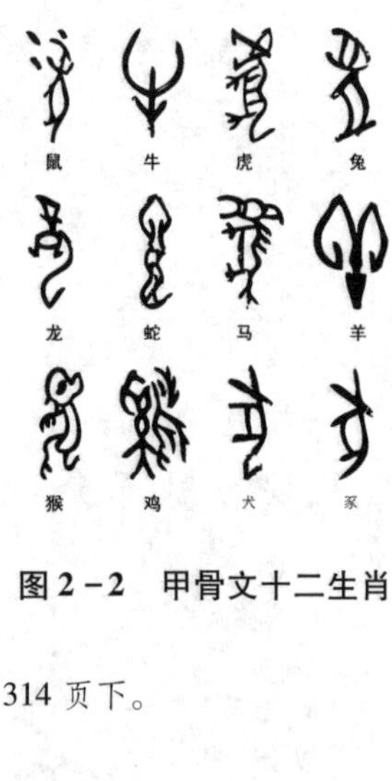


**图2－2　甲骨文十二生肖**

---

①［汉］许慎，《说文解字》，中华书局，1963年，第314页下。

当然，仓颉造字只不过是一个传说，真正的造字者当为无数的无名者，他们都有共同的认知模式——感官意象图式（即从人类自身积累的感官经验和贮存在大脑中的相关生活经验抽象出来的一类独特的意象图式），这是早期人类共有的认知模式。埃及象形文字（图2－3）、苏美尔文字和巴比伦的楔形文字（图2－4）、古印度的印章文字（图2－5）均体现了这种模式。由此可见，意象是早期人类认知的主要符号，汉字以形表意的现象并非只是中华民族特有的认知结果，而是早期人类重形象的反映。这种集体意识会使汉字承载着人们对外界事物和自身的认识成果，从而为汉字隐藏文化信息的功能奠定了扎实的基础，汉字因此成为汉文化的载体。

**图2－3　埃及象形文字**

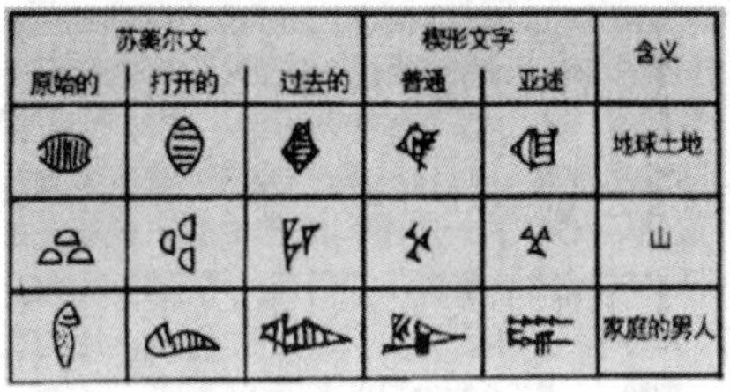


**图2－4　苏美尔文字和巴比伦文字**

**图2－5　古印度印章文字**

## 二、汉字是文化内涵的载体

### （一）汉字的性质

裘锡圭《汉字的性质》认为文字的性质是由这种文字所使用的符号的性质所决定。各种文字符号可归为意符（跟文字所代表的词在意义上有联系的字符）、音符（跟文字所代表的词在语音上有联系的字符）、记号（跟文字所代表的词在语音和意义上都没有联系的字符）。在漫长的发展过程中，汉字的演变轨迹是表意文字→意符—音符文字→意符—音符—记号文字。“汉字在象形程度高的早期阶段（大体上可以说是西周以前的阶段），基本上是使用意符和音符（严格说应称为借音符）的一种文字体系，后来随着字形和语音、字义等方面的变化，逐渐演变成为使用意符（主要是义符）、音符和记号的一种文字体系（隶书的形成可以看作这种演变完成的标志）。……前者简称为意音文字；后者似乎可以称为意符音符记号文字。”[①]总的来看，汉字属于表意体系的文字，形象性强。我们研究的对象是上述三阶段中的表意文字及意符—音符文字中的形声字。

汉字形成于图画和陶符（契刻），从甲骨文到小篆，其线条的勾勒和组接皆以表意为目的。如：

甲骨文：（1）（水、木、火）

（2）（牛、马、羊）

（3）（人、又、止）

（4）（册、典、笔）

（1）和（2）为自然界的物象，笔画或繁或简，皆以象形为务。（3）反映人自身的形象，简笔勾勒，用意已足。（4）中“册”“典”形似，皆以韦绳编联竹简为象，然后者竹简较多，故《说文》云：“典，大册也。”其或体为，像双手捧册。“笔”像右手持毛笔，会意字。

① 裘锡圭，《汉字的性质》，《中国语文》，1985 年第 1 期。

金文：

象祖辛鼎　　家祖乙觚　　何马觚　　丁犬卣

**图 2 –6　金文字例**[1]

**图 2 –7　何尊（西周）及其铭文（局部）**

金文与甲骨文几乎起源于同时期，但其相较甲骨文而言在书写材料和制作方式方面更易于使汉字达到象形效果。图 2 –6 中的“象”“马”“犬”及“家”字中的“豕”呈块面状，且立于地面，如此处理与甲骨文、、、取象于纵向之形的线条描摹相比，更接近实际。“且”（后作“祖”）如祖先牌位。“何”（后作“荷”）像一人扛戈。“丁”像钉子的顶端，后又写作古鉨。

“中国（或‘域’）”二字出现在何尊的铭文中（图 2 –7）。，像竖立在大地中心的飘扬着的旗帜，与甲骨文基本一致，故有“中央”义。《尚书·召诰》：“王来绍上帝，自服于土中。”孔安国传：“于地势正中。”许慎据小篆释为“内，从口、丨，上下通”[2]，亦有道理：“中”的或体尚有甲

① 喻遂生，《文字学教程》，北京大学出版社，2014 年，第 116 页。

② ［汉］许慎，《说文解字》，中华书局，1963 年，第 14 页下。

骨文的和金文的，小篆承此表意，与“中央”相通。国（或“域”），从口，上下“一”示疆界，戈声。其繁体有、，前者多加左右各一的示疆界的符号，后者叠床架屋，增口，突出四界。此三种金文字体较甲骨文更能体现邦国有界的特点。可见，何尊铭文里的“中国（或‘域’）”是指黄河流域一带，即“中原”，因为华夏族建国于此，自以为居天下之中，而把周围其他地区称为四方。如《诗经·小雅·六月序》：“《小雅》尽废，则四夷交侵，中国微矣。”故较之小篆，金文和甲骨文的“中”原始义更为明显；较之甲骨文，金文的“国”明确了国家区域有四周界线。

小篆：（血寒葬史）

血，《说文·血部》：“祭荐血也。从皿，一象血也。”[1]与甲骨文相比，小篆字体已有符号化的倾向了，如“皿”字和表示血滴的符号，但仍然具有表意性。清段玉裁在《说文解字注》中揭示出“血”的构字理据：“不言人血者，为其字从皿，人血不可以入于皿，故言祭所荐牲血。然则人何以亦名血也？以物之名加之人。古者茹毛饮血，用血报神，因制血字，而用加之人。”[2]可见，造字者心存以血祭祀的记忆，将看似毫无关系的二物（器皿和血滴）以合体象形的方式连在一起，其中的“皿”为衬体，血滴符号为本体。

寒，《说文·宀部》：“冻也。从人在宀下，以茻荐覆之，下有仌（后作‘冰’）。”[3]小篆字体与金文的构形保持一致，描绘了在隆冬之季，古人避于室内，以草裹身而取暖之状。这种会意造字法同样以形象的方式隐喻了寒冷的抽象意义。

葬，《说文·茻部》：“藏（zàng，埋葬）也。从死在茻中。一其中，所以荐之。《易》曰：‘古之葬者，厚衣之以薪。’”[4]四个部件组合成一字，显现出上古时期一种比较原始的、简陋的丧葬形式，它与后来的土葬差别极大：

---

① ［汉］许慎，《说文解字》，中华书局，1963 年，第 105 页上。
② ［清］段玉裁，《说文解字注》，江苏广陵古籍刻印社，1997 年，第 213 页下。
③ ［汉］许慎，《说文解字》，中华书局，1963 年，第 151 页下。
④ 同上注，第 27 页下。

无棺椁，不坑埋，只是在草地上铺席，安放死者，上盖有草。《周易·系辞下》云：“古之葬者，厚衣之以薪，葬之中野，不封不树，丧期无数。”“厚衣之以薪”即用厚实的草包裹尸体，“葬之中野”指掩埋在野外，此意正与字形相吻合。这为我们研究古代丧葬形式的演进情况提供了形象的文字材料。这种构形结合了甲骨文和这两个包含文化意义的形象。，从（至）从（像长草的地面），表示死尸放在草地上。，从（后作“床”）、人和，指残骨，代表死尸，三体合成一字，如一死者躺在床上已成残骨，未现具体的埋葬形式。小篆取前者的（艸）和后者的（死），附加（像一席）及，使表意完足。

史，《说文·史部》：“记事者也。从又持中，中正也。”①段玉裁注：“君举必书，良史书法不隐。”②小篆字体与金文相较，表意程度依旧很高，传达了封建制度下史官的职守是“秉持中正”。但需要说明的是，所谓中正是相对的，它一定是符合封建正统思想的一套标准，与客观实际并不完全吻合。

隶书是今文字的开端，它将古文字的线条改成笔画，使象意文字符号化，但即便如此，也可以追寻到演变的轨迹，从而看到其符号化的外表其实也间接地以形表意。如果把以上所举字例与隶书的写法进行对比，我们就可以发现隶书的构形理据也是基本能够成立的。

隶书：水木火牛羊人又止册典筆象馬犬家丁且何中國血寒葬史

水，将小篆弯曲的、有间隔的线条连成基本的、紧凑的笔画，并增添装饰性的波挑笔势。

木，将小篆象形的树根变成撇和捺，把树梢部分的线条简化成一横。

火，完全保留了小篆的间架结构，只是笔势上稍有改变。

牛，改变了小篆的牛角部分的形象化的线条，而整体结构一致。

羊，仅微变小篆的头部。其实字已与甲骨文有一定的距离，对称

---

①［汉］许慎，《说文解字》，中华书局，1963 年，第 65 页上。

②［清］段玉裁，《说文解字注》，江苏广陵古籍刻印社，1997 年，第 116 页下。

弯折的羊角变成相交的线条，又旁加两个短横，整个代表头部，象征四肢的曲线变为两条横线。可见，隶书“羊”字仍然有象形的意味。

**人**，与小篆相仿，将一根弯曲的描摹人头、躯干和下肢的线条变为一捺，可表现为一人伸开左右两腿，同样有象形的作用。

**又**，模糊了小篆所表示的手指和手臂的形象，但左右交叉平衡的结构大体可以显现原义；加之此字早已被假借，本义用今字“右”表示，故隶变后的字体不受形义关系的束缚。

**止**，变小篆的曲线为直线，与甲骨文相比，其表意特征淡化，小篆已初现端倪。

**册**，连接和简化小篆的上部和表示编联的绳索的符号，象形意味仍在。

**典**，保留了小篆的所有线条，只不过是在长短、组接的处理上有微调，即将**卌**写成**曲**。“典”的甲骨文作，金文变为，将下部的（廾，gǒng）变为丌（qí，底座），小篆承金文，故《说文》云“典”字“从册在丌上”①。

**筆**，将小篆下部的曲笔变直笔，笔意未变，较甲骨文和金文增加意符，突显毛笔的材质。

**象**，是将小篆的曲笔变为直笔的结果，其甲骨文和金文分别写作、，前者更形象，后者较神似，小篆承金文。

**馬**，将小篆的表示四条腿的线条变成四点，与甲骨文所表现的长脸、大眼、鬃毛飞扬、长尾、有蹄的动物形象有一定的距离。这种情况始于金文，它简化处理了马头、身、四蹄和尾的线条。

**犬**，改小篆曲笔为笔画，其甲骨文和金文分别为、，其演变方向是愈加简捷。小篆已基本定型。

**家**，字符与小篆保持一致，从宀从豕，会意，笔势微殊。

---

① ［汉］许慎，《说文解字》，中华书局，1963 年，第 99 页下。

丁，其字形与战国古鉢接近，小篆作，应是圆转笔势造成的，而隶书以波挑直笔的笔势改写小篆，终成此形，二者联系比较明显。

且，与小篆笔意同，笔势微殊。

何，变小篆曲笔为直笔，其表意性的淡化始于金文，从人，可声，采用了形声造字法，而甲骨文为，像人荷戈形。

中、國，变小篆、的曲笔为直笔，表意明显。

血，将小篆中的写成，将表示血滴的一写成丿，表意趋向符号。从此字的演变过程来看，甲骨文最为象形，金文将甲骨文的写成，将血滴符号写成一。篆文承续金文字形。可见，金文和隶书血使“血”字先后两次淡化了形义关系。

寒，将小篆四周的干草连写成，并将（人）写成，将仌写成，大体保持了表意的字形。

葬，改小篆曲笔为直笔时，误将下部的写成廾，降低了示意作用。

史，将小篆的“中”“又”合为一穿插结构，表意性受到一定的影响，但主体架构仍在。

通过逐一对比分析，我们看到，隶书是对小篆笔势的改变，即将曲笔变为直笔，并增加波挑；在笔意上基本与小篆保持一致，“血、寒、葬、史”四字有不同程度的笔意淡化表现，但整个字的表意性仍然存在。其实，金文、小篆皆有弱化意象之例，如“象、何、血”，所以，汉字在保持表意特征的大局下，也在不断适度地向简捷的符号化方向发展，隶书只不过是在笔势和结构上的变化比较明显罢了。

楷体去掉了隶书的装饰性的波挑笔势，结构无变。此不赘述。

（二）什么是文化

文化，本是联合关系的词组，出自汉朝刘向《说苑·指武》：“圣人之治天下也，先文德而后武力。凡武之兴，为不服也；文化不改，然后加诛。夫下愚不移，纯德之所不能化，而后武力加焉。”意指文治教化，这是儒家关于治国的理念。作为词，它则是“来自西洋，路过日本”，“回归”中国的意译词。[①]

关于“文化”的定义很多。自1871年人类学的鼻祖英国人泰勒（E. B. Tylor）在人类文化研究的开山之作《文化的起源》中首次给文化下定义以来，许多社会学家和人类学家都为它下过定义，曾有人统计自1871年至1951年之间就有164条之多。但比较公允的说法当属泰勒：“文化或者文明，从其广泛的民族志意义上而言，它是一个复杂的总体，包括知识、信仰、艺术、道德、法律、风俗，以及人类在社会里所得的一切能力和习惯，是人类为使自己适应其环境和改善其生活方式的努力。”[②]此说涵盖了文化的性质、范围、内容和意义，所涉广泛，特别是注意到了精神和物质两个层面，故被世人接受。《辞海》的定义则更为概括：“从广义来说，指人类社会历史实践过程中所创造的物质财富和精神财富的总和。从狭义来说，指社会的意识形态，以及与之相适应的制度和组织机构。”[③]

按照广义所指，文化的结构分为四个层次：

1. 物态文化层：指人的物质生产活动及其产品的总和。其具体表现客观实在，如衣、食、住、行等方面。

衣，金文作，像古代交领右衽的上衣（图2-8）。此衣制相沿几千年，字形记录了衣的样貌。

食，甲骨文作，像倒口在簋（guǐ，盛黍、稷、稻、粱等熟食的器皿。图2-9）上。倒口下的符号（皀，后作“簋”）像餐具簋。此字也出现在“即（甲骨文作，繁体作卽，像人坐在簋旁，准备吃饭）、既（甲骨文作，繁体作旣，像人食罢，转过头将要离开）”等字中，隶定为皀（jí），在“食、簋”中讹变为“艮”。可见，古代饮食以主食为主，且为粒食；其次，餐具带足，置于地面，人跪坐其旁以食。此类字多方面地展现了古代的饮食习惯及餐具的特征。

---

① 王力，《汉语史稿》，中华书局，2004年，第605页。

②〔英〕爱德华·泰勒，《文化的起源》，哈泼和罗出版社，1958年（Edward Burnett Tylor, *The Origins of Culture*, NewYork: Harper and Row, 1958），第1页。

③《辞海》（缩印本），上海辞书出版社，1980年，第1533页。

图 2－8　上衣下裳

图 2－9　簋

住，在此指居住形式。我国古时黄河流域的居住形式经历了五个发展阶段：横穴——袋型竖穴（口部以枝干茎叶作临时性遮掩或加粗编的活动顶盖）——半穴居（竖穴口部架设固定顶盖，古文所谓“复穴”）——原始地面建筑（围护结构都是构筑起来的，围护结构分化为墙体与屋盖两大部件）——分室建筑（建筑空间的组织）。前三个阶段为穴居形式，“仄、穴、宕”等字体现了这些情形。仄，从厂（hǎn，山崖）从人，《说文》云：“象人在厂下”[①]，又云：“厂，山石之厓岩，人可居，象形。”[②]即人在山崖边较浅的岩穴居住，属横穴类。穴，金文作，像凿空地面挖成穴洞，上设顶盖成，像穴内左右两侧对称的侧壁，即复穴（图 2－10）。《说文》：“穴，土室也。”[③]《诗经·大雅·绵》：“古公亶父，陶（通‘掏’，挖土）复（通“覆”，地室）陶穴，未有家室。”毛亨传：“陶其壤而穴之。”郑玄笺：“凿地曰穴。”可见，穴即凿地而成的土室。《周易·系辞下》：“上古穴居而野处，后世圣人易之以宫室。”远古穴居为常，故“窟、窄、空、窨、穷（窮，从穴，躬声。完尽）、窘（从穴，君声。困迫）”等字皆从穴。宕，甲骨文作，金文作，从宀（mián）从石，宀像洞口，“石”说明此为石洞，故《说文》云：“一曰洞屋。”[④]若在黄土高原，则是在黄土沟壁上开挖横穴而成的窑洞式住宅。

① ［汉］许慎，《说文解字》，中华书局，1963 年，第 194 页上。
② 同上注，第 193 页下。
③ 同上注，第 152 页上。
④ 同上注，第 151 页下。

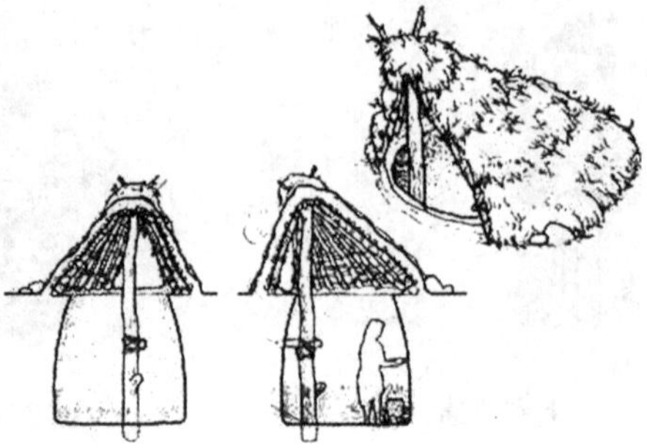

图 2－10　复穴①

原始地面建筑与复穴造型相似，中间的坑穴用以取暖或做饭。（图 2－11）分室建筑在北方仰韶文化中多有出现，图 2－12 可见分隔成几个房间的房屋。

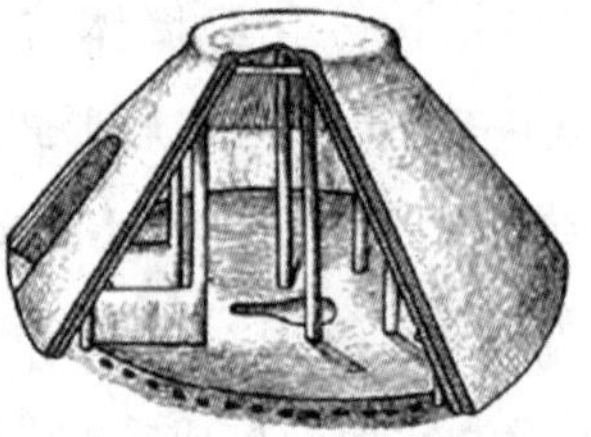

图 2－11　原始地面建筑
（半坡圆形房屋复原图）②

图 2－12　分室建筑
（半坡 2 号圆形大房子复原图）③

行，指交通方式。古代的交通方式主要有车马、舟船等。

车，甲骨文作，像一独辀车，中间一竖线代表辕（辀），辕上连衡，

---

① 引自 http：//blog. sina. com. cn/s/blog_ 5cf091850100b36r. html。

② 引自 http：//image. haosou. com/v？ src = 360pic_ normal&q = 原始地面建筑 &fromurl = http% 3A% 2F% 2Fblog. sina. com. cn% 2Fynbk#src = 360pic_ normal&q = % E5% 8E% 9F% E5% A7%8B% E5% 9C% B0% E9% 9D% A2% E5% BB% BA% E7% AD% 91&fromurl = http% 3A% 2F% 2Fblog. sina. com. cn% 2Fynbk&lightboxindex = 1&id = 2718fb35c4342926492ea22702eb6956&multiple = 0&itemindex = 0&dataindex = 1。

③ 引自 http：//image. haosou. com/v？ src = 360pic_ normal&q = 原始地面建筑 &fromurl = http% 3A% 2F% 2Fbbs. zhulong. com% 2F102050_ group_ 100221% 2Fdetail9069506% 2F#src = 360pic_ normal&q = % E5% 8E% 9F% E5% A7% 8B% E5% 9C% B0% E9% 9D% A2% E5% BB% BA% E7% AD% 91&fromurl = http% 3A% 2F% 2Fbbs. zhulong. com% 2F102050_ group_ 100221% 2Fdetail9069506% 2F&lightboxindex = 8&id = ada64eda5af39fb7d77d114efb493a3d&multiple = 0&itemindex = 0&dataindex = 20。

下连轴；轴两侧各有一轮，轮外竖线表示毂（车轮中间穿轴承辐的部分）外的辖（车键）。从车的合体字很多，如“辎（有帷盖的车）、輚（zhàn，卧车）、辇（人挽或推着的车）”等，是表示各种形制、功能、使用方式不同的车，可见发明车的重要性。

舟，甲骨文作或，金文作，皆像独木舟形，故《说文》云：“船也。古者共鼓、货狄刳木为舟，剡木为楫，以济不通。”“刳木为舟”说的就是将一根树木挖空成小船。后来发明木板船，其家族成员不断增多，但字皆从舟，如“舸（大船）、舫（相连的两船）、艇”等，它们经过改进，样式、大小、功用皆有所不同，可见发明舟的重要性。

2. 制度文化层：指人们在社会实践中建立起来的规范自身行为和调节相互关系的准则，包括社会的法律制度、政治制度、经济制度以及人与人之间的各种关系准则等。如“血、葬”体现了古代的祭祀、丧葬制度。（详见前文）

3. 行为文化层：指在长期社会交往中约定俗成的风俗和习惯。它强调社会的、集体的行为。

姅（bàn），《说文・女部》：“妇人污见（后作“现”）也。从女半声。《汉律》曰：见姅变（月事），不得侍祠。”段玉裁注：“谓月事及免身及伤孕皆是也。《广韵》曰：‘姅，伤孕也。’伤孕者，怀子伤也。按，见姅变，如今俗忌入产妇房也。不可以侍祭祀。《内则》曰：‘夫斋则不入侧室[①]之门，正此意。《汉律》与《周礼》（按，实为《礼记》）相为表里。”姅所指广泛，包括月事、流产、分娩。古人以为血污不吉，若不回避，必遇血光之灾。即使在今天，民间对女性经血多有禁忌，如忌女性月经期间参加祭祀祖先神灵的活动。如果已婚女性将月经流在娘家，娘家哥哥就要用犁从娘家一直犁回婆家，以免去灾祸，因为女儿已是婆家人。[②]又如妇女不在娘家生产。即使她临盆时无法离开娘家，也要将之拉到野外去，以免招致娘家子女不顺和家道

① 侧室：燕寝（帝王居住的宫室）旁侧之室。《礼记・内则》：“妻将生子，及月辰，居侧室。”孔颖达疏：“夫正寝之室在前，燕寝在后，侧室又次燕寝，在燕寝之旁，故谓之侧室。”

② 张海钟，《中国民俗文化中女性经血禁忌的心理象征意义臆说》，《中国民族学》，2009年第2期。

败落。再如妇女在流产和分娩后的一个月内，既不能下地劳动，也不能随便到各邻居家走动，否则会受责骂。

禁忌是由人类趋吉避凶的本能引起的。所谓的吉凶与人类自身长期的生产生活经验及宗教信仰有关。禁忌一旦形成，就会在相当长的时间里影响某一社会群体的心理和行为，故汉字必然会有所反映。

4. 心态文化层：指人们的社会心理和社会意识形态，如价值观、审美情趣、思维方式及由此产生的文学艺术作品。中华民族的具象思维模式及讲究对称平衡的审美趣味就在汉字里体现着。

中华民族自古以来就保持着具象思维的模式。《说文解字·叙》所云伏羲造八卦和仓颉造字的传说有着共同之处，即受到具象思维的引领。汉字以形表意其实就是造字者将所见、所想之形通过形象性的符号来进行模仿，表示具体或抽象的意义。前文所析的象形字、指事字和会意字皆存在这种共性。这种思维模式使汉字具有表意性，而汉字的表意性反过来又使中华民族形成了一种“望文生义”的识字习惯。

对称平衡的审美趣味在汉字构形中体现得非常充分。汉字自甲骨文和金文起就已具备了方块字的雏形，大篆和小篆字形更加趋于方正；隶书以后，点画代替了线条，方块字的架构成熟，更显方正。故汉字尚形，其结体尤显重要。结体亦称结字、间架、结构，具体指每个字点画间的安排与形势的布置，如笔画的长、短，粗、细，俯、仰，缩、伸；偏旁的宽、窄，高、低，欹、正，可以构成每个字的不同形态，讲究结体就是要使字的笔画搭配适宜、得体、匀美。元赵孟頫《兰亭跋》：“书法以用笔为上，而结字亦须用工。”清冯班《纯吟书要》云：“先学间架，古人所谓结字也；间架既明，则学用笔。间架可看石碑，用笔非真迹不可。结字，晋人用理，唐人用法，宋人用意。”又云：“书法无他秘，只有用笔与结字耳。”可见，汉字对正方形的选择及建立在这个基础之上的书法艺术，是适应中华民族对平衡对称之美的审美要求的结果。

（三）汉字的表意性使它成为文化的载体

汉字以形留存了造字者的认知结果，其内容涵盖了宇宙自然和人类社会的各种信息。以上述字例为证，据造字法可分为四类：

第一，象形字。1. 独体象形字。如“水木火牛羊人又止册象马（馬）犬丁中且衣舟车穴”，或以简约、或以复杂的线条描绘、勾勒或凸显出被摹写事物的轮廓、细节或特征，体现了造字者在具象思维模式下的创意：在“近取诸身，远取诸物”[①]的观察和构思后，创制了一系列的脱胎于图画的形义兼具的形象符号。这些字符与识字者的认知模式交接一处，令人易于望文生义，联想相关事物，至今还有很强的可识读性。这也证明了具象思维是中华民族共有的、跨越时空的认知模式。2. 合体象形字。如“血”，在甲骨文中，衬体为，本体为，以示血滴，记录了远古茹毛饮血的生存方式，蕴含了祭祀以血的礼仪形式。

第二，指事字。可以负载一些抽象的文化意义。如纯粹的指事性符号“（上）（下）”以弧线开口的朝向和所在的位置匹配起来，显示朝天或向地的方向，天在上，地在下。抽象之意就是这样先视字“可识”[②]，后“察而见”[③]得出来的。以象形字为基础增加指事性符号的指事字如“（本）、（末）”，“木”为象形字，指事性符号指示所要表达的部位，即树根、树梢。这种造字法也是建立在观察模拟的前提下的，类似象形，但植入了抽象的表现手法，即指事性符号。这也体现了中华民族具象思维的认知习惯。

第三，会意字。如“典家寒葬史仄宕”、甲骨文和金文及其今字“筆”的简化字“笔”、甲骨文（何，后作“荷”），反映了不同方面的文化内涵。典，双手捧竹简编联的书册；，手持毛笔，“笔”更换部件，只显示毛笔的材质（竹和毛），一起再现了古代的书写工具和书写方式。史，从又持中，彰显了史官的职守是秉持中正地记录史实。家，从宀从豭，豭亦声，表现古代走婚制度。寒、葬，用细节来体现古人生的艰难和死的简易。仄、宕，反映了远古穴居的情况。甲骨文，选取戈作为行为的工具，可见当时

① [汉] 许慎，《说文解字》，中华书局，1963 年，第 314 页下。
② 同上。
③ 同上。

战事频仍，兵役普遍。

第四，形声字。如“笔（筆）国（國）何窟窄空姘”，前三字的意符分别是“竹、口、人”，大体显露出笔的质料为竹、国家有边界、负荷要靠人等信息。“窟窄空”从穴，指人类早期的穴居形式。“姘”从女，具体指古人对女性血污的禁忌。

四种造字法都遵循着以形表意的原则，“意”就是构意，即所观之象、所知之事和认知模式。它们有古有今；有的具体，有的抽象，但都形成于一定的文化背景，包含着丰富的文化内涵。形态各异的汉字以一幅幅生动形象的画面向我们展示着古代文化史和社会发展史，成为承载文化的符号体系。因此，汉字不仅是汉语的辅助性交际工具，同时也担当着一项更为重要的职能——记录文化，正如国学大师陈寅恪所云：“依照今日训诂学之标准，凡解释一字即是作一部文化史。”①

## 第二节　汉字是文化塑造的源泉

### 一、什么是汉字的文化塑造

塑造，本是用于文学艺术领域的专业词汇，可当它与“文化”组合起来以后，就有了比喻义，喻指艺术化地创造文化的内容和形式。故“汉字的文化塑造”就应指以汉字为基础而创造的各种文化内容和样式，如汉字崇拜、书法艺术、文字游戏等。

### 二、汉字文化塑造的表现

#### （一）汉字崇拜

自从汉字成为记录汉语的辅助性交际工具以后，人们日益感受到它的威力和神奇。这是因为汉字丰富了人类认知自然、社会及自身的方式，逐步使他们告别了愚昧，进入了文明时代。当文明的光芒照耀心田，人们对汉字的

---

① 见《沈兼士学术论文集》，中华书局，1986 年，第 202 页。

敬畏之情便油然而生，这种感情促使汉字的文化塑造形式不断涌现出来，如“仓颉造字”的传说、“敬惜字纸”的风俗、敬畏吉字的心理、自创新字的喜好等。

1. 仓颉（也作“苍颉”）造字

这是中国古代汉族神话传说之一。最早记载此传说的是战国时期《荀子·解蔽》：“故好书者众矣，而仓颉独传者，壹也。”此文以为汉字是众人所造，唯独仓颉将其传授下来。而大多文献则认为是仓颉独创，如《吕氏春秋·君守》：“奚仲作车，仓颉作书”，《韩非子·五蠹》：“仓颉之作书也，自环者谓之厶，背厶者谓之公”。《世本·作篇》还指出仓颉是黄帝的史官：“黄帝之世，始立史官。苍颉、沮诵，居其职矣。”汉代以后，《淮南子》和王充《论衡》把“仓颉造字”发展为“仓颉四目”，开始神化。不仅如此，《淮南子·本经训》云：“昔者仓颉作书而天雨粟，鬼夜哭。”汉字出现竟然惊天地，天空下起了粟米；竟然泣鬼神，鬼神在黑夜里哭泣。这夸张地暗示出造字是一个创举，触动了天神的悲悯情怀，动摇了鬼神的不二地位，刺激了其自尊心，从而渲染了汉字的神秘性和神圣性。汉代纬书[①]《春秋元命苞·禅通记》又进而虚拟仓颉“生而能书，又受河图洛书[②]，于是穷天地之变，仰视奎星圜曲之势，俯察鱼文鸟羽，山川指掌，而创文字”。据此众说，《说文解字·叙》总结为：“黄帝之史仓颉，见鸟兽蹄迒之迹，知分理之可相别异也，初造书契。”

为了加强传说的真实性，史传仓颉造二十八字。宋太宗淳化年间（990～994）编的《淳化阁帖》收有《仓颉书》，有学者诠释为“戊己甲乙居首共友所止列世式气光名左互父家受赤水尊戈矛斧芾”。元末明初陶宗仪《书史会要·三皇》云：“人得其书，莫之能识。秦李斯识其八字，曰：‘上天作命，皇辟迭王。’汉叔孙通识其十二字。”可见古人的见解不一。但古代的史学家

① 纬书：相对于“经书”，指汉代的方士和儒生依托儒家经义宣扬符箓、瑞应、占验之书，有的与经义在离合之间，有的则全无关系。

② 河图洛书：出自《周易·系辞上》“河出图，洛出书，圣人则之”。据传六七千年前，龙马跃出黄河，身负河图；神龟浮出洛水，背呈洛书。伏羲据河图绘制了八卦，大禹据洛书战胜了洪水。河图与洛书是中国古代流传下来的两幅神秘图画，是河洛文化的滥觞。

和文字学家皆以为仓颉是陕西白水人，在陕西洛南造字。至今在白水县城西北处的史官村仍有仓颉墓、仓颉庙。其他北方地区（如河南濮阳市南乐县、山东潍坊市寿光县等）也有仓颉庙。

经过历代的演绎，一则完整的仓颉造字的传说就形成了，仓颉也就自然而然地被后人尊奉为“造字圣人”，甚至被刻画为“双瞳四目”[①]的异人。如此看来，仓颉“生而能书”并能使“天雨粟，鬼夜哭”也就毫不奇怪了，因为这一切想象和夸张的说法皆源于汉字崇拜的心理。

总之，关于仓颉其人其事及其影响的传说充满灵异和神奇，这是汉字巨大的启智作用的反映。此作用感动了造化，颠覆了鬼神的神圣地位，令人无比敬畏。于是，人们需要寄托某个对象以表达对汉字的敬畏之情，表达对造字者的崇拜之意，“仓颉造字”之说就顺势诞生了。

2. 敬惜字纸

北齐颜之推《颜氏家训·治家》道：“吾每读圣人之书，未尝不肃敬对之。其故纸有五经词义及贤达姓名，不敢秽用也。”此言说出了古代读书人对字纸的敬重之情。然而，在明代晚期以前，这种敬字感受只是读书人个人的心理体验，并没有形成全社会的、完整而烦琐的“敬惜字纸”习俗，即尊重爱惜写有文字的纸张的习俗，如敬字亭和惜字律。可以说，“在颜之推的时代，对于文字的尊重是心诚则灵，而到了明清两代，惜字不仅要心诚，更要付诸行动”[②]。

（1）敬字亭

此俗始于宋代，盛于明、清。各地在场镇街口、书院寺庙之内、道路桥梁之旁兴建敬字亭（也称惜字亭、敬圣亭、孔圣亭、敬文亭、字纸亭、圣迹亭等），用以焚化字纸。亭子形状不一，一般多为方圆形，也有六角形、八角形等。它由台基、亭座、亭身、亭顶和屋面组成，少则二层，多则五层；其上部多作屋檐四出之状，顶端多为一葫芦形，正面中间有一窗口，供放入字

---

① 古人以为圣人多重瞳（即一只眼睛有两个瞳孔），如虞舜被称为禅让和孝顺的圣人，仓颉是文圣人，项羽是武圣人。

② 吴润凯，《历史与空间：惜字、埋尸与科举》，http：//paper. wenweipo. com/2007/12/07/WH0712070001. htm。

纸及通风之用，两侧有对联。

目前，台湾共存有20多座敬字亭，是保存敬字亭比较完好的地方。其中建于清光绪年间的龙潭圣迹亭高一丈五尺，共五层，额镌“过化存神”[①]，两边对联分别是“鸟喙笔峰光射斗，龙潭墨浪锦成文”“文章炳于霄汉，笔墨化为云烟”。(图2-13)

**图2-13　台湾龙潭圣迹亭（清 光绪）**

“敬惜字纸”的习俗形成于中国传统的乡土文化背景。在这种小农经济社会的背景下，物质贫乏，知识匮缺，人们出于敬畏文字和崇拜文化的心理，对写有文字的纸张既爱惜又敬重，甚至形成了一整套的习俗：建敬字亭和惜字会，组织专人搜集焚烧，举行“恭送圣迹”的仪式等。清代画家曾衍东曾画过一幅“敬惜字纸”的条屏，上方题诗云：“惜字当从敬字生，敬心不笃惜难成。可知因敬方成惜，岂是寻常爱惜情。”

（2）惜字律

惜字律是指明清时期出现的一些劝人敬惜字纸的劝善书，因大多名为“惜字律”，故名。如清光绪十三年的刻本《文昌帝君[②]惜字律》《文昌惜字功过律》等。此类书多结合佛教因果报应的理念并附加传言以举例。其中《文

① 过化存神：出自《孟子·尽心上》“夫君子所过者化，所存者神，上下与天地同流”。意为圣人所到之处，人民无不被感化，永远受其精神的影响。

② 文昌帝君：汉族民间和道教尊奉的掌管士人功名禄位之神。文昌本是北斗之上六星的合称，名为“文昌宫”，亦称文昌星（或文星），古人以为它主管人的文运功名。

昌帝君惜字律》分“敬字纸功例”和“慢字纸功例”，分别讲述敬惜字纸的善报和怠慢字纸的恶报。

惜字律的出现源于佛老信徒敬重经书的传统。宋朝洪迈《夷坚志》甲卷六“兜率寺僧”一条记载黄生从兵火后的寺庙中得到《圆觉经》，其子因以之为卧榻单而遭报应，得癞疾而死。此文以玷污字纸的不敬之举为例，劝人效法释老信徒为积累功德而敬重经书，敬惜儒家之字纸。

3. 自创新字

“汉字有灵”的观念在古人的心目中根深蒂固，所以，无论是平民百姓还是达官显贵都以起嘉名为务，希望嘉名能带来好运。中国历史上唯一的女皇帝武则天为自己造“曌”字，取“日月悬空，普照大地”之深义，以隐喻自身如日月至高无上，光彩无比。五代十国时期南汉国君刘岩非常迷信《周易》，经常据此算卦、改年号和名字。他曾改名为刘龚，但一僧人据谶书预见到有一名龚的人会灭掉南汉，于是他就根据《周易》里的“飞龙在天”造了“龑”字，定音为岩，以为己名。

武曌和刘龑死后，“曌”“龑”也就成了死字。可这种会意造字法被民间继承并尽情地发挥到极致，竟然将两个字或四个字巧妙地合为一个貌似的字形，构成一幅由汉字组成的“画”，可称其为民间组合字，它们进不了字典或词典，是古代合文[①]的进一步发挥。如图 2－14 展示了一组与吉祥、喜庆、贺喜、励志有关的成语或祝福语，从左到右、从上到下分别是“双（雙）喜”“天道酬勤”“清风明月”“五谷丰登”“大展宏图”“金石可镂”“龙凤呈祥”“马到成功”“黄金万两”“日进斗金”“招财进宝”“学好孔孟”。

4. 神道符咒

中国道教有一种占卜方法叫扶乩（jī），又称扶箕、扶鸾等。它历史悠久，西汉以后出现了大量的谶纬书，道教法师们就开始承袭其技，发明扶乩降笔。宋、元、明、清，占卜扶乩之风愈盛。在扶乩的过程中，旁边有专人用墨笔或朱笔记下乩盘中所画的点线合用、字图相兼、且以曲笔为主的神秘形象，

① 合文：是把两个或两个以上的汉字合写在一起，多出现在甲骨文和金文中。如“”是“十”“人”的合文。

这就是符，也称符咒、符箓。（图 2－15）道门中人声称它具备了驱使鬼神、治病禳灾等众多功能。

道教信徒之所以迷信符咒，是因为他们认为符咒不仅源于神明与人相沟通而灵验，而且其记录形式——汉字具有神奇的力量。可见，以汉字传达神旨的扶乩方法其实也是“天人合一”思想的体现，是汉字有灵观念的反映。

**图 2－14　民间“组合字”**

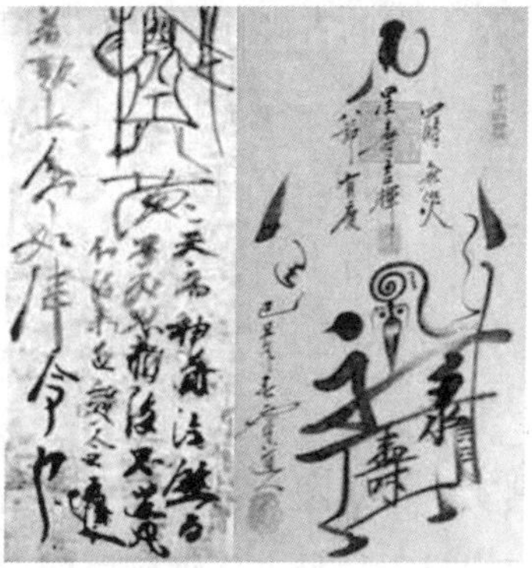

**图 2－15　符**

5. 吉字崇拜

古往今来，人们对一些字面吉利的汉字及一些数字怀有深厚的感情，如“福、寿”“九、五、六、八”等，并常常通过各种方式将这种喜好和敬畏之情表达出来。

（1）百福图和百寿图

“福”是诸事皆吉的总称，包括富贵寿考等，如《尚书·洪范》：“五福：一曰寿，二曰富，三曰康宁，四曰攸好德，五曰考终命。”因此，带“福”字的作品形式多样，如“老福字”“福字灯”等，多用于民间画稿、节日装饰、建筑雕刻等处。这种民俗事象充分体现了百姓祈盼万福降临的心情。这种心情感染了康熙皇帝，他养成了过年写“福”字赐人的习惯。其书写的“福”字也成为“天下第一福”。

“寿”，长寿，是诸福之一。《论语·雍也》：“知者动，仁者静；知者乐，仁者寿。”孔子以为长寿属于有仁德的人。这不仅是对生活经验的总结，也是儒家鼓励人向善的依据。由此看来，长寿既是生命的延长，也是仁德的延续，它对个人、家庭及社会大有裨益。所以，长寿在中国传统文化中就有了深广的意义。人们对长寿的祈盼其实也是对幸福的祈盼。他们心怀汉字有灵的观念，发明各种“寿”字作品，作为装饰或拜寿礼物。

在诸多的“福”“寿”字作品中，百福图和百寿图最为典型。它们是汉族民间传统的寓意字样，有圆形、方形或长方形数种。图中有一百种不同的“福”“寿”字样（有的是符），多以篆体为基础，也有兼各种字体者，如出土于河南洛阳的古碑“福寿图”，其正反两面分别刻有100个“福”字和100个“寿”字。每一幅中的每个字字体各异，兼有楷、隶、篆、行、草、甲骨文等，无一雷同，字体造型稳重、均齐、端庄。有的在一个大的“富”或“寿”字中再写上一些小的“富”或“寿”字。不同形体的“富”字或“寿”字经过精心巧妙地组合搭配，便有了一种独特的艺术效果，显得富丽堂皇、意蕴深长。

其实，百福图和百寿图在创始之初并不是被人们当作一种艺术品来欣赏的，它们只不过是古代汉族民间对福寿理想的一种寄托，后来经过各种各样的艺术加工，日臻完美，具有了艺术价值，成为一种汉字文化的样式。

（2）九五之尊

这是一则家喻户晓的成语，象征皇权帝位。出自《周易·乾卦》“九五，飞龙在天，利见大人……飞龙在天，上治也……飞龙在天，乃位乎天德”。此说以龙附会君德，以天附会君位，从而将“九五之尊”作为帝王之称。那么数字“九”和“五”为什么能象征帝王的权威呢?

现流行两种说法：第一种，中国古代把数字分为阳数和阴数（奇数为阳，偶数为阴)。阳数中九为最高，五居正中，因而以“九”和“五”象征帝王的权威，称之为“九五之尊”。第二种，“九五”出自上述《周易》例。《周易》中六十四卦的首卦为乾卦，乾者象征天，是代表帝王的卦象。它由六条阳爻组成，是极阳、极盛之相。从下往上数，第五爻称为“九五”，九代表阳爻，五为第五爻的意思。(图2－16)“九五”是乾卦中最好的爻，而乾卦又是六十四卦的第一卦，所以“九五”就成了六十四卦三百八十四爻的第一爻了，与龙、天相关，最后成为代表帝王的卦象。“九五”中的“九”本非具体数字，而是判别数字阴阳属性的符号。为了契合代表帝王的“九五”之爻，人们就把“九”和“五”作为具体的数字来运用，在皇室建筑、生活用品等方面都有所反映，如天安门城楼下有五个门洞，上有九开间门楼；清朝皇帝的龙袍共绣九条龙（其中一条在衣襟里），从前、后看各五条（双肩两条前后都能看见，图2－17）。西安本是帝王之城，大雁塔北广场南北高差9米，为了仿古，也按照“九五”之制，将北广场分为九级，由北往南拾级而上，每个踏步为五级，取意“九五之尊”。“九五”处处体现着被帝王“御用”的痕迹。

图2－16　乾卦卦象

图2－17　龙袍（清）

综上所述，两种说法中，后者较为可信。《易经》经由周文王推演成六十四卦，故亦称《周易》，被尊为六经之首，它对中华民族的许多领域影响深远。

（3）六八之利

众所周知，“六六大顺”、“八”谐“发”，故“六”和“八”是吉利数字。无论是民间还是商界，都极为重视这两个数字，在日常行为、商业手段或重大活动时间的确定等方面都会将它们作为决策的依据，以此寄托美好的愿望。如老百姓的起居出行讲究“三六九，向上走”，商家炒作电话和车牌靓号离不开“六”和“八”，北京奥运会组织者启动2008年奥运会倒计时800天的仪式，又如北京奥运会开幕时间选择在2008年8月8日晚8点等。看来，趋吉避凶是一种普遍心理，每一个人都或多或少地、自觉或不自觉地受其影响。

“六”为什么会成为一个吉利数字？首先，中国传统的风水学讲究“三三不尽，六六无穷”，因为“三”“六”都是可以无限延伸的数字。《老子·道德经》第四十二章：“道生一，一生二，二生三，三生万物。”道家认为三能“生万物”，就蕴含着“大”意。“六”表示无穷，有数理原因：若以一去除六，是永远除不尽的，寓意着无限永存。其次，“六爻”之说使“六六大顺”得以成立。六爻，《周易》六十四卦中的每一卦有六画，每一画曰爻，故称。爻分阴阳，“—”为阳爻，称九；“- -”为阴爻，称六。每卦六爻，“六爻之动，三极之道也”（《周易·系辞上》），孔颖达疏：“言六爻递相推动而生变化，是天、地、人三才至极之道。”“六爻”象征天、地、人三才，不同的排列组合可以表示不同的寓意，加之卦因为爻动又分主和变等，从而使六爻的演化非常繁复，故“六六无穷”。当占出一个六爻之卦成象时，就是一太极、一人、一事、一物、一地、一方之时，此卦便是反映万事万物之仪，即所谓“六六大顺”。

“八”成为吉利数字是近现代的事。在广东话中，“八”与“发”谐音，意指繁荣、财富和地位。在改革开放的大好形势下，广东的经济地位大大提升，人口流动、贸易往来日趋频繁和普遍，于是，原本属于地方数字信仰的现象就不断弥散到全国各地，重“八”观念也就成了全国流行的观念。

对某些数字的崇拜或禁忌是世界上很多民族共有的一个文化心理，只不过是具体数字的吉凶寓意不同罢了，这与各民族的文化背景、宗教信仰或语言特点有关。不同的时代或时期也可能使吉凶数字的身份发生变化，如近年来又有“七上八下”的说法。人们将客观数字赋予文化意义，从而创造出相应的民俗事象，其实只是起到心理暗示的作用罢了。

古人对汉字的崇拜表现得无所不至，甚至有人将汉字视为“经艺之本，王治之始”①。历经几千年，汉字的神圣地位虽然无法被今人完全感受到，但其功利之效用仍为人所信奉。

### （二）书法艺术

书法是文字的书写艺术。文字本身是语言的辅助性工具，但有些民族的文字在发挥着思想交流、文化继承等重要的社会作用的同时，其本身又形成了独特的造型艺术，如汉字、蒙古文字和阿拉伯文字等。在世界范围内，汉字书法相对而言历史悠久、字体丰富、发展成熟，特别是完整而系统的书法理论更使汉字的书法艺术翘楚可敬。故此，汉字书法不仅是中华民族的文化瑰宝，更在世界文化艺术的宝库中大放异彩。

在漫长的演变和发展过程中，汉字经历了图画记事——表形文字——表意文字三个阶段。虽然形声字有表音的功能，后来又出现了一些符号化文字，

---

① ［汉］许慎，《说文解字·叙》，中华书局，1963年。

但表意性仍然是汉字的主要性质。在史前时代，先民模仿某个具体事物之形而创造了原始文字，尽管它简单而又混沌，如属大汶口文化中晚期的山东莒县陵阳河陶文、、、[①]等，业已具备了一定的审美情趣，可以称之为史前书法。至迟在殷商时期，华夏祖先就已经使用毛笔进行书写，并学会按照文字特点及其含义，以其书体笔法、结构和章法写字，使之成为富有美感的艺术作品，于是就产生了真正意义上的书法，即用毛笔书写汉字的方法和规律，它包括执笔、运笔、点画、结构、布局（分布、行次、章法）等内容。古往今来，以毛笔书写汉字成为书法的主流，即使有其他书写形式（如硬笔、指书、舌书等)，其书写规律也与毛笔书写规律基本相通。以下主要结合书体进行探讨。汉字书体分为甲骨文、金文、大篆、小篆、隶书、草书、楷书和行书。

1. 甲骨文

甲骨文是殷商、西周时期刻在龟甲兽骨上的文字，又称“契文”“龟甲兽骨文”。因多与占卜有关，故亦称“甲骨卜辞”。甲骨文以象形为主，用刀刻成，刀尖有锐有钝，骨质有硬有软，故刻出的线条粗细不一，但总体显得瘦硬方折，直笔、硬角多；字的长短大小不一，参差错落，疏密有致，尽显古朴多姿、不失庄重的情趣。(图2－18、图2－19)

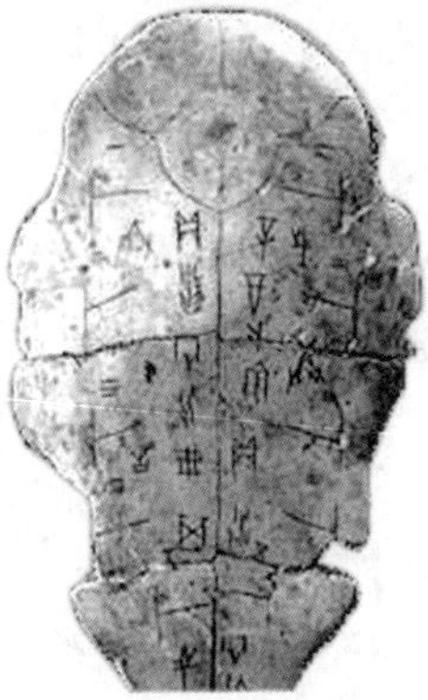

**图2－18　龟甲**

**图2－19　牛肩胛骨**

① ，于省吾认为是“旦”，唐兰认为是“炅”。，唐兰认为是“戉（钺)”。、，李学勤认为是“皇”“封”。

甲骨文的结体虽然不统一，有粗细、长短、大小的区别，有疏密变化，但具有对称、稳定的格局，具备了用笔、结字、章法三要素，所以，从严格意义上讲，中国的书法始于甲骨文。

古拙可爱的甲骨文经过当代艺术家的加工改造，成了独具艺术特色的作品。如书法作品《和为贵》（图 2－20），保持了甲骨文象形性的结构特征，令人望文生义，充满想象。书法家取了“和”的异体字“龢”，其甲骨文作，从龠（yuè），禾声，音乐调和。龠，一种竹管乐器，在甲骨文里像倒口于一种编联在一起的竹管乐器的管口，以示此乐器的吹奏方式。而金文中的“和”以“口”表示声音和谐，形符虽不同，但表意一致。二字从形象上看，“龢”直接与优美的音乐联系起来，更显抽象的和谐义。“为”，甲骨文作，像一手牵一象，反映远古曾经役使大象劳动的情形，形象化地表明做的意思，后引申为算作、是。“贵”，甲骨文作，像两手抬土块，《说文》释义为“物不贱也”。这令人联想到农业文明时代土地的神圣和价值。如“社稷”的“社”，土神，甲骨文为，正像立于地面上的一土块。“和为贵”三字蕴含了深厚的传统文化，典型地代表了中华民族的精神和追求。创作者恰当地选择了甲骨文字体来表现这一博大精深的内容，可谓形神兼备。

**图 2－20　甲骨文今作《和为贵》（张裕仁 书）**

2. 金文

金文是铸造或镌刻在钟、鼎等青铜器上的文字，又称“钟鼎文”“青铜器铭文”。最早见于商代晚期，西周为鼎盛期，春秋战国时开始走向衰落，延续至秦汉。其内容主要记录了当时祀典、赐命、诏书、征战、围猎、盟约等活动或事件，是研究殷商、西周、春秋、战国文字和先秦历史的珍贵资料。毛公鼎（497字，图2－21）、大盂鼎（291字）、大克鼎（290字）因其铭文字数多而成为青铜器中最著名的三大鼎。

西周以后的金文注重方正的结构和线条化，追求整齐的章法布局。如毛公鼎的铭文是金文中的经典名作和书法艺术瑰宝，具有极高的艺术审美价值。它结体方长，线条饱满遒劲，笔意圆劲茂隽，体势沉雄庄重，气象浑穆。特别是能将处于鼎的深腹内的生动多姿的文字处置得井然有序，和谐统一，更显布局之妥帖。（图2－21）

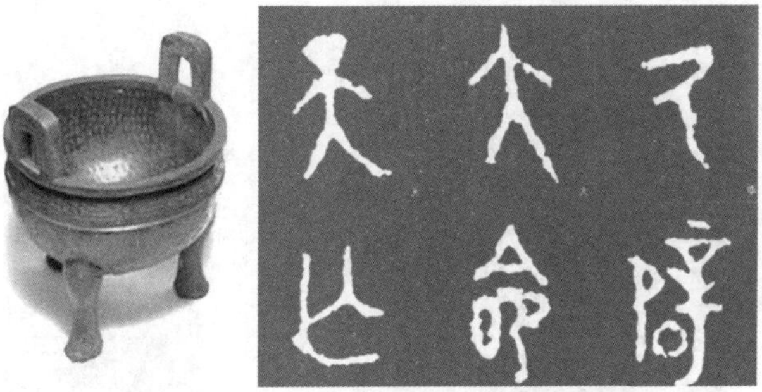

**图2－21　毛公鼎及其铭文拓片（局部）**

3. 篆书

西周金文发展到春秋时期，形成了篆书，它属于战国时期的秦系文字，与六国文字并列为两大系统，分为大篆和小篆。

（1）大篆：此概念最早见于《汉书·艺文志》“《史籀》十五篇”汉班固自注：“周宣王太史作大篆十五篇。”最典型的大篆字体有《说文》所收重文中的223个“籀文”和石鼓文（图2－22）、《诅楚文》，又称“西土文字”，具有小篆的雏形。

石鼓文是我国现存最早的刻石文字。石作鼓形，高二尺，径约一尺，共十鼓，分别刻有四言诗一首，记述秦国君游猎，故称“猎碣”。公元627年发现于陕西陈仓（在今宝鸡市），也称“陈仓十碣”。其字体长方圆活，体态堂皇大度，结体严谨工整，横平竖直，善用中锋，笔画粗细一致，笔力稳健，整肃端庄，刚柔相济，具有古朴雄浑之美，字与诗、石浑然一体。历代评论家认为“习篆当从石鼓文开始”。

（2）小篆：在春秋战国秦系文字的基础上逐渐形成，继承了大篆线条均匀圆润、结体方正的特点，是大篆的自然发展结果。代表有秦代刻石文字，铜器文字，礼器、兵器、货币、陶文上的文字，《三仓》[1]上的文字，《说文解字》所收的9353个小篆，《三体石经》[2]中的小篆等。

据说泰山刻石是李斯手书，其字体比石鼓文更加简化和方整，并呈长方形，线条圆润流畅，疏密匀停，给人以端庄稳重的感受。（图2－23）唐代张怀瓘在《书断》中称颂李斯的小篆是："画如铁石，字若飞动"，元代盛熙明《法书考》引张怀瓘之评价"骨气丰匀，方圆妙绝"。

**图2－22　石鼓文拓片（局部）**

**图2－23　泰山刻石（局部）**

4. 隶书

隶书是小篆的省简书体，起源于战国中晚期，成熟于汉代。隶书以笔画化代替了小篆的线条化，变小篆的长圆形字形为扁方型，变曲笔为方笔波挑，并且通过改变小篆的部首、偏旁或整体字来改变字的结构，从而使汉字逐渐符号化、规范化，这是汉字发展史上的重要转折，是古字、今字的分水岭，历史上称为"隶变"。隶书分为秦隶（古隶）和汉隶（今隶）。

秦时，小篆为通行文字，隶书为俗体。睡虎地秦墓竹简的书体是典型的秦隶，为秦始皇统一全国后五六年间的遗物。（图2－24）其字保存小篆的形体，改篆书的一些偏旁为隶书写法，字形横扁，点线短促平直，用笔上的波

① 《三仓》：李斯《仓颉篇》、赵高《爰历篇》和胡毋敬《博学篇》，是用小篆书写的四言韵语的文字模板，共有3300字。也作《三苍》。

② 《三体石经》：三国魏正始二年（241）立碑，碑文刻有《尚书》《春秋》和部分《左传》，每字皆用古文、小篆和汉隶三种字体刻写，故名。

磔挑笔已初具形态，构形均衡简省，布局齐整，风格质朴、敦厚、含蓄。汉代，隶书经过美化加工，在西汉中晚期成熟，东汉达到高峰，彻底摆脱了篆书的特点，从而跃升为通行文字。东汉时的汉简（如居延汉简、敦煌汉简、武威汉简等）和碑刻（如《石门颂》《史晨碑》《曹全碑》等）是典型的汉隶。汉隶的运笔有明显的提按顿挫，起笔重而露锋顿笔，收笔出锋，长横的蚕头燕尾和撇捺的挑法增强了装饰性和观赏性。

**图 2－24　睡虎地秦墓竹简**

**图 2－25　《石门颂》**

5. 草书

西汉创兴草书，最初阶段为草隶，是为书写简便在隶书的基础上演变而来的，其特点是字体具隶书形式，字字区别，不相纠连。东汉时期，草隶进一步发展，形成了章草，虽仍然保持着隶书波磔的笔画和字字不相连缀的形迹特点，但一字之内笔画连绵。如汉史游《急就章》、西晋陆机《平复帖》（图 2－26）。后由张芝创立了今草，即草书，特点是结构简省、去掉波磔、笔画连绵、偏旁相互假借。如东晋王羲之《初月帖》（图 2－27）、《得示帖》，王献之《玄度帖》。隋唐时，出现了狂草，亦称“大草”，笔意奔放，体势连绵，如唐代张旭的《肚痛帖》《古诗四帖》、怀素的《自叙帖》（图 2－28）。草书的诞生标志着书法开始成为一种能够高度自由地抒发情感以表现书法家个性的艺术，在书法艺术的发展史上具有重大意义。

图 2-26　章草：《平复帖》

（西晋 陆机 书）

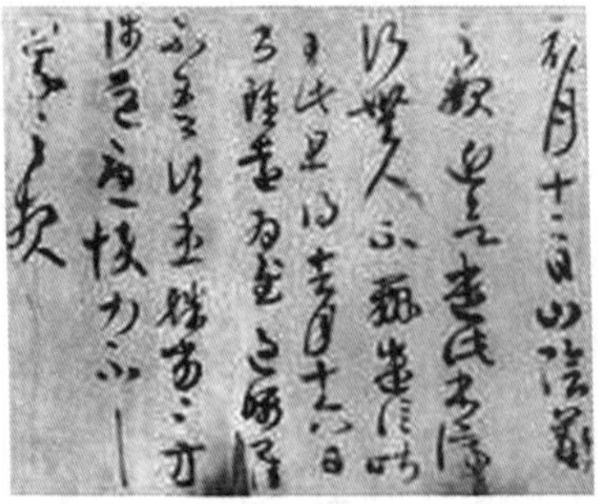

图 2-27　今草：《初月帖》

（东晋 王羲之 书）

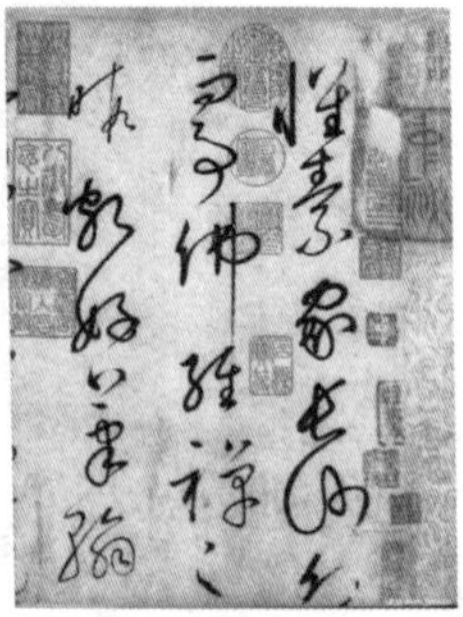

图 2-28　狂草：《自叙帖》（唐 怀素 书）

6. 楷书

楷书于汉末魏初时形成，从今隶演变而来，其字更趋简化，横平竖直，由东汉书法家钟繇（yáo）创制。因方正平直，堪为楷模，故名。又称“正书”“真书”，成为现在通行汉字手写正体字之源。三国时期，楷书进入刻石的历史，如《荐季直表》《宣示表》等成了雄视百代的珍品。唐代以后，形成了唐楷之“欧（阳询）体”“颜（真卿）体”“柳（公权）体”和元楷之“赵（孟頫）体”，并称“四体”。欧体的风格是“方圆兼施，以方为主，点画劲挺，笔力凝聚，结构欹侧险峻，严谨工整”（图 2-29）；颜体的风格是“结体方正茂密，笔画横轻竖重，笔力雄强圆厚，气势庄严雄浑”（图 2-30）；柳体的风格是“点画爽利挺秀，骨力遒劲，结体严紧”（图 2-31）；赵体的风格是“字体工整秀丽，笔法稳健”（图 2-32）。

图 2－29　九成宫碑文

（唐 欧阳询 书）

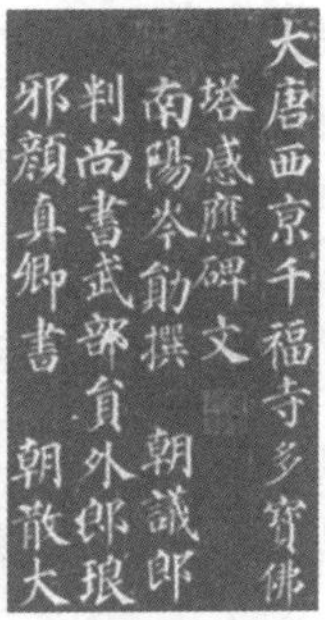


图 2－30　多宝塔碑文

（唐 颜真卿 书）

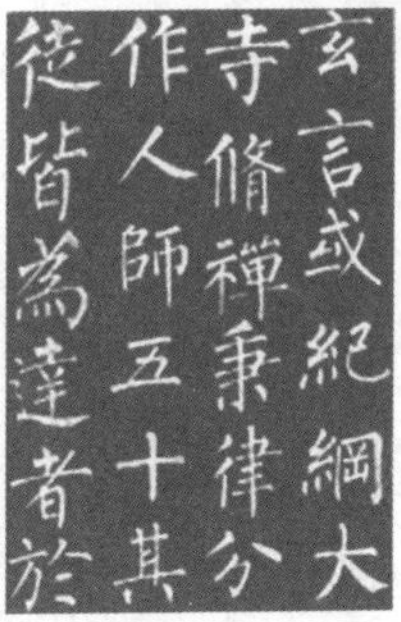


图 2－31　玄秘塔碑文

（唐 柳公权 书）

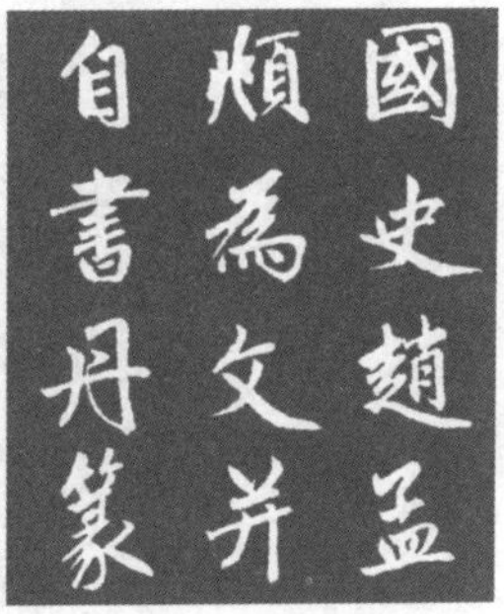


图 2－32　《仇锷墓碑铭》

（元 赵孟頫 书）

7. 行书

汉代后，为了弥补楷书的书写速度太慢和草书的难于辨认的不足，在介于楷书和草书之间形成了行书，“行”有“行走”义，故名。行书不像草书那样潦草，也不像楷书那样端正，是楷书的草化或草书的楷化的结果。楷法多于草法的叫“行楷”，草法多于楷法的叫“行草”。行楷代表作为东晋王羲之的《兰亭序》（图 2－33），风格平和自然，笔势委婉含蓄，字体遒美健秀，书写用笔细腻，布局结构多变，有“天下第一行书”之美誉。行草代表作有王羲之《丧乱帖》，笔法精妙，结体多欹侧取姿，有奇宕潇洒之致；王献之《中秋帖》（图 2－34），继承张芝“一笔书”的特点，畅快淋漓的笔法令人叹为观止，被封为“一笔书之祖”；王珣《伯远帖》，字迹俊逸流畅，劲健灵动，结字缜密，大小参差，疏密有致，信手拈来，更显风流。其中《中秋帖》

《伯远帖》与王羲之的《快雪时晴帖》（唐摹）被收入清乾隆时的三希堂[①]。

图 2－33　《兰亭序》（东晋 王羲之 书）

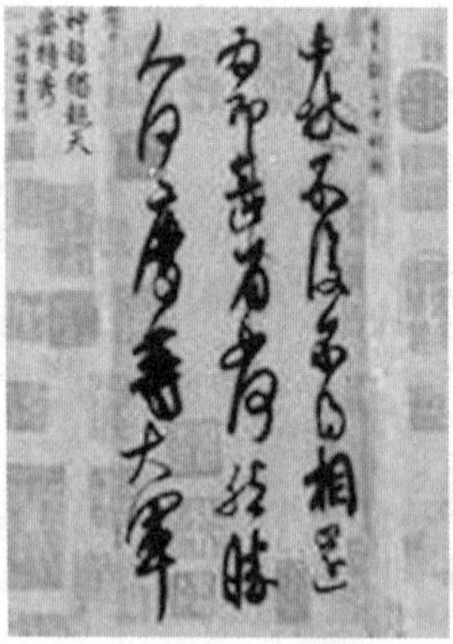

图 2－34　《中秋帖》（东晋 王献之 书）

汉魏以前，七大书体已成体系，这为书法理论的形成打下了坚实的基础。书法理论起源于东汉崔瑗（yuàn）《草书势》，奠基于魏晋南北朝，在唐代达到高峰，宋元明清时系统化。代表作有：唐张怀瓘《书断》3 卷，上卷列古文、大篆、籀文、小篆、八分、隶书、章草、行书，飞白、草书十体，各述其源流，并加赞文，于各体原委辩论颇精；中、下卷分神、妙、能三品。张彦远编撰的《法书要录》10 卷，集录了东汉至唐代元和年间书法家的书论 42 篇。北宋徽宗宣和年间（1119 ～ 1125）由官方主持编撰的宫廷所藏书法作品的著录著作《宣和书谱》20 卷，首列诸帝王书 1 卷，后依次为篆书和隶书 1 卷、正书 4 卷、行书 6 卷、草书 7 卷、分书 1 卷。著录历代书家 197 人，作品

① 三希堂：位于故宫养心殿西暖阁，因三件作品属于“稀世神物，非寻常什袭可并云”而名。

1344件。

书法理论的基本内容有：（1）母体论：即汉字是书法之母，同一汉字虽用各种字体、技法、风格表现，但字不能变。如崔瑗《草书势》、东汉末蔡邕《篆势》等皆从仓颉造字说起，认为书学基于字学。（2）书体论：即强调法自然、法物象，有哲学色彩。如蔡邕《九势》："夫书肇于自然，自然既立，阴阳生焉；阴阳既生，形势出矣。"又《笔论》曰："为书之体，须入其形。若坐若行，若飞若动，若往若来，若卧若起，若愁若喜，若虫食木叶，若利剑长戈，若强弓硬矢，若水火，若云雾，若日月。纵横有可象者，方得谓之书矣。"（3）书品论：南朝梁庾肩吾《书品》评论历代书法家的特色，分为上中下各三品。（4）技法论：如东汉蔡邕《九势》提出九种技法：转笔、藏锋、藏头、护尾、疾势、掠笔、涩势、横鳞。（5）风格论：如清刘熙载《书概》对中国古代书法风格等问题进行了全面系统而精要的理论性总结。

汉字书法是汉字艺术化的结晶，经过世世代代的继承和发展，形成了风格多样、书家云集、理论宏富的蔚为壮观的景象，在世界书法领域独占鳌头。

### （三）文字游戏

文字游戏分为字谜、对联、诗歌、游艺等方面。韦荣先、王传章等编写的《文字游戏大全》[①]对此有专门研究。

#### 1. 字谜

字谜是汉民族特有的一种汉字文化现象。它主要根据汉字的楷体笔画繁复、偏旁相对独立、结构组合多变的特点，运用离合、增损、象形、会意等多种方式而创造设制的。字谜有广义、狭义之分。广义的字谜，指所有的文字词语谜，如字类谜、词类谜、句类谜等。狭义的字谜，指单个汉字的谜语，它注重文字形体的组合及偏旁部首的搭配，要从形态、功用和意义上对谜底汉字的各个组成部分做多角度描绘，词句简短，行文措词和谜面修辞技巧也比较高。[②]此处指狭义的字谜。它由谜面、谜目和谜底组成。

字谜大约产生于东汉时期。据南朝宋刘义庆《世说新语·捷悟》记载，

---

① 韦荣先、王传章等，《文字游戏大全》，沈阳出版社，1989年。

② 引自 http://baike.haosou.com/doc/6261505－6474925.html。

字谜应始于东汉蔡邕在曹娥碑[①]碑背上题写的隐语"黄绢幼妇，外孙齑臼"。两晋南北朝时期，字谜在文人名士中非常流行，他们嗜好字谜，引为雅乐。如晋朝的潘岳，南朝宋时的谢灵运、谢惠连、鲍照，齐时的王融，梁时的萧巡之，陈时的沈炯等人都制作了许多离合体字谜。此时的制谜技巧也丰富完善起来，在离合文字偏旁的基础上，糅合了象形、比说、会意以及名物文化等许多方法，这对后世创制字谜产生了积极影响。唐宋元明时期，制谜和猜谜蔚然成风，超越了文人雅士的圈子，上至帝王将相，下至士民百姓，皆以谜为乐，以谜为戏。社会生活的各个方面都离不开字谜，如童谣歌赋、符瑞图谶、碑额书题、印章绘画、小说笔记、百戏技艺、酒令暗语等。特别是在宋元时代，有人因制谜和猜谜的技艺高超而以此为业，显声扬名。现代字谜在古代字谜的基础上不断发展，出现了相关的书籍，如黄穆灿主编的《中华字谜大全》[②]收录灯谜约 22 000 条，涉及谜底的汉字为 12 389 个，是迄今为止辑录字谜作品最多的一部灯谜专著。其后的《中华字谜鉴赏大典》[③]是上一部的姊妹篇，旨在提高人们认识字谜、理解字谜、鉴赏字谜和创作字谜的能力。

制作字谜和猜射字谜是一种益智活动。《世说新语·捷悟》："杨德祖为魏武主簿，时作相国门，始构榱桷，魏武自出看，使人题门作'活'字，便去。杨见，即令坏之。既竟，曰：'门中"活"，"阔"字。王正嫌门大也。'"曹操让人在相国府门上大题一个"活"字是制谜，杨修（字德祖）立即领悟其中之意，猜中了"门"中加"活"字便是"阔"字，所以叫人把相国府的门拆去重修。此则故事显示出曹操制谜之巧，杨修辨谜之捷。

人们利用字谜可以博得雅乐。文人雅士以字谜为酒令的构成要素，非常机智有趣。如拆字对令的规则是令官提拆字对联的上联，在座者要对出下联，对不上者饮。若上联是"踏破磊桥三块石"，下联应为"分开出路两重山"。离合字贯诗句的规则是令官提离合字字谜，要求对出相关的诗句。如字谜为"一卜为下，二人说话，一人争上，一人争下"，所对诗句当为苏轼《司马君实独乐园》中的"青山在屋上，流水在屋下"。若字谜为"品字三个口，水

① 曹娥碑：亦称"娥碑"，是东汉年间人们为纪念曹娥的孝行而立的石碑，由蔡邕书写。
② 黄穆灿，《中华字谜大全》，江西科学技术出版社，2000 年。
③ 黄穆灿，《中华字谜鉴赏大典》，江西科学技术出版社，2002 年。

西字成酒”，所对当为“口、口、口”和王维《送元二使安西》中的“劝君更尽一杯酒”。离合字贯俗语的规则是令官提由字谜和俗语构成的上联，对者亦然，如“门口问信，人言不久便来；八刀分肉，内人私议不均”。还有推字换形类，如“木在口内为困，推木在上为杏；十在口内为田，推十往右为叶”。

利用字谜还可以传情和暗示。南朝宋谢灵运《作离合》诗：“古人怨信次，十日眇未央。加我怀缱绻，口咏情亦伤。剧哉归游客，处子勿相忘。”全诗共六句，每两句分别将“古”“加”“剧”三字离析出“口”“力”“刀”三旁，再合成“别”字，谜底与诗意（谜面）同意相承，写极离别伤感之情，使诗味更加含蓄浓郁。

南朝宋范晔《后汉书·五行志》载，东汉末年，董卓作乱，引起民愤。人们利用字谜编了一首谣谶[①]：“千里草，何青青，十日卜，不得生。”“千里草”暗指“董”，“十日卜”合为“卓”，“不得生”意为“死”，故合为“董卓死”。清曹雪芹《红楼梦》第五回写贾宝玉在太虚幻境翻看金陵十二钗的“终身册籍”时，见到一则指向王熙凤的判词：“凡鸟（鳥）偏从末世来，都知爱慕此生才。一从二令三人木，哭向金陵事更哀。”“凡鸟（鳥）”合为“凤（鳳）”，“二令”合为“冷”，“人木”合为“休”，预示了王熙凤由备受宠爱到遭受冷落，直至被休的悲惨命运。作者用字谜为故事发展设下伏笔，营造了一种神秘的气氛。

测字、抽签、相命、圆梦、图谶等也利用离合汉字的手法来暗示过去或预言未来，其实是迷惑人的把戏。

综上所述，字谜应用范围极广，在日常生活、政治策谋、文学创作中都能大显身手，可以娱乐、传情、暗示，这些功能不仅丰富了生活、娱乐了大众，而且满足了政治和艺术的需要。因此，字谜既是游戏形式之一，也是蕴含深意的载体。

2. 对联

对联是对偶的文句，讲究平仄和对仗。也称“对”“联”“对句”“对

---

① 谣谶：以谣谚形式表达的预言。

子”，分为上联和下联。上联以仄声字收尾，下联以平声字收尾。平仄是对古汉语四声的分类。四声中的平声为平，上去入为仄，即不平。平仄两两交错会产生音乐美。对仗分工对和宽对。工对即工整的对仗，也作“严对”，即两句在词性、词类、句型等方面都分别整齐相对，甚至同一词类中据意义范畴分若干小类，如名词中天文、地理、时令、器物、服饰等；同一小类的词要分别相对。宽对则不受此限，一般只要句型相同、词性相同即可。

对联始于春联，春联始于桃符。据《后汉书·礼仪志》记载，桃符是指分别写有“神荼”“郁垒”二神之名的长六寸、宽三寸的长方形桃木板，古人在辞旧迎新之际将之悬挂在大门两侧。“正月一日，造桃符着户，名仙木，百鬼所畏。”桃符的功能是驱鬼辟邪。据《宋史·蜀世家》记载，五代后蜀主孟昶在桃木板上题写了“新年纳余庆，嘉节号长春”，这便是我国的第一副春联，但直到宋代，仍称“桃符”。如王安石《元日》诗“千门万户曈曈日，总把新桃换旧符”中“新桃”和“旧符”皆指桃符。故清富察敦崇《燕京时岁记》云：“春联者，即桃符也。”后来桃符由桃木板改为纸张，叫“春贴纸”。明代，桃符改称“春联”。明陈云瞻《簪云楼杂话》：“春联之设，自明太祖始。帝都金陵，除夕前忽传旨：公卿士庶家门口须加春联一幅（副），帝微行时出现。”朱元璋非常重视春联，据传他还特地为阉猪人写了“双手劈开生死路，一刀割断是非根”的春联。联意贴切、幽默。此后，写春联、贴春联相沿成俗。不仅如此，春联又渐渐繁衍出许多新形式，如门联、楹联、喜联、寿联、挽联等，统称“对联”。

最早编辑对偶文句的书籍是南朝梁朱澹远的《语对》《语丽》及陆罩等人编纂的《法宝联璧》。明朝时，各类对联均已出现，数量可观，所以，专门收集对联的书籍就产生了，如袁炜、夏鼎《明世庙斋醮对联》、钱德苍《玉堂巧对》、王子承《唐诗联选》等。清朝，各种对联书籍蜂拥而出，如梁章钜撰写的《楹联丛话》、张宗寿编辑的《类联集锦》。1949 年前有李小川的《分类楹联大全》，江荫香编、周梦蝶校的《新对联备要》等等。1949 年后，此类书籍不胜枚举，如林芳胜等编辑的《古今对联荟萃》，赵洁如的《历代楹联选注》，唐意诚等编的《今古对联集锦》，钱剑夫主编的《中国古今对联大观》，顾平旦、常江、曾保泉主编的《中国对联大辞典》等。

对联的分类标准很多，现根据其所处位置与性质的不同，分为门联、楹联、喜联、寿联、挽联、春联等。它已成为汉文化不可或缺的一部分。

门联相当于主人或所在地的名片，一定要突出自身的特点。如“忠孝培元气，读书发异香”充分展现了主人的家风，体现了中华民族对美德和知识的厚爱和追求。书房门常贴的对联是“风声雨声读书声，声声入耳；国事家事天下事，事事关心”，反映了儒家“经世致用”的思想。

楹联的形式、内容和风格具有多样性。文白皆可，雅俗共赏，实用性和观赏性并存，正如中国楹联学会所写的“对天对地，天地有情皆可对；联今联古，古今无事不能联”。山海关姜女庙（贞女祠）的楹联“海水朝朝朝朝朝朝朝落，浮云长长长长长长长消”，利用了“朝”“长”多音多义的特点巧妙地描写了周围的自然风光，隐喻世间的万事万物就和海水、浮云一样，朝潮朝落，常涨常消，并无常态，深刻地表达了豁达的自然观和宇宙观。此副联据说是乾隆时王尔烈所撰，断句方法多样，主要有：“海水潮，朝朝潮，朝潮朝落；浮云涨，长长涨，长涨长消。”“海水朝潮，朝朝潮，朝朝落；浮云长涨，长长涨，长长消。”

喜联是喜庆婚嫁时贴挂的对联，由上下联和横批组成。多用“龙、凤、百年好合、永结同心”等词语祝福新人。如“日丽风和桃李笑，珠联璧合龙凤飞”描写了在美丽的春天，新人喜结连理之事，上联为景，下联为赞美祝福，所用“珠、璧、龙、凤”意象非常妥帖。

寿联是为年长者祝寿专用的对联，内容多是称颂长者功德业绩，祝其健康长寿。老舍贺茅盾五十寿的“鸡声茅屋听风雨，戈盾文章赴斗争”为嵌名寿联，用唐温庭筠《商山早行》诗中“鸡声茅店月”之典，赞美茅盾身处陋室以文战斗的革命精神。

挽联，又称哀挽联，一般以歌颂死者或描述死者生平为内容。语言学家赵元任哀挽诗人、语言学家刘半农“十载唱双簧，无词今后难成曲；数人弱一个，教我如何不想他”。上联写两人交往十年（1924 ~ 1934），珠联璧合地为《教我如何不想她》作词谱曲，堪称双簧。下联“数人”是指“数人会”，是刘半农在赵元任家中发起的、研究中国语音音韵的学术团体；“教我如何不想他”巧换歌名中的“她”为“他”，不但应景，表达思念之情，同时紧扣死者的事迹。

春联以吉祥如意、新年新祝福、新年新愿望为主要内容，由上下联和横批组成。如上联："二十四时节气，乾坤竞秀"；下联："五十六朵奇葩，和睦同春"；横批："天人合一 "。此联用数目对涵盖了一年时光和五十六个民族，上联写时节交替，天地生机盎然；下联用隐喻，将各个民族比喻成美丽的鲜花，共迎新春，真可谓"天人合一"。

对联已有1000多年的历史了，充满智慧的先辈们将汉字与格律、民俗结合在一起，创造了这种民族的、民俗的、雅致的文化样式，不仅延续至今，成为中华文化的符号，而且传播到海外，影响了属于汉字文化圈的国家的文化。

3. 具有"建筑美"的诗歌

中国的诗歌相比对联历史更加悠久，自《诗经》《楚辞》以来已有2000多年历史。其内容丰富，形式多样，风格流派千姿百态。诗人们始终热衷于追新逐异，创造发明新的样式来抒情达意，而回文诗和宝塔诗就是其中两朵奇葩。

（1）回文诗

回文诗是一种可以倒读或反复回旋地阅读的诗体，也作"回纹诗""回环诗"。唐吴兢《乐府古题要解》解释为："回文诗，回复读之，皆歌而成文也。"如南朝齐王融《后园作回文诗》：

正读：斜峰绕径曲，丛石带连山。
　　　花余拂戏鸟，树密隐鸣蝉。
倒读：蝉鸣隐密树，鸟戏拂余花。
　　　山连带石丛，曲径绕峰斜。

回文诗利用了汉语以单音节语素为主和以语序为重要的语法手段这两大特点，以及汉语特有的一种使用词序回环往复的修辞方法，文体上称之为"回文体"。在创作手法上，它继承了《诗经》反复咏叹的艺术特色，回环往复，绵延无尽，来达到"言志述事"的目的，给人以荡气回肠、意兴盎然的美感。所以，不能把回文诗仅仅当成是一种文字游戏。刘坡公《学诗百法》曾说："回文诗反复成章，钩心斗角，不得以小道而轻之。"

回文的形式在晋代就已出现，并逐渐盛行开来。清朱存孝《回文类聚·序》："自苏伯玉妻《盘中诗》为肇端，窦滔妻作《璇玑图》而大备。"《璇玑图》是一块八寸见方的五色锦缎，上有用840个字织成的回文诗，无论反读，横读，斜读，交互读，退一字读，迭一字读，均可成诗，共可以读得三言、四言、五言、六言、七言诗7958首，其才情之妙，前无古人，后无来者。

后代诗人争相仿效，如庾信、白居易、王安石、苏轼、黄庭坚、秦观、高启、汤显祖等，均有回文诗传世。苏轼《赏花》："赏花归去马如飞，去马如飞酒力微。酒力微醒时已暮，醒时已暮赏花归。"此诗属连环回文体，以上句后三四字起头，最后又回到诗的开头"赏花归"。

经过历代诗人的开发与创新，回文诗的形式丰富多彩：有连环回文体、藏头拆字体、叠字回文体、借字回文体、诗词双回文体等等。诗人们在回文诗的创作上各擅胜场，虽然不乏游戏之作，却也颇见遣词造句的功力。如湖北咸丰县有一首回文诗《万柳堤即景》："春城一色柳垂新，色柳垂新自爱人。人爱自新垂柳色，新垂柳色一城春。"此连环回文体与上列苏轼《赏花》稍有不同：倒序。由此可见回文诗灵活多变之极，这无疑是得自汉字之功。

（2）宝塔诗

宝塔诗的布局形似宝塔，底宽上尖，中间逐层收缩像等腰三角形。从一言起句，依次增加字数，到七（或九）字句逐句成韵，或叠成两句为一韵。宝塔诗始见于隋朝释慧英的《一三五七九言诗》。按形状分，可分为双宝塔诗、单宝塔诗和变形宝塔诗。

双宝塔诗如唐令狐楚《山》：

山
耸峻 回环
沧海上 白云间
商者深寻 谢公远攀
山岩泉滴滴 幽谷鸟关关
对岛西连陇塞 猿声南彻荆蛮
世人只向簪裾老 芳草空余麋鹿闲

此诗押元韵，对仗工整，读起来琅琅上口，声韵和谐，节奏明快，状物写景，抒发寄情山水之意。独特的布局恰好与所咏之物“山”之形相吻合，使内容和形式高度统一，令人玩味不已。此为常见的“一七体”，其特点是指物为题，不仅规定了全诗描写的对象和范围，而且以题为韵，一韵到底，形成诗歌独有的结构美，趣味无穷。闻一多先生曾提出关于诗歌的“三美”理论，即音乐美、绘画美和建筑美。“音乐美”强调诗的律动，“绘画美”强调诗的意境，“建筑美”强调诗的形式。而宝塔诗以其独特的形式体现了诗歌的“建筑美”。

“一七体”还有单宝塔形式，如清吴敬梓《儒林外史》中有一首单宝塔诗：

呆
秀才
吃长斋
胡须满腮
经书揭不开
纸笔自己安排
明年不请我自来

作者巧用宝塔形式幽默风趣地讽刺了一个呆秀才，既是文字游戏，也与内容相匹配。

变形宝塔诗的形式众多，此不赘述。

宝塔诗因其形式之美而极大地影响了后世新诗的发展。如胡适、郭沫若、徐志摩、冰心等著名诗人都曾经在创作新诗时采用过宝塔诗的形式，显得新颖别致，具有特殊的艺术魅力，为人们所喜闻乐见。

像回文诗一样，宝塔诗也利用了汉字单音节语素及方块字形的特点。

4. 游艺

此类形式五花八门，传统的有字舞，现代的有成语接龙和填字游戏。

（1）字舞

字舞，是由众人排出字形而舞的大型舞蹈节目，始见于唐。宋吴曾《能改斋漫录·事实·字舞》：“字舞者，以舞人亚身于地（俯于地，倒于地），布成字也。”一般是在祭祀大典或嘉宾盛宴等隆重的集会场合演出。

唐代是中国古代乐舞发展的鼎盛时期，字舞盛行。《旧唐书·音乐志二》记载：“《圣寿乐》，高宗、武后所作也。舞者百四十人，金铜冠，五色画衣。舞之行列必成字，十六变而毕，有‘圣超千古，道泰百王，皇帝万年，宝祚弥昌’字。”《圣寿乐》的特色就是用一百四十个人排出十六个字。将汉字元素编入团体舞蹈是对舞蹈形式的一大创新。唐王建在诗中对字舞形象地描述道：“罗衫叶叶绣重重，金凤银鹅各一丛。每遇舞头分两向，‘太平万岁’字当中。”

张艺谋继承了中国古代字舞的精髓，为北京 2008 年奥运会开幕式设计了一场令人震撼的字舞表演。三千名孔子弟子手持竹简诵读《论语》，中间为一块由众人扮成的七十米长的“活字印刷板”，在音乐的律动下不断起伏拼出“和”字，一共三次，每次三个，字形分别是金文“”、小篆“”及楷书“和”，一方面演绎了汉字的发展历程，一方面突出了儒家所倡导的汉文化精神“和为贵”。这种大型团体舞无论在内容上还是在形式上堪称古今之最。

（2）成语接龙

成语接龙，是将几个成语按照一定的规律连接成一条龙，其表现形式非常活泼。这种游戏不但益智，而且使记忆成语变得生动有趣，效果明显。王智英《成语接龙游戏》[①]对此有专门研究。其具体表现形式有十多种[②]，其中顺接和逆接比较常见。顺接即首尾相连（可谐音）或按某一类字的顺序相连。前者如语惊四座→座无虚席→席不暇暖；后者如以数字相连，一日千里→二分明月→三心二意。逆接即后一个成语的字尾接上一个成语的字头，如：典章文物→朝章国典。

这些接龙形式可谓五花八门，繁简、难易并存，语料不限四字成语，非四字成语、诗词亦可加入其中，这对参与者要求甚高，不仅要熟悉各种规则，而且要精通古今成语典故、诗词歌赋。但无论多么复杂，成语接龙是以汉字为线索的一种文字游戏，它利用了汉字单音节语素多和以语序为语法手段的特点。

① 王智英，《成语接龙游戏》，21 世纪出版社，2010 年。

② 见《成语接龙有哪些类型》，http：//zhidao. baidu. com/question/1951325454605221468/。

（3）填字游戏

至迟在20世纪60年代，受拼音文字填字游戏的启发，中文填字游戏产生了。它分为图形题和非图形题。前者是在一片纵横交错的格子里，根据只言片语的提示及词条相交处的一个或几个关键字，填出正确的字，直至把空格填满。虽然是模仿，但数以千万计的汉字能够带来无限繁复的变化，选词的自由度很高，而拼音文字只有几十个字母，其衍生变化的程度大为逊色。后者是在一个短语或句子里逐层嵌字，扩展意义，但不改变语言单位。所以，中文填字因汉字的单音节语素而形成的位置灵活的特点串联出许多相关的词语，这些词语具备文化性、知识性，因而更具有趣味性和挑战性，使中文填字游戏有了自己独到的意趣。

中文填字游戏老少皆宜，传统的纸面形式与现在流行的网上形式比翼齐飞，提高了参与度，扩大了知识面，是普及文化、寓教于乐的有效方法。

以汉字为本体的各种游艺活动，有趣、高雅又益智。这是热爱生活、追求知识的汉民族艺术化的创造发明，是汉字潜在的适用性、灵活性、全息化的体现。

字谜、对联、回文诗、宝塔诗和游艺构成了汉字游戏的主干。人们巧妙地将汉文化包装在充满意趣和神秘感的汉字里，在设计和欣赏、书写和品味、思考和享受、出题和答题的过程中，无不感受到创造和破解的乐趣，无不为汉字的魅力和汉文化的博大精深而叹服。

汉字崇拜、书法艺术、文字游戏是汉民族特有的文化塑造形式，其中每一种又包含着丰富而有意蕴、厚重而有趣味、高雅而有俗乐的具体样式，它们都成为汉民族文化生活中不可或缺的重要组成部分。有的成为精英文化，如书法艺术；有的影响到汉民族的心理和行为准则，如汉字崇拜；有的成了汉民族习俗的源泉及游乐项目，如文字游戏。可见，汉字以其独特的表意性和方块字形获得了比拼音文字更多样、更便捷的利用价值。作为文化塑造的母体，它的能产性、适用性、可塑性令人叹为观止。

汉字从文化的载体功能到文化塑造的母体价值，淋漓尽致地发挥了自身本来的或潜在的强大的符号作用，充分显示了汉字与文化互为表里的关系。

练习题：

1. 从《中国谜语大会》中搜集字谜，通过谜面、谜目、谜底所涉及的文化知识来谈汉字与文化的关系。

2. 据刘宝瑞、郭全宝的相声《说字》举例说明汉字和文化的关系。

3. 培养练习书法的习惯，学会辨识各种字体，了解其风格特点。

4. 参与文字游艺活动，感受汉字的趣味性和益智作用。

# 第三章

## 汉字的结构及特点

汉字结构有两种表现形式，即造字结构和书写结构。前者是分析造字本义的依据，与文化内涵有关；后者是为了说明书写步骤或反映新的文化样式，与文化塑造有关。两种结构的分析角度都建立在汉字表意特点的基础之上。

# 第一节　汉字结构

## 一、什么是汉字结构

汉字结构可以从两个方面来分析。第一是书写结构，如“态”，可理解为“心大一点”，常用来劝告人们保持良好的心态。“臭”，俗语说“自大加一点”。“教”，有人解释为“讲孝道，有文化”。此类分析其实大多是为了说明某一思想理念，或只是简单地说明某字的写法，其历史悠久。如《左传·宣公十二年》：“夫文，止戈为武。”将“武”字拆分为“止”和“戈”，意为停止战争。其背景是晋楚邲之战后，楚大胜，大夫潘党曰：“君盍筑武军，而收晋尸以为京观。臣闻克敌，必示子孙，以无忘武功。”他建议将晋人的尸体堆成高台，留给子孙看，以炫耀武功，威慑诸侯。而楚庄王以解释“武”字的方式表达了以战止战才是真正的武功的思想。因此，“态”“臭”二字的解说是为了劝导人们修养德行；“教”的分析流露出中华民族的道德观念和对文化的崇拜意识。可见，此类对汉字结构的分析都明显带有主观性和任意性，并非是字形结构本身所要传达的意义，也就是说不一定完全符合造字时代的情况和造字者的用意，但它成了一种宣传某种理念或制造某种文化样式的工具。文化塑造中的字谜、游艺等形式，也是以书写结构为基础的。若要探究字形本应表达的意义，就必须要了解造字结构。

第二，造字结构。汉字是表意文字，字符与其所表示的词的本义联系在一起。先秦时期，人们就开始注意对汉字结构进行分析。如《左传·宣公十五年》“反正（）为乏（）”、《左传·昭公元年》“皿虫为蛊”、《韩非子·五蠹》“自环者谓之厶，背厶者谓之公”等。后人对汉字分析实践进行总结，归纳出了汉字结构理论“六书”。如果按照“六书”理论来解析“态”“臭”“教”,就分别是：“态”实为“態”的简化字，从心能声，形声字，意态。从自（古“鼻”字）、从犬，会意字，本义为闻，是“嗅”的古字。从攴（pū）、从季（jiào，从子，爻声。《说文解字》：“放也。”仿效），季亦声，是形声兼会意字，甲骨文作，教育或效法。“教”字的写法是讹变的结果，并非由“孝（，从老省、从子）”和“文”合成。

汉字结构实分两端，书写结构的分析以楷书为对象，且不分繁体字和简化字，舍弃了本字的形义关系，因其与造字无关而成为文化塑造的来源，此问题在前一章已有详细介绍，故以下不赘述；而造字结构是汉字文化蕴含的载体，前文虽已提及，但本教材主要介绍汉字与各种文化之间的联系，故必须首先讲述“六书”理论中的四种造字法，提供分析汉字造字结构的基本知识，为进一步探求汉字背后的文化内涵打下坚实的基础。

## 二、“六书”理论

### （一）“六书”理论溯源

“六书”一词始现于《周礼·地官·保氏》“保氏掌谏王恶，而养国子以道，乃教以六艺：一曰五礼，二曰六乐，三曰五射，四曰五驭，五曰六书，六曰九数”，但未有具体说明。汉代时，治经盛行，有学者对“六书”进行研究，有的只确定名目，如班固《汉书·艺文志·六艺略》所规定的象形、象事、象意、象声、转注、假借，郑玄注《周礼·地官·保氏》时引郑众《周礼解诂》所规定的象形、会意、转注、处事、假借、谐声；有的既有确定的名目，也有具体的说明和研究，如东汉许慎《说文解字·叙》认为“六书”是指事、象形、形声、会意、转注、假借，并首次对六书进行界定，举例分析，影响后世，成为汉语文字学建立的基础。

三家名目次序虽略有差异，但实出一源，即汉刘歆的《七略》。如《汉书·艺文志》本于《七略》，郑众之父郑兴、许慎之师贾逵皆为刘歆弟子。清代学者为了便于研究，取许慎所定的名目和班固所排的次第，定“六书”为：象形、指事、会意、形声、转注、假借，戴震称之为“四体二用”。“四体”即四种造字法，即象形、指事、会意、形声；“二用”即两种用字法，指转注和假借，因二者与汉字结构无关，故在此不提。

### （二）四体

“四体”的“体”应指主体，可见造字法之重要。象形、指事、会意、形声四种造字法经历了从具体到抽象、从单一表示法到复杂表示法的演变过程，这是社会发展促使先人们认知能力提升的必然结果，充分显示了造字者的聪明智慧。

1. 象形：《说文解字·叙》："象形者，画成其物，随体诘诎。日、月是也。"象形字的特点是画出事物，线条随物而弯曲，如日（）和月（）分别像一轮太阳和一弯弦月。它分为独体象形字、合体象形字、转意象形字和变体象形字。以下仅列举象形性较强的甲骨文和金文。

(1) 独体象形字：此类字的所有线条组成一个囫囵的整体，切分不开。如：

山：甲骨文，金文；

水：甲骨文，金文；

木：甲骨文，金文；

人：甲骨文，金文；

女：甲骨文，金文；

自（"鼻"的古字）：甲骨文，金文；

又（"右"的古字，右手）：甲骨文，金文；

止（"趾"的古字）：甲骨文，金文。

其中"又""止"的古字皆以三个指（或趾）头表示五指（或趾），这是以偏概全的做法，因为数字三表示多。

(2) 合体象形字：画成事物的轮廓，再借助主体事物来帮助表意。前者为本体，后者为衬体。若没有衬体，就不明本体所象何物。如：

石：甲骨文，金文；

州：甲骨文，金文；

眉：甲骨文，金文；

果：甲骨文，金文；

瓜：金文。

此五字若没有衬体"厂""水""目""木"及像藤蔓的符号，就不知本体所指为何，故而衬体提示表意范围，不可或缺。试比较金文和小篆，其上半部分相似，皆像圆形、内有颗粒状的实物，但区分不清，只能借助于下半部分的“木”和“肉”字的提示，方知二者分别是“果”和“胃”字。由此可见，大千世界不乏相似之物，古人应用了事物分类的办法将它们归入相应的偏旁部首，从字形结构内部体现事物的本质，反映了人类的认知水平。

（3）转意象形：此类象形字所表示的词义并非字形表面的意义，而是与字形相关的比喻义或象征义。如：

大：甲骨文，金文；

小：甲骨文，金文；

长（長）：甲骨文，金文；

高：甲骨文，金文；

齐（齊）：甲骨文，金文。

“大”以像伸开四肢的成年人的样子表示事物的性质超过一般或所比对象；“小”以像尘粒状的方式表示细微、细小；“长（長）”以像人长发状来表示长远义；“高”以像建于高台之上的房屋之形象征离地面远；“齐（齊）”以像禾麦之穗而象征齐平。这些字皆以像具体事物的构形而抽象地显示其所属的性质，因此其形义关系较为间接和抽象，采用了比喻象征的手法，具有想象的张力。

（4）变异象形：甲骨文、金文尚未完全定型，因此异体字较多，如甲骨文“灾”的异体字有（从宀从火）、（从火才声）等。此类异体字不影响意义。但少数字通过字形的改变有区别意义的作用，具体分为转体象形、变体象形、减体象形三类。

大：甲骨文，金文→屰：甲骨文，金文

→夭：甲骨文，金文

→交：甲骨文，金文

“大”本像伸开四肢的人体，当把它稍加变形后，就变成另外的字。颠倒过来就是“屰”，后作“逆”，《说文·屰部》：“不顺也。”属转体象形。倾斜双臂就是“夭”，像行走时两手摇摆形，《说文·大部》：“屈也。”弯曲义。

将下肢相交就是“交”，《说文·亠部》：“交胫也。”即脚胫相交。此为变体象形。

木：甲骨文，金文→片、爿：甲骨文或

门（門）：甲骨文，金文→户：甲骨文

“木”字左右对称，指树，从中间纵向剖开成“片”字，《说文·片部》：“判木也。从半木。”剖开，分开。“门（門）”字指开两扇的大门，取其一半后为“户”，指单扇门。此二例是将原字拆解而成，为减体象形。

2. 指事：《说文解字·叙》：“指事者，视而可识，察而见意。上、下是也。”指事字的特点是字形在像与不像之间，需要仔细观察，方知字义。如上（）和下（）以长线、短线位置和方向的不同来表示两个相反的方位。它分为纯粹性的指事性符号、在象形字基础上加指事性符号两种类型。

（1）纯粹性的指事性符号

一、二、三、四（）、五（、）、六（、）、十（、）

（2）在象形字基础上加指事性符号

寸：小篆，以象形字“又（）”为基础，在寸口处加指事性符号；

刃：甲骨文，小篆，皆以象形字“刀（）”为基础，在刀刃处加指事性符号；

亦：甲骨文，金文，皆以象形字“大（）”为基础，在两腋处加指事性符号，此字后作“腋”；

本、末、朱：金文分别是、、，皆以象形字“木（）”为基础，在树根、树梢、树干处加指事性符号，其中表示树干之义的“朱”[①]后作“株”。

象形字和指事字皆为独体字，它们是早期的、比较原始的文字，形象性强，但表意有限，因此在汉字体系中数量较少。随着社会的进步和人类思维的发展，大量新事物、新概念不断涌现，复杂和抽象的意义仅靠这两种造字

①《说文解字·木部》认为“朱”指“赤心木”，亦可。

法就无法得以表现，于是出现了一种适应新形势需要的造字法——会意。

3. 会意：《说文解字·叙》：“会意者，比类合谊，以见指撝（huī）。武、信是也。”会意字的特点是由两个或两个以上的或同或异的字符组合而成，表达一个新的意义。分类标准有二：

第一，按构字部件的同异分为同体会意和异体会意。前者如：鑫，林、森，淼，炎、焱（yàn，光华，火焰），垚，从、比（）、北（，后作“背”），毳（后作“膻”）、鱻（后作“鲜”）等。后者如：逐（甲骨文，从豕从止；小篆从辵从豕）、逸（，从辵从兔）、进（進，甲骨文，从止从隹；金文，从辵从隹）。此组字皆与行走有关，故从止或辵。辵，甲骨文，从行从止，像人行走在四通八达的道路上，故义为乍行乍止。其余字符豕、兔、隹所指各有特点：豕，笨拙迟缓，故易追，被选为“逐”的构字部件。当然“逐”的异体字还有，以鹿为追逐对象，但因鹿轻盈迅速，与豕相比表意方面就逊色一些，故而被淘汰。兔，能跑善跃，逃跑迅捷，被选为表示逃跑的“逸”的构字部件。隹，一种短尾鸟，能进不能退，作为“進”的构字部件理所当然。由此可见古人观察之细致，联想之丰富，表现之生动。囚，甲骨文，从人在囗（wéi，后作“围”）；安，甲骨文，金文，皆从宀从女。二字异义，但从构形上看，部件相类：囗和宀，表示所处环境；人和女，表示环境中的主体，但貌似相类的部件在细微处存在着差别，故产生了截然不同的感情色彩。“囚”表示人处于封闭的环境而失去了自由，“安”表示一女子安然地身处家中。从两个不同字形的相关相异之处来体现字义上和感情色彩上的差异，可见造字者的整合思维发挥了作用。

以上各例证明了汉字不是被一个一个独立创造的，而是被一类一类联系起来创造的，这是人类抽象思维发展到一定程度的必然结果。

第二，按产生时间的早晚分为早期会意和晚期会意。前者如“第一”中所举的例子，它们皆以形象化的方式合成一个新的意义，具有象形色彩，可称为以“形”会意者。后者如：尖、卡、歪、孬、楞、劣、掰、搿、甭、吋、浬、瓩、甮等，皆以各个部件独立的意义合成一个新的意义。其中的“甭”还是“不”和“用”的合音字，类似的还有“覅（báo）”“嫑（jiào）”等，这些字是为了记录方言词而造的。“吋”“浬”“瓩”“嗧”是为了记录外来量词而造的，每个字都有两个音节，认读时应还原为“英寸”“海里”“千瓦”“加仑”（瓩、嗧，也是合文）。此类会意字直接综合各部件之义而成新义，可称为以“义”会意者。

以“形”会意向以“义”会意的转化反映了人类认知水平的不断发展和提升，形象性减弱，抽象性增强。

象形、指事和会意都是以形表意的造字法，这种纯粹的表意造字法无法适应语言中有音但不能望文知音，有义但意义抽象不易表示的造字需要，于是一种兼有音义的造字法产生了，即形声字。

4. 形声：《说文解字·叙》：“形声者，以事为名，取譬相成。江、河是也。”形声字的特点是以一个表示事类的字做形符，取一个表音的字做声符，二者合成即可。“江”“河”皆以水为形符，表示与水有关；又分别以“工”“可”做声符。值得注意的是：由于语音古今变化，形声字声符的表音作用已经弱化，因此不能以今律古。“工”“可”在造“江”“河”二字的时代是表音的，不能因为今音有别就忽视了它们的表音作用。另外，事物的不断变化也会使有的形符失去表意的作用，如“镜”“杯”中的“金”“木”在今天已不能表示其意义范畴了。所以，动态地认知形声字很有必要，至少我们应该知道在造字时代，形声字的形符和声符是表意、表音的，也应该知道形符不能完全透露出具体的意义，而是表示意义范畴，如“水”“金”“木”等只能说明以此为形符的字所属的类别而已。

形声字的结构分为一般结构和特殊结构。

（1）一般结构：形符和声符的分布平衡对称，共有三大类：左右、上下和内外。

左形右声：江（河）、镜、杯、脖

左声右形：攻、颈、切、都

上形下声：草、管、巍、宇

上声下形：婆、袭、勇、型

内形外声：凤（鳳，从鳥凡声）、问、闻、辨

内声外形：圆、里（裹，从衣里声）、匣、阁

(2) 特殊结构：形符和声符的分布不均衡，共有三种情况。

形符偏于角落：修、脩、条（條）

三字皆攸声，各字右下角的“彡”“肉”“木”为形符。

声符偏于角落：从（從）、徒、徙

三字皆从辵，各字右上角的“从”“土”“止”为声符。

形符和声符穿插：游、随（隨）

游，从㫃（yǎn，旗帜飞扬貌），汓（同“泅”）声。随，从辵，隋声。

除了特殊结构对形声字的分析造成障碍外，省形、省声和亦声也是值得关注的，否则析字不免失误。

省形：指形声字的形符不完整，一般是为了书写方便或结构匀称而省略的。如“考”，从老省，丂声。“凰”，从凤（鳳）省，皇声。

省声：指形声字的声符不完整，一般也是为了书写方便或结构匀称而省略的。如“劵”（后作“倦”），从力，卷省声。“融”，从鬲，蟲省声。

亦声：指形声字的声符兼表意。如“汲”，从水从及，及亦声。“娶”，从取从女，取亦声。

四种造字法中，形声是最能产、最完备的一种。“最能产”表现在字符可以根据不同需要充当形符或声符，灵活便捷地结合成一个音义全息的新字，如“女”在“妇（婦）”中为形符，而在“汝”中为声符。不仅如此，单字和单字的组合可以不断地生成具有层级的形声字，如：父＋用→甫＋寸→尃＋水→溥＋艹→薄＋石→礴……如此就能创造出大批的形声字，所以其所占比例不断增长，逐渐成为造字法中的佼佼者。高明《中国古文字学通论》认为，在商代甲骨文中，形声字仅占总字数的20%左右。秦篆时，形声字数量大增，在《说文》中占82%。[①]南宋郑樵《通志·六书略》对23 000个字中的形声字进行统计，其占比为90%。裘锡圭统计，在1952年6月教育部公布的常用字表中的2000个字中，形声字占74%。“最完备”表现在形声字由形符和声符组合，便于识读，弥补了以前只知其义而不知其音的不足。

① 高明，《中国古文字学通论》，北京大学出版社，1996年，第40页。

## 第二节　隶变对字形结构的影响

### 一、隶变

隶变指中国文字由小篆转变为隶书。从战国中期开始，秦系文字小篆逐渐演变为古隶（秦隶），到汉代变为今隶（汉隶），将小篆圆转绵长的线条演变为平直方折的笔画，字形从长方形变成扁方形，笔画从粗细一律变为粗细不一，字体结构简省，大大弱化了汉字的象形意味，奠定了两千年以来方块汉字的基本形状。见下列对比例：

小篆：

隶书：**孝　星　美**

隶变不仅改变了小篆的笔势，而且彻底影响了古文字的形体结构，使汉字的笔意弱化，符号性加强。

### 二、隶变对字形结构的影响

隶变影响了汉字的部首、偏旁或其整个结构。

部首和偏旁是一对容易混淆的概念。前者指字书中各部领头的部件或笔画，具有字形归类的作用。许慎在《说文解字》中首创了部首概念，对字的分类采取了“据形系联”的方法，把9000多个小篆中具有共同形旁的字归在一起，称为部，每部把共同所从的形旁字列在开头，称为“部首”。如“搧”“扛”“拿”等具有共同的形旁“手”，“手”就成了这部分字的部首。《说文解字》将小篆的汉字分类在540个部首里。随着汉字形体变化，部首的构成和数量也相应改变。目前大型语文工具书（如《汉语大字典》《汉语大词典》等）皆收有200个部首。偏旁是汉字合体字的各个组成部分。因汉字为左右结构居多，故古称左为偏，右为旁。今泛称合体字的左右上下任何一部分为偏旁。上列三字的偏旁分别是手和扇、手和工、合和手。相较而言，部首是表意的偏旁，但偏旁不一定是部首，偏旁与部首是整体与部分的关系。如“手”既是偏旁也是部首，而“扇”“工”“合”只是偏旁。在偏旁中，部首的数量很少，常用的不过一百多个。大量的偏旁是表音成分，如“扇”和“工”，常用的有一千多个。

**（一）部首的改变**

小篆的部首形象表意，但隶变后就出现了符号化倾向，特别是同一个部首在不同形体结构中发生了不同的异变，降低了识读性。

**隶变后的部首变化举例表**

| 小篆部首 | 辵 | 火 | 心 | 网 | 肉、舟、丹 | 阜 | 邑 |
|---|---|---|---|---|---|---|---|
| 隶变后部首的变异情况 | 辶（逐逸）、彳（從徒徙） | 火（焚烧）、灬（烈照） | 心（思想）、忄（性情）、⺗（恭慕） | 罒（罪署罩羂）、罓（罔岡）、⺳（罕，hǎn，捕鸟用的长柄小网） | 月（胡膏/前服/青） | 阝（阴阳陵） | 阝（郑、邯郸） |

部首“辵、火、心、网”在不同的结构中分化变异，源流之间、流与流之间产生了区别。其字分别与行走、火烧、思想感情、捕鸟兽的工具等有关。部首“肉”完全混同于“月”，俗称“肉月”，其字皆与肉体有关。类似现象还有（舟丹）。“前”，小篆作歬，从舟、止，会意，表示前行；隶书为**前**，“舟”变成“月”字并转移到整个字的左下角。“服”，小篆作𦨈，从舟、人、又，会意，像一人推另一人上船，表示从事或承受等义；隶书为**服**，“舟”变为“月”。“青”，小篆作青，从丹生声，丹表示丹砂，与“青”相类；隶书为**青**，“丹”变成“月”字，“生”变为“**主**”。部首“阜、邑”混同，只是所在位置一左一右，俗称“左耳”“右耳”，其字分别与山或城邑有关。如“阴（陰）、阳（陽）”分别指山之北、南，“陵”是大山。“郑、邯郸”皆为古代的国名或城市名，保留至今。这些分化和混同使部首的表意特征淡化了。

**（二）偏旁的改变**

偏旁改变分为偏旁混同、偏旁省略和偏旁讹变。

1. 偏旁混同

“灬”“𡗗”是两个常用的偏旁，其来源复杂，但各自的源与流却毫无关系。

灬：除了来自“火”以外（见上表），还有马腿（→馬）、鸟爪（→鳥）、鱼尾或燕尾（→魚、→燕）。

𡗗：来自艹屯（→春）、廾午（→春、→秦）、廾大（→泰）、廾中（→奏）、廾丰（→奉）。

，从艹、日、屯，屯亦声，表现了春日和暖，草木萌发的景象。隶变后，只保留了“日”，其余讹变成符号𡗗。

，从廾持午（后作“杵”）在臼上，会意，以示舂捣臼中谷物外壳的动作。隶变后，只保留了“臼”，其余讹变成符号𡗗。

，从廾持午（后作“杵”）在禾上，会意，以表示舂捣谷物外壳动作的形象来命名地方。因为自古以来，秦地土地肥美，宜于稼穑。《说文・禾部》：“秦，伯益之后所封国地，地宜禾。”伯益是颛顼之后，嬴姓之祖。隶变后，只保留了“禾”，其余讹变成符号𡗗。

，从廾、水，大（后作“太”）声。《说文・水部》：“泰，滑也。”手中之水柔滑流动。隶变后，只留“水”字，其余讹变成符号𡗗。

，从廾、中、夲，会意。中，左，后作“佐”，上进之义。夲，快速前进。合起来就是进献。隶变后字形一分为二：𡗗、天。

，从廾、手，丰声。表示二人各伸出手相授受。《说文・大部》：“奉，承也。”承受，接受。隶变后字形一分为二：𡗗、丰。

2. 偏旁省略

，从尾出声。《说文・尸部》：“屈，无尾也。”“尾”既是部首，也是偏旁，隶变后省略了像尾巴的部件，构成“屈”。

，从金父声。古代的一种金属炊具。“金”既是部首，也是偏旁，隶变后省略了与声符“父”相似的撇捺，使结构简洁，构成“釜”。

3. 偏旁讹变

上举“奏”“奉”二字的下半部分皆属此类。再如：“右（）、有（）、友（）”中的“”是“（又）”讹变的结果。“存（从子，才声）、在（从土，才声）”中的“”是“（才）”讹变的结果。

（三）整体字的改变

部首或偏旁的变化带来的是文字局部的形变，而隶变会使某些小篆的整个结构更替，导致形义关系的线索模糊不清。如：小篆从月，亦省声，隶变成夜，意符“月”和声符“亦”均讹变，二者组合后已无理据。小篆从毛从衣，隶变成表，原先两个偏旁皆不全，表意特征消失。[①]

从以上的各种变化可以看到，隶变虽然是汉字发展成熟的必然结果，但无可讳言，它也增加了以形知音知义的难度。因此，正确分析汉字结构不能完全依赖隶变后的文字，而要充分地审视小篆及其以前的古文字。

## 第三节　汉字的特点

从甲骨文到行书，再从繁体字到简化字，汉字经历了笔意和笔势的变化。这些变化虽然主要表现在表意性逐渐被符号性所替代这一方面，但从总体上来看，其表意性还是非常突出的。尤其是当我们将汉字与拼音文字进行对比时，就更容易感受到汉字以其方块外形整齐而独立地排列在一起，每一个个体尽量地以其形象表达一定意义的特点。而且“望文生义”或“见形知义”已成为我们汉民族认识生字的固有习惯，这个习惯在一定程度上有助于理解和掌握字的形音义三要素。由此可见，表意性始终伴随着汉字的发展和演变，是不易颠覆的特点。

世界上的古老文字一般都源于象形文字，如本书第二章第一节所提及的古埃及象形文字、古巴比伦楔形文字、古印度文字及汉字，还有目前世界唯一存活着的象形文字——中国纳西族的东巴文，只不过前三种文字因遭受了大规模的异族入侵（如埃及曾经被罗马吞并，古印度曾经被蒙古后裔莫卧儿王朝统治，古巴比伦被波斯军队所灭）而先后被入侵者的拼音文字所替代。

① 荆贵生，《古代汉语》（修订本），黄河出版社，1997年，第137～140页。

相较之下，中国在历史上虽然也多次上演过异族入侵、异族统治的悲剧，但是汉字一次又一次地以其强大的生命力同化了军事强大但文化落后的异族胜利者的文字体系，这与汉字不断适应汉语发展的需要及汉文化的优势密不可分。

汉字四种造字法的不断演进使汉字承载的文字信息由形义兼备丰富为形音义全息[①]。形声是最完足的造字法，它将文字的三要素充分地结合起来，这不仅是造字经验累积的成果，而且是适应汉语发展及满足汉字使用者需要的结果。汉语构成的基本单位大多是一个个音节词，正如申小龙所说："汉语思维善于把大千世界的复杂形态分析成一个一个音义全息的发散性的基本粒子。汉语词的单音节形式就恰好适应这种分析。"[②]所以字和词产生了交集，当具有形音义三要素的字或词组合成语句时，就会使形象的内容和外现的语音展示出来。可见，汉字的单音节形式与汉语中的单音节词相配，汉字的表意特征与汉语的注重感性形象的特点就吻合起来。同时，汉字始终伴随着汉文化生生不息，共同发展。汉文化在中国历史的长河中不断激浊扬清，形成了深厚博大、优秀包容的汉民族的文化特色，无论是在国势强盛时还是在民族面临沦亡时，它都体现着强大的力量，能吸引外来取经者，能同化异族统治者。因此，先进的文化与全息的汉字相得益彰，一起发挥着传播汉文化的作用。我们可以看到，至今在东亚汉字文化圈甚至世界其他国家都有汉文化和汉字的身影。

汉字造字法的发展轨迹说明了汉民族重具象的思维模式始终指导着人们尽力地将其表意特征贯彻下去，并且在此基础上配以表音符号进行完善。这充分体现了古人的创造力和高超的智慧。

**练习题：**

1. 结合六书理论分析"凹""凸""休""息""朱""佞""伞""章"等字。

---

① 全息：反映物体在空间存在时整个情况的全部信息。

② 申小龙，《中国古代思维之语言表象》，载于《中国文化源》，百家出版社，1991年，第347页。

2. 举例说明偏旁和部首。

3. 举例说明隶变对汉字结构的影响。

4. 举例分析总结汉字的特点。

5. 英国文化人类学家爱德华·伯内特·泰勒（Edward Burnett Tylor，1832～1917）提出世界文字发展三段论，即象形—表意—表音，周有光在《文字演进的一般规律》（载于《中国语言》1957 年第 7 期）中表示“汉字是一种意音制度的文字”，又在《世界文字发展史》（上海教育出版社 1997 年，第 7 页）中提出“从‘意音文字’向‘音节文字’的发展规律是共同的”。以上言论预测了尚处于表意阶段的汉字未来将变成音节文字。你怎么看？请论证分析。

6. 有人说：“重”字有千里之远，应该念出远门的“出”字，可是被念成重量的“重”字；而两座山合在一起的“出”字，本该为重量的“重”字，却成了出远门的“出”字。请问你对此疑惑有何看法？

# 第四章

## 汉字与生产

从本章起，我们将具体介绍汉字与古代社会物质文化的关系，揭示汉字中有关生产方式和衣食住行的文化蕴含。

我国古代的劳动生产方式丰富而完整，经历了采集和渔猎、畜牧和农耕的时代，相关的汉字也随之不断繁衍细化，成为社会进步和发展的忠实记录者。

## 第一节　汉字与采集、渔猎

我国早期人类社会的生产方式经历了采集和渔猎、畜牧和农耕时代，这与黄河中下游地区沃野千里、水道纵横、气候温暖、降雨适中的地理环境密切相关。

### 一、汉字与采集

采集是早期人类最原始的生产方式。据考古发现，在旧石器时代的早期和中期，人类主要靠采集野生植物的根、茎、果实和猎取小动物为生。

采，甲骨文作，像一手采摘树上的果实。《说文·木部》："采，捋取也。"采集对象的所指范围可扩大到所有植物。如《诗经·豳风·七月》："春日迟迟，采蘩祁祁。"蘩，白蒿。祁祁，众多貌。意思为采集的白蒿很多。此字以具体形象的复合形式泛指采集。

### 二、汉字与渔猎

在旧石器时代的晚期，石器的加工比以前更加规整，骨器、角器已广泛流行，有了骨针、鱼钩，同时还出现了复合工具和复合器具，如木柄的石矛、石斧等。新石器时期，在河南仰韶、陕西半坡都发现了骨制的鱼叉、鱼钩等，特别是在出土的陶盆上饰有生动的渔网和鱼形图案。从这些工具的材质、图案和用途来看，采集和渔猎是他们生产活动的主要方式。捕鱼、狩猎的工具和方式可以分为"网罟类""干单类""弓矢类""陷阱类""焚烧、追逐类""伪装类"等。

#### （一）网罟类

网，甲骨文作、、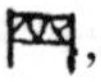，象形。今字作"罔"或"網"，形声字，前者增加声符"亡"，后者以"罔"为声符，加"糸"以示结绳编织而成。其作用是捕捉禽兽和鱼类。《周易·系辞下》："古者庖羲氏之王天下也……作结绳而为网罟，以佃以渔。"而《说文·网部》"庖牺所结绳以渔"之语仅言其捕鱼之功用，就显得片面了。

罟，大篆作，小篆作，《说文·网部》："网也。从网，古声。"徐锴系

传："罟，网之总名也。"《广雅·释器》："罔谓之罟。"王念孙疏证："此罔鱼及鸟兽之通名。"如《国语·鲁语上》："里革断其罟而弃之。"韦昭注："罟，网也。"

《汉语大字典》和《汉语大词典》皆据徐锴系传"罟，网之总名也"注释"罟"的本义，其实从上例可证，"网"即"罟"，皆为总名。网罟类的下位概念分为捕鱼和禽兽两类，有的兼用。

1. 捕鱼

罽（jì），小篆作，《说文·网部》："鱼网也。从网，㓹声。"

罭（yù），捕小鱼的细网。《说文新附·网部》："罭，鱼网也。"从网，或声。此解粗略，应联系"九罭"细究其具体所指。《诗经·豳风·九罭》"九罭之鱼"毛亨传："九罭，緵（zōng），小鱼之网也。"緵罟，网眼细密的鱼网。《尔雅·释器》："緵罟谓之九罭；九罭，鱼罔也。"清郝懿行义疏："緵之言总也，《孟子》所谓数罟，言其网目细密，故毛以为小鱼之网。"而《汉语大词典》据朱熹集传"九罭，九囊之网也"将"九罭"释为"一种带有囊袋以捕捞小鱼的网"①。鱼网附囊袋的实物或确切的注释未见，倒是查出朱熹注源于陆德明释文："今江南呼緵罟为百囊网也。"据此可推测，"百囊网"是江南地区的方言词，因细密的网眼捕获小鱼成功率高，恰似进入百囊中，有进无出，故名。它本是一种夸张、比喻的命名。朱熹释为"九囊之网"，与之同理。"九"虚指多，"九囊"并非实指。

罨（yǎn），从上掩下以捕鱼和鸟的网。《说文·网部》："罨，罕（同"罕"。见下文）也。从网，奄声。"徐锴系传："网从上掩之也。"段玉裁注："奄，覆也。此举形声包会意。"从构形上看，"罨"强调捕捉的具体动作；"罕（罕）"强调外形，即"丫"字形的带柄网。从用途来看，"罨"主要用于捕鱼。《玉篇·网部》："罨，罕也，以罔鱼也。"后亦用于捕鸟。《广韵·琰韵》："罨，鸟网。"

罩，捕鱼用的竹笼。小篆作，《说文·网部》："捕鱼器也。从网，卓声。"《诗经·小雅·南有嘉鱼》："南有嘉鱼，烝然罩罩。"孔颖达疏："《释

① 罗竹风主编，《汉语大词典》（缩印本），汉语大词典出版社，1997 年，第 318 页。

器》云：‘篧（zhuó）谓之罩。’李巡曰：‘篧，编细竹以为罩，捕鱼也。’”后亦用于捕鸟。如三国魏曹植《孟冬篇》：“绝网纵麟麑，弛罩出凤雏。”

罶（liǔ），以竹篾编织成的曲梁形的捕鱼器，即鱼笼。（图4－1）清萧凤仪《嫠妇之笱谓之罶解》：“此笱实竹器，与筐笼相似，口阔颈狭，腹大而长，无底。施之，则以索束其尾，喉内编细竹而倒之，谓之曲薄，入则顺，出则逆，故鱼入其中而不能出。谓之罶者，罶，从网从留，言能留鱼而不使去也。多就曲梁施之以承其空，人不必入水，虽妇人亦能用。”《诗经·小雅·鱼丽》：“鱼丽于罶，鲿鲨。”毛亨传：“罶，曲梁也，寡妇之笱（gǒu）也。”小篆作，《说文·网部》：“曲梁，寡妇之笱，鱼所留也。从网、留，留亦声。”清朱骏声《说文通训定声》：“以土若石堰水为关空曰梁，曲簿为器，其口可入而不可出，以承梁空捕鱼者曰笱。而以曲簿为梁，令鱼可入而不可出谓之罶，罶非笱而其用如笱，故曰嫠（lí，寡妇）妇之笱。”此解在区分“罶”和“笱”。

笱，竹篾编制的捕鱼笼，头大尾小，中间束腰，形似喇叭，鱼能入不能出。（图4－2）《说文·竹部》：“笱，曲竹捕鱼笱也。从竹，从句（gōu，弯曲），句亦声。”段玉裁注：“曲竹，故从竹、句。”《诗经·邶风·谷风》：“毋逝我梁，毋发我笱。”笱要与梁配合使用。梁，鱼梁。（图4－3）《尔雅·释地》：“梁，莫大于溴（jú）梁。”郭璞注：“溴，水名；梁，堤也。”邢昺疏：“《诗》传云：‘石绝水曰梁。’然则以土石为堤障绝水者名梁，虽所在皆有，而无大于溴水之旁者。”从河两岸向中间堆积石块截水、间留水道的设施即梁。在其间的迎水处置笱，鱼则顺水流进入其中。《周礼·天官·𪊨（同“渔”）人》：“𪊨人，掌以时𪊨为梁。”郑玄注引郑众云：“梁，水偃（通‘堰’）也。偃水为关空，以笱承其空。”故笱又称“梁笱”。如清曹寅《后观打鱼歌》：“我辈期毋负饮食，百年谁肯依梁笱。”

汉代以后，笱又称“筌”。《玉篇·竹部》：“筌，捕鱼笱。”从竹，全声。晋郭璞《江赋》：“栫（jiàn，用柴木围堵）淀（浅水湖泊）为涔（cén，鱼池），夹潨（cóng，急流）罗筌。”李善注：“筌，捕鱼之器，以竹为之，盖鱼笱属。”此例提到了两种捕鱼法：第一种，罧（shèn）法，即在浅水中放置大树枝，敲击船帮赶鱼入之，后用竹帘包围，得鱼。第二种，在夹住急流的直梁设罗或筌。

由上文可知，罶，口和颈部如笱，塞入曲簿；肩和腹部如曲梁，故罶兼有梁和笱的作用。上文引毛亨传“罶，曲梁也，寡妇之笱也”正表达了此义 。

**图4－1　罶**

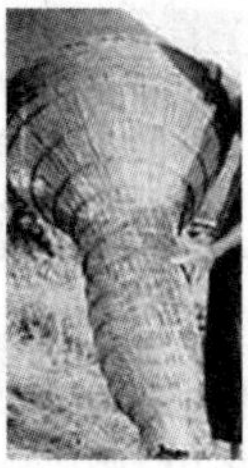

**图4－2　笱**

**图4－3　鱼梁**

梁是固定的设置，晋代出现了一种与其功能相同的活动性的捕鱼工具“簄（hóng）”。簄，从竹、洪，洪亦声。竹编大鱼梁。用于湖、江、海边。唐段成式《酉阳杂俎·物异》：“晋时钱塘有人作簄，年收鱼亿计，号‘万匠簄’。”唐陆龟蒙《寄吴融》诗：“到头江畔从渔事，织作中流万尺簄。”

罪，小篆作，《说文·网部》：“捕鱼竹网。”段玉裁注：“本形声之字。”即从网，非声。秦始皇为避形似“皇”的“辠（罪行）”字，借同音字“罪”代替，段玉裁以为“始皇改为会意字也”，可理解为因为非作歹而落入法网。此后，“罪”的本义消失。

罾（zēng），一种用木棍或竹竿做支架的方形渔网，形似仰着的伞。小篆作，《说文·网部》：“鱼（渔）网也。从网，曾声。”徐灏注笺：“罾为方制，以曲竹交四角而中系长绳，沉于水以取鱼。”据此解释可知，“罾”的声符“曾”也可表示添加之义。如“增、甑、嶒（céng）、缯”等皆含此义。“增”是添加，“甑”是加在鬲或釜上的蒸器，“嶒”是山高，“缯”是加厚的丝帛。所以，“罾”是架高的渔网。如《楚辞·九歌·湘夫人》“鸟何萃兮苹中，罾何为兮木上”，王逸只注出：“罾，鱼（渔）网也”，而未注意原文的“罾”在“木上”，是被支起来的渔网错放在了树上。

罛（gū），大渔网。小篆作，《尔雅·释器》：“鱼罟谓之罛。”郭璞注：“罛，最大罟也。”《说文·网部》：“鱼罟也。从网，瓜声。”《淮南子·说山训》：“好鱼者先具罟与罛。”高诱注：“罛，大网。”

从网之字还有罧，指先把大树枝连叶置于水中，渔民敲击船舷将鱼驱赶入枝叶中，然后以竹帘围之，即得鱼。虽然从表面上看，此字不像上述网部字的表意都与网有直接的关系，但是其捕鱼之法犹如将鱼驱赶至网中，故从网。罧小篆作，《说文・网部》：“积柴水中以聚鱼也。从网，林声。”此注解较笼统。《淮南子・说林训》：“钓者静之，罧者扣舟。”高诱注：“罧者，以柴积水中以取鱼。扣，击也。鱼闻击舟声，藏柴下，壅而取之。”此注较详细。如今有些地区仍流行罧渔法。此义亦可用“涔（qián）”表示。晋郭璞《江赋》：“栫（jiàn，用柴木围堵）淀为涔，夹潨（cóng，众水相会处）罗筌。”李善注：“《尔雅》曰：‘槮（sǎn）谓之涔。’郭璞曰：‘今作槮。丛木于水中，鱼得寒入其里，以簿捕取之也。’”《尔雅・释器》：“槮谓之涔。”郭璞注：“今之作槮者，聚积柴木于水中，鱼得寒入其里藏隐，因以簿围捕取之。”宋王安石《次韵昌叔岁暮》诗：“槮密鱼虽暖，巢危鹤更阴。”

以上例字大多以“网”为形符，以示捕鱼的工具。另外还有使用鱼钩、鱼线捕鱼的。《诗经・卫风・竹竿》：“藋藋竹竿，以钓于淇。”战国楚宋玉《钓赋》：“夫玄渊之钓也，以三寻之竿，八丝之纶，铒若蛆螾，钓如细针，以出三尺之鱼于数仞之水中。”

鲧，鱼名。金文作，像手持鱼线、鱼钩钓鱼。小篆讹变为，故《说文・鱼部》云：“鲧，鱼也。从鱼，系声。”此处字形分析有误。此字义虽与渔网无关，但字形却透露出古人捕鱼的另一种方式。

罠（mín，后作“缗”），短小、宜钓小鱼鳖的钓鱼绳[①]。小篆作，《说文・网部》：“钓也。从网，民声。”段玉裁注：“罠，所以钓也。按《糸部》曰：缗，钓鱼繁（同‘缴’，zhuó，生丝线）也。此曰罠，所以钓也。然则缗罠古今字。”《诗经・召南・何彼襛矣》：“其钓维何？维丝伊缗。”高亨注：“缗，钓鱼绳也。”《太平御览》卷八四三引《六韬》云：“鱼求于饵，乃牵其缗……以小钓钓川而擒其鱼，中钓钓国而擒其万国诸侯。”用“小钓”解释“缗”之功。晋左思《吴都赋》：“虽复临河而钓鲤，无异射鲋（fù，鲫鱼）于

① 黄金贵，《古代文化词义集类辨考》，上海教育出版社，1995 年，第 473 页。

井谷（井中），结轻舟而竞逐，迎潮水而振缗。”刘良注：“射鲋井谷，此鱼之至小，故以相况。”以井中之鲫比况河中之鲤，可见河鱼之小，宜于振缗以求之。后来“罠”亦表示捕麋鹿的网。晋左思《吴都赋》：“罠蹏（同‘蹄’）连网。”刘逵注：“罠，麋网。”麋，一种似鹿的动物，俗称“四不像”。

纶，系于长竿、钓大鱼的钓鱼绳[①]。从糸，仑声。《太平御览》卷八四三引《庄子》云：“任公子好钓巨鱼，为大纶巨钓，以犗牛（阉牛）为饵，蹲会稽，投东海，期年不得鱼。”将安上犗饵的“大纶”投入东海来“巨钓”，可见其竿之长，其纶之粗而长。汉后，“纶”成为通称。如三国魏曹植《与司马仲达书》：“盖弋鸟者矫其矢，钓鱼者理其纶。”以“垂纶”示垂钓，如三国魏嵇康《兄秀才公穆入军赠诗》之十五：“流磻平皋，垂纶长川。”

2. 捕鸟兽

此类工具大多用网部字表示。有的字也表示捕鱼的工具，如“罻（wèi）、罿（chōng）”。

罝（jū），捕兔网。甲骨文作，从网从兔，会意，以示网罩住了兔；小篆作，《说文·网部》：“兔网也。从网，且（jū）声。”《诗经·周南·兔罝》：“肃肃兔罝，椓（zhuó，敲打）之丁丁（zhēngzhēng，象声词）。”毛亨传：“兔罝，兔罟也。”肃肃，网密貌。清马瑞辰《通释》：“肃肃，盖缩缩之假借。《通俗文》：‘物不申曰缩。’兔罝本结绳为之，言其结绳之状，则为缩缩。”闻一多《古典新义·诗经新义五》：“肃当读为缩，缩犹密也……《诗》‘肃肃’，即‘缩缩’‘数数’，网目细密之貌也。”[②]

羉（luán），捕野猪的网。《尔雅·释器》：“彘罟谓之羉”。也指捕鸟的网。晋张协《七命》：“屯羽队于外林，纵轻翼于中荒。尔乃布飞羉，张修罠。”背弓箭的队伍驻扎在林外，左右两翼分列在荒野。于是布置高张的鸟网，张开捕麋鹿的网。

罘（fú），在鸟兽经常出没之地所布置的装设机关的大网。古陶文作，

① 黄金贵，《古代文化词义集类辨考》，上海教育出版社，1995年，第473页。

② 转引自罗竹风主编的《汉语大词典》（缩印本），汉语大词典出版社，1997年，第5411页。

从网，不声；小篆作，《说文·网部》：“兔罟也。从网，否声。”即“䍖”。此义亦可用“罦、罿”（fú）表示。《庄子·胠箧》：“削格罗落罝罘之知多，则兽乱于泽矣。”陆德明释文：“罘，本又作罦。《尔雅》云：‘鸟罟谓之罗，兔罟谓之罝，罬（zhuó）谓之罦，罦，覆车也。’”郭璞注：“今翻车也。”黄金贵认为“不、否、孚”是音同义通的同源字，皆有“大”之义。[①]《说文·网部》：“罿，覆车也。或从孚。”覆车，即覆车网，亦称“翻车”。汉张衡《东京赋》：“成礼三殴，解罘放麟。”薛综注：“罘，网也。”《吕氏春秋·季春纪》：“田猎毕弋，罝罘罗网。”高诱注：“罘，射鹿罟也。”《礼记·月令》：“东汉班固《西都赋》：‘罘罔连纮（hóng，提网的总绳），笼山络野。’”《汉书·司马相如传》：“列卒满泽，罘罔弥山。”以上二例中“罘”“网（罔）”连称，能“笼”“络”“弥”山野，可见“罘”之大、之多，是布设在鸟兽经常出没之地、装有机关的大网。三国魏曹植《七启》：“缘山置罝，弥野张罘。下无漏迹，上无逸飞。”此例中“罝”“罘”对举，可见二者之别，即后者可指捕鸟之网，故“上无逸飞”。又《太平御览》卷八三二引晋杨泉《物理论》：“夫欲定天下而任小人，犹欲捕麋鹿而张兔罝，不能击麋鹿，犹小人不能任大事。”由此可见，“罘”是比“罝”大、设有机关的捕鸟和兽的网，有时与“罝”表意相同。唐白居易《想东游五十韵》：“娥须远灯烛，兔勿近罝罘。”

所谓“覆（翻）车”，即覆车网，关于其用法及捕捉对象有两说：1. 张挂在车两辕之间的一种设有机关的、捕鸟兽的翻车大网。《尔雅·释器》：“罦，覆车也。”郭璞注：“今之翻车也。有两辕，中施罥（juàn，捕取鸟兽的网）以捕鸟。”《诗经·王风·兔爰》：“雉离（通‘罹’，遭遇）于罦。”毛亨传：“罦，覆车也。”孔颖达疏：“孙炎曰：‘覆车网，可以掩兔者也。’……郭璞曰：‘今之翻车也。有两辕，中施罥以捕鸟。’”黄金贵主此说。[②]2. 以绳编于竹条成弓形、上设带有机关并附以蛾虫的捕鸟网。《说文·网部》：“罬，捕鸟覆车也。从网，叕声。”王筠释例：“覆车，吾乡谓之翻车。不用网目，以双绳

① 黄金贵，《古代文化词义集类辨考》，上海教育出版社，1995年，第447～448页。
② 同上注，第448页。

贯柔条。张之如弓，绳之中央缚两竹，竹之末箕张，亦以绳贯之。而张之以机，机上系蛾，鸟食蛾则机发，竹覆于弓而羉其项矣。以其弓似半轮，故得车名。……罬特以绳连缀之，故从叕也。”《集韵·术韵》：“罬，罹罟。”如《红楼梦》第七十八回：“孰料鸠鸩恶其高，鹰鸷翻遭罦罬。”其中“罦罬”二字同义连文，是捕鸟网。此义又作“罿”，《说文》：“罬也。从网，童声。”汉扬雄《法言·渊骞》：“或问邹阳曰：‘未信而分疑，忼辞免罿几矣哉！’”李轨注：“鸟罟谓之罿。”

对此两说，我们认为，若是挂在车两辕之间的大网，可以“掩兔”和“捕鸟”的话，由上述许多例子的描述可知狩猎的场面很大，漫山遍野，如此则需要很多的车来布网，似乎不合常理，但不妨视其为夸张手法。若是第二种情况，则因其小而且以蛾虫为诱饵，故用以捕鸟。所以，翻车分为两类，一是以“罘、罦、罬”为代表的大网，用以捕鸟兽；二是以“罬、罿”为代表的小网，用以捕鸟。从语音上来看，亦然。“罘（并母之部）、罦（并母幽部）、䍖（奉母幽部）”中的“并”“奉”同属帮组，“之”“幽”旁转，故存在着双声或准双声、叠韵或准叠韵的关系，三者当为不同的方言所造成的差异。“罬（端母月部）、罿（定母东部）”中“端”“定”同属端组，属准双声，亦属不同的方言词。明此，方知《诗经·王风·兔爰》“有兔爰爰（从容缓慢貌），雉离于罦”中所提到的“罦”的用途：兔子狡猾，行走舒缓，以避陷阱；野鸡只顾高飞，而落入网中。《汉语大字典》《汉语大词典》将此五字混同，不当。

罥（羂、䍛），捕取鸟兽的网。小篆作，《说文》：“网也。从网、繯，繯亦声。”徐锴系传：“今人多作罥字。”段玉裁注：“羂网主于围绕，故从繯。”王筠句读：“字或作䍛，省作罥。”东汉蔡邕《琴操·思亲操》：“深谷鸟鸣兮嘤嘤，设罝张罥兮思我父母力耕。”此文写到在深山幽谷中布设网以捕鸟兽。明徐渭《启诸南明侍郎》：“辟如雉兔触罥于笼牢，盻盻焉不知伏处而待命。”“雉兔触罥”明确了“罥”的用途。

罗（羅），捕鸟网。甲骨文作，从网从隹，会意，以示网罩住了鸟。小篆作，《说文·网部》：“以丝罟鸟也。从网，从维。”维，绳子，编织网的

材料。《尔雅·释器》："鸟罟谓之罗。"《诗经·王风·兔爰》："有兔爰爰，雉离于罗。"毛亨传："鸟网为罗。"因其罗架于空中用以捕鸟，故有成语"天罗地网"，字面上指空中和地上的网罗。"罗"和"网"的对举，可见二者之别。前者专指捕鸟网，后者在此专指捕兽网。而实际上，"网"为泛指，有时用法同"罗"，如"天网恢恢"中的"天网"，《汉语大词典》将之解释为"上天布下的罗网"，又解释"天网恢恢，疏而不漏"为："谓天道如大网，虽稀疏却无有漏失"。[①]可见"天罗"或"天网"常用于比喻。如唐姚思廉《陈书·高祖纪上》："公回兹地轴，抗此天罗，曾不崇朝，俾无遗噍。"汉班固《幽通赋》："观天网之纮覆兮，实棐谌（fěichén）而相训。"纮覆，覆盖。棐谌，辅助诚信的人。

毕（畢），用带柄的枝杈和绳索做成的"丫"字形的、自上掩下的长柄小网[②]，用于捕鸟兔。甲骨文作，金文作，甲骨文和金文构意相同，从田表示打猎，后作"畋"；从𠦒，像丫字形的长柄小网，二者会合一处以示小网的用途是捕捉鸟兽。小篆作，《说文·田部》："毕，田网也。从𠦒，象毕形微也。"段玉裁据《韵会》改为"田网也。从田、从𠦒，象形。"如《礼记·月令》："（季春之月）田猎罝罘、罗罔、毕、翳（通'医'，古时盛放弓箭的器具）、餧（wèi，即'喂'）兽之药，毋出九门。"郑玄注："小而柄长谓之毕。"《诗经·小雅·大东》："有捄（qiú，长而曲貌）天毕，载施之行。"毛亨传："毕，所以掩兔也。"朱熹集传："天毕，毕星也，状如掩兔之毕。""天毕"，即"毕"的一个引申义，指二十八星宿西方白虎七宿中的毕宿，因具八星，状如丫字形而名。从以上注解中可以了解到"毕"的形状，知其用于捕兔。但从《礼记·月令》之例所涉及的各种捕捉鸟兽的网（罝罘、罗罔、毕）来看，毕因其形体小、柄长而更宜于捕鸟。《庄子·胠箧》："夫弓弩毕弋（带丝绳的箭）机变之知多，则鸟乱于上矣。"此用以捕鸟。亦可用为动词，如《诗经·小雅·鸳鸯》："鸳鸯于飞，毕之罗之。"毛亨传："于其飞乃毕掩而罗之。"孔颖达疏："罗则张以待鸟，毕则执以掩物。"这两句中的

① 罗竹风主编，《汉语大词典》（缩印本），汉语大词典出版社，1997年，第1350页。
② 黄金贵，《古代文化词义集类辨考》，上海教育出版社，1995年，第448页。

动词“毕”都用于捕捉鸳鸯。方式是用毕自上掩下。故《汉书·扬雄传上》：“其余荷垂天之毕，张竟壄（同‘野’）之罘，糜日月之朱竿，曳彗星之飞旗。”用“垂天”修饰“毕”，用“竟壄”修饰“罘”，可见二者用途之别：前者捕鸟，后者捕兽。而颜师古亦粗略地释为“田网也。”后作“畢”，从网，毕声。《太平御览》卷八三二引东汉蔡邕《月令章句》：“奄飞禽曰畢。”有时可泛指捕鸟兔。如《国语·齐语》：“昔我先君襄公筑台以为高位，田狩畢弋，不听国政，卑圣侮士，而唯女是崇。”韦昭注：“畢，掩雉兔之网也。”此注未说明其动词的用法。《汉语大字典》《汉语大词典》均以为是田猎时所用，对其具体用途及形状未进行描述。

“毕”的形状和使用方式还可以从“禽”的古文字中显现出来。禽，甲骨文作、，像毕形或手持毕；金文作，从毕，今声。小篆讹变为，《说文·人部》以“走兽总名”为解。马叙伦《六书疏证》：“禽，实‘擒’之初文，禽兽皆取获动物之义。禽之金文……皆从本书‘田罔也’之‘毕’，今声。‘毕’所以捕取动物，故即从毕。”[①]故“禽”本是捕捉动物之义，如在甲骨文中有“隹”“毕”的合文“”，表示擒鸟。《逸周书·世俘》：“武王狩，禽虎二十有二。”也可以表示擒人，如甲骨文有“人”“毕”的合文“”。《左传·僖公二十二年》：“君子不重伤，不禽二毛。”后引申为名词，泛指鸟兽鱼等。东汉班固《白虎通义·田猎》：“禽者何？鸟兽之总名。”

罕（同“罕”），捕鸟用的长柄小网。小篆作，《说文》：“罕，网也。”段玉裁注：“《吴都赋》注曰：‘畢、罕皆鸟网也。’按，罕之制盖似毕。小网长柄。”从网，干声兼义。干，一种形似树杈的狩猎工具。罕即在树杈形的构架上编织网绳而成。《广雅·释器》：“罕（罕），率也。”王念孙疏证：“《说文》：‘率，捕鸟毕也。象丝网上下其竿柄也。”汉司马相如《上林赋》：“载云罕，揜群雅。”李善注引张揖曰：“罕，畢也。”晋左思《吴都赋》：“罿罻

① 转引自汉语大字典编辑委员会编纂的《汉语大字典》，四川辞书出版社、湖北辞书出版社，1986年，第199页。

普张，罼罕琐结。”李善注引刘逵曰：“罿罻罼罕皆鸟网也。”

罻，捕鸟小网。《说文》：“捕鸟网也。从网，尉声。”《玉篇·网部》：“罻，小网也。”《楚辞·九章·惜诵》：“矰弋机（迅疾）而在上兮，罻罗张而在下。”王逸注：“罻罗，捕鸟网也。”后可指捕鱼网。《篇海类编·网部》：“罻，捕鱼网。”唐柳宗元《梦归赋》：“罾罻蒙其复体兮，孰云桎梏之不固。”罾罻，同义连文，渔网。

罿，本指覆车网（见上文），后可指捕鱼网。《篇海类编·网部》：“罿，捕鱼网。”如明宋濂《故江南等处行省都事追封丹阳县男孙君墓铭》：“销兵铸铁耕以农，生民有如鱼脱罿。”

以上网罟类的字丰富多彩，足以可见古时渔猎工具和方式的多样性，这种现象充分显示了先民们的智慧。但对于一些形、音、义相似的概念，易于混淆，需细心甄别。

捕捉工具及方式不限于用网罟类的字表示，也可用“干单类”“弓矢类”“陷阱类”“焚烧、追逐类”“伪装类”等的字来表示。

（二）干单类

干，双股猎叉。甲骨文作，金文作，像有枝杈的木棒，古人狩猎作战，以之为工具或武器，可用于进攻。这反映了远古时代的狩猎工具应源于最原始、最直接的自然之物，树枝就是其中之一。后被视为作战时用来抵御敌人进攻的盾（楯）。如《尚书·牧誓》：“称尔戈，比尔干，立尔矛，予其誓。”孔安国传：“干，楯也。”《诗经·秦风·小戎》：“龙盾之合，鋈（wù，镀金）以觼軜（juénà，驾车用具。觼，有舌之环；軜，两骖内侧的辔绳。觼用以系軜。详见后文）。”朱熹集传：“盾，干也。”《方言》卷九：“盾，自关而东或谓之瞂（fá），或谓之干；关西谓之盾。”而且“干戈”连用非常普遍，如《诗经·大雅·公刘》：“弓矢斯张，干戈戚扬，爰方启行。”其中“弓矢”“干戈”各配成一套武器。从字形分析上看，“干”是进攻性猎具或武器，而“盾”是防御性武器，金文作，小篆作，《说文》：“瞂也，所以扞身蔽目也。象形。”孔广居《说文疑疑》：“厂象盾之侧是形，十象盾之握，……盾之用，窥敽（同‘敌’）之至而御之……目象盾之用，兼形与意

而文也。”孔广居释小篆“盾”字，启发我们观察其金文字形，上半部分像“盾之侧”，下半部分从目，应是会意字，以示盾牌是一种遮挡双目（以偏指全身）的防御性武器。值得注意的是，其字像“盾”形的部分虽与“干”的甲骨文和金文相似，但整个字多了一个“目”的部分，差别明显。另外，在甲骨文和金文的合文中经常出现以下诸字：（《甲骨文合集》）、（觚文），像一人手持戈和盾。于省吾《释盾》：“商代金文的字习见，像一武士一手持戈，一手持盾形。”[①]此盾形与“干”的古文字形完全不同，一是块面状，一是分叉状，显示了两者本是不同性质的武器。干作为一种进攻性的猎具或武器之义虽然未见语例，但可以间接地从同一语义场的其他诸字的构形与意义的关系上得以证明。

单（單），甲骨文作、，金文作，比“干”的古字形在叉头上多了两个对称的圆圈，可理解为固定在其上的石片，其作用当是增加打击的力度。徐中舒认为，其字是在丫（干）的两个分叉端头缚石块而成形，又在手柄处联结固定绳索，遂成形。[②]丁山《说文阙义笺》：“窃疑古谓之单，后世谓之干，单、干盖古今字也。”[③]其实，从工具改进的规律来看，应是先有原始、简易的“干”，后有较为先进、复杂的“单”。两者并非古今字，而是表示同类相承工具的不同的字。

“单”用作动词，表示作战，以示其功用，后专造“战（戰）”字以区别。二者构成古今字。战，金文作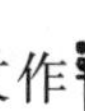，从单（單）从戈，单亦声。即名词。长沙马王堆汉墓帛书乙本《老子·德经》：“夫兹，以单则朕，以守则固。”按，今本《老子》作“以战则胜”。又马王堆汉墓帛书《十六经·雌雄节》：“以求则得，以单则克。”而《汉语大字典》和《汉语大词典》皆释为“通‘战’”，将之处理为通假字。不宜。金文亦作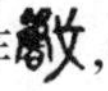，从嘼（后作“狩”。见下文）

① 于省吾，《释盾》，载于《古文字研究》第3辑，中华书局，1980年。

② 徐中舒，《怎样研究中国古代文字》，载于《古文字研究》第15辑，中华书局，1986年，第4页。

③ 转引自汉语大字典编辑委员会编纂的《汉语大字典》，四川辞书出版社、湖北辞书出版社，1986年，第654页。

从戈，商承祚《十二家吉金图録》：“古者以田狩习战陈（后作‘阵’）……战从嘼者，示战争如猎兽也。”[1]

獸（后作“狩”），打猎。甲骨文作，从干从犬。又作，从“㫃（yǎn）”，因为古代以田猎演习兵事，车徒并作，需建旗设旄。《诗经·小雅·车攻》：“田车既好，四牡孔阜。东有甫（地名）草（甫田之草），驾言行狩。之子于苗（夏猎），选徒嚣嚣。建旐（zhào，古代画有龟蛇图像的旗）设旄，搏兽于敖（地名）。”《周礼·地官·山虞》：“山虞掌山林之政令……若大田猎，则莱（使……休耕）山田之野。及弊田（停止打猎），植虞旗于中，致禽而珥（通‘刵（èr）’。古代大规模狩猎时，割取所获兽之左耳以计数报功）焉。”出猎时要“建旐设旄”，收猎（弊田）时要“植虞旗于中”。从“口”者，“口”可代表坎穴，在甲骨文中，从“口”与从“凵（kǎn，‘坎’的古字）”常常相通，即捕兽的陷阱，表示狩猎手段。从二“屮”，代表山林之野，行猎之场所。从“犬”，则表示行猎之助手。此字构形，比单纯从“干”“犬”会意者更充分地体现了古代田猎的特点。[2]金文作，从单从犬，朱芳圃《殷周文字释丛》：“兽（獸）即狩之初文，从单从犬，会意。”“犬田谓用犬田猎……单为猎具，所以捕禽兽，犬知禽兽之迹，故狩必以犬，两者为田猎必具之条件。”罗振玉《增订殷虚书契考释》：“卜辞中兽字从此。兽即狩之本字。征战之战从单，与兽同意。”[3]由此可见，“干”“单”相通，皆可用于狩猎和战争。小篆作，《说文·犬部》：“守备者。从嘼，从犬。”

嘼，甲骨文作，像野兽形，用作动词，表示狩猎，造今字“兽”以别之。清徐灏《说文解字注笺·嘼部》：“若‘嘼’与‘兽’，则实本一字，相承增偏旁。”《诗经·小雅·车攻》：“建旐设旄，搏兽于敖。”郑玄笺：“兽，田猎搏兽也。”后作“狩”。《说文》：“狩，犬田也。从犬，守声。”

---

① 转引自汉语大字典编辑委员会编纂的《汉语大字典》，四川辞书出版社、湖北辞书出版社，1986年，第1412页。

② 孙雍长，《从甲骨文看殷周时代的田猎文化》，《广州大学学报》2007年第1期，第80页。

③ 罗振玉，《增订殷虚书契考释》（中卷），东方学会印本，1927年，第70页。

既然“干（单）”与“盾”是用途和性质相反的武器，那么为什么不说“盾戈”而代之以“干戈”呢？即用“干”表示“盾”呢？原因大致为：第一，金文的“盾”的上半部分与“干”形似，易混淆（见上文）；第二，于省吾认为甲骨文和金文的“盾”的合文中，“”为毌（guàn）字，与“干”是一声之转，故古书多借用“干”字。[①]由此可知，以干表示盾是借形和借音的结果。

“干戈”的“戈”也是狩猎之工具。如“虣（bào）”字，甲骨文作，像以戈搏虎；诅楚文作，从廾持戈，与虎搏斗。故此字当是“暴虎冯河”中“暴”的本字。裘锡圭《文字学概要》对此有考证。小篆作，从虎从武，依然含有戈。但通假“暴”后，其“戈”义不显。如《论语·述而》：“暴虎冯河，死而无悔者，吾不与也。”何晏集解：“孔（安国）曰：‘暴虎，徒搏。’”《诗经·小雅·小旻》：“不敢暴虎，不敢冯河；人知其一，莫知其他。”毛亨传：“徒搏曰暴虎。”“徒搏”，徒手搏斗。“暴虎”，即赤手空拳地与老虎搏斗。不确。其实以戈搏虎本身就很凶险了，以此比喻人有勇无谋，亦通。

畋，打猎。甲骨文作，像手持工具打猎；《三体石经·多方》中的篆文作，从犬、田。田，“畋”的古字。蒋礼鸿《读字肊（yì，同“臆”）记》：“有树谷之田字，有猎禽之田字，形同而非一字也。”“田即网也，田所以取鸟兽，因之凡取鸟兽皆曰田矣。”[②]《字汇·田部》：“田，猎也。”《周易·恒》：“田无禽。”孔颖达疏：“田者，田猎也。”故在“畋”中的“田”是声兼义。增“攴”“犬”表示打猎的工具或方式，猎具可能是干（单）、戈等。《广韵·先韵》：“畋，取禽兽也。”

（三）弓矢类

近距离的攻击性行为需借助于干单类工具，而远距离的射猎就要靠弓

---

① 于省吾主编，《甲骨文字诂林》，中华书局，1979年，第2333页。

② 转引自汉语大字典编辑委员会编纂的《汉语大字典》，四川辞书出版社、湖北辞书出版社，1986年，第2524页。

箭了。

弓，射箭或打弹的兵器。甲骨文作，金文作，皆像弓形。小篆作，象形性减弱。《说文·弓部》：“弓，穷也，以近穷远。象形。古者挥作弓。”“以近穷远”，就是使远方变成近处。此语揭示了弓的功用，即射杀远方之物。据传，弓是挥发明的。东汉赵晔《吴越春秋》记载了我国最早的一首民歌：“断竹，续竹，飞土，逐肉”，描写了把砍下的竹子续接成弓箭，出发打猎，扬起尘土，箭头射出，追逐猎物的紧张场面。

弩，利用机械射箭的弓。金文作，从十，像弩支架，奴声。小篆作，《说文·弓部》：“弓有臂者。……从弓，奴声。”《周礼·夏官·司弓矢》：“司弓矢掌六弓四弩八矢之法。”弩臂拉紧弓弦，代替了手臂，不仅省力，而且增加了射程。

**图4-4　秦兵马俑坑首现最完整的弩（2009年）**

矢，用木做成的箭。甲骨文作、，金文作，小篆作，字形大体一致。《说文·矢部》：“矢，弓弩矢也。从入，象镝栝（kuò，箭末扣弦处）羽之形。”饶炯部首订云：“篆形上象镝，中直象干，下象栝，旁出象羽。说解去‘从入’者误矣。”[①]上述两解只说明了矢与弓弩的关系和形状，未解释其材质。《周易·系辞下》：“弦木为弧，剡木为矢。”意思为给木绷上弦成为木弓，削木成为矢。由此可知，矢以木为之。《尚书·禹贡》：“惟箘簬（jùnlù，一种细长节稀的竹子，可做箭杆）楛（hù），三邦底贡厥名。”孔安国传：

① 转引自汉语大字典编辑委员会编纂的《汉语大字典》，四川辞书出版社、湖北辞书出版社，1986年，第2580页。

“楛，中矢杆。”其中的“楛”即一种荆属的木本植物，其茎坚韧，可制箭杆。正应孔传所云“中矢杆”。

箭，箭竹，一种可以加工成矢的竹子。段玉裁依《艺文类聚》引《说文》改为“箭，矢竹也。从竹，前声。”因此可将其引申为搭在弓弩上发射的武器，其杆长一般为二至三尺，装有尖头，杆末端附以毛，以便于搭在弦上及飞行平衡。（图4-5）箭与矢作用相同，故《释名·释兵》云：“矢，又谓之箭。”然亦有区别：第一，材质不同。《急就篇》卷三：“弓弩箭矢铠兜鉾（同‘矛’）。”颜师古注：“以竹曰箭，以木曰矢。”第二，方言差异。《方言》卷九：“箭，自关而东谓之矢……关西曰箭。”

矰（zēng），系有丝绳的矢，用以射飞鸟。（图4-6）《说文·矢部》：“矰，谁（yì）躲（同‘射’）矢也。从矢，曾声。”《周礼·夏官·司弓矢》：“矰矢、茀矢，用诸弋射。”郑玄注：“结缴（zhuó）于矢谓之矰。”缴，系在矢上的生丝绳，另一头缠在线轴上，并固定在一个半圆形的架子上。图4-7中即表现了有五只鸟被系缴的矢所射中。1972年四川大邑安仁乡出土的东汉时期的画像砖《弋射收获图》（局部），整个画面分成上下两部分，上部为弋射图，在荷池边的枯树下，有两人张弓仰射，惊起天空中的一群雁鹜。两位射者仰身向后，皆作用力拉弓状，身后安有绑缴架，显示了缴的设置方式。据此构图而设计的中国奥林匹克纪念章，具有中国特色。

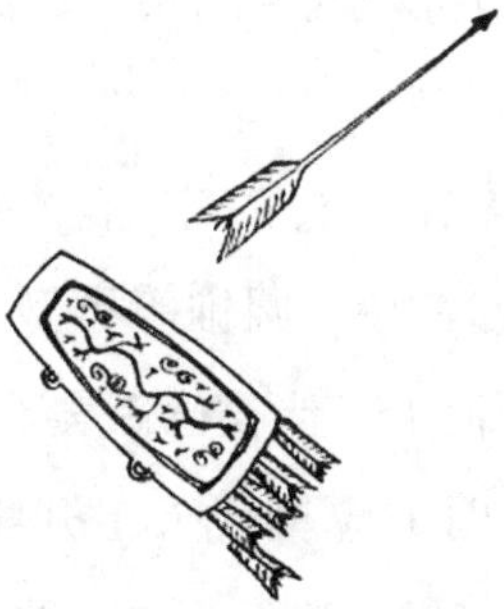

图4-5　箭与函

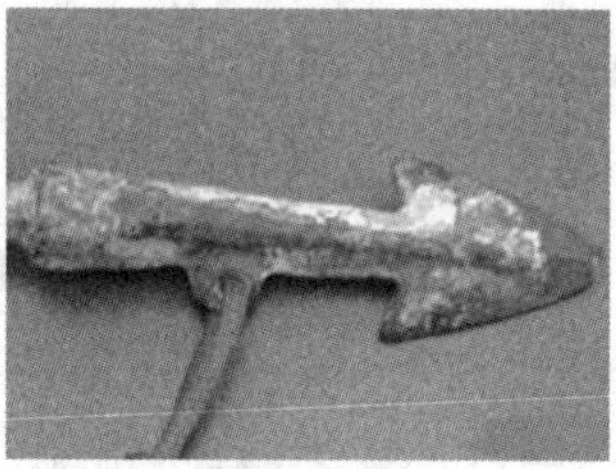

图4-6　矰

谁，系丝绳射飞鸟的矢。与“矰”同义。《说文·隹部》：“谁，缴射鸟也。从隹，弋声。”《楚辞·哀时命》（汉严忌）：“外迫胁于机臂兮，上牵联于矰谁。”其实，“谁”中的声符“弋”是古字，兼表意，如《楚辞·九章·惜诵》：“矰弋机而在上兮，罻罗张而在下。”“矰弋”同“矰谁”，皆是同义连文。弋，本义木橛。甲骨文作，金文作，像木橛形。被借以表示系丝绳射飞鸟的箭。如上文所引《惜诵》例及《庄子·应帝王》“鸟高飞以避矰弋之害”。又用作动词，用系丝绳的箭射飞鸟。如《诗经·郑风·女曰鸡鸣》：“将翱将翔，弋凫与雁。”郑玄注：“弋，缴射也。”孔颖达疏：“缴射，谓以绳系矢而射也。”（图4－7）弋射是保障顺利收回射出的箭和所射猎物的巧妙技艺。此技艺亦可从“雉”的甲骨文的构形中反映出来：左半部是矢上系有丝绳，右为隹，罗振玉《增订殷虚书契考释》：“盖像以绳索系矢而射，所谓矰缴者也。”[1]后造“谁”字以别“弋”的动词用法。

**图4－7　弋射图（战国青铜酒器）**

可见，“矰”“弋”是同义词，但前者是专词，后者是假借而来的；“弋”“谁”是古今字，故“矰弋”或“矰谁”经常以连文形式出现。

射，开弓放箭。甲骨文作，像一矢搭在弓上，正蓄势待发。金文作，右增“又”字，以示一手搭弓放箭，信息更加完整。小篆讹变为或，楷化后即为䠶、射。“身”是“弓”和“矢”的符号讹变结果。郭沫若《甲骨文合集》21586：“丙寅卜，我贞：射麇。”

箭由箭头、箭杆和箭羽组成。其中表示箭头的字有“镞、镝、砮（nǔ）”。镞，本指金属制成的箭头，有双翼、三棱、圆锥等类型。从金，族声。汉贾谊《过秦论》：“秦无亡矢遗镞之费，而天下诸侯已困矣。”李善注引李巡《尔雅注》曰：“镞，以金为箭镞也。”明宋应星《天工开物·弧矢》：“（箭）杆长二尺，镞长一寸，其大端也……凡镞，冶铁为之，北虏制如桃叶枪尖，广南黎人矢镞如平面铁铲，中国则三棱椎象也。”此处又提及镞的其他

① 转引自汉语大字典编辑委员会编纂的《汉语大字典》，四川辞书出版社、湖北辞书出版社，1986年，第4097页。

类型。镞也可泛指箭头。如《国语·鲁语下》：“有隼集于陈侯之庭而死，楛矢贯之，石砮，其长尺有咫。”韦昭注：“砮，镞也，以石为之。”用“镞”注释石制箭头之义的“砮”。

镝，金属制成的箭头。小篆作，从金，啻声。《说文》：“镝，矢鏠（同‘锋’）也。”晋张华《博物志》卷二：“交州夷民曰俚子，俚子弓长数尺，箭长尺余，以燋（zhuó，烧灼）铜为镝，涂毒药于镝锋，中人即死。”《续资治通鉴·宋太宗淳化五年》：“销铜钟为箭镝。”可见，“镝”专指金属制的箭头，而“镞”可泛指，其部首“金”表意淡化。

砮，本指可制成箭镞的石头。《说文·石部》：“砮，石，可以为矢镞。从石，奴声。”代指石制的箭头。如上引《国语·鲁语下》。

弓弩箭矢可以射飞鸟，使有所获，此为“隻（獲或获、只）”字的造字理据。隻，甲骨文作、，金文作，皆从又从隹（短尾鸟），示一手抓住一鸟，会意，擒获。后作“獲”，简化为“获”。如马叙伦《读金器刻词》：“隻为禽获之获本字。”[①]《周易·巽》：“田获三品，有功也。”使用时不限于擒鸟。如郭沫若《甲骨文合集》10246：“贞：弗其隻豕。”因“隻”亦可表示一只鸟，如《说文·隹部》“隻，鸟一枚也。从又持隹。持一隹曰隻，二隹曰雙（双）”，故造今字“只”以别之。

弹（dàn），弹弓。甲骨文作、、，似弓，但在弦中间有一弹丸。小篆作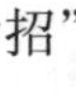，《说文》：“行丸也。从弓，单声。”《庄子·齐物论》：“女（通‘汝’）亦大（后为‘太’）早计，见卵而求时夜（司夜），见弹而求鸮炙。”《战国策·楚策四》：黄雀“俯噣白粒，仰栖茂树，鼓翅奋翼，自以为无患，与人无争也。不知夫公子王孙，左挟弹，右摄丸，将加己乎十仞之上，以其类为招”，说明了弹弓的主要作用是射猎禽鸟。据说，黄帝时代就已经使用弹弓了。前引《弹歌》中的“断竹、续竹”是写加工弹弓的过程，“飞土、逐宍”是描述紧张的抛掷土丸以逐禽兽的狩猎场景。

---

① 转引自汉语大字典编辑委员会编纂的《汉语大字典》，四川辞书出版社、湖北辞书出版社，1986年，第4090页。

弹，亦可用作动词，读 tán，用弹弓发射。《吕氏春秋·贵生》：“今且有人于此，以随侯之珠，弹千仞之雀，世必笑之。”弹射的对象当为飞禽，而春秋时晋灵公则以之射人，如《左传·晋灵公不君》：“从台上弹人，而观其辟丸也。”可见其顽劣和残忍。

函，盛放箭矢的、带耳的器物，可系于身上，以便抽取。（图 4－5）甲骨文作，金文作，像内装一矢、带耳之器。小篆讹变为，《说文·𠃊部》误以为“舌”。

箙（fú），用竹、木或兽皮等做成的盛箭器具。（图 4－8）甲骨文作，金文作，皆象形。小篆为，《说文·竹部》：“弩矢箙也。从竹，服声。”段玉裁注：“按，本以竹木为之，故字从竹。”《周礼·夏官·司弓矢》：“中秋献矢箙。”郑玄注：“箙，盛矢器也，以兽皮为之。”孙诒让《周礼正义》：“此经之箙，则弓弩矢所通用，散文不别也。”亦同“鞴”，从革，复声。从革，以明其质地为兽皮。《玉篇·革部》：“鞴，箭鞴。”《集韵·屋韵》：“箙……或作鞴。”

韬，皮制的弓袋。从韦，舀声。《广雅·释器》：“韬，弓藏也。”《诗经·小雅·彤弓》：“彤弓弨兮，受言櫜（gāo）之。”毛亨传：“櫜，韬也。”陆德明释文：“韬，本又作弢。弓衣也。”图 4－9 显示韬用皮带系于左腰，内置弓。

**图 4－8　箙和箭**

**图 4－9　韬和弓**

鞬（jiān），盛放弓的皮制器具。《说文·革部》：“鞬，所以戢（jí，收藏兵器）弓矢。从革，建声。”但实际上与矢无关。如《方言》卷九：“所以藏箭弩谓之箙，弓之谓韃。”《左传·僖公二十三年》：“其左执鞭弭，右属（zhǔ）櫜韃，以与君周旋。”杜预注：“櫜以受箭，韃以受弓。”结合杜注可知，晋文公对楚成王说如果两军相遇，将左手拿着马鞭和弓，右边系着箭袋和弓套奉陪较量。

“韃”和“櫜”分别收藏弓、箭，但从文献用例来看，后者用途更广，泛指收藏弓矢、盔甲的大皮囊。《说文·木部》：“櫜，车上大櫜。从㯻（gǔn，捆）省，咎声。《诗》曰：‘载櫜弓矢。’”以“车上大櫜”解释，大概是将所引的《诗经·周颂·时迈》中的“载櫜弓矢”误以为车载了。在《诗经》里，“载”用于句首时多为语助，无义。所以，原文与其前一句“载戢干戈”相对，“櫜”与“戢”相义，收藏弓矢义。可见《说文》举此例不当。《左传·昭公元年》：“伍举知其有备也，请垂櫜而入。”杜预注：“櫜，弓衣也。垂櫜示无弓。”春秋时期，楚国公子围率领军队来郑国迎亲，欲灭郑国，但被郑大夫子产识破，拒于城外。楚大夫伍举知其有所防备，就请求让军队垂下弓囊入城。《礼记·少仪》：“甲若有以前之，则执以将命；无以前之，则袒櫜奉胄。”郑玄注：“櫜，弢（用袋子套起来）铠衣也。”此例讲的是赠人礼物的方法。意思是说如果送人铠甲之前还要送别的东西，就先拿着别的东西致辞；如果不送别的东西，就打开盛铠甲的囊捧着头盔致辞。可见，“櫜”若与“韃”相对，则指箭囊；否，则泛指。

籣（lán），背在身上盛弩箭的竹制木桶形器具。《说文·竹部》：“籣，所以盛弩矢也。人所负也。从竹，阑声。”《汉书·韩延寿传》：“（延寿）令骑士兵车四面营陈，被甲鞮鍪（dīmóu，即鞮鍪，义同兜鍪，作战时戴的头盔）居马上，抱弩负籣。”颜师古注：“籣者，盛弩矢者也，其形如木桶。”

（四）陷阱类

臽，捕捉野兽的坑穴。甲骨文作、、等，诸字从凵，其余从鹿、虎等，表示野兽落入人事先挖好的坑中。亦作，金文作，以示人挖的坑穴；小篆作。《说文》：“小阱也。从人在臼上。”段玉裁注：“古者掘地为臼，故从人臼，会意。臼犹坑也。”东汉王充《论衡·讥日》：“《葬历》曰：葬避九空地臽，及日之刚柔，月之厅耦。”可用作动词，指以挖坑的办法来捕获猎

物。如郭沫若《甲骨文合集》10361：“王臽麇（jūn，獐子）。”后作“陷”。如唐慧琳《一切经音义》卷一百引《考声》：“陷，穴也。”《韩非子·六反》：“犯而诛之，是为民设陷也。”“为民设陷”是比喻的说法，将陷害人比作设陷阱捕获野兽。

阱，捕捉或防御野兽的坑穴，一般是在高而平的土山上。甲骨文作、，像兔或鹿堕入预设的坑穴。此字隶定为。金文作，从阜、土和井，会意，表示在漫山遍野设陷阱。小篆省“土”作，《说文》：“陷也。从阜，从井，井亦声。”段玉裁注：“穿地陷兽，于大陆（高而平的土山）作之如井。”《周礼·秋官·雍氏》：“春令为阱擭（huò，浅阱中设置的装有机关的捕兽木笼。详见下文）沟渎之利于民者，秋令塞阱杜擭。”郑玄注：“阱，穿地为壍（同‘堑’），所以御禽兽。其或超踰则陷焉，世谓之陷阱。”小篆亦作，即“穽”，从穴从井，井亦声。设有机关的捕兽陷阱称为“擭穽”。《新唐书·东夷传·高丽》：“莫离支杀君，虐用其下如擭穽，怨痛溢道，我出师无名哉？”莫离支，高句丽后期出现的一种新官职。

擭，放在浅阱中的、装有机关的捕兽木（竹）笼。从手从獲省，獲亦声。《广韵·铎韵》：“擭，柞擭，阱浅则施之。”《尚书·费誓》：“杜乃擭，敜（niè，填塞，掩蔽）乃穽，无敢伤牿（gù，从圈栏里放出的牛马）。”孔安国传：“擭，捕兽机槛。”《礼记·中庸》：“驱而纳诸罟擭陷阱之中，而莫之知辟也。”朱熹集注：“擭，机槛也；陷阱，坑坎也。皆所以掩取禽兽者也。”王夫之稗疏：“擭，揉竹木施机设绳于兽往来之径，以罥其足。”古人设擭及用擭很有讲究。如上引《周礼·秋官·雍氏》例，郑玄注：“坚地阱浅，则设柞鄂（即‘柞擭’）于其中。秋而杜塞阱擭，收刈之时为其陷害人也。”阱分深浅，土质松软则易挖深，上施遮掩物即可诱捕猎物；土质坚硬则挖浅，为了防止猎物逃脱，就需置擭。在秋季农忙时，要填塞陷阱，取出擭，以防人落入受害。

陷阱必须选择在野兽经常出没的地方挖掘，而且有的陷阱在穴底还布设机关，以提高命中率。

（五）焚烧、追逐类

焚，原始的烧荒围猎方式，即火烧山林中隔年的草，以逼迫藏匿其中的野兽出来，然后车逐、网捕、射猎。甲骨文作，从艸从火；或作，像手持火把焚烧林木。甲骨文中焚猎的记录有十条以上，如郭沫若《甲骨文合集》10408 正：“翌（yì，明日）癸卯，其焚……禽。癸卯允（果真）焚，获……兕十一豕、十五虎……兔二十。”《说文·火部》：“焚，烧田也。”清王筠《说文句读》：“谓烧宿草以田猎也。”《诗经·郑风·大叔于田》“火烈具举”“火烈具扬”“火烈具阜（盛大）”等诗句都是描写焚林而猎的盛大场面的。

田，后作“畋”，侧重于焚后围猎。《左传·定公元年》：“而田于大陆，焚焉。”先提“田”是目的，后说“焚”是手段。《韩非子·难一》：“焚林而田，偷取多兽，后必无兽。”《吕氏春秋·义赏》：“焚薮而田，岂不获得？而明年无兽。”“焚林（薮）而田”皆表示田一定是先焚而后再进行的狩猎活动。

逐，追逐。甲骨文作、、等，商承祚《殷虚文字类编》：“此字或从豕、或从犬、或从兔、从鹿，从止，象兽走圹而人追之，故不限何兽。”①金文字形比较固定，主要是，从豕从辵，小篆据此定型为。三种字体相较之下，甲骨文的多种异体写法更如实地反映了狩猎场景：古人使用猎具追逐野兽，或驱赶野兽进入陷阱，或焚烧草木逼出野兽后再进行追击等等。如郭沫若《甲骨文合集》10347 正：“王往逐麋，获。”而最后“逐”字选择了“豕”作为唯一的偏旁，淘汰了其他兽类字，一是文字的成熟化要求归并异体字，二是豕与人们的日常生活有更加密切的关系，这是畜牧业发展的必然结果。

（六）伪装类

先民以网罟、鱼钩鱼竿、干单、弓矢等工具，以设网罗、垂钓、击打、布陷阱、射杀、焚林、追逐等方法捕鱼狩猎。同时，为了便于吸引对方或接近猎物、保护自己，顺利捕获凶猛的猎物，人们会巧妙地进行伪装：用香草、戴羊角、饰兽尾。

① 转引自汉语大字典编辑委员会编纂的《汉语大字典》，四川辞书出版社、湖北辞书出版社，1986 年，第 3839 页。

荃，香草名，即菖蒲，用作鱼饵。从艸，全声。《庄子·外物》："荃者所以在鱼，得鱼而忘荃。"陆德明释文：荃，"香草也，可以饵鱼。或云积柴水中，使鱼依而食焉"。成玄英疏解释得更具体："置香于柴木芦苇之中以取鱼也。"可见，荃是在罧渔法中所使用的诱捕工具，作为鱼饵与柴木一起吸引鱼群前来入彀。故此法当属香草诱捕法。

有些古注认为"荃"通"筌"，是一种捕鱼器，（详见前文）《汉语大字典》《汉语大词典》《辞源》亦用此说。但《庄子·外物》是孤证，且并非唯一的解释。黄金贵先生对此有详细的辨析。[①]故《汉语大词典》将出自《庄子·外物》"荃者所以在鱼，得鱼而忘荃；蹄者所以在兔，得兔而忘蹄"的"荃蹄"一词解释为"鱼笱和兔网。语本荃，一本作'筌'"[②]应改为"用作鱼饵的香草和兔网"。后比喻为达到某种目的而使用的手段。如晋葛洪《抱朴子·重言》："意得则齐荃蹄之可弃，道乖则觉唱高而和寡。"

羌，古代西部民族，又称西戎。甲骨文，像人头戴羊角。金文作、，像人头戴一顶饰有羊角和编辫物的帽子。小篆仍承袭此字的主要结构，作，《说文·羊部》："西戎牧羊人也。从人，从羊，羊亦声。""牧羊"指出了羌人的生产方式，其背后与图腾崇拜及狩猎方式有关。"美"和"姜"构字理据同"羌"。（详见第五章第二节）汉字中，有许多以"羊"为偏旁的字，如"羞（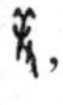，从又持羊。进献食物）""鲜""羡（即'羡'，从羊，从㳄，会垂涎羊肉之意。㳄，'涎'的古字）""善""祥""義（简化为'义'，'仪'的古字。从羊，从我，我亦声。《说文》：'义，己之威仪也。'）"等，都与羊肉的美味（如羞、鲜、羡）、羊给人带来的美好感受（如美、善、祥、义）有关。日本学者笠原仲二的《古代中国人的美意识》中以"美"为例详细分析了羊大为美就是古人原初的美意识。[③]何九盈《汉字文化学》认为"原

① 黄金贵，《古代文化词义集类辨考》，上海教育出版社，1995年，第465～467页。

② 罗竹风主编，《汉语大词典》（缩印本），汉语大词典出版社，1997年，第5463～5464页。

③〔日〕笠原仲二认为"美"从羊、大，故有此说。见《古代中国人的美意识》，魏常海译，北京大学出版社，1987年，第3页。

始社会曾经有过羊图腾崇拜，所以羊才是吉祥物”[1]。古人对羊的美好认知具有普遍性，而为什么只是以“羌”来命名西戎呢？除了记音与“羊”有关外，人顶着羊角（帽）的由来必然与这个民族的特殊性相关联。《说文》的解释只说明了表面现象，而真正的原因应该在于西戎的祖先以猎羊为生，他们在长期的狩猎过程中，积累了一条有效的经验，就是用羊角头饰迷惑对方，提高捕获率。当头戴羊角（帽）与功利紧密联系在一起，并成为取得成功的标志时，此物便自然成了能力和美的象征。即使在畜牧业出现以后，牧羊生活已是常态，羊与美意识也依旧形影不离。可见，西戎的祖先从猎羊到牧羊的生存方式持续久长，即使在许慎所处的东汉时期，也依然保持着牧羊人的身份，因此，这种特殊的生活印迹就深深地烙在了“羌”字中。

尾，尾巴。甲骨文作，金文作，小篆作，皆像人身后系尾。从表面上看，此字构形很荒诞，人怎么能有尾巴呢？原来，“尾”字的结构表现了先民尾饰的习俗。《说文·尸部》“尾”字下云：“古人或饰系尾，西南夷亦然。”《后汉书·西南夷列传》记载：哀牢夷有“刻画其身，象龙纹，衣着尾”之俗。1973 年，在青海大通县上孙家寨发现了一座马家窑类型的墓葬，其中出土的一个舞蹈纹彩陶盆上有“经过精细加工和组合的一种步伐规范的体操式的舞蹈”[2]的画面。（图 4－10）画中共有 15 人，5 人一组，在手拉手步调一致地跳舞。这说明 5000 年以前就有了乐器伴奏、动作相合、连臂踏歌的集体舞蹈。值得注意的是，画中每人都系着一条尾巴，这为甲骨文的造字理据提供了可靠材料。踏歌时系尾应是尾饰习俗的反映，这与 5000 年以前的狩猎生活有关。朱狄认为，尾饰习俗源于适用性：即着尾以便接近猎物而将之捕获，同时也是为了避免猎物报复。[3]所以，像“羌”字的构形理

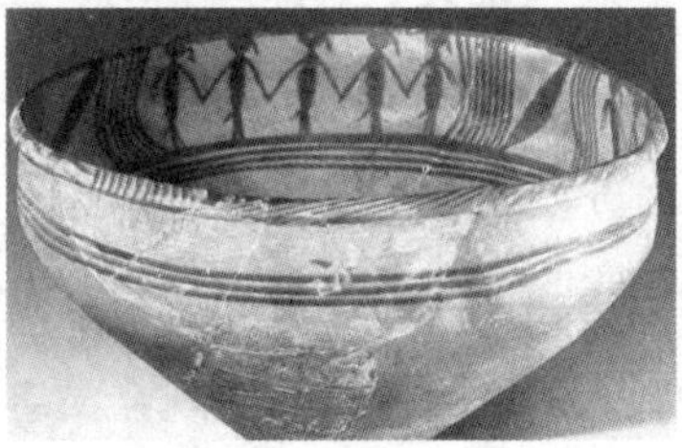

**图 4－10　舞蹈纹彩陶盆**

① 何九盈，《汉字文化学》，辽宁人民出版社，2000 年，第 143 页。
② 宋兆麟等，《中国原始社会史》，文物出版社，1983 年，第 424 页。
③ 朱狄，《原始文化研究》，生活·读书·新知三联书店，1988 年，第 93 页。

据一样，尾饰的形成也经历了从功利需要到狩猎者炫耀善猎的凭证，再到优良品质的标记，最终抽象为一种装饰物。[①]

如果狩猎被较为先进的畜牧业、农业代替了，那么，尾饰还会存在吗？从《说文》《汉书》的解释和记载中看，至晚汉代时仅有西南夷尚保留此俗，而中国大部分地区早已随着生活变迁移风易俗了。当尾饰失去了存在的社会条件时，人们就利用尾巴的形象来表达一个与美好、成功相反的概念——丑陋、失败或低贱。如“仆（僕）”字，甲骨文作，商承祚《说文中之古文考》：“象人冠首而两手奉箕，为仆之初字。”[②]金文作，从广、人、廾及箕的象形符号，合成一人在屋下双手奉箕之形。小篆作，从臣，以示低贱身份。故《说文·人部》释为：“仆，给事者。”金文和小篆的构形为我们证实了商承祚的分析，同时也对比出甲骨文取象于人着尾是提示此人的卑微身份。又“杀”的甲骨文作，像倒下的着尾者。造字者以着尾之形暗示死者失败的结局和卑贱的身份。所以，从尾饰到低贱身份标志的转换透露出社会文化对观念的影响，从而体现在文字的构形和意义的关系上。

## 第二节　汉字与畜牧业

采集、渔猎虽然属于最原始的生产方式，但它们是产生原始农业和原始畜牧业的基础。因为播下采集的种子就有收获，人们就开始栽种五谷；捕获的活生生的猎物有了剩余，人们就把它们畜养起来，进行驯化，使野兽变成了家畜，以待不时之需。考古发掘为我们提供了一系列的早期农业和畜牧业活动的证据。如在大约 1.5 万年前的中石器时代人们就开始驯养绵羊和狗。公元前5000年左右，属于新石器时期的磁山、裴李岗文化遗存显示出当时已经有农业和驯养家畜的活动，由此形成了原始农业和原始畜牧业。

---

① 刘志基，《汉字文化综论》，广西教育出版社，1996 年，第 82 页。

② 转引自汉语大字典编辑委员会编纂的《汉语大字典》，四川辞书出版社、湖北辞书出版社，1986 年，第 218 页。

反映畜牧业的汉字分为畜牧总名、畜牧工具、畜牧场所、畜牧人员、禽畜分类和专名等五类。

## 一、畜牧总名

畜，是一个多音多义字，与农业有关。只因它与“嘼”之间存在比较复杂的关系，所以才成为一个与畜牧业有关的字。嘼，也是一个多音多义字，较“畜”更复杂。其甲骨文作，金文作，小篆作，皆像野兽形，此时当读 shòu，后作“獸”以别之，简化为兽。清徐灏《说文解字注笺·嘼部》：“若‘嘼’与‘獸’，则实本一字，相承增偏旁。”驯养后，野兽变成家畜，《说文·嘼部》：“嘼，牲也。象耳、头、足厹（róu，践踏）地之形。”牲，供祭祀、盟誓和食用的家畜。据此，此时当念 chù，指牲畜。如此，“嘼”与“兽”所指有了分工，前者指家畜，后者指野兽。唐颜师古《匡谬正俗·嘼》：“嘼、兽类属不同，嘼者人之所养，兽者是山泽所育。故《尔雅》论牛、马、羊、豕，则在《释畜》；论麋、鹿、虎、豹，即在《释兽》。”家畜是蓄积、豢养的结果，故嘼又产生了引申义——豢养、畜养，《集韵·入屋》：“畜，养也。古作嘼。”清段玉裁《说文解字注·嘼部》：“嘼，凡畜养古作嘼养。”此时念 xù。

“嘼”有三个读音，与三个意义相配。“畜”与此有何关系呢？畜，甲骨文作，金文作，小篆作，古文作。参照古文，当是（兹）之省。《说文解字注·田部》：“古文本从兹，小篆省其半。”兹（同“茲”），《说文·艸部》：“艸木多益。”徐锴系传：“此草木之兹盛也。”后作“滋”。如《素问·五藏生成论》：“五藏之气，故色见青如草兹者死。”注：“兹，滋也。言如草初生之青色也。”据此，“畜”当从兹从田，《说文·田部》：“田畜也。《淮南子》曰：‘玄田为畜。’《鲁郊礼》畜从田、从兹。兹，益也。”段玉裁注：“田畜谓力田之蓄积也。”意为种地蓄积。后作“蓄”。本与农业生产有关，而与畜牧无关。但家畜也是一种劳动成果的蓄积、畜养，故与“嘼（xù）”构成同义词。《集韵·屋韵》：“畜，养也。古作嘼。”徐灏《说文解字注笺》：“畜养之义乃畜积之引申，故假畜为之……嘼、畜一声之转。”畜养又引申为家畜，义同“嘼（shòu）”。《说文解字注·田部》：“俗用畜为六嘼字。”《玉篇·嘼部》：“六嘼：牛、马、羊、犬、鸡、豕也。养之曰嘼，用之曰牲。今作畜。”就这样，在畜养、家畜的意义上，“畜”就逐渐取代了“嘼”。如《周易·离》：“亨，畜牝牛吉。”孔颖达疏：“畜养牝牛乃得其吉。”《礼记·曲礼下》：“问庶人之富，数畜以对。”孔颖达疏：“数畜以对者，谓鸡豚之属。”

综上所述，“畜”和“嘼”本是反映两个不同生产领域的字：前者是农业，后者是畜牧业。只是在蓄积意义的层面上有了交集以后，“畜”具备了逐渐取代“嘼”部分所指（如畜养、家畜）的条件，这种用字的变化不是假借，而是同义字（词）之间的转换替代。从这种变化中，我们可以看到古代原始畜牧业和农业的发展片断。当兽（嘼）经过畜（xù）养驯化后就成了畜（chù）；当稼穑有了积累后，安居乐业成为可能，如此使农业的发展加快了步伐，渐渐与畜牧业并驾齐驱，甚至形成了超越它的趋势。只有在这种形势下，“畜”的所指才由农业范畴扩大到畜牧业范畴。

牧，饲养、放养牲畜。甲骨文作，金文作，小篆作，皆从牛，从攴，示人手持物喂养牛马等家畜。《方言》卷一二：“牧，飤（同‘饲’）也。”郭璞注：“谓牧飤牛马也。”只提牛马，未涉其他家畜，不妥。因牛作为大牲，常用作虚指。如“牢”虽从“牛”，但不限于牛（见下文），而是泛指关养牲畜的栏圈。“牝”“牡”从“牛”，但泛指雌性或雄性的牲畜。故《玉篇·牛部》曰：“牧，畜养也。”不涉受事，反而贴切。“牧”的具体使用情况如《孟子·公孙丑下》“今有受人之牛羊而为之牧之者”，所涉对象是“牛羊”。放牧可借代引申为放养牲畜的人。《说文·牛部》：“牧，养牛人也。”桂馥义证：“牧者，畜养之总名，非止牛马也。”是为确诂。

“畜”“牧”是同义词，皆有畜养义。如上引《周易·离》孔颖达疏和《玉篇·牛部》的解释。对文[①]时有所不同：“畜”侧重于静态，泛指豢养，指饲养牲口。故有“畜养”一词，如《韩非子·难二》：“务于畜养之理，察于土地之宜，六畜遂，五谷殖，则人多。”“牧”侧重于动态，特指放牧，即把牲畜放到野外吃草、活动。如北齐颜之推《颜氏家训·勉学》：“古人勤

① 对文：训诂学上指意义相反或关联的词句相对成文。

学……牧则编简，亦为勤笃。”指西汉路温舒牧羊时用蒲叶抄书学习。事见《汉书·贾枚邹路传》，化为成语“温舒编蒲”。

经过长期的驯化，野兽变成了家畜，最终形成了“六畜”一词，具体指牛、马、羊、豕、鸡、犬。它们与人类的日常生活关系密切，成为节日民俗的一部分。自秦汉以来，新年伊始，人们就迎来了一系列的节日：正月初一为鸡日，初二为狗日，初三为猪日，初四为羊日，初五为牛日，初六为马日，只有初七称人日。至今在农村还沿用着“六畜兴旺”之语，以为新年寄语。

驯，是畜牧业开始的关键步骤。其字从马从川，川亦声。本指马驯服，《说文·马部》：“马顺也。”“川”本指河流，含顺畅义，故所从之字有和顺义，如“顺、训”等字。可引申为使鸟兽驯服，即驯化。唐玄应《一切经音义》卷七：“《说文》谓养鸟兽使服习谓之驯。”故有“驯兽”“驯养”。例如《后汉书·梁冀传》：“深林绝涧，有若自然，奇禽驯兽，飞走其间。”《魏书·术艺传·刘灵助》：“灵助驯养大鸟，称为己瑞，妄说图谶，言刘氏当王。”

## 二、畜牧工具

### (一) 驱使

古代的马鞭是驱促马前行的必备工具，可分为两类：一是用兽皮制成的鞭子，如“鞭”；二是策类，竹制的细木棍，如“棰（chuí）、策、簻（zhuā）”等。

鞭，金文作，像人手持驱使牲畜的、柔软似绳子的用具。古文作，上半部分已讹变。小篆作，《说文·革部》：“鞭，驱也。从革，便声。”此为动词，打马。《左传·哀公二十七年》：“成子衣制，杖戈，立于阪上，马不出者，助之鞭之。”也可理解为名词，马鞭。《左传·宣公十五年》：“虽鞭之长，不及马腹。”

鞭也用于其他牲畜，如“鞭牛”，此为一旧俗，在立春之日造好土牛，由州县及农民鞭打之，象征春耕开始，以劝农耕，兆示丰稔。宋吴自牧《梦粱录·立春》：“前一日，临安府造进大春牛，设之福宁殿庭。及驾临幸，内宫皆用五色丝彩杖鞭牛。”此俗相沿至清朝。如清顾禄《清嘉录·正月·打春》：“立春日，太守集府堂，鞭牛碎之，谓之打春。农民竞以麻麦米豆抛打春牛，里胥以春球相馈贻，预兆丰稔。”鞭亦可泛指所有鞭子。

棰（同“箠”），较粗的竹制马鞭。《说文·竹部》：“棰，击马也。从竹，垂声。”段玉裁注本作“所以击马也。”此“击”有别于“鞭打”，是指用坚硬的竹条击打，而非用柔软如绳的皮鞭抽打。故《汉书·娄敬传》“（古公亶父）杖马箠去，居岐，国人争归之”中的“杖马箠”，并不一定是执马鞭的意思。颜师古注曰：“箠，马策也。杖谓柱（zhǔ，拄持）之也。云杖马箠者，以示无所携持也。”又《列子·杨朱》：“百羊而群，使五尺童子荷棰而随之，欲东而东，欲西而西。”箠可拄，棰需“荷”，说明棰是较粗的竹条。

策，较细的竹制马鞭。《说文·竹部》：“策，马棰也。从竹，朿声。”其实有别于“棰”。《庄子·马蹄》：“前有橛饰之患，而后有鞭筴（同‘策’）之威。”成玄英疏：“带皮曰鞭，无皮曰筴，俱是马杖也。”以是否有皮来区别鞭和策，说明二者一样粗细。

篴，羌人使用的竹制马鞭兼乐管。《玉篇·竹部》：“篴，棰也。”从竹，挝省声。汉马融《长笛赋》：“裁以当篴便易持。”李善注：“篴，马策也。”刘良注：“羌人裁截之以当马篴，使其易执持而复吹之也。”篴能吹，可见其短小。

笍（zhuì），顶端带有铁针的竹制马鞭。《说文·竹部》：“笍，羊车驺棰也。箸（zhuó，着，附着）箴（后作‘针’）其耑（后作‘端’），长半分。从竹，内声。”段玉裁注：“驺棰者，御车之马棰也……善饰之车驾之以犊，驰骤不挥鞭策，惟用箴刺而促之。”

鞭、策虽然质地、形制不同，但功用一致，故构成同义连文“鞭策”。《礼记·曲礼上》：“乘路马，必朝服，载鞭策，不敢授绥。”路马，为君主驾车的马。

“馽（zhí）、羁、绁（xiè）”是束缚控制马（或其他牲畜）的工具。

馽，拴缚马足的绳索，绊子。小篆作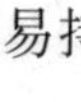，像马足被绳索套住。《说文》或体为。《说文·马部》：“馽，绊马也。从马，口其足。《春秋传》曰：‘韩厥执馽前。（按：今本《左传·成公二年》作“韩厥执絷马前。”）’……絷，馽或从糸，执声。”二字侧重不同，“馽”强调结果，“絷”注重手段。《庄子·马蹄》：“连之以羁馽，编之以皁（zào，牲口栏棚）栈（编木制成的垫

子，放在牲口棚中以除湿）。”陆德明释文：“羁馽，崔云：‘绊前两足也。’”

羁（羈），革制的马络头。小篆作，《说文》或体作，《说文·网部》：“，马络头也。从网，从馽。馽，马绊也。，或从革。”段玉裁注：“既绊其足，又网其头。今字作羁，俗作羈。”徐灏笺：“縶绊之义，从马而囗其足。隶不便于书而变为馽；羁则省而为马也，盖既络其头，亦不必更囗其足矣。”段注解释小篆“羁”所表示的是将马头、马足一并束缚。徐灏笺补充说，“馽”字变形源于隶书，隶书不便于书写小篆中象征绊马索的部分，故简省符号以图方便；“羁”字右下角省作马，大概因为束缚了马头，就不必再束缚马足。“羁”从革，说明马络头是皮革制品。《楚辞·离骚》：“余虽好修姱以鞿羁兮，謇朝谇而夕替。”王逸注：“革络头曰羁。”因羁与馽皆有束缚马前行的功能，故常并用。如上文所举《庄子·马蹄》之例。

绁（緤、紲），牵牲畜的绳子。《说文·糸部》：“绁，系也。从糸，世声。”《礼记·少仪》：“犬则执绁。”《左传·僖公二十四年》：“臣负羁绁，从君巡于天下。”杜预注：“绁，马缰。”孔颖达疏：“绁，系也。服虔云：一曰犬缰曰绁。古者行则有犬。”其实不必分得过细，马、犬皆需以绳牵引。“羁”“绁”皆是控制马的工具，故“负羁绁”指驾驭车马。

（二）饲养

槽，四周高中间低、盛放饲料以喂牲畜的器具。《说文·木部》：“槽，畜兽之食器。从木，曹声。”《晋书·宣帝纪》：“（曹操）又尝梦三马同食一槽。”

枥，马槽。《方言》卷五：“枥，梁宋齐楚北燕之间，或谓之樎，或谓之皁。”郭璞注：“枥，养马器也。”从木，历声。故有“马枥”一词。如《史记·建元以来侯者年表》：“（张章）寄宿霍氏第舍，卧马枥间。”亦代指关牲畜的地方。三国魏曹操《步出夏门行》：“老骥伏枥，志在千里。烈士暮年，壮心不已。”

箌（tán），洗刷马的竹制篦子。《说文·竹部》：“箌，搔马也。从竹，剡声。”徐锴系传：“竹有齿，以搔马垢污。”《广韵·谈韵》：“箌，刮马篦也。”

## 三、畜牧场所

圈，关养牲畜或野兽的栅栏。《说文·囗部》：“圈，养畜之闲也。从囗（古‘围’字），卷省。”段玉裁注：“闲（栅栏），阑也。《牛部》曰：‘牢，闲，养牛马圈也。’是牢与圈的通称也。”《庄子·齐物论》：“大木百围之窍穴，似鼻，似口，似耳，似枅（jī，柱上方木），似圈，似臼，似洼者，似污者。”成玄英疏：“木既百围，穴亦奇众，故或似人之口鼻，或似兽之阑圈。”

牢，关牲畜的栏圈。甲骨文作、，像牛、羊被关在留有一个出口的栅栏里。《说文·牛部》：“牢，闲，养牛马圈也。”商承祚《殷虚文字类编》引罗振玉曰：“牢为兽阑，不限牛，故其字或从羊。”[①]《诗经·大雅·公刘》：“执豕于牢，酌之用匏。”意为从牢中抓猪。《战国策·楚策四》：“亡羊而补牢，未为迟也。”此牢属于羊。

槛，关牲畜、野兽的大笼子、栅栏。《说文·木部》：“槛，栊也。从木，监声。一曰圈。”段玉裁注：“圈者，养兽之闲。”因“槛”与“圈”同义，故可连文成词。《淮南子·主术训》：“故夫养虎豹犀象者，为之圈槛，供其嗜欲。”

栊（lóng，櫳），围养禽兽的栅栏。《说文·木部》：“栊，槛也。从木，龙声。”清朱骏声《说文通训定声》：“《三苍》‘栊，所以盛禽兽栏槛也’，今‘囚栊’字当作此。”《广韵·东韵》：“栊，槛也。养兽所也。”因“栊”与“槛”同义，故可连文成词。东汉祢衡《鹦鹉赋》：“顺栊槛以俯仰，窥户牖以踟蹰。”

栏（欄），关牲畜的圈。与“牢、闲、圈”同义。《广雅·释宫》：“栏，牢也。”王念孙疏证：“《说文》：‘牢、闲，养牛马圈也。”所以，在下例中，“圈”和“栏”形成对文，意义相同。东汉王充《论衡·佚文》：“夫富贾无仁义之行，犹圈中之鹿，栏中之牛也，安得妄载！”此例的背景是扬雄写《法言》时，蜀地一富人持十万钱欲将自己载入书中，遭拒。其理由是富人为富

① 转引自汉语大字典编辑委员会编纂的《汉语大字典》，四川辞书出版社、湖北辞书出版社，1986年，第1802页。

不仁，就像被关在圈里的牲畜，不值得记载。这显示了中国古代士人对商贾的蔑视心理，以及对义与利关系的看法。

厩（廄、廐、廏），马房。《说文·广部》：“厩，马舍也。从广，𣪘声。《周礼》曰：‘马有二百十四匹为厩，厩有仆夫。’”《诗经·小雅·鸳鸯》：“乘马在厩，摧之秣之。”“厩”和“栏”同义，连文成词。《墨子·非攻上》：“至入人栏厩，取人马牛者，其不仁义又甚攘人犬豕鸡豚。”

囿，畜养禽兽以供帝王赏玩的、有围墙的园林。甲骨文作，从囗，从羊；或作、，像四周围起来的生长草木的地方。金文作，从囗有声，小篆承之。《说文·囗部》：“囿，苑有垣也。……一曰：禽兽曰囿。”高鸿缙《中国字例》：“字原倚四屮或四木，画其囿垣之形……故为禽兽有垣之囿。”[1]《诗经·大雅·灵台》：“王在灵囿，麀（yōu，母鹿）鹿攸伏。”毛亨传：“囿，所以域养鸟兽也。”灵囿，周文王苑囿名。攸伏，安闲从容地伏在地上。

苑，汉代以后用来指帝王游猎的、有围墙的园林。《说文·艸部》：“苑，所以养禽兽也。从艸，夗声。”段玉裁注：“古谓之囿，汉谓之苑。”《吕氏春秋·重己》：“昔先圣王之为苑囿园池也，足以观望劳形而已矣。”

## 四、畜牧人员

驺（zōu，騶），官名，为王公负责养马并驾车的人。《说文·马部》：“驺，厩御也。”桂馥义证：“厩御也者，《玉篇》：‘驺，养马人名。’”负责六个马厩。《左传·成公十八年》：“程郑为乘（shèng）马御，六驺属焉。”孔颖达疏：“驺是主驾之官也。”晋国大夫程郑品格端方，成为君王驾车驭马的仆从，君王的六个马厩的管理者都归他管。“乘马御”，也作“赞仆”，负责管理驺。“六驺”，六闲之驺，即六个马厩的驺。据《周礼·夏官·校人》及郑玄注，天子十二闲，诸侯六闲，每闲有马二百一十六匹。

仆（僕），奴仆。（详见前文）可特指驾车的人，身份较低微。《礼记·服问》：“君之母非夫人，则群臣无服，唯近臣及仆骖乘从服。”孔颖达疏：“仆，

---

① 转引自汉语大字典编辑委员会编纂的《汉语大字典》，四川辞书出版社、湖北辞书出版社，1986年，第718页。

御车者也。”此例讲服丧之礼。意思是如果君王的母亲不是嫡夫人，她死后，群臣就不为之服丧，只有国君的近臣和驾车人、车右随国君服丧。仆多指自家的车夫，如“仆夫”。《诗经·小雅·出车》：“召彼仆夫，谓之载矣。”毛亨传：“仆夫，御夫也。”此诗出自第一章，以第一人称“我”来写出征。出征前，“我自天子所，谓我来矣”，然后召集驾车人，载“我”前驱。

圉，牢狱。甲骨文作，像被刑具束缚之人困在囗中。小篆作㚔，《说文·囗部》：“图圄，所以拘罪人。从㚔（niè，加在手上的刑具），从囗。……一曰：圉人，掌马者。”其“一曰”义“掌马者”，与牢狱有关，说明其来源。故圉的身份微贱。《左传·僖公十七年》：“男曰圉，女曰妾。”杜预注：“圉，养马者。”晋惠公之妻梁嬴怀孕过了预产期，有人卜算后，认为所生的儿子为人臣，女儿为人妾。

仆、圉二字皆源于奴仆或罪犯，故所指车夫，地位比“驺、御”卑下。

## 五、禽畜分类和专名

古代畜牧业的发展还可以从禽畜名称的分类和专名上反映出来。首先，禽畜的分类体现在部首。《说文》马部字 115 个，重文 8 个，新附字 5 个；与犬有关的字 90 个，重文 5 个，包括犬部 83 个，新附字 4 个，㹜（yín）部 3 个；牛部字 45 个，重文 1 个，新附字 2 个；与羊有关的字 28 个，重文 3 个，包括羊部字 26 个，羴部 2 个；与豕有关的字 34 个，重文 7 个，包括豕部 22 个，希（yì）部 5 个，彑（jì）部 5 个，豚部 2 个。鸟部字 116 个，重文 19 个；乌部字 3 个，重文 3 个；隹部字 39 个，重文 12 个。此种按义类归属进行归纳的方法充分表现了畜牧业之兴盛对人类生活的深刻影响。

其次，每一部类的字非常丰富，多者竟然上百，而且所涉内容细致入微，皆造专名，可见古人对其重视的程度远远超过今人。1. 如毛色，马有“驳（马毛色不纯）、骐（qí，有青黑斑纹的马）、骠（biāo，黄色的马）、骃（yīn，浅黑带白色的马）、骅（huá，枣红色的马）、騧（guā，黑嘴的黄色马）、骊（lí，深黑色的马）、騩（guī，浅黑色的马）、骝（liú，红身黑鬃黑尾的马）、骓（zhuī，毛色苍白相间的马）、骍（xīng，赤色的马）、駹（máng，面、额白色的黑马）”等 20 多个；牛有“物（杂色牛）、犥

(máng，毛色黑白相间的牛)、犡(lì，脊部呈白色的牛)、㻬(tú，有虎纹的黄牛)、犉(rún，唇白的黄牛)”等12个。2. 如齿龄，马有“马(一岁马)、驹(两岁马)、馴(bā，八岁马)、骥(老马)”等；牛有“犕(bèi，两岁牛)、犙(sān，三岁牛)、牭(sì，四岁牛)”等；猪有“豚(tún，小猪)、豰(hù，小猪)、豯(xī，三个月的小猪)、豵(zōng，六个月的小猪)、豜(jiān，三岁的猪)”；羊有“羔、㚖(dá，羊羔)、羜(zhù，五个月的小羊)、羍(wù，六个月的小羊)、羫(zháo，未满一岁的小羊)”。3. 如牝牡，二字从牛，泛指牲畜的公母。马有“騭(zhì，公马)、騍(kè，母马)”；牛有“犅(gāng，公牛)、特(公牛，后泛指雄性的牲畜)、牸(zì，母牛)”；猪有“豭(jiā，公猪)、豝(bā，母猪)”；羊有“羖(jiā，公羊)、羝(dī，公羊)、羒(fén，白色的大公羊)、牂(zāng，母羊)、羘(zì，母羊)、羭(yú，母羊)”；鹿有“麚(jiā，公鹿)、麟(大母鹿)”。禽类有“雌、雄”，后泛指禽兽。4. 如身量大小，马有“騹(zuī，马小貌)、骄(马高六尺)、騋(lái，身高七尺的马)、駥(róng，身高八尺的马)”等；羊有“羬(qián，六尺长的羊)”。5. 如优劣，骏马有“骥(千里马)、驵(zǎng，壮马)、骁(xiāo，强壮的马)”等；劣马有“驽”。6. 如阉割。古人很早就掌握了阉割动物之术，如此可使野兽驯服，便于役使，可使猪羊肥硕。被阉割的公牛作“犗(jiè)、犍(jiān)”，被阉割的公马作“騬(chéng)”，被阉割的公猪作“豮(fén)”，被阉割的公羊作“羯(jié)、羠(yí)”，被阉割的公犬作“猗(yī)”。《说文·犬部》：“猗，犗犬也。”段玉裁注：“犬曰猗，如马曰騬，牛曰犗，羊曰羠。”还有表现各类具体的禽畜名、叫声、行走貌等皆有专字记录。

古人对禽兽、牲畜观察得如此细致，令人叹为观止。这首先是因为饲养它们要耗费大量的粮食，实在不易；加之以家为单位养殖，规模小，出栏少，生长慢，故人们珍视之。《孟子·梁惠王上》：“鸡、豚、狗、彘之畜，无失其时，七十者可以食肉矣。”《礼记·坊记》：“大夫不坐羊，士不坐犬。”郑玄注：“古者杀牲食其肉，坐其皮；不坐犬羊，是不无故杀牲。”上述二例反映了上古时人们对家畜的拥有量非常有限，无论是贵族还是平民百姓享用家畜都并非易事。其次，人们不断地总结驯化、繁殖禽兽和牲畜的经验，关注其生长过程，样貌特征，特别是对马投入了最深厚的感情。畜牧业的不断发展伴随着人类实践能力和认知能力的不断提高，也伴随着畜牧业与人类生产生活的关系日渐密切。但当农业、工业、商业不断繁荣之后，畜牧业的地位下降了，许多相关的字渐渐成为历史字或死字。

## 第三节　汉字与农业

四五千年前，兴起于黄河中游地域的新石器文化——仰韶文化（约公元前5000年～公元前3000年）和龙山文化（约公元前2800年～公元前2300年），已展现了华夏民族的先祖从采集、渔猎过渡到农耕生产的历史风貌。在钱塘江流域的浙江余姚河姆渡文化时期（约公元前5000年～公元前3000年），已有人工栽培水稻。长江中下游的屈家岭文化（约公元前3300年～公元前2650年）也留下了农耕文明的痕迹。

华夏民族主要生活在黄河中下游地区，这里沃野千里，水道纵横，气候适宜，因此，农业活动起始较早。除了考古证明以外，古代文献也留下了宝贵的记录。据《史记·周本纪》记载，周人的祖先后稷是轩辕黄帝的四世孙，是尧舜时代的农师。他“为儿时，屹如巨人之志。其游戏，好种树麻菽，麻菽美。及为成人，遂好耕农，相地之宜，宜谷者稼穑焉，民皆法则之。帝尧闻之，举弃（后稷之名）为农师。”由此可见，当时的农业已成为主要的经济形式，生产规模逐渐发展扩大，生产技术在不断探索中渐渐提高。从总体上看，应该比尚属于原始自然农业的商代的生产情况有所进步。商代的农业生产，无论是其使用的简易的生产工具，还是采取的撂荒制[①]都保留着原始农业的基本特征。裘锡圭在《甲骨文中所见的商代农业》一文中对商代种植的农作物进行了全面的考察，认为“商代农业主要种植禾（谷子）和黍”。而商代的农业“生产工具主要是木制的耒、力（耜）和石、蚌等制作的铲、耨、镰、铚（zhì，短镰刀）等物。清除荒地上的树木，除了用焚烧等方法外，主

① 撂荒制：指荒地经开垦种植几年后，因杂草丛生、肥力退化，就长时间弃而不种，待地力恢复时再进行垦殖的一种土地利用方式。

要靠石制的辰和斧、斤，耕作制度大概主要采取撂荒制，肥料主要是‘以水火变之’的草木和禾秆”[①]。总而言之，“商代单位面积的农产量大概还是比较低的”。[②]

在长期的农耕实践中，人们不仅创造了各种工具，而且还发明了多项耕种方法、收藏方式等，并为此造字。

## 一、农耕工具

新石器时期，原始农业兴起，它以刀耕火种为特征，即先以石斧砍伐地面上的枯根朽茎，晒干后与地里的荒草一起被放火焚烧，使之成灰。经过火烧的土地变得松软，用做肥料的草木灰附于其上，增加肥力，然后再就地挖坑下种。一般来说，这种基本上靠自然条件进行耕作的方式容易使耕地又还原成荒地，而且肥力不如以前，所以，耕地往往种一年后必须易地改种。这就是所谓的“刀耕火种”，亦称原始撂荒耕作制或迁移农业，它延续久长。如宋王禹偁《畬田词》序：“上雒郡南六百里……皆深山穷谷。其民刀耕火种，大抵先斫山田，虽悬崖绝岭，树木尽仆，俟其干且燥，乃行火焉。火尚炽，即以种播之。”

据传，神农氏炎帝[③]观察到野猪用嘴拱地翻土取食后受到启发，发明了刺土工具——耒耜。《周易·系辞下》：“神农氏作，斫木为耜，揉木为耒。”自此以后，农具种类越来越多。《管子·轻重乙》：“一农之事，必有一耜、一铫（yáo，大锄）、一镰、一椎（chuí，捶击工具）、一铚，然后成为农。”此处所提到的“耜、铫、镰、椎、铚”也只是农具中的一部分。下面按耒耜类、辰耨类等逐一介绍。

### （一）刺土工具——耒耜类

耒，是中国古代最早、最重要的掘土工具，一直沿用至汉代。耒有两种形制：一种是尖头木棒，只能刺穴点种，不能翻土。后来在下部绑上一根短

① 裘锡圭，《甲骨文中所见的商代农业》，《古文字论集》，中华书局，1992 年。

② 同上。

③ 神农氏：中国上古时期姜水流域姜姓部落首领，发明农具，以木制耒，教民稼穑、饲养、制陶、纺织及使用火，因功绩显赫，以火得王，故为炎帝，世号“神农”。

横木，以便脚踏，使尖头入土较深，将土块挖起。（图 4－11）有的古文字可显示此耒形。力，甲骨文作，金文相似，小篆讹变为，似有尖头的耒形。男，甲骨文作、，金文同，小篆讹变为，《说文·田部》：“丈夫也。从田，从力，言男用力于田也。”加，金文作，小篆讹变为，《说文·力部》：“语相增加也。从力，从口。”即口用力说话，表示夸大。协，甲骨文作、、，像三耒并耕于田。小篆讹变为，保留三个“力”字。第二种形如木叉，上有曲柄，下为双齿叉形头。（图 4－12）甲骨文、金文皆作，仿树杈。同样，也有一些古文字留下了此耒形的印记。丽（麗），甲骨文作、，从两个形如木叉的耒，从两犬。像两犬并拉两耒耕作。古时两耒并耕为耦耕，故用“丽”表示匹偶之意，如夫妇二人称为伉俪（“丽”的今字）。协，金文作，像三犬拉二耒耕田，较其甲骨文结构复杂，但构意相同，即以并力耕田之形表示合作、共同。据以上所列与耒字相关的字，可知耒的形制是“上端钩曲，下端分歧”①的木制农具的说法是片面的。

**图 4－11　现代门巴族的木耒**

**图 4－12　湖北江陵战国铁口耒**

因双齿耒较前者多一齿，故功效相对较高，更容易推广。7000 多年前的河北磁山文化（约公元前 5400 年～公元前 5100 年）中已出现。殷墟窖穴土壁上有双齿耒痕。山东泗水尹家城岳石文化（约公元前 1900 年～公元前 1500 年）有木耒挖窖穴的痕迹，耒双齿平行，间距 6.5cm～7cm，齿宽 2cm～3cm。耒为木制，故小篆作，《说文·耒部》：“手耕曲木也。”据《周礼·

① 徐中舒，《徐中舒历史论文选辑·耒耜考》，中华书局，1998 年，第 72～127 页。

冬官·考工记》，耒通高为六尺六寸，合今1.4米左右。使用耒时，一脚用力踩在它的一个肩上，使耒插入土中以松土。《淮南子·主术训》："一人跖耒而耕，不过十亩。"

"耤"（后作"藉"）也是一个与"耒"有关的字，意思为耤田。甲骨文作，郭沫若《甲骨文字研究》："（甲文）象人持耒耜而操作之形。"[1]徐中舒《耒耜考》："象人侧立推耒，举足刺地之形。"[2]郭沫若《甲骨文合集》9507正："贞：令我耤，受有年。"金文作，增声符"昔"。郭沫若《甲骨文字研究》："卜辞金文之异，仅在一为象形文，一为形声字耳。"小篆省作，《说文·耒部》："帝耤千亩也。古者使民如借，故谓之耤。从耒，昔声。"与"借"同源。所谓"帝耤"指天子亲耕之田，是古代的一种耤田制度。亲耕是为了示范劝农，后征用民力耕种。殷商时，殷王要"观耤"，从而形成了"观耤"之礼。郭沫若《甲骨文合集》9500："庚子卜，贞：王其观耤唯往。"西周时，贵族们在耤田上监督庶人无偿劳动，周王亲耕。《礼记·乐令》："（孟春之月）天子亲载耒耜……躬耕帝藉，天子三推（把工具向前移动进行工作），三公五推，卿诸侯九推。"明清时，此礼定在农历二月二这一天，皇帝要象征性地率百官出宫到他的"一亩三分地"耕地松土。"一亩三分地"原指先农坛，清朝雍正皇帝以后指定为今海淀圆明园西侧的"一亩园"。年画《皇帝耕田图》描绘了头戴王冠、身穿龙袍的皇帝扶犁耕田的景象。画上还题了一首打油诗："二月二，龙抬头，天子耕地臣赶牛，正宫娘娘来送饭，当朝大臣把种丢，春耕夏耘率天下，五谷丰登太平秋。"

耜，从耒，㠯声。古人对其形制有二说：1. 耜是有别于"耒"的、独立的翻土农具，木制铲状，应是改进耒后的产物。因为尖头的耒翻土细碎而量少，效率低下，而将尖头改成板状的刃就加大了接触面，松土量增加。西周时，耜已被普遍使用。（图4-13）《吕氏春秋·任地》："是以六尺之耜，所

① 转引自汉语大字典编辑委员会编纂的《汉语大字典》，四川辞书出版社、湖北辞书出版社，1986年，第2773页。

② 徐中舒，《徐中舒历史论文选辑·耒耜考》，中华书局，1998年，第72页。

以成亩也；其博八寸，所以成甽（quǎn，田间小沟）也。”可见，耜之通高与《周礼》所记的耒相近。“其博八寸”是指其刃口的宽度，而《考工记·匠人》则说“耜广五寸”，则耜刃的宽度似乎随地而异。2. 耒是柄，耜是臿（插地起土的工具。后作“锸”），二者相连在一起。（图4-14、图4-15）浙江余姚河姆渡遗址出土了大量的用动物肩胛骨制成的耜，其骨臼部分正是安插耒之处。故《玉篇·耒部》云：“耜，耒端木。”元戴侗《六书故·植物一》：“耜，耒下剌土臿也。”《国语·周语中》：“民无悬耜，野无奥（深）草。”韦昭注：“入土曰耜，耜柄曰耒。”《周易·系辞下》：“神农氏作，斫木为耜，揉木为耒。”即将木材砍削成带刃板状的耜，把木棒加工成有弯度的耒。耜又称为臿，故二者可连用。《韩非子·五蠹》：“禹之王天下也，身执耒臿以为民先。”

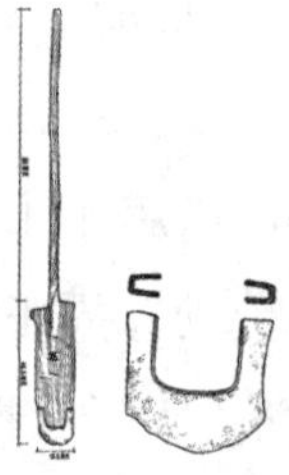

**图4-13　马王堆汉墓出土的铁口耜及铁制臿口**

**图4-14　河姆渡出土的骨耜（上）和木耜（下）**

**图4-15　木耒和木耜**

以上两种说法是针对不同形制的耜而言的，皆可。但耒耜的区别在徐中舒《耒耜考》一文发表之前，始终是众说纷纭，似是而非。因为研究者们大多仅仅根据文献典籍来考察，而无实物相对照。《耒耜考》则将出土古文字材料与古代典籍及实物相互对照，经过周密考证，基本上阐明了古农具耒和耜的形制及其功用。孙机《中国古代物质文化》则补充了耒尚有尖头木棒形。[①]

虽然耜比耒功效更大，但二者各有使用区域，不能互相替代。孙机认为“原始农业是从采集经济发展来的。那时地广人稀，对土地不是那么珍惜，没有必要也没有能力精耕细作，基本上是一种播种——收获农业。跟南方和北

① 孙机，《中国古代物质文化》，中华书局，2014年，第4页。

方的稻作和粟作相适应，南方主要是平田，用耜；北方如果不是撒播的话，主要是点种，用耒”。[①]

在铁器出现之后，木耒、木耜也开始套上铁制的刃口。如湖北江陵曾出土有战国时的耒，从柄到齿皆为木制，柄略向后屈，双齿则略向前弯，齿端套有铁制的刃口。战国时臿的实物未见。长沙马王堆汉墓出土的木臿上面也套有铁刃。

后世模仿耒耜形状，将生铁打制成尖三角形，即铁耜，安装在曲状手柄上。元戴侗《六书故·植物一》："耜，耒下刺土臿也。古以木为之，后世以金。"

耒耜是犁的前身，是最早的耕作农具。以耒为部首的字很多，有农具类，如“耖（chào，碎土平田的农具）、耝（chú，同‘锄’，松土和除草用的农具）、耙（bà，碎土平田的农具）、耓（tīng，耜）、耞（jiā，即连枷，一种脱粒用的农具）、銈（guī，多齿耙的农具）”等；有耕作方式类，如“耩（jiǎng，耕地）、耚（pī，开垦）、艮（gǔn，再耕）、耦（ǒu，二人并肩而耕）、耰（yōu，播种之后，再用土盖上）”等。故可泛指农具，象征农业。在长期的农耕文明中，耒耜及其衍生的概念占据非常重要的地位。唐代农学家陆龟蒙的《耒耜经》专门讲述农具，影响深远。历代许多官修民撰的大型丛书、类书，如《钦定授时通考》《古今图书集成》《夷门广牍》《农政全书》《全唐文》等，都转引或引录了《耒耜经》全文。

**（二）除草工具——辰耨类**

《淮南子·氾论训》：“古者剡耜而耕，摩蜃而耨。”意思是说削木为耜以松土耕作，刮磨蛤壳以除草。蜃，大蛤。其开合处边缘经过打磨后非常锐利，在其根部装上手柄，便可用以除草，此农具称作“辰”。

辰，甲骨文作、等，金文作、等。郭沫若《释干支》：“辰实古之耕器。其作贝壳形者，盖蜃器也……附以提手，字盖象形，其更加以手形若足形者，则示操作之意。……辰本耕器，故农、辱、蓐、耨诸字均从辰。”[②]

① 孙机，《中国古代物质文化》，中华书局，2014年，第3～4页。

② 转引自汉语大字典编辑委员会编纂的《汉语大字典》，四川辞书出版社、湖北辞书出版社，1986年，第3606页。

此言不仅解释了辰的形义关系，还系联了与之有关的字。

农（農），垦荒耕种。杨树达《积微居甲文说·释农》："甲骨文农字从辰从林者，初民之世森林遍布，营耕者于播种之前必先斩伐其树木也。"[①]此说也可以针对金文，反映了刀耕火种的原始农业方式。金文亦作，从辰，从田，以示在田地割草。其繁体为，从茻、田、辰、手，示以手持辰割除田中之草，此字形透露的信息最为充分。所以，据字形可以看出"农"的意义本重在清除草木，但因与耕种相关，故常指耕种。《说文·辰部》训为"农，耕也。"《左传·襄公九年》："其庶人力于农穑。"杜预注："种曰农，收曰穑。"但籀文以金文为基础，误将晚期金文的（田）写成（囟）。小篆误将金文中的写成（臼，双手）。隶书又误将篆文中的写成。可见，隶变后的"农"表意性的降低是逐步形成的。而《说文》不明此变异过程，分析字形为从，囟声。误。

辱，除草。金文作，下半部分的从辰，从又，实为"辱"字。杨树达《积微居小学述林》："辱字从辰从寸，寸谓手，盖上古之世，尚无金铁，故手持摩锐之蜃以芸除秽草，所谓耨也。"[②]后作"耨"。

耨（nòu），除草。从耒、辱，辱亦声。《玉篇·耒部》："耨，耘也。"《集韵·渓韵》："耨，田治草也。"《孟子·梁惠王上》："深耕易耨。"深耕，指耕地深度达到六、七寸以上，如此可改良土壤结构，提高土壤肥力，增加收成。易耨，治田除草。用此成语表示勤于家事。

"耨"也用作名词，指短柄手锄。《国语·齐语》："时雨既至，挟其枪（掘土除草的农具）、刈（镰刀类）、耨、镈（bó，短柄锄），以旦暮从事于田野。"时雨，应时的雨。此义也写作"槈"。《说文》："槈，薅器也。"段玉裁注："薅，披去田草也[③]。槈者，所以披去之器也。槈，刃广六寸，柄长六尺。"亦作"鎒"。《庄子·外物》："春雨日时，草木怒生，铫鎒于是乎始

① 杨树达，《积微居甲文说·释农》，上海古籍出版社，2006 年，第 28 页。

② 转引自汉语大字典编辑委员会编纂的《汉语大字典》，四川辞书出版社、湖北辞书出版社，1986 年，第 3607 页。

③ 即削去田间草。

修。”王先谦集解：“鎒，锄也。”《说文·木部》：“槈，薅器也。鎒，或从金。”桂馥义证：“《一切经音义》八：‘槈，《说文》又作鎒，除田器也。’”部首“金”代替了“木”“耒”，可明其材料的改进。

蓐（rù），陈草再生。甲骨文作，小篆一致，作，《说文·茻部》：“陈艸复生也。从艸，辱声。”徐锴系传：“陈根更生繁缛也。”其实，此字中的“辱”亦表意，说明陈草复生的原因是未除尽草根，与除草有关。

薅（hāo），小篆作，《说文》：“拔去田艸也。从蓐，好省声。”《诗经·周颂·良耜》：“其镈斯赵（diào，锄地铲草），以薅荼蓼（liǎo）。”荼和蓼，泛指田野沼泽间的杂草。毛亨传：“赵，刺也。”孔颖达疏：“赵是用镈之事，镈是锄类，故赵为刺地也。”

以上与“辰”有关的诸字皆是反映农事的载体。而先民又通过长期的观察，发现农事活动与星象密切相关，故“辰”引申为星辰。郭沫若《释干支》：“星之名辰者，盖星象于农事大有攸关，古人多以耕器表彰之。”①

随着铁器的出现，除草工具还有锄、铫、镈等，皆以“金”字为部首，上文有所提及。

（三）收获工具——镰枷类

镰，镰刀。收割庄稼的工具。图4－16是1972年四川大邑安仁乡出土的东汉时期的画像砖《弋射收获图》，其中两人在前持镰割稻，三人在后拾稻捆束，最后有一人肩挑稻束，手提食篮，生动地再现了蜀地收获季节的繁忙景象。《玉篇·金部》：“镰，刈钩（yìgōu）也。”刈钩，镰刀。

铚，短镰。《说文·金部》：“铚，获禾短鎌（同‘镰’）也。从金，至声。”《管子·轻重乙》：“一农之事，必有一耜、一铫、一鎌、一鎒、一椎、一铚，然后成为农。”

① 转引自汉语大字典编辑委员会编纂的《汉语大字典》，四川辞书出版社、湖北辞书出版社，1986年，第3606页。

图4－16　《弋射收获图》（东汉画像砖）

枷，连枷。脱粒用的农具。（图4－17）《说文·木部》："枷，柫（fú）也。"又"柫，击禾连枷也。从木，弗声。"对"枷"的形义关系，《释名·释用器》解释得很明白："枷，加也，加杖于柄头以挝穗而出其谷也。"故此字当从木、加，加亦声。《玉篇·木部》释语简单："枷，连枷，打谷具。"从《说文》和《玉篇》的释语中，可以得知至晚东汉以后，"枷"或"柫"皆可称为连枷了。

图4－17　枷

以上所介绍的只是农具的一小部分。随着农业的不断发展，各种农具日益改进，又有创新，种类日渐丰富，可分为耕整地工具、施肥工具、播种工具、中耕工具、排灌工具、收获工具等。此处不赘。

## 二、耕种方式

### （一）役畜助劳

农耕是重体力活，先民利用家畜助劳，减轻体耗，提高劳动效率。

为，甲骨文作，像一手牵一象。罗振玉《增订殷虚书契考释》："意古者役象以助劳，象为之耕。"[①]元郭居敬《二十四孝》："舜耕于历山，有象为之耕，有鸟为之耘。"有人认为，历山即今山东济南的千佛山，又称舜山、舜耕山。"舜耕历山"的传说最早见于《墨子·尚贤下》，《史记》也有记载，但未提象助之耕地之事。虽然如此，在远古时期的中原一带，象为役畜助劳的现象是存在的。据研究，此时的中原气候温暖潮湿，丛林茂密，从近年来许多地方出土的大象化石来看，大象的确曾经出没于此。另外，河南简称

① 罗振玉，《增订殷虚书契考释》（中卷），东方学会印本，1927年，第60页。

“豫”，亦有理据。豫，本义大象。《说文·豕部》：“豫，象之大者。……从象，予声。”与六畜相比，象体大力壮，助人耕田优势明显。徐中舒《殷人服象及象之南迁》一文对此有专门探讨。

丽，甲骨文作、，从二力（耒）、二犬。二犬牵引二耒并耕为耦耕，此意亦可用“耦”表示。（见下文）丽后作“麗”，《说文·鹿部》：“丽……从鹿，丽声。”李孝定《甲骨文字集释》：“‘丽声’之丽，诸家以为即此字之古文是也。麗既以古文为声，则从鹿必属后起。窃谓丽之本义训两训耦。”[①]

犁，是改进耒耜的松土工具。耒耜只能扎出一个个小洞或铲出面积极其有限的横槽，而犁可以划出一条沟，面积广，效率高。一般先有木石犁，后有金属犁；先用人力牵引，后用畜力牵引。长江中下游地区原始社会晚期已出现石犁铧。《越绝书·外传记吴王占梦》以“铧”比喻越人，表明江浙地区的越族可能是最早使用犁铧的民族之一。中原地区在商代可能已有犁，出土的铁犁始见于春秋战国时代。[②]它较耒耜结构复杂：增添了直辕或曲辕、支撑的立木，在底部木条的前端安有V字形或梯形的铧，起入土和切开翻出来的土块的作用。加辕的目的就是为了拴牛以牵引。《论语·雍也》有“犁牛”一词，又有弟子名冉耕，字伯牛；《颜渊》亦有一位弟子叫司马牛，名耕，字子牛。据“名字相应”原则，我们推断至迟在春秋时期已用牛牵犁耕地了。

物，甲骨文作，从牛，郭沫若认为中的小点代表翻起的土块，故物字表示牛拉犁[③]（按，从字形上看，应是耒）。如果此说成立的话，那么犁在殷商时期已经开始被使用了。《山海经·海内经》：“后稷是播百谷。稷之孙曰叔均，是始作牛耕。”郭璞注：“始用牛犁也。”后稷是周人祖先，唐尧时人，其孙叔均也应生活在殷商之前，若说叔均发明牛牵犁耕作则尚无任何文字或文物材料的佐证。

---

① 转引自汉语大字典编辑委员会编纂的《汉语大字典》，四川辞书出版社、湖北辞书出版社，1986年，第4732页。

② 黄金贵主编，《中国古代文化会要》（上），西泠印社，2007年，第124页。

③ 孙机，《中国古代物质文化》，中华书局，2014年，第5页。

### （二）耕芟稼穑

耕，松土开垦。《说文·耒部》："耕，犁也。从耒，井声。"用"犁"做释语不全面。在犁发明前，人们利用耒耜来耕作，故从"耒"。井，段玉裁注："会意包形声。"有井田之义。井田是春秋以前的土地制度，把方圆九百亩定为一里，划分成九个区，形如"井"字，故名。可见，"耕"字的造字结构一方面显示了农耕工具的作用，另一方面也体现了井田制度。《论语·微子》："长沮、桀溺耦而耕。"两位隐士并耜而耕一尺宽之地。此例就用了耕的本义，而其中的"耦而耕"简称为"耦耕"，表示并耕。如《礼记·月令》："（季冬之月）命农计耦耕事，修耒耜，具田器。"它与耒耜不可分割。

耦，两人各执一耜共耕一尺宽之地。《周礼·考工记·匠人》："耜广五寸，二耜为耦。"贾公彦疏："云二耜为耦者，二人各执一耜，若长沮、桀溺耦而耕，此两人耕为耦。"疏的内容较《说文·耒部》对"耦"的解释更具体明确。《说文》云："耦，耒广五寸为伐，二伐为耦。从耒，禺声。"其实，"禺"与"偶"意义相通。如《管子·侈靡》："将合可以禺其随行以为兵，分其多少以为曲政。"郭沫若等集校："烘颐煊云：禺，古偶字。"又认为前句中的"禺"与后句中的"分"相对，意义相反，指合。而《尔雅·释诂上》云："偶，合也。"故"耦"中的"禺"即"偶"，有相合之义。整个字就表示二人执耜并耕。《荀子·大略》："禹见耕者耦，立而式（通'轼'）。"杨倞注："两人共耕曰耦。"大禹看见农人耦耕，从车中站起，俯身靠在车前的横木上行礼，以示尊重。

芟，除草。《说文·艸部》："芟，刈艸也。从艸，从殳。"殳，是一种用竹、木制成，有八棱的兵器。"芟"以此为意符，重在其斩割之功能，与物本身无关。《左传·隐公六年》："如农夫之务去草焉，芟夷薀崇之。"杜预注："芟，刈也。"芟荑，同"芟夷"，刈除。又杨伯峻注："薀崇，积聚也……堆积附着苗根，让其发酵肥田也。"

刈，割草。甲骨文作X，小篆亦然，《说文·丿部》："乂，芟艸也。……刈，乂或从刀。"丁山《殷商氏族方国志》认为其字"象剪刀形。《诗·葛覃》'是刈是濩’，《大戴礼·用兵》‘以刈百姓’之刈，皆当如卢辩注云：‘剪也。’”[①] 由此可知乂本是像剪刀形的割草工具，如《国语·齐语》：“时雨既至，挟其枪、刈、耨、镈，以旦暮从事于田野。”而韦昭注“刈，镰也”，混淆了二者。用刈的方式来除草，有别于芟，前者剪绞，后者似镰割除。

播，下种。金文作。，米，代表谷种；，手持工具播撒种子。《说文》古文作，增“田”，以示在田里手持工具下种。小篆作，以“手”代“攴”。《说文·手部》：“播，穜（同‘种’）也。……从手，番声。”其实，“番”是“”的讹变，故“播”应从手、米和田。《尚书·大诰》：“厥父菑（zī，开垦），厥子乃弗肯播，矧（shěn，况且）肯获。”孔颖达疏：“播谓布种。”《大诰》是周公姬旦以成王的口吻发表的诰文，申述所以东征的理由，多次运用了形象、贴切的比喻，如用上例比喻子孙不肯完成文王之业。意思是：他的父亲耕好了土地，而他的儿子连播种都不肯，更何况是收获庄稼呢？

莳（shì），移栽，分种。《说文·艸部》：“莳，更别穜。从艸，时声。”段玉裁注：“今江苏人移秧插田中曰莳秧。”《尚书·舜典》：“后稷播时百谷。”时，通“莳”。北魏贾思勰《齐民要术·种谷楮》：“移栽者，二月莳之。”此义保留至今。如高晓声《陈奂生上城》：“莳秧一蔸（dōu，棵）莳六棵。”

稼，移栽。《说文·禾部》：“从禾，家声。一曰稼，家事也。”徐灏注笺：“禾苗既长，移而种之，故谓之嫁，如嫁女然也，故曰稼，家也。”“家事”较费解，徐灏以“嫁”释“家”，喻移栽似嫁女，如此则体会出“稼”造字之本意和声符“家”的表意作用。《周礼·地官·序官》：“司稼。”郑玄注：“种谷曰稼，如嫁女以有所生。”此注亦明其通“嫁”，但“嫁女以有所生”就不是一般的“种谷”了，而是移栽。“稼”常泛指种植五谷。与“莳”有异。《论语·子路》：“樊迟请学稼。子曰：‘吾不如老农。’”朱熹集注：“种五谷曰稼。”

啬（后作“穑”），收获。甲骨文作，像禾穗露积在野外；又作，从

---

① 转引自汉语大字典编辑委员会编纂的《汉语大字典》，四川辞书出版社、湖北辞书出版社，1986年，第323页。

二禾，从亩（后作“禀、廪、廩”）。金文作，从二禾、田。《说文》古文承此形，作，从来（甲骨文作，“麦”的古字）、田。小篆作，从来从亩，示将收割的粮食堆放在一处。朱骏声《说文通训定声·颐部》：“此字本训当为收谷，即穑之古文也。”《仪礼·少牢馈食礼》：“啬黍。”郑玄注：“收敛曰啬。”黍是中国北方高寒地区生长的一种粮食作物。（详见后文）《诗经·魏风·伐檀》：“不稼不穑，胡取禾三百廛兮？”毛亨传：“种之曰稼，敛之曰穑。”因“穑”与“稼”意义相对，故常对文或连用。如上例毛亨传为对文用例。《尚书·洪范》：“土爰稼穑。”孔安国传：“种曰稼，敛曰穑。”经文为连用，注解为对文。“爰”是曰的意思。原文前有“水曰润下，火曰炎上，木曰曲直，金曰从革”，说明五行的属性或作用：水是滋润下方，火是向上升腾，树木是弯是直，金属是顺从和变革，土地用来种植和收获。《洪范》是记录周武王灭商后，向商之遗臣箕子问治国大法的篇章。箕子则用五行之说谈论治国之道。

获（穫、獲），收割庄稼。《说文·禾部》：“穫，刈谷也。从禾，蒦声。”《尚书·金縢》：“秋，大熟，未获，天大雷电，以风，禾尽偃。”孔颖达疏：“其秋大熟，未及收获。”“获”是“獲、穫”的简化字，混淆了二者所侧重的意义。“獲”产生较早，大篆已有，作，从犬，本是“蒦”的今字，猎获的意思；而“穫”最早见于小篆，从禾，是收获庄稼的意思。可见，二字同源，其产生的先后与从狩猎过渡到农业的生产进程相一致。

从开地、播种到收获，种子经历了萌芽、抽茎、秀穗、成熟四个阶段，一个轮回完成了，再等待下一个轮回的开始。从记录时间的角度上看，这一个轮回就是一年的光景。可“年”的本义并非表示时间。

年，五谷成熟。甲骨文作，金文作，像一人背着禾。容庚《金文编》：“年，从禾，从人，人亦声。”于省吾《甲骨文字释林》：“年乃就一切谷类全年的成熟而言。”[①]郭沫若《甲骨文合集》9734、9738、9741 正、9743

① 转引自汉语大字典编辑委员会编纂的《汉语大字典》，四川辞书出版社、湖北辞书出版社，1986 年，第 37 页。

正："东土受年""南土受年""西土受年""北土受年"。《穀梁传·桓公三年》："有年，五谷皆熟为有年也。"引申为收成，保留至今，如丰年、歉年；年景、年成等。由于庄稼一年一熟，故代指年岁。《尔雅·释天》："周曰年。"郭璞注："年，取禾一熟。"邢昺疏："年者，禾熟之名，每岁一熟，故以为岁名。"《诗经·豳风·东山》："自我不见，于今三年。"周时称年，延续至今。

农业的兴起彻底改变了渔猎时代四处漂泊的生活样式，先民们开始依附在肥沃的土地上，安居乐业，生活有了稳定的保障。于是，人们开始关心与农业生产息息相关的天象和时间，为新概念创造词汇，使原指除草工具的"辰"表示星辰，使原指五谷成熟的"年"向时间方面引申。这正是农业生活在词汇上打下的烙印。

## 三、谷物储藏

徐中舒《黄河流域穴居遗俗考》一文，根据考古发掘材料，指出黄河流域有大批竖穴和窦窖，其中有的有足窝可以上下，有的有台阶可以出入，并用古文字材料与上述情况相印证，说明古时黄河流域的居民以穴居为主。这样，谷物储藏的方式除了地面存储以外，还存在窖穴存放的情况。所涉本字有"仓、庚、亩（禀、廩、廪）、囷、窖（窌）"；而"京、窦"非本字本义，是直接引申义。

### （一）地面存储

仓（倉），泛指粮仓。甲骨文作，金文作，像一仓之侧面，上为屋顶，中为门户，下为台基或通风口。《说文·人部》："仓，谷藏也。仓（通'苍'）黄取而藏之，故谓之仓。"仓黄，本指青黄两种颜色，此处指成熟后黄色的粮食。许慎以声训之法揭示了粮仓之"仓"与仓黄之"仓（苍）"的音义关系，比较曲折。仓一般是长方形的地面建筑。《吕氏春秋·季春纪》注云："方曰仓。"河北青县战国粮仓遗址、陕西华阳西汉京师仓遗址，仓房均作长方形地面建筑，且后者的

**图4－18 战国仓（明器）**

瓦当上自名为“仓当”。从发掘出土的仓房模型（图4－18）和壁画中所见自名为某仓的图形来看，仓都是建在地面台基上的房屋，具有通风、防潮、密闭等功能。①

隋唐时期，我国粮仓体制更加规范和统一，分为官仓、常平仓、义仓（或惠民仓、广惠仓）等。官仓是储存租米，专供朝廷使用的国家粮仓。常平仓是为了调节粮价以便民的粮仓。义仓是民间为了备凶年而自置的公共粮仓。陕西丰图义仓（在今大荔县城东17公里处朝邑镇南寨子村）是慈禧太后朱批的“天下第一仓”，开建于清光绪八年（1882），四年后投入使用。丰图义仓共占地4.5万平方米，其主体建筑是一座以砖结构为主的窑群式仓城，外观酷似一座古城。仓库在仓城墙体之内，58面窑洞环绕一周，每窑可储粮90吨。仓城外围是土筑寨墙，墙外有城壕。此仓至今仍在使用，2006年经国务院批准成为国家重点文物保护单位。

庾（yǔ），露天的谷堆。从广，臾声。《说文・广部》：“庾，一曰仓无屋者。”段玉裁注：“无屋，无上覆者也。”庾的特点是无屋顶。《诗经・小雅・甫田》：“曾孙之稼，如茨（茅屋顶）如梁；曾孙之庾，如坻（chí，高地）如京（高丘）。乃求千斯仓，乃求万斯箱（车厢，代指车）。”郑玄注：“言千仓万箱，是箱以载稼，仓以纳庾，故知庾露地积谷也。”曾孙，指周天子，这是周代君王对祖先和神灵的称呼习惯。原诗意为：曾孙的庄稼堆得高，就像屋顶和桥梁。曾孙的谷堆积得厚，就像高地和山丘。快快建起千座粮仓，快快造好万辆马车。又《小雅・楚茨》：“我仓既盈，我庾维亿（义同‘盈’）。”毛亨传：“露积曰庾。”郑玄笺：“阴阳和，风雨时，则万物成；万物成则仓庾充满矣。仓言盈，庾言亿，亦互辞，喻多也。”此例描写了五谷丰登的景象：粮仓已容纳不下，只好暂时堆放在露天的田野里。故《释名・释宫室》从声训的角度解释道：“庾，裕也，言盈裕也。露积之言也，盈裕不可称受，所以露积之也。”而“如坻如京”这一句又真切地描绘了庾的形状：层层累积如高地或高丘。元王祯《农书・农器图谱十・仓廪门》据文献绘有庾，如圆帽。（图4－19）

① 呼林贵，《古代仓名考》，《农业考古》，1985年第1期，第344～345页。

图4－19　庾

将谷物露积在田野的景象还可以透过“啚（后作‘鄙’）”“啬（后作‘穑’）”二字反映出来。

啚（鄙），甲骨文作，较“亩”（见下文）多一“口”，“口”象征城邑，故小篆作，从口从亩，像城邑外田野里的谷堆，以此表示郊外或边远之地。罗振玉《殷虚书契菁华》：“土方正于我东啚，𢦏（zāi，伤害）二邑。”土方，古代部族名称。《集韵·旨韵》：“啚，通作鄙。”《左传·隐公元年》：“既而大叔命西鄙、北鄙贰于己。”大叔，即太叔，是春秋时郑庄公之弟，他擅自命令将郑国西部、北部边邑两属于自己。啬，字形分析见前，也像谷物露积在野外。可见，庾的本义有依据。

由于庾是临时存放谷物的露天场地，因此一般在田野中，故可引申指储存水路转运粮食的仓库，远离都邑。《说文·广部》：“庾，水槽仓也。”段玉裁注：“谓水转谷至而仓之也。”仓，名词活用为动词，收进粮仓。《战国策·魏策一》：“粟粮漕庾，不下十万。”鲍彪注：“漕，水运。庾，水漕仓。”二字合为“漕庾”一词，指储存水路转运粮食的仓库。《史记》引用原文，裴骃集解引胡广云：“在邑曰仓，在野曰庾。”重在对比“仓”和“庾”，突出“庾”处于野外的特点。

亩（禀、稟、廪、廩），建在地面上的建筑，尖顶方身、下有高台的无壁房子。甲骨文作，像上有尖顶、中是方形空间、下有高台之所。陈梦家《殷墟卜辞综述》：“像露天的谷堆之形。今天的北方农人在麦场上，作一圆形的低土台，上堆麦秆麦壳，顶上作一亭盖形，涂以泥土，谓之‘花篮子’，与此相似，亩是积谷所在之处，即后世仓廪之廪。”[①]金文作，中间的方形空间细化为四根柱子，二横线表示与地面相隔离，下增“禾”字以示储存之物。小篆作，保留了尖顶，而金文的中间部分讹变为囗和口，误示四周为屋壁、中间为檐下出入口处。结合金文和小篆的字形就形成了“稟”，后讹作

① 转引自汉语大字典编辑委员会编纂的《汉语大字典》，四川辞书出版社、湖北辞书出版社，1986年，第905页。

“禀”。因与房屋有关，故后加“广”成“廪”，又讹变为“廪”。《诗经·周颂·丰年》：“丰年多黍多稌（tú，稻），亦有高廪，万亿及秭（zǐ，万亿）。”此例描述了黍和稻子大丰收，在高大的廪中堆有亿万斤。“高廪”之高源于高台和支柱。而元王祯《农书·农器图谱十·仓廪门》虽云“今农家构为无壁厦屋以储禾穗……即古之廪也”，但忽略了高台，其所绘是一无壁的亭子形状。(图4－20)

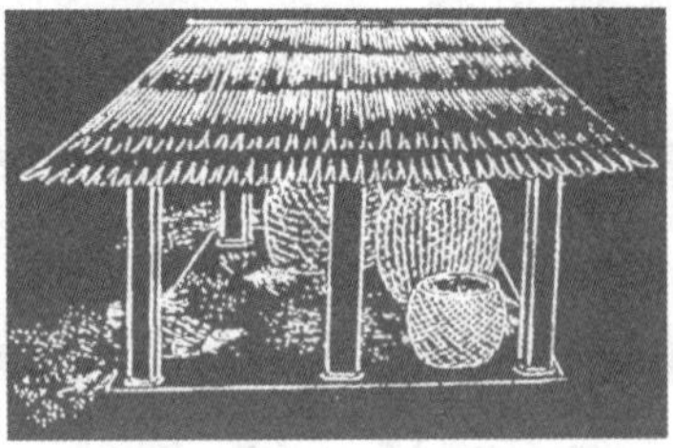

**图4－20　廪**

囷，带足的圆形谷仓。《说文·口部》：“囷，廪之圜者。从禾在囗中。”《诗经·魏风·伐檀》：“不稼不穑，胡取禾三百囷兮?”郑玄笺：“圆者为囷。”考古发现，战国以来的墓葬中常有身作圆筒形的囷，（图4－21左，东汉绿陶囷）有的上为伞盖形顶，檐下高处有出入口，且常用朱书或刻铭，名之曰“囷”。元王祯《农书·农器图谱十·仓廪门》绘有囷，无足，虽似以枝条编制，但造型与上述文献记录及出土文物大致相当（图4－21右)，接近于今北方农村所见的土圆仓。此物与另一种存粮工具笆（dùn，竹编的存粮器具）相近。王祯云：“今贮谷圜笆，泥涂其内，草苫于上，谓之露笆者，即囷也。”(图4－22)

**图4－21　囷**

**图4－22　笆**

京，甲骨文作，金文作，郭沫若《两周金文辞大系考释》：“象宫观厜㕒（zuīwēi，山巅）之形。”[①] 指人工筑起的高丘。《说文·亠部》：“人所为绝高丘也。”《诗经·小雅·甫田》：“曾孙之庾，如坻如京。”毛亨传：“京，

① 转引自汉语大字典编辑委员会编纂的《汉语大字典》，四川辞书出版社、湖北辞书出版社，1986年，第284页。

高丘也。”引申为高大方形的谷仓，特指南方潮湿地带所建的杆栏式支架粮仓。《急就篇》二十章：“门户井灶庑囷京。”颜师古注：“京，方仓也。”《说文·亠（tóu）部》：“圜谓之囷，方谓之京。”又说大谷仓。《管子·轻重丁》：“有新成囷京者二家。”尹之章注：“大囷曰京。”结合二者，元王祯《农书·农器图谱十·仓廪门》：“京，仓之方者”，又谓“四起曰京。今取其方而高大之义以名仓曰京则其象也。夫囷京有方圆之别。北方高亢，就地植木编条作笔，故圆，即囷也。南方垫（下陷）湿，离地嵌板作室，故方，即京也。此囷京又有南北之宜。”王祯所绘之京，是四方且有高台基的高大建筑（图4－23）。今广东一带汉墓中出土了有立柱的杆栏式粮仓模型，仓室下都有木柱支架，使仓体高离地面，既有防潮通风之功，又有高大伟观之形。故京指南方潮湿地带所建的杆栏式方形木制粮仓，建在自家稻田附近，稻谷在簟上晒干后，直接入“京”储藏。“京囷”是粮仓，“京运”指运往京仓之粮食，“京坻”形容谷米堆积如山，“京储”则指京仓之储备粮食。

**图4－23　京**

（二）地下储藏

窖（窌），储藏谷物的地穴。《说文·穴部》：“地藏也。从穴，告声。”段玉裁注：“《通俗文》：‘藏谷麦曰窖。’”元王祯《农书·农器图谱十·仓廪门》：“窖，藏谷穴也。”考古发现，原始社会贮粮用窖穴：仰韶文化遗址的半坡村、姜寨等地有大量窖穴，特别是西安半坡115号地窖，粟有数斗之多；二里头文化遗址（距今大约3800～3500年，河南洛阳偃师二里头村）亦有窖穴。徐中舒《黄河流域穴居遗俗考》对此有深入研究（见上文）。《礼记·月令》：“仲秋之月，穿窦窖，修囷仓。”郑玄注：“入地隋（后作‘椭’）曰窦，方曰窖。”孔颖达疏：“隋者似方非方，似圆非圆，以其名窦，与窖相似，故云隋曰窦。方曰窖者，窦既为隋圆，故以窖为方也。”窖穴储粮，后来成为传统，不分方圆，凡穿地者均曰窖。直到隋唐时，全国最大的粮仓——洛阳含嘉仓（图4－24）还是用窖穴储粮。含嘉仓遗址在河南洛阳东城之北，长

725米，宽615米，面积43万多平方米。城内粮窖密集，现已探出的有259座，其中在第160号粮窖中保存有50万斤炭化了的谷物。唐代以后，地下储粮逐步被地上房仓储粮所代替。但直到现代，在北方一些土质、地势相宜的地方，地下粮仓储粮的方式仍然存在。

图4-24　含嘉仓

窦，本指孔穴。《说文·穴部》："窦，空也。"段玉裁注："空、孔，古今语，凡孔皆谓之窦。"从穴，卖声。引申为椭圆形的窖穴。例见上文所引《礼记·月令》。

### 练习题：

1. 结合字例谈谈古代的捕鱼工具和方法。
2. 结合字例谈谈古代的狩猎工具和方法。
3. 结合字例谈谈古代农耕工具的种类。
4. 结合字例谈谈古代谷物储藏的方式。

# 第五章
## 汉字与饮食

曾经风靡全国的纪录片《舌尖上的中国》以艺术化的手法充分展示了中华饮食文化的魅力，处处体现着“民以食为天”（《汉书·郦食其传》）和“食不厌精，脍不厌细”（《论语·乡党》）的要旨。中国饮食文化展示了中国哲学思想的本质——天人合一，它与礼俗（如祭祀、红白事、节日饮食）、文学、美学、艺术、科技、医学等密切联系，在中华文明史上占有独特的地位。孙中山在《建国方略》中提到：“我中国近代文明进化，事事皆落人之后，惟饮食一道之进步，至今尚为文明各国所不及。中国所发明之食物，固大盛于欧美；而中国烹调方法之精良，又非欧美所可并驾。”“中国不独食品发明之多，烹调方法之美，为各国所不及，而中国人之饮食时尚暗合乎科学卫生，尤为各国一般人所望尘不及也。”

在发现和使用火以前，先民们过着“茹毛饮血”的原始自然的生活。《礼记·礼运》：“昔者未有火化，食草木之食、鸟兽之肉，饮其血，茹其毛。”今贵州山区的苗族爱吃生肉，东北的赫哲族吃生鱼，这正是原始饮食方式的保留。传说燧人氏钻木取火，教人熟制食物。如《礼记·礼运》：“后圣有作，然后修火之利，……以炮，以燔（直接在火上烤），以烹，以炙（与火相隔烤制）。”燧，本指一种古代取火用具（如木燧），被用来命名火的发明者。据考古发现，距今一万多年前的旧石器时代晚期，山顶洞人已掌握了人工取火的技能；五千年前的新石器时代早期，已有了陶制的烹饪器皿，这表明中华民族的烹食文化已有了质的发展。

关于饮食的早期情况，可以通过一些文字来了解。《说文解字》食部、酉部、皿部、火部、鱼部等所收的字，涉及的内容十分丰富，有烹饪饮食的传统和特色，烹饪原料的来源和食物的制作过程，生熟食品的性能和养分，火在烹饪中的作用，酒文化和茶文化，集科学与艺术于一体的烹食器皿的崇高价值，人类享用饮食时的各种心理……[①]下面主要介绍食物饮料、饮食器具、烹饪方法等几方面。

## 第一节 汉字与主食

“食”和“饮”本是吃喝总名。《诗经·小雅·绵蛮》：“饮之食之，教之诲之。”郑玄笺：“渴则予之饮，饥则予之食。”皆引申为名词，指食物、饮料。如《周礼·天官·膳夫》：“掌王之食饮膳羞。”郑玄注：“食，饭也。饮，酒浆也。”

食，甲骨文作，金文作，林义光《文源》：“从亼倒口在皀上。皀，荐熟物器也。象食之形。”[②]即像一口向下扣在盛黍、稷、稻、粱等熟食的簋上，本义是吃饭。而《说文·食部》云：“食，一米也。从皀（谷物的馨香），亼

① 王宁等，《〈说文解字〉与中国古代文化》，辽宁人民出版社，2000 年，第 98 页。

② 转引自汉语大字典编辑委员会编纂的《汉语大字典》，四川辞书出版社、湖北辞书出版社，1986 年，第 4440 页。

(jí) 声。或说亼皀也。”段玉裁注改“一米”为“亼米”，曰：“亼，集也，集众米而成食也。皀，谷之馨香也，故其义曰亼米。”无论是许慎还是段玉裁皆据小篆析字，混淆了“亼（后作‘集’）”与倒口、“皀”与簋的象形符号，故认为食的本义为饭食。《汉语大字典》据此将饭食义列为第一个义项，忽略了自己所引的林义光之说，且未兼顾“即、既”二字中皆有“皀（后作‘簋’）”字，与吃饭有关。（详见前文）故《汉语大词典》设“吃饭”为第一义项是合理的。缘此，饭食当为引申义。

中国古代实行一日两餐或三餐制。两餐制下，早饭在上午八九点吃，用“饔”“小食”“朝食”表示。甲骨卜辞中就有“小食”一词。也有用“小食时”指时间，如晋张华《稗海》本自晋干宝《搜神记》卷一：“辂（lù，指管辂，三国时期曹魏术士）曰：‘命不我与，为之奈何？然子恳诚，且为救诸……吾卯日小食时必至君家。’”晚饭则在下午四五点吃，甲骨卜辞中用“大食”表示，后用“飧、餔”表示，故“饔飧”连用指早饭和晚饭，如《孟子·许行》：“贤者与民并耕，饔飧而治。”餔，《说文·食部》：“日加申时食也。从食，甫声。”申时指下午3点到5点，即“餔时”。如《淮南子·天文训》：“（日）至于悲谷，是谓餔时。”悲谷，传说中的山谷名。《汉书·王莽传下》：“乃壬午餔时，有列风雷雨发屋折木之变。”

三餐制与两餐制并存于世，如“三食”犹三餐。《战国策·齐策四》：“士三食不得餍，而君鹅鹜有余食。”在金文中就有表示午饭的专字，从食，从昜。昜，古“阳”字，《说文·勿部》“昜”下，段玉裁注：“此阴阳正字也。阴阳行而侌昜废矣。”小篆写作“餳（xiǎng）”，《说文·食部》：“昼食也。从食，象声。”段玉裁注：“此犹朝曰饔，夕曰飧也。昼食曰餳。”王筠句读：“‘昼’《御览》引作‘中’，谓日中也。吾乡谓午饭为餳饭。”既然“餳”指午饭，那么就应该是一日三餐制。早、午、晚三餐制既有利于生活，也有利于生产，后来逐渐成为普遍的饮食制。

食物分为主食和副食，内容丰富。本节先介绍主食。

主食是农业文明时期人们所驯化或栽培的粮食，它在整个民族饮食结构中占主导地位，提供主要能量。不同民族的主食结构不一定完全相同，中华民族自农耕社会以来始终以谷米为主食。主食分粮食作物和以之加工而成的熟食。

## 一、粮食作物

汉代时，我国主要的粮食作物有“五谷”“六谷”或“九谷”之说。《礼记·月令》《汉书·食货志》中的“五谷”指麻、黍、稷、麦、菽。六谷所指不一。《周礼·天官·膳夫》：“凡王之馈，食用六谷。”郑玄注引郑司农曰：“六谷，稌、黍、稷、粱、麦、苽（gū）。苽，雕胡也。”苽，同“菰”，又称“蒋（jiāng）”，秋天开花，籽粒黑，碾米白，滑腻芳香。已绝种，变异为茭白。《三字经》称稻、粱、菽、麦、黍、稷为“六谷”。九谷所指亦不一。《周礼·天官·大宰》“三农生九谷”，郑众认为“九谷”指黍、稷、秫（shú）、稻、麻、大小豆、大小麦；郑玄以为无秫、大麦，而有粱、苽。以下按黍、稷、麦、菽、麻、稻的名目和顺序逐一介绍，将一些上位、下位概念加以合并，如稷和粱、秫，稻和稌。

黍，一种生长于我国北方干旱寒冷地区的黏小米。甲骨文作、，罗振玉《增订殷虚书契考释》：“（甲文）或省水。黍为散穗，与稻不同，故作（散开）之状以象之。”[①]小篆作，《说文·黍部》：“禾属而黏者也。以大暑而穜，故谓之黍。从禾，雨省声。孔子曰：黍可为酒，禾入水也。”段玉裁据《广韵》改为：“黍可为酒，故从禾入水也。”《说文》对“黍”字的分析非常全面，首先说明其特点，然后声训，明其音“暑”之由，可形训有误，段注改为从禾入水，与“雨”无关。

黍在新石器时代已经开始在北方种植。商代甲骨文中“黍”字出现过百余次，《诗经》中出现过十九次。黍原有两种黑黍佳品，秠（pī）和秬（jù），但后来皆消失。秠，每个壳中有两颗米。《说文·禾部》：“秠，一稃（fū，谷壳）二米。从禾，丕声。……天赐后稷之嘉谷也。”《诗经·大雅·生民》：“诞降嘉种，维秬维秠。”秬，也作“䜣”，《说文·鬯（chàng）部》：“黑黍

---

① 转引自汉语大字典编辑委员会编纂的《汉语大字典》，四川辞书出版社、湖北辞书出版社，1986年，第4759页。

也。一稃二米，以酿也。秬，𪏰或从禾。”从鬯，矩声。秬可酿酒，加入香草酿成秬鬯，其色黄，味醇香，常用于祼祭（guànjì，酒洒地而祭），是享祭先祖、敬祀神明、天子礼赐中规格很高的礼物。其味美于稷，贵族常食；而普通人平时食稷，丰年时才食黍，是待客的佳食。《论语·微子》叙述了“子路从而后”，因礼遇一荷蓧（diào，竹制的耘田农器）的老农夫，老农夫便“杀鸡为黍而食之”，以此作为礼敬的方式。从此，“鸡黍”就指飨客的饭菜。唐孟浩然《过故人庄》诗：“故人具鸡黍，邀我至田家。”春秋以后，黍的地位降低了，因其性黏就用以粘掉桃毛。《韩非子·外储说左下》：“孔子侍坐于鲁哀公，哀公赐之桃与黍。哀公曰：‘请用。’仲尼先饭黍而后啖桃，左右皆掩口而笑。哀公曰：‘黍者，非饭之也，以雪桃也。’仲尼对曰：‘丘知之矣。夫黍者，五谷之长也，祭先王为上盛（chéng，祭祀时放在容器中的黍稷等祭品）。果蓏（luǒ，瓜类植物的果实）有六，而桃为下，祭先王不得入庙。丘之闻也，君子以贱雪贵，不闻以贵雪贱。今以五谷之长雪果蓏之下，是从上雪下也。丘以为妨义，故不敢以先于宗庙之盛也。’”在别人眼里，黍是用来擦洗桃毛的，不能食用；而孔子据理力争，认为黍为上品，桃为下品，以黍擦洗桃是非礼的。由此看来，孔子时代的黍受到统治者的轻视，而只有一心想恢复周礼的孔子诸人才看重黍。当时这种观念已经落伍，其“先饭黍而后啖桃”的行为当然就不为人所理解，受到嘲笑。

穄（jì），黍的变种，籽实不黏。也叫糜（méi）子或穈（méi）子。《说文·禾部》：“穄，穈也。从禾，祭声。”段玉裁注：“此谓黍之不黏者也。”《吕氏春秋·本味》：“饭之美者，玄山之禾，不周之粟，阳山之穄，南海之秬。”高诱注：“关西谓之穈。”其中的“穄”“秬”皆为黍之别种。至今陕西关中仍称穄为穈子。《宋史·食货志上》将之列为七谷之一：“谷之品七：一曰粟，二曰稻，三曰麦，四曰黍，五曰穄，六曰菽，七曰杂子（长在各种乔木上的、能吃的坚果）。”

稷，从禾，畟声。由莠（俗称狗尾草）驯化而来的一种粮食作物——粟、粢（zī）或谷子，是我国北方最古老的、最主要的谷物，营养价值甚高，被称为“五谷之长”。我国是公认的最早种植稷的国家。黄河流域新石器时代遗址出土炭化稷达十余处，特别是在西安半坡115号地窖，有数斗之稷。《尔雅·释草》:“粢，稷。”邢昺疏:“郭云‘今江东人呼粟为粢’，然则粢也、稷也、粟也正是一物。”北魏贾思勰《齐民要术·种谷》:“谷，稷也，名粟。”《诗经·小雅·楚茨》:“自昔何为？我艺黍稷，我黍与与（yùyù，繁盛貌），我稷翼翼（繁盛貌）。”汉代以前多用此字，有崇古、礼敬色彩。[①]

首先，稷被用来代指农官。《左传·昭公二十九年》:“稷，田正也。”孔颖达疏:“正，长也，稷是田官之长。”《国语·周语上》:“昔我先王世后稷，以服事虞夏。”韦昭注:“稷，官也。”

其次，稷被奉为五谷之神。《礼记·祭法》:“是故厉山氏之有天下也，其子曰农，能殖百谷；夏之衰也，周弃继之，故祀以为稷。”孔颖达疏:“‘故祀以为稷’者，谓农及弃，皆祀之以配稷之神。”厉山氏，也称烈山氏、神农氏，或称神农、农皇等，即炎帝。稷，指周人祖先后稷，在夏时曾为主管农事之官，后被奉为谷神，与“社（土地神）”相配。清罗愿《尔雅翼》:“稷为五谷之长，故陶唐之世，名农官为后稷，其礼五谷之神，与社相配，亦以稷为名。”东汉班固《白虎通义·社稷》解释了设立社稷的目的:“王者所以有社稷何？为天下求福报功。人非土不立，非谷不食。土地广博，不可遍敬也；五谷众多，不可一一祭也。故封土立社示有土尊；稷，五谷之长，故立稷而祭之也。”历代王朝建国必先设立社稷坛，灭国亦必先变更其社稷，故“社稷”代指国家。《礼记·檀弓下》:“能执干戈以卫社稷。”

第三，稷引申为祭祀谷神。《庄子·庚桑楚》:“子胡不相与尸而祝之，社而稷之乎？”尸，立神主。尸而祝之，设立神主并向他祝祷。社，祭祀土地神。社而稷之，像祭祀土地神和谷神一样对待他。如《荀子·礼论》:“故社，祭社也；稷，祭稷也。”而上文中祝祷和祭祀的对象是庚桑楚。庚桑楚是老子的弟子，隐居于畏垒山。三年之内，当地五谷丰登，百姓商量着要像供奉神灵一样供奉他。

最后，稷引申为祭祀谷神的处所。《汉书·郊祀志下》:“圣汉兴，礼仪稍定，已有官社，未立官稷，遂于官社后立官稷……后稷配食。”又:“稷种谷树。”颜师古注:“谷树，楮树也。其子类谷，故于稷种。”官社和官稷分别是

---

① 黄金贵，《古代文化词义集类辨考》，上海教育出版社，1995 年，第 820 页。

祭祀土地神和谷神的场所，在官稷旁种楮树，因其籽实如小米。

黍和稷是古代主要的农作物，连称后泛指五谷。《诗经·豳风·七月》：“黍稷重（tóng，通‘穜’。先种后熟的谷物）穋（lù，同‘稑’。后种先熟的谷物），禾麻菽麦。”又晋葛洪《抱朴子·明本》：“珍黍稷之收，而不觉秀之者丰壤也。”因《诗经·王风·黍离》“彼黍离离，彼稷之苗”描写了周大夫看到西周故宗庙宫室沧海桑田，尽为黍稷的景象而彷徨不忍去，心生“黍离之悲”，故后以“黍稷”来感叹古今兴亡。

与“稷”同义的有“禾、粟、粢、谷”，下属的有“粱”。

禾，小米最早的名称，据植株形态造字。甲骨文作，金文作，罗振玉《增订殷虚书契考释》：“上象穗与叶，下象茎与根。”《说文·禾部》：“禾，嘉谷也。二月始生，八月而孰，得时之中，故谓之禾。”段玉裁注：“嘉谷亦谓禾，民食莫重于禾，故谓之嘉谷。嘉谷之连稿（禾秆）者曰禾。”故“禾”字像谷子植株；是五谷之长，为嘉谷；生长于调和的时令，故音同“和”。《尚书·微子》：“唐叔得禾，异亩同颖，献诸天子。”孙星衍疏：“禾，即今之小米也。”禾与稷是异名同实。

在上古汉语中，禾多指小米，是专称；秦汉以后才成为通称，泛指粮食作物。《诗经·豳风·七月》：“九月筑场圃，十月纳禾稼。”孔颖达疏：“苗生既秀谓之禾，种植诸谷名为稼禾，……以禾是大名也。”缘此，禾成为谷类字或表示谷物局部之字的部首或偏旁，构字能力很强。如“黍、稷、稻、秫”和“稿、秆、秸、穗”等。

粟，稷的籽粒。大篆作，从米，上部像小米粒。小篆作，上部讹变为卤。《说文·米部》：“㮚（粟），嘉谷实也。”段玉裁注：“古者民食莫重于禾黍，故谓之嘉谷。谷者，百谷之总名……嘉谷之实曰粟，粟之皮曰穅，中曰米。”此解甚明，粟是带壳的小米。《诗经·小雅·黄鸟》：“交交黄鸟，无集于谷，无啄我粟。”此“粟”即嘉谷之籽实。因粟是最主要的粮食，侧重于粒食，故成为谷米的通称。《尚书·武成》：“散鹿台之财，发鉅桥之粟。”鹿台，古台名，是商纣王贮藏珠玉钱帛的地方（故址在今河南省汤阴县朝歌镇南）。鉅桥，商纣王时的粮仓名（仓址在今河北省曲周县东北）。仓中存放的粮食不限于粟，在此应泛指谷米。

在封建时代，谷米是官吏俸禄的一项，故粟引申指俸禄。《广雅·释诂四》："臬（粟），禄也。"《史记·伯夷列传》："武王已平殷乱，天下宗周，而伯夷、叔齐耻之，义不食周粟，隐于首阳山，采薇（菜名，即野豌豆）而食之。"首阳山，在今甘肃省渭源县。此例为成语"不食周粟"之典，形容人气节高尚，誓死也不愿与不仁不义者有瓜葛。

粢，稷的方言词。《尔雅·释草》："粢，稷。"郭璞注："今江东人呼粟为粢。"亦专指粟米。《玉篇·米部》："粢，稷米也。"《楚辞·招魂》："稻粢穱（zhuō，早熟的谷物）麦，挐（rú，掺杂）黄粱些。"王逸注："粢，稷。"可作为谷物总称。《左传·桓公二年》："粢食不凿。"孔颖达疏："粢，亦诸谷总名。"

粢或稷是主要用于祭祀场合的字，有礼敬色彩，特指宗庙祭祀所用的谷物。《国语·楚语下》："天子禘郊之事，必自射其牲，王后必自舂其粢。"韦昭注："粢，器实也。"器实，指充实于祭器的谷物。故有"粢盛"一词，指祭祀时放在祭器中的黍稷等祭品。《汉书·文帝纪》："亲率耕，以给宗庙粢盛。"

谷，繁体为"穀"，庄稼和粮食的总称。《说文·禾部》："谷（穀），续也。百谷之总名。从禾，㱿声。"段玉裁注："《诗》《书》言百谷，种类繁多，约举兼晐之词也。…… 李善引薛君《韩诗章句》曰：'谷类非一，故言百也。'㱿者，今之殻字。谷必有稃甲，此以形声包会意也。"《孟子·梁惠王上》："不违农时，谷不可胜食也。"故有"五谷、六谷、九谷、百谷"之说。后特指稷。北魏贾思勰《齐民要术·种谷第三》注曰："谷，稷也，名粟。谷者，五谷之总名，非指谓粟也。然今人专以稷为谷，望俗名之耳。"据此可知，北魏时，民间已称稷为谷，至今北方（如陕北）仍称稷为"谷"或"谷子"。

粱，稷的良种，有黄、赤、白三色，今已消失。金文作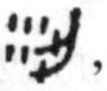，从米，刅声。因其可酿酒，故增"水"，又作。北魏贾思勰《齐民要术·笨曲并酒》云酿酒用"赤粱、白粱者佳"。明宋濂《篇海类编·食货类·米部》："粱，似粟而大，有黄、青、白三种。"明李时珍《本草纲目·谷部·粱》："粱即粟也。考之《周礼》，九谷、六谷之名，有粱无粟可知矣。自汉以后，始以大

而毛长者为粱，细而毛短者为粟。今则通呼为粟，而粱之名反隐矣。今世俗称粟中之大穗长芒，粗粒而有红毛、白毛、黄毛之品者，即粱也。”李时珍以为汉代以前是以粱代粟，汉后才分，明代则以粟代粱。其实，粱粟本身就有分别。如《诗经·小雅·黄鸟》：“交交黄鸟，无集于谷，无啄我粟。……交交黄鸟，无集于桑，无啄我粱。”二者分出，即粱是好粟。《史记·太史公自序》：“粝粱之食。”司马贞索引引《三苍》曰：“粱，好粟。”《汉书·食货志上》：“食必粱肉。”颜师古注：“粱，好粟也。即今之粱米。”元王祯《农书·粱秫》：“舂而为米，圆滑如珠，炊之香美胜于粟米，世谓之膏粱，号食饭之上品也。”故用“膏粱”表示美食。《国语·晋语七》：“夫膏粱之性难正也。”韦昭注：“膏，肉之肥者；粱，食之精者。”

色黄之粱即“黄粱”，与白粱一样味美。《楚辞·招魂》：“稻粢穱麦，挐黄粱些。”洪兴祖补注引《本草》：“黄粱出蜀、汉，商、浙间亦种之，香美逾于诸粱，号为竹根黄。”明李时珍《本草纲目·谷二·粱》（集解）引寇宗奭曰：“黄粱白粱，西洛农家多种，为饭尤佳，余用不甚相宜。”成语“一枕黄粱”“黄粱美梦”出自唐沈既济《枕中记》，讲的是卢生与道人吕翁相遇于客店，哀叹穷困潦倒，吕翁取出一枕头，卢生枕上便入睡，梦到自己享尽一生的荣华富贵，而此时店主正在蒸黄粱。“卢生欠伸而寤，见方偃于邸中，顾吕翁在旁，主人蒸黄粱尚未熟，触类如故，蹶然而兴曰：岂其梦寐耶？”

粱是优于黍稷的品种，产量不高，故年景不好时，大夫也无缘享用。《礼记·曲礼下》：“岁凶，年谷不登，……大夫不食粱，士饮酒不乐。”郑玄注：“粱，加（通‘嘉’，美好）食也。”孔颖达疏：“大夫不食粱者，大夫食黍稷，以粱为加，故凶年去之也。”故粱不同于高粱。高粱也是我国原始的农作物，到魏晋之间才有“翟粱、木稷、蜀黍、藋秫”等专称，见于《广雅》《广志》《博物志》等。“高粱”的命名源于其籽实如粱而植株高大，[①]其名最早见于元王祯《农书》。

秫，专指黏粟。《说文·禾部》：“秫，稷之黏者。从禾、术，象形。术，

① 黄金贵，《古代文化词义集类辨考》，上海教育出版社，1995年，第835页。

秫或省禾。”甲骨文作，象形，即朮。段玉裁注：“下象其茎叶，上象其采（同‘穗’）。”小篆增形符“禾”，为，即秫。《礼记·内则》：“饘、酏（yí）、酒、醴、芼、羹、菽、麦、蕡、稻、黍、粱、秫，唯所欲。”孙希旦集解：“秫，黏粟也。”《尔雅·释草》：“众秫。”郭璞注：“谓黏粟也。”郝懿行义疏：“今北方谓谷子之黏者为秫谷子，其米为小黄米。”明李时珍《本草纲目·谷部·秫》：“秫，俗呼糯粟。北人呼为黄糯，亦曰黄米。酿酒劣于糯也。”又引寇宗奭曰：“秫米初捣出淡黄白色，亦如糯，不堪作饭；最黏，故宜作酒。”秫本是粟之黏者，可泛指谷物之具黏性者。上引《礼记·内则》孙希旦集解：“然凡黍稻之黏者，皆谓之秫，不独粟也。”晋陶潜《和郭主簿》诗之一：“舂秫作美酒，酒熟吾自斟。”此指黏稻，即糯（黏性的稻米）。《广雅·释草》：“秫，稬（同‘糯’）也。”王念孙疏证：“秫为黏稷，稬为黏稻，二者本不同物，故经传言秫，无一是黏稻者。但以稬、秫俱黏，故后世称稬者亦得假借称秫。”按，非假借，实意义相通。故“秫稻”即糯稻。北魏贾思勰《齐民要术·水稻》：“有秫稻。秫稻米，一名糯米。”高粱之黏者亦称“秫”或“蜀秫”。清朱骏声《说文通训定声·履部》：“今北地谓高粱之黏者为秫。”《周礼·考工记·钟氏》“钟氏染羽，以朱湛丹秫”中的“丹秫”应指黏性高粱。明徐光启《农政全书·树艺·蜀秫》曰蜀秫“其粘者近秫，故借名为秫”。

麦，小麦。古字“来”，甲骨文作，罗振玉《增订殷虚书契考释》：“卜辞中诸来字皆象形。其穗或垂或否者，麦之茎强，与禾不同。”[1]金文作，故小篆承此作，皆像小麦形。北方主食，从文献记录来看，商代已食麦。《后下》1.5：“月一正，曰食麦。”周以为麦是天赐。如《诗经·周颂·思文》：“思文后稷，克配彼天。立我烝民，莫匪尔极。贻我来牟（后作‘麰’，大麦），帝命率育。”朱熹注：“来，小麦；牟，大麦也。”此诗云天帝赐给周人的始祖后稷小麦和大麦的种子，让他教百姓种植。可见，周以前本无麦种。故《说文·来部》

① 转引自汉语大字典编辑委员会编纂的《汉语大字典》，四川辞书出版社、湖北辞书出版社，1986年，第141页。

云："来，周所受瑞麦来麰。"今天山西临汾把"小麦成熟了"说成"来了"。[1]而《说文》"天所来也，故为行来之来"中的"行来"之"来"的用法实为假借，后造分别字"麦"以表本义。麦，繁体为麥，甲骨文作，金文同，作，从来，其下"夂"像麦根。来、麰入神话传说并与周之延续联系起来，甚至以此解释动词"来"的缘起，可见此类作物与人们生活之密切。

小麦原产于希腊，大体上是沿着中亚—新疆—河西走廊—陕西—中原的路线自西而东逐渐传入。考古发现，约公元前2500年，小麦进入新疆至河西走廊一带，至公元前2000年左右二里头文化时期，小麦才传入中原地区。当时中原地区的农耕生产始终表现着以种植黍和稷两种作物为主的特点，即延续着古代中国北方旱作农业的传统。[2]麦是外来物种，品质优良，对于周人来讲就是天帝所赐之神物，于是衍生出"周受瑞麦"的神话，以赞颂周武王。这与中国古代"天人感应"之说相合。

麰（古作"牟"），大麦。《孟子·告子上》："今夫麰麦，播种而耰之。"赵岐注："麰麦，大麦也。"明李时珍《本草纲目·谷部·大麦》："麦之苗粒皆大于来，故得大名。牟亦大也。通作麰。"据此可析"麰"字为从麦，从牟，牟亦声。大麦起源于中东野生大麦。据考证，早在新石器时代中期，距今5000年左右，居住在青海的古羌族就已在黄河上游栽培种植大麦，大麦大概与小麦同时被引入中原。故《诗经·周颂·思文》云："贻我来牟，帝命率育。"大麦具有早熟、耐旱、耐盐、耐低温、耐瘠薄等特点，因此栽培非常广泛。

菽（古作"尗"），豆类的总名。金文有（叔，拾取），从尗、又。据此，尗的金文当作。《说文·尗部》："尗，豆也。象尗豆生之形也。"《后汉书·光武帝纪》："野谷旅生，麻尗尤盛。"旅生，野生。清朱骏声《说文通训定声·孚部》："尗，古谓之尗，汉谓之豆。今字作菽。菽者，众豆之总名。"汉代用表示一种高脚盛器的"豆"代替了"尗"。后加"艸"以示其属类。《集韵·屋韵》："尗，或作菽。"菽，从艸，叔声。《诗经·豳风·七月》

---

① 李璠，《中国栽培植物发展史》，科学出版社，1984年。

② 李水成，《中国境内考古所见早期麦类作物》，《亚洲文明》，2008年第4集。

“禾麻菽麦”。

菽后来专指大豆，这与《管子·戒》所载齐桓公“北伐山戎，出冬葱与戎菽，布之天下”有关。“戎菽”也作“戎叔”，即大豆。戎指山戎，匈奴的一支，活动区域在今河北省北部。黑龙江宁安大牡丹屯发现了四千年前的大豆。《诗经·大雅·生民》：“蓺之荏菽，荏菽旆旆。”毛亨传：“荏菽，戎菽也。”郑玄笺：“戎菽，大豆也。”后“戎菽”省作“菽”。《左传·成公十八年》：“周子有兄而无慧，不能辨菽麦。”杜预注：“菽，大豆也。”《广雅·释草》：“大豆，尗也。”王念孙疏证：“尗，本豆之大名也……但小豆别名为荅（dá），而大豆仍名为菽，故菽之称专在大豆矣。”荅，小豆。《说文·艸部》：“荅，小尗也。从艸，合声。”

大豆、小豆原产于我国。大豆至今已有五千年的种植史。西汉末至东汉初成书的《神农本草经》中，就有关于小豆的药用记载，这表明我国种植小豆至少已有两千多年的历史。故知“菽”原为总称，自“荅”字出现后，“菽”才专指大豆，汉代时改称“豆”。

豆与麦差别很大，故用“菽麦”比喻极易识别的事物。如上引《左传·成公十八年》“周子有兄而无慧，不能辨菽麦”之例正是成语“不辨菽麦”的出处，形容愚笨无知。

麻，大麻。金文作，小篆作，从厂或广，二者通用；从𣏟（pài）。厂，像山崖下的可之居处，与房屋有关。𣏟，大麻与苎麻。像剥离麻秆上的皮之后再细密地撕开。段玉裁《说文解字注》：“从二𣎳（pìn）……𣎳谓析其皮于茎皮；𣏟谓取其皮而细析之也。”故“麻”字用在屋下治麻的会意方式表示大麻。但大麻分雌雄，雄者称“枲（xǐ）”，取其纤维可纺织，雌者之籽称“䵋（fén）”，带有棱的硬壳，内里含油，虽可食，有香气，然而舂壳不便，在上古缺少石磨的情况下无法磨成粉末，所以把它作为主食是不可能的。至今西北、内蒙古一带仍将麻子视为零食，有的地方将之磨成粉做成麻福角[1]。故作为五谷之一的麻当指脂麻，即今俗称芝麻，又名“胡麻、巨胜、狗虱、

① 麻福角：一种像菜盒子一样的食物。“福”是谐音。

油麻”，亦属胡麻科。脂麻是我国原生植物，原产地在我国西南、云贵高原一带。[①]其苗叶与花、籽皆可食。麻子有棱，中国原有四棱、六棱的品种。考古发现浙江吴兴钱山漾新石器时代遗址和杭州水田畈史前遗址皆留下了脂麻种子。张骞从西域带回了八棱黑脂麻种，故曰“胡麻”；“其大而胜”，故曰“巨胜”；“又脂麻以油膏得名，俗伪呼为芝麻”；[②]以其形似狗虱，故名“狗虱”，可食用和榨油。虽然2000多年前脂麻已遍及中国，可一直无专字，故寓“麻”表示。[③]《礼记·月令》和《黄帝内经·素问》将“麻”列为五谷之首：“麻、麦、稷、黍、豆”，可见其在粮食作物中的地位，这与脂麻是植物油的主要来源有关。

苴（jū），黑脂麻籽，从艸，且声。《诗经·豳风·七月》：“九月叔苴，采荼薪樗（chū，臭椿），食我农夫。”毛亨传：“叔，拾也；苴，麻子也。”脂麻子有黑、白、灰黄和红等色，苴指黑麻子。北魏贾思勰《齐民要术·种麻子》引东汉崔寔《四民月令》曰：“苴麻子黑，又实而重。”

据《礼记·月令》记载，古代天子随时令调整饮食起居，其中食物的安排是：春季“食麦与羊”，夏季“食菽与鸡”，秋季“食麻与犬”，冬季“食黍与彘”，将气候的冷热变化与食物的浓淡、凉热相配合，十分科学。

稻，甲骨文作，像米粒在臼中，杵下垂。金文作，像手将米投入臼中，右上有“舂米碓（duì，一种舂米的工具）”；也作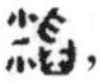，林义光《文源》总结为：“（古字）象获稻在臼中将舂之形，（后）变作象米禾在臼旁。”[④]《说文·禾部》：“稻，稌也。从禾，舀声。”其实析为从禾、爪、臼更能显示其字义。

我国是世界上栽培稻谷最早的国家。湖南永州玉蟾岩曾出土14000年前的水稻，河姆渡遗址曾出土7000年前的人工栽培稻。约5000年前，长江流域和珠江流域已普遍种植稻谷。中原地区的种植较晚，大约起于周代。《诗

① 李璠，《中国栽培植物发展史》第二章，科学出版社，1984年。

② ［明］张自烈，《正字通·麻部》。

③ 黄金贵，《古代文化词义集类辨考》，上海教育出版社，1995年，第839～841页。

④ 转引自汉语大字典编辑委员会编纂的《汉语大字典》，四川辞书出版社、湖北辞书出版社，1986年，第2624页。

经·豳风·七月》:“八月剥(通‘攴’,击打)枣,十月获稻。”稻分黏与不黏两种。在秦汉文献中,稻多指不黏者,即粳稻,单字为“稌”,如《诗经·周颂·丰年》:“丰年多黍多稌,亦有高廪,万亿及秭。”毛亨传:“稌,稻也。”故《说文·禾部》云:“稻,稌也”。也作“秔(jīng)”。其米粒被称为“稉、粳”。明宋应星《天工开物·稻》:“凡稻种最多:不黏者,禾曰秔,米曰粳。”

有一种不黏的早稻叫“稴(xián)”,亦称“籼(xiān)”。其植株比粳稻稍高,黏性小而胀性大。《说文·禾部》:“稴,稻不黏者。”段玉裁注:“稻有不黏者,则稴是也。今俗通谓不黏者为籼米,《集韵》《类篇》皆云《方言》江南呼稉为籼。亦作秈、作粞。按《说文》《玉篇》皆有稴无籼,盖籼即稴字,言变而字异耳。”《本草纲目·谷一·籼》:“籼,似粳而粒小……其熟最早,六七月可收。品类亦多,有赤、白二色,与粳大同小异。”

黏者可用“秫”或“秫稻”表示,其米为“糯”。明宋应星《天工开物·稻》:“凡稻种最多:……黏者,禾曰稌(按:当为‘秫’),米曰糯。”秫或糯性黏,适于酿酒。《晋书·陶潜传》:“潜为彭泽令,公田悉令种秫,曰:‘令吾常醉于酒,足矣。’妻子固请种稻,乃使一顷五十亩种秫,五十亩种稻。”此为典故“种秫田”的出处,讲的是陶渊明为彭泽令时,令人在俸田上种秫,用于酿酒,以期酣醉。

稻、粱皆为“细粮”,连言指精美主食。《诗经·唐风·鸨羽》:“王事靡盬(gǔ),不能蓺(同‘艺’)稻粱,父母何尝。”成语“王事靡盬”指的是公事没有休止。此诗用唐国民众不能种稻粱(或稷黍)以养父母的不满来表达对徭役的怨恨。

## 二、熟制粮食

在发明铁器以前,磨和碾是难以开凿出来的,所以粮食在舂捣出来后呈颗粒状或粗粉末状,多以炒、煮、蒸的方式进行烹饪,人们以粒食为主。在战国文献中出现过“磨”字,说明至晚此时已有此工具了。《墨子·天志中》:“以磨为日月星辰,以昭道(后作‘导’)之。”昭道,开导。《庄子·天下》:“若飘风之还,若羽之旋,若磨石之隧(转动),全而无非,动静无过，未尝有罪。”庄子以比喻的方式谈无为、顺应自然的道理：像飘风往返，像羽毛飞旋，像磨石转动，完美而无错，动静适度而无过失，未曾有罪。

以下诸例中，大部分主食为粒食，“饼”类属面食。

（一）干粮

粮（糧），泛指旅途中所带的谷米类干粮。《说文·米部》：“粮，谷也。从米，量声。”桂馥义证：“粮乃行者之干食。”《周礼·地官·廪人》：“凡邦有会同（古代诸侯朝见天子的通称）师役之事，则治其粮与其食。”郑玄注：“行道曰粮，谓糒（bèi）也；止居曰食，谓米也。”糒，与“焙”同音，指烘烤米至熟的干粮。小篆作，《说文·米部》：“干饭也。从米，葡声。”《史记·李将军列传》：“大将军使长史持糒醪（láo，浊酒，醪糟）造广。”此指在抗击匈奴的途中，大将军卫青派人带着干粮和汁渣混合的酒去造访李广。这符合干粮的用途。清王韬《淞滨琐话·煨芋梦》：“腹馁，掬涧中清泉，和所裹干糒食之。”

典故“在陈绝粮”中，“粮”指干粮，而非泛指粮食。《论语·卫灵公》：“在陈绝粮，从者病，莫能兴。子路愠见曰：‘君子亦有穷乎？’子曰：‘君子固穷，小人穷斯滥矣。’”孔子率弟子们出游陈国，所带干粮吃尽，导致有的弟子病倒。子路怒问孔子：君子也会有穷途末路的时候吗？孔子认为君子本身就穷厄，而小人穷厄时就肆意胡为了。

大约汉代后，“粮”泛指粮食。《后汉书·和帝纪》：“诏贷（施予）被灾诸郡民种粮。”

糗，是炒熟的稻米、黍米或豆子等，也指由其舂捣而出的粉类熟食，皆用作出行所带的干粮。《说文·米部》：“糗，熬米麦也。从米，臭声。”桂馥义证：“米麦火干之乃有香气，故谓之糗……无论捣与未捣也。”许慎未提捣粉，桂馥补充全面，即捣与未捣的皆称糗。干煎或干炒米麦豆有香气，捣粉亦有香气，故“糗”的声符“臭（xiù）”亦表气味之义，而有“糗芳”一词，指芳香的干粮。《楚辞·九章·惜诵》：“播江离与滋菊兮，愿春日以为糗芳。”洪兴祖补注：“江离与菊以为糗糒，取其芳香也。”江离，香草名。

糗便于携带和食用，古代使臣出使友好国家时，要接受这些国家所提供的食物——脡（tǐng）脯（长条的干肉）与糗粮。《左传·哀公十一年》："国人逐之，故出，道渴，其族辕咺进稻醴粱糗腶脯焉。"杜预注："糗，干饭也。"这种方便之食也是古人生活俭朴的表现。如《孟子·尽心下》："舜之饭糗茹草，若将终身焉。"赵岐注："饭糗，饭干糒也。"说的是舜为治国终生吃糗和野菜。

糗和粮、糒在出行所带的干粮方面同义，而强调粉状之食。若通言则意思一致，构成同义连文"糗粮""糗糒"。《尚书·费誓》："峙（zhì，通'庤'。储备）乃糗粮，无敢不逮（及）。"孔安国传："皆当储峙汝糗糒之粮，使足食，无敢不相逮及。"《尚书·费誓》是记录鲁侯伯禽因徐、夷等部落不服从命令，相继作乱，在费（今山东省费县西北）号召民众前往征讨的动员令。因此，"糗粮"是出征时所带的干粮。《后汉书·隗嚣传》："嚣病且饿，出城餐糗糒，恚愤而死。"此云隗嚣气愤而死，不尽如此。糗或糒是炒制的粒食或炒面，出门时多盛在竹器里，食用时配以装在瓦壶中的水浆。当人饿极后，常饱食之，但此干炒之食不易消化，肠胃遇水浆则膨胀，严重时可致人死亡。所以，《东汉观记·始祖光武皇帝》载隗嚣"饥饿而餐糗糒"致"腹胀死"。

（二）糕类

饵，用米粉或豆粉等蒸出的糕。《方言》卷一三："饵谓之糕。"《说文》释其异体字"鬻"时云："鬻，粉饼也。……饵，鬻，或从食，耳声。"《说文解字系传》解释得更加明白："粉米蒸屑皆饵也。"上引《周礼·天官·笾人》"羞笾之实：糗饵、粉餈（cí）"郑玄注与此一致："此二物（糗饵、粉餈），皆粉稻米、黍米所为也，合蒸曰饵，饼之曰餈。"羞笾，古代祭祀燕飨时进献食物的竹制盛器。糗饵指将米麦炒熟后捣粉蒸成的糕，粉餈指将蒸熟的糯米或黍米饭捣碎制成的饼状食物（见下文）。

饵在周时用作祭祀祖先的祭品。郑玄注云："羞笾谓若少牢，主人酬尸（代死者受祭的人），宰夫羞房中之羞于尸，侑（yòu，劝人吃喝，多用于酒食、宴饮）主人、主妇。"此云周天子祭祀用羊、豕二牲，三献之礼后，向代祖先受祭者劝酒，然后宰夫把宫内女官所做的供祭祀用的谷类食物献给代祖先受祭者，再向天子和王后劝酒食。

汉代有在重阳节食饵之俗。如汉刘歆《西京杂记》卷三：“九月九日，佩茱萸、食蓬饵、饮菊花酒，令人长寿。”食蓬饵就是吃蓬糕。蓬糕是用菰米粉做成的糕。蓬指雕胡，即菰，是生在水边的草本植物，秋季结实，可做饭。《本草纲目·谷二·菰米》集解引苏颂曰：“菰生水中……至秋结实，乃雕胡米也，古人以为美馔。”现云南大理尚有小吃“饵块”，是用米粉加工而成的砖状物或薄饼，此即古代饵之遗存。

餈，稻饼或糍粑，即将蒸熟的糯米或黍米饭捣碎制成的饼状食物。上引《周礼·天官·笾人》“羞笾之实：糗饵、粉餈”。郑玄注引郑众曰：“粉，豆屑也。”其实米屑亦可。郑玄注与此一致：“此二物（糗饵、粉餈），皆粉稻米、黍米所为也，合蒸曰饵，饼之曰餈。”此“粉”活用为动词，粉碎之义。而《说文》类文献未提黍米：“餈，稻饼也。从食，次声。”段玉裁注：“以稉米蒸孰（后作‘熟’），饼之如麦饼曰餈。”清王筠《说文释例》：“安徽所谓糍粑即餈也。”这与黍从主食里渐退有关。餈也作“鑇”或“粢”。

糕，此字当晚出，与“饵”同义。从米，羔声。《方言》卷一三：“饵谓之糕。”也作“餻”。《集韵·豪韵》：“餻，《博雅》：‘饔、餻，饵也。’或从米。”汉代在重阳节有吃蓬糕之俗。（见上文）因“糕”谐“高”，故此俗相沿至今。不过，糕的制作方式和食材早已多样化，常见的是用米粉、麦粉、豆粉等制成的块状食品。宋孟元老《东京梦华录·重阳》：“前一二日，各以粉面蒸糕遗送，上插剪彩小旗……又以粉作狮子蛮王之状，置于糕上，谓之‘狮蛮’。”

（三）粥类

在陶器发明以前，古人采取石烹的办法烧熟食物。石烹是一种原始的烹饪方法，盛行于旧石器时代。它是用石板、石块（如鹅卵石）做炊具，间接利用火的热能烹制食物的烹饪方法，分为外加热、内加热和烧石煮法三种。外加热是将石头堆起来烧热后，扒开一个口子，将食物埋入，再用滚烫的石头包严，利用向内的热辐射使原料成熟；内加热是将石头烧红后，填入食品（如牛羊内脏）中，使之受热成熟；烧石煮法是取天然石坑或在地面挖坑，也可用树筒或竹筒之类的容器，内装水并放入原料，然后将烧红的石块投入其中，使水沸腾煮熟食物。陕西关中一带的“石头馍”其实就是由外加热石烹而制成。陶器发明后，陶烹就盛行开来。炊具是鬲，二耳、三空足、侈口大腹，用以煮粥。

粥，稀粥，后泛指。从米，“弓”像热气上浮。《尔雅·释言》：“粥，淖（nào，稀泥浆状）糜也。”亦作“鬻”，此字从鬲从粥，粥亦声，突出了熬粥用的炊具是鬲。《尔雅·释言》：“鬻，糜也。”郭璞注：“淖糜。”据传，黄帝发明了熬粥。宋高承《事物纪原》卷九引言：“《周书》又曰：黄帝始烹谷为粥。”秦汉以前以食粥为主。西周时，食粥成为传统，并因其制作方法和容器单一，粮食消耗少，所以具有一些特殊的文化功能。

丧居示哀。礼制规定，在三年丧期内，服丧者（从天子至百姓）食粥。《仪礼·丧服》：“啜粥，朝一溢（约今 100 克）米，夕一溢米。”

敬老养老。古人云：“人逢七十古来稀。”所以，在古代，七十岁的老人要受到礼敬，饮食方面需得到特殊的照顾。而糜粥软烂，最适合老人食用，故赐糜粥成为天子的一种敬老、养老的礼仪。《礼记·月令》载，天子于仲秋之月“养衰老，授几杖，行糜粥饮食”。《后汉书·礼仪志中》：“年始七十者，授之以玉杖，铺之糜粥。”但地方在执行此礼时难免会流于形式，欺上瞒下，如《后汉书·安帝纪》：“郡县多不奉行，虽有糜粥，糠秕相半。”

赈济饥民。在饥荒时期，施粥成为救济灾民的一种主要方法，它用材少而活民多，简便易行。《礼记·檀弓下》记载，春秋时，卫国饥荒，“夫子（公叔文子）为粥与国之饿者”。东汉献帝时，一场蝗灾使“时谷一斛五十万，豆、麦一斛二十万，人相啖食，白骨委积”，于是“帝使侍御使侯汶出太仓米、豆，为饥人作糜粥”。（《后汉书·献帝纪》）后设有粥厂，临灾紧急救济。粥多是杂粮煮成，或大豆与谷米共煮，或单煮大豆为薄粥。后世大多以豆粥为救灾的主食。

养生保健。中国人自古以来信奉食疗作用，其中以粥养生保健非常突出。《本草纲目》载粥方 40 余种、高濂《遵生八笺》所收的粥方 38 种、清章穆《调疾饮食辨》记有 56 种、曹庭栋《粥谱》载 100 种、黄云鹄《粥谱》的粥方达到 237 种，每方都列出烹煮的配料和养生去疾的特点。[①]

---

① 黄金贵，《中国古代文化会要》（上），西泠印社，2007 年，第 347 ～ 348 页。

纪念佛祖成道。大约从南北朝时期起，喝腊八粥成为纪念佛祖觉悟成道的方式。佛家称农历十二月初八日为腊八。据传，释迦牟尼成道前，牧女献乳糜使他维持体力，在腊八之日成佛。乳糜是把米粟等糁（sǎn）入牛羊乳中煮熟的烂粥。南北朝是佛教鼎盛时期，敬佛礼佛蔚然成风。每年腊八日，各大寺院用果子杂拌煮粥，分食僧众。民间亦相沿成俗。宋孟元老《东京梦华录·十二月》："初八日……诸大寺作浴佛会，并送七宝五味粥与门徒，谓之腊八粥。都人是日各家亦以果子杂料煮粥而食也。"传说吃了此粥以后可以得到佛祖的保佑，故亦称"佛粥"。此俗相沿至今。

饘（zhān），稠粥。《说文·食部》："饘，糜也。从食，亶声。周谓之饘，宋谓之餬。""餬"是"饘"的方言词。《礼记·檀弓上》："饘粥之食。"孔颖达疏："厚曰饘，希（后作'稀'）曰粥。"

糜，烂稠粥。《说文·米部》："糜，糁也。"段玉裁注："以米和羹谓之糁（加肉为肉糊，加菜为菜糊），专用米粒为之谓之糁糜。"《释名·释饮食》："糜，煮米使糜烂也。"三国魏曹操《苦寒行》："担囊行取薪，斧冰持作糜。"意思是：担着行囊边走边砍柴，以斧凿冰煮粥充饥肠。此诗描写了曹操率军亲征高干，途经太行山羊肠坂道的艰辛困苦。

肉粥称为"肉糜"。典故"何不食肉糜"讽刺了不解百姓疾苦的晋惠帝。《晋书·惠帝纪》："及天下荒乱，百姓饿死，帝曰：'何不食肉糜？'其蒙蔽皆此类也。"

粥（鬻）、饘（餬）、糜是同义词，常连用。如"饘粥（鬻）"。《左传·昭公七年》："饘于是，鬻于是，以餬余口。"杜预注："于鼎中为饘、鬻。饘、鬻，餬属。"孔颖达疏："稠者曰糜，淖者曰鬻，餬、饘是其别名。"孔疏主要区别了糜和粥（鬻），前稠后稀。"餬、饘"应是糜的别名。后用"饘鬻"表示稀粥。清方文《卖卜润州邬沂公有诗见赠赋此答之》："所求升斗供饘粥，不向侏儒说姓名。""饘糜（通'糜'）"则指稠粥。宋王安石《思王逢原》诗："嗟我衣冠朝，略能具饘糜。""糜粥"亦指稠粥。《礼记·问丧》："水浆不入口，三日不举火，故邻里为之糜粥以饮食之。"孔颖达疏："糜厚而粥薄。"此析言之，然若视为词则偏于"糜"。因服丧者多日不食，只能靠喝稠粥来保持体力。又如《后汉书·礼仪志中》："年始七十者，授之以玉杖，铺之以糜粥。”此为周天子敬老养老的礼节，稠粥有软烂饱腹之用。

（四）饭类

粮、糗、糒或炒或焙而制成，适合于行路携带。粥现熬现吃，软烂温热，易于消化，但不耐饿。随着甑的发明，先民们学会了蒸饭。饭，从食，反声，蒸熟的谷类食物，居家时随做随吃，较粥干硬，但软硬可口，饱食耐饿。甑是一种陶制的底部有孔的炊具，置于鬲（或釜）上可蒸饭。

我国是最早使用蒸汽制作食物的国家。文献记载其源于黄帝。（见上文）《诗经·大雅·生民》：“诞我祀如何？或舂或揄（yóu，舀取），或簸或蹂（搓），释之叟叟（通‘嗖’），烝之浮浮（腾腾）。”此段文字生动地描写了祭祀前人们舂谷、舀米、簸糠、揉搓的紧张繁忙的劳动景象。淘米嗖嗖作响，蒸饭热气腾腾，读之有身临其境之感。《孟子·滕文公上》：“许子以釜甑爨，以铁耕乎？”朱熹集注：“釜，所以煮。甑，所以炊。”此注解释了蒸饭的程序：先用釜（或鬲）煮谷物，再捞出，放在架在釜（或鬲）上的甑里蒸熟。陕西西安的小吃“甑糕”就是先把糯米泡开后与红枣、芸豆混在一起一层一层铺放在甑里蒸熟的。

用稻、粱、黍做的米饭香软可口，属于细粮精食，常作为待客的主食。此外的粒食皆为粝食粗饭，其中的豆饭是中古前庶民的常食。《战国策·韩策一》：“民之所食，大抵豆饭藿羹。”

干饭是将蒸饭晒干后以备用的干粮。《释名·释饮食》：“干饭，饭而暴（后作‘曝’）干之也。”出征作战前要备干饭。《墨子·备城门》：“为卒干饭，人二斗，以备阴雨。”每个士卒要准备二斗干饭。干饭在居家时亦可食用，不动烟火，简便易食。《后汉书补逸·左雄》：左雄做冀州刺史时，“不举烟火，常食干饭，十日一炊。”此义可用“糇（hóu）”表示。糇，同“餱”，《说文》：“餱，干食也。从食，侯声。”《诗经·小雅·伐木》：“民之失德，干糇以愆（qiān，过失）。”毛亨传：“糇，食也。”诗句的意思是说：民众如果失去道德，就会因为一块干粮而产生纠纷。“糇食”“糇粮”“糇粻（zhāng，米粮）”皆表示此类干粮。唐李宗闵《唐故丞相碑铭》：“带甲百万，糇食为巨。”《诗经·大雅·公刘》：“乃积乃仓，乃裹糇粮，于橐于囊。”此言粮食丰收，囤积储藏；携带熟食干粮，装入口袋，以备出征或远行。很明显，糇粮是出门所带之食。《尚书·费誓》：“我惟征徐戎，峙乃糇粮，无敢不逮。”糇粮，与前面提到的“糗粮”相应。

饭还可以被捏成团，称“抟饭”，便于携带。《吕氏春秋·慎大》：“赵襄子攻翟（同‘狄’），胜老人、中人，使使者来谒之，襄子方食抟饭。”老人、中人，二城名。赵襄子是春秋末期的晋国大夫，谥“襄”，赵国的始君。他攻打狄，取得了老人和中人二城的胜利后，吃抟饭。

（五）饼类

虽然战国时期已有石磨，秦代已有实物，但表示小麦面粉的“麵（同‘麪’，简化为‘面’）”最早见于《说文·麦部》，如“面，麦屑末也”，段玉裁注：“末者，屑之尤细者。”由面粉加工而成的饼也随着金属炊具种类的不断丰富而成为人们的主食，所指非常广泛。

饼，古代面食总称。此字最早出现在《墨子·耕柱》：“今有一人于此，羊牛刍豢，饔人袒（剥去牲畜的皮毛）割而和（调和）之，食之不可胜食也，见人之作饼，则还（xuán，迅速）然窃之。”刍豢，牛羊犬豕之类的家畜。饔人，厨师。此人家中有吃不完的肉，还要偷别人的饼，匪夷所思。《韩非子·外储说左下》也有“饼”的记载：“孙叔敖相楚，栈车牝马，粝饼菜羹。”孙叔敖，春秋楚人。栈车，用竹木制成的车，不张皮革。由此可见，磨面制饼至晚在战国时已存在。如果《韩非子》所言是事实，也许春秋时已有。故宋高承《事物纪原·酒醴饮食·饼》：“《说苑》叙战国事。则饼盖起于七国之时也。”

汉后，面食皆称饼。《释名·释饮食》：“饼，并也。溲（sǒu，拌和）面使合并也。”并即合并，与“饼”音近义通。其后又罗列了胡饼[①]、汤饼、蒸饼等。明黄朝英《缃素杂记》卷二：“余谓凡以面为餐具者，皆谓之饼。故火烧而食者，呼为烧饼；水瀹（yuè，煮）而食者，呼为汤饼；笼蒸而食者，呼为蒸饼。”

烧饼是焙烤类的面点，有髓饼、胡饼等。髓饼一词出自《释名·释饮食》，其面粉中掺入了动物的骨髓和蜂蜜。胡饼来自西域，属胡食，汉代时传

---

① 胡饼：东汉时称烤饼，犹如今之烧饼。

入长安和中原。它分为素胡饼、油胡饼和胡麻饼。唐白居易《寄胡饼与杨万州》诗："胡麻饼样学京都，面脆油香新出炉。寄与饥馋杨大使，尝看得似辅兴无。"辅兴，长安坊名。白居易亲自烙胡麻饼，寄给万州刺史杨敬之，可见其味之美。

汤饼，又称煮饼，是水煮的面食，种类繁多，如面片、面条、馄饨、饺子。表示面片的用例出现较早。晋束皙《饼赋》："火成汤涌，猛气蒸作。攘衣振掌，握搦拊搏。面迷离于指端，手萦回而交错。纷纷级级，星分雹落。"此文描述了揪面片时速度很快的景象：面片迅速离开手指，纷纷落入沸腾的水中，两手来回交错。揪面片需要一手托着和好的面，另一手往锅里揪，故又称"饦"，从食，托省声。《方言》卷一三："饼谓之饦。"北魏贾思勰《齐民要术・大小麦》："（青稞麦）面堪作饭及饼饦。"唐代时用案板切面片，不用手托，故称"不托""饸饦""馎饦"。唐李涪《刊误》："旧未就刀砧时，皆掌托烹之。刀砧既具，乃云不托，言不以掌托也。"《通雅・饮食》："《五代史・李茂贞传》：'朕与宫人，一曰食粥，一曰食不托。'不托，当时语也。后加饸饦，又作馎饦。"也可用刀砧将擀好的面切成片状，宋孙光宪《北梦琐言》卷三有记录："食饸饦面不过十八片。"

面条，即索饼或索面。北魏贾思勰《齐民要术・饼法》："引挼（ruó，揉搓）如箸大，薄如韭叶，一尺一断，盘中盛水浸。"因其长而瘦，谐长寿，故生日吃面条成为民俗。另一民俗是在农历二月二，吃龙须面以祈龙王风调雨顺。宋时有专指面条的"麺"字。元时已有挂面。《水浒全传》第四十五回："无甚罕物相送，些少挂面，几包京枣。"既然已非稀罕物，那么可见当时的挂面制作已普遍起来。

馄饨也是汤饼。唐慧琳《一切经音义》引《广雅》："馄饨，饼也。"唐段公路《北户录》"丸饼，浑沌饼"注："《要术》书上字《广雅》曰：'馄饨也。'《字苑》作'餫'。颜之推云：'今之馄饨，形如偃（安卧）月，天下通食也。'"其实，春秋时已有馄饨。在山东滕州官桥镇1号春秋薛国墓出土了一件铜簠（fǔ，祭祀、燕飨时用以盛黍稷稻粱的容器），内有三个包有屑状馅的三角形食物。[1]《世说新语·容止》云："何平叔（名晏）美姿仪，面至白，魏明帝疑其傅粉，正夏月，与热汤饼，既噉（同'啖'），大汗出，以朱衣自拭，色转皎然。"所谓"热汤饼"即带热汤的馄饨。许嘉璐在《中国古代衣食住行》中认为热汤饼"类似现在北方的煮小饼、煮窝窝"[2]，不知所由。

如果将馄饨包成半月形，正如颜之推所云"形如偃月"，就是饺子。饺子最早见于蜀汉时期，重庆市忠县涂井 5 号蜀汉墓出土的一个庖厨俑的陶案上有饺子的造型。[3]"饺子"一词据说源于"交子"。宋时，馄饨成为冬至和除夕的时令食品，而除夕子时是新旧年交替之时，民间有"鼠咬天开"之说，故此时吃的馄饨亦称饺子，意为交子、更岁。此后馄饨和饺子分化为两种食物：馄饨皮薄如元宝形，带汤；饺子皮厚如半月形，无汤，蘸调料吃。

汤圆是类似于汤饼的食物，以糯米粉包馅料而成，又称"牢丸""牢九"。元盛如梓《庶斋老学丛谈》："牢九者，牢丸（按：汤圆封合牢固而呈丸状）也。宋讳丸字，去一点，相承已久。"宋讳"丸"字，指靖康元年北宋徽、钦二帝被金俘虏，金为完颜氏，故耻云"丸（谐'完'）"。

蒸饼，蒸制的面食通称。最初不发酵，只有掌握了酵母菌生化反应的特性才能吃到如今的馒头或包子。三国魏缪袭《祭仪》："夏祀以蒸饼。"若不知此蒸饼具体指哪种，那么《齐书》里提到西晋永平九年（299）年规定"太庙四时祭，荐宣皇帝面起饼"就言明了。宋程大昌《演繁露》释为："起者，入酵面中，令松松然也。"西晋祭祀之仪当继承三国，故上述"蒸饼"即"面起饼"，但具体是何物呢？《晋书·何曾传》载公元三世纪上半叶的何曾"性奢豪"："厨膳滋味过于王者，每燕见，不食太官（按：掌皇帝膳食及燕飨之事）所设，帝辄命取其食蒸饼，上不拆作十字不食"。此蒸饼上面裂开如"十"字形，即今天的开花馒头。看来当时人们已熟练掌握了发面技术，讲究吃发酵食品了。而晋束皙《饼赋》中所描述的"笼无迸肉，饼无流面……肉如春绵，白若秋练"必指包子了。唐时也称"笼饼"。宋时因避宋仁宗名讳

---

① 孙机，《中国古代物质文化》，中华书局，2014 年，第 26 页。
② 许嘉璐，《中国古代衣食住行》，北京出版社，2002 年，第 72 页。
③ 孙机，《中国古代物质文化》，中华书局，2014 年，第 26 页。

(祯)，改“炊饼”，所指范围缩小，指包子。它与馒头并称，应为二物。如宋吴自牧《梦粱录》卷一三：“日午卖糖粥、烧饼、炙焦馒头、炊饼、辣菜饼、春饼、点心之属。”《武林旧事》载“高宗幸张府节次略”记有食物“馒头五十个，炊饼二万个”。那么，馒头到底指什么？

馒头，虽然与包子（蒸饼）一样有馅儿，但形状不同。有人认为馒头是似人头，浑圆形，无口子。[1]相传源于诸葛亮征服孟获后，改革当地蛮人以人头祭神之俗，代以面包裹三牲之肉，像人头。明郎瑛《七修类稿》：“本名蛮头，音转讹为馒头。”包子之名最早见于宋代。宋罗大经《鹤林玉露》曰：“有士人于京师买一妾，自言是蔡太师府包子厨中人。一日，令其作包子，辞以不能，曰：‘妾乃包子厨中缕葱丝者也。’”但在宋元明时，仍使用“馒头”表示有馅儿的浑圆状无口子的蒸食。如宋吴自牧《梦粱录》卷一六记杭州“更有包子酒店，专卖灌浆馒头”，还提到了生馅馒头、羊肉馒头，同时也有薄皮春茧包子、虾肉包子等。看来，馒头与包子只是形状有所区别。正如前面所指出的，前者与今之圆馒头形同，后者即今之有口子带褶子的包子。但至今老派上海人不分二者，统称为馒头，如把小笼包子叫小笼馒头，生煎包叫生煎馒头，肉包子称作肉馒头，菜包子叫作菜馒头等。元忽思慧《饮膳正要》记有剪花馒头：“依法入料物盐酱拌馅包馒头，用剪子剪诸般花样蒸。用胭脂染花。”此馒头亦有馅儿。明李诩《戒庵老人漫笔·祭庙馒头》：“祭功臣庙，用馒头一藏（五千零四十八枚）。”用于祭祀的馒头承古，其形未变。直到清代，馒头才变成无馅。如清吴敬梓《儒林外史》第二回中有：“厨下捧出汤点来，一大盘实心馒头，一大盘油煎的杠子火烧。”

饼类还有油煎、油炸的，如煎饼、春饼、寒具（即馓子）等。在此不提。

## 第二节　汉字与副食

副食多指肉食（禽、兽、水产）和蔬菜等，在古代饮食中也非常重要。

---

① 闫艳，《古代“馒头”义辩证——兼释“蒸饼”“笼饼”“炊饼”》，《南京师范大学学院学报》，2003 年第 1 期，第 128 ～ 130 页。

在渔猎时代，禽兽与水产是重要的食物来源。农业文明后，粮食作物成为主食，野兽和家畜、野禽和家禽、水产、蔬菜等才成为副食。

## 一、肉食

### （一）野兽、家畜

肉食最初来自猎获的野兽，后经人工驯养，兽变为畜或牲。

兽（獸），甲骨文作、、，从干（或单），从犬，像人手持干单，身随猎犬打猎，引申为所猎之物——野兽，后简化为“兽”。此义有专字“嘼（chù）”，甲骨文作，《说文·嘼部》：“嘼，牲也。象耳、头、足厹地之形。”后用“畜”。《玉篇·嘼部》：“六嘼：牛、马、羊、犬、鸡、豕也。养之曰嘼，用之曰牲。今作畜。”“嘼、畜”二字殊途同归的演变反映了古代生产方式由畜牧到农耕及两种形式并存的情形。（见第四章第二节）兽（嘼）为野生，故有“野兽”一词；畜为人工畜养，故有“家畜”“六畜”之说，两者皆可被加工为肉食，成为古代难得的美食之一。

#### 1. 野兽

可食的野兽统称“六兽”。《周礼·天官·冢宰》：“庖人掌共六畜、六兽、六禽，辨其名物。”郑玄注：“郑司农云：六兽，麋、鹿、熊、麕（jūn）、野豕、兔。”

先说鹿类的“麋、麕、鹿”。

麋，麋鹿，它头脸像马、角像鹿、蹄像牛、尾像驴，俗称“四不像”。甲骨文作，象形。麕，獐子，从鹿囷声。也作“麇”。鹿，甲骨文作，金文作，皆象形。考古发现，中国有悠久的食鹿历史。170万年前的云南元谋人、80万年前的陕西蓝田人、50万年前的北京人都猎食各种鹿。旧石器时代，河南境内最多的动物是鹿和马。新石器时代，在众多的人类文化遗址中，都发现了鹿的骨角化石。夏商时期，河南地区人类捕获的动物亦以鹿类居多，共有八种：鹿、麋、赤鹿、麇、斑鹿、水鹿、轴鹿、麃。[①]甲骨文中有“禽

① 郭孔秀，《中国古代鹿文化试探》，《农业考古》，2000年第1期，第162页。

鹿”“只鹿”等记载。西周时期，麋鹿成为周天子的夏秋食品。《周礼·天官·冢宰》：“秋宜犊麛（mí，幼鹿），膳膏腥。”又：“冬献狼，夏献麋。”郑玄注：“狼膏聚，麋膏散。聚则温，散则凉。”鹿肉性凉，掌管山泽苑囿之官要在夏季向周王室奉献麋鹿以供食用。《礼记·内则》：“牛脩，鹿脯，田豕脯，麋脯，麕脯。”郑玄注：“皆人君燕食所加庶羞也。”此处所提的鹿脯、麋脯、麕脯即鹿肉干，是君王日常食用的美味。

在乱世，鹿肉可做聘礼。《诗经·召南·野有死麕》：“野有死麕，白茅包之。”郑玄笺：“乱世之民贫，而强暴之男多行无礼，故贞女之情，欲令人以白茅裹束野中田者所分麕肉为礼而来。”

据《越绝书》卷八记载，中国南方的越人驯养了鹿，他们在麋鹿刨掘过的田地上种稻。晋张华《博物志》：“海陵县扶江接海，多麋兽，千千为群，掘食草根，其处成泥，名康畯（jùn）。民人随此畯种稻，不耕而获，其收百倍。”东汉王充《论衡》和《后汉书·郡国志》等亦有此类记载。所记之处为江苏、浙江等地。

随着人们对鹿的日益熟悉，逐渐创造了很多与其大小、年岁、种类、公母相关的字，《说文解字》收有25个。其中，鹿与“禄”谐声；又牡牝成对、行路成群，其皮用为古代婚礼“六礼”之一“纳征”之贽；鹿又具有重要的医药价值，所以，鹿不愧为中国传统文化中的瑞兽。

熊，本字为“能”，金文作，古字“象头背足之形”[1]。《说文解字注笺》：“能，古熊字……假借为贤能之能，后为借义所专，遂以火光之熊为兽名之能，久而昧其本义矣。”而《汉语大字典》《汉语大词典》皆据《说文》“能，熊属，足似鹿”释义，认为这是一种似熊的野兽，不宜。它本身就是熊。而熊在《诅楚文》里写作，从火能声，“熊熊”指火焰旺盛貌，与“能”无关，故徐灏以为“熊”当为“能”之假借。

熊的全身都是宝。熊皮可装饰箭靶，称“熊侯”；熊脂、熊胆可制药；熊掌是珍贵食品。《左传·宣公二年》提到“宰夫胹（ér，炖）熊蹯不孰”，晋

① 林义光，《文源》，转引自汉语大字典编辑委员会编纂的《汉语大字典》，四川辞书出版社、湖北辞书出版社，1986年，第2227页。

灵公便“杀之”。《孟子·告子上》：“鱼，我所欲也，熊掌，亦我所欲也；二者不可得兼，舍鱼而取熊掌者也。生，亦我所欲也，义，亦我所欲也；二者不可得兼，舍生而取义者也。”孟子用熊掌类比义，可见其珍贵之处。

彘，甲骨文作，从豕身着矢，会意，表明此为猎获而来的野猪。但此义在上古文献中未见，《方言》卷八认为“彘”是“猪”的方言词：“猪……关东西或谓之彘，或谓之豕”。后代才出现野猪义的用法，如明刘基《正月二十三日得台州黄元徽书有感》诗之一：“涉水水有蛟，入山山有彘。”野猪肉质鲜嫩香醇，野味浓郁，营养丰富，一般加工为大肉片食用。如《礼记·少仪》：“牛与羊鱼之腥，聂（zhé，切成薄片的肉）而切之为脍，麋鹿为菹（zū，肉酱），野豕为轩（xiàn，大肉片），皆聂而不切。”

兔，甲骨文作，象形。古人采用多种办法捕获兔子。前文引郭沫若《甲骨文合集》10408 正“翌（yì，明日）癸卯，其焚……禽。癸卯允（果真）焚，获……兕十一，豕十五，虎……兔二十”之例，说明了焚烧草木猎获野兽的情况，其中就有二十只野兔。安设兔罝也是一种有效的办法。《诗经·周南·兔罝》：“肃肃兔罝，椓之丁丁。”狡猾的兔子得靠猎狗捕获。如《诗经·小雅·巧言》：“跃跃毚（chán）兔，遇犬获之。”毛亨传：“毚兔，狡兔也。”因此产生了以下成语：①兔死狗烹，比喻统治者杀害功臣。语出《史记·越王勾践世家》：“范蠡遂去，自齐遗大夫种书曰：‘蜚（通“飞”）鸟尽，良弓藏；狡兔死，走狗烹。越王为人长颈鸟喙，可与共患难，不可与共乐。子何不去？’”②兔死犬饥，比喻功臣在敌人灭亡后不受重用。明张居正《答两广刘凝斋言贼情军情民情》：“鸟尽弓藏，兔死犬饥，故诸将士多张大贼势者，亦未可尽以为然也。”

野兔被加工成肉食，在《诗经·小雅·瓠叶》中就有记载：“有兔斯首，炮之燔之。君子有酒，酌言献之。有兔斯首，燔之炙之。”毛亨传：“炕火曰炙。”孔颖达疏：“炕，举也。谓以物贯之而举于火上以炙之。”炮、燔、炙，是三种古老的烤熟肉食的方法。炮是将带毛的动物裹上泥放在火上烧。燔是直接将生肉放在火堆上烤。据孔颖达疏，炙指以物贯穿生肉高举在火堆上烤。人们烧烤野兔，一边品尝肉质细嫩的野味一边饮酒，其乐融融。

据有关研究，我国本地野兔属草兔类，不会打洞；胆小，难于饲养，更难于繁殖，所以家兔与之无关。家兔是“先秦时期通过丝绸之路从欧洲输入的穴兔培育而成的，初为宫廷玩物，后流传到民间，被培育成体型不大，耐粗饲的中国白兔”[1]。先秦有典故“狡兔三窟”（《战国策·齐策四》），此兔已为穴兔，即会打洞的野兔。汉乐府《古怨歌》云：“茕茕白兔，东走西顾。”可见至晚此时已有白兔。古人以为白兔为祥瑞之物，可作为贡品，如《后汉书·光武帝纪下》：“日南徼外蛮夷献白雉、白兔。”穴兔和家兔不仅是美味，而且也具有药用价值。《本草纲目》认为兔肉“味甘性寒，补中益气”，有“凉血解毒，清补脾肺，养胃利肠，解热止咳”的功效。

2. 家畜

家畜分为六畜，具体指牛、马、羊、豕、鸡、犬。它们在祭祀、盟誓和平时家用时扮演了重要的角色——牲。《周礼·地官·大司徒》：“祀五帝，奉牛牲，羞其肆（tī，解剔牲体）……享先王，亦如之。”“凡小祭祀，奉牛牲，羞其肆……凡大祭祀，羞牛牲，共茅蒩（zū，古代祭祀时用以衬垫牲体的草席）。”看来祭祀五帝、先王都要以牛为祭品。[2]《周礼·地官·闾师》：“凡庶民不畜者，祭无牲。”指百姓平时不畜养家畜，故祭祀时无牲。《礼记·曲礼下》：“约信曰誓，莅牲曰盟。”指参与盟誓者用言语约束叫作誓，面对神灵杀牲歃血缔结条约叫作盟。《周礼·夏官·司马》：“盟，以玉敦辟盟，遂役之。赞牛耳，桃茢（liè）。”此处指歃血为盟的仪式：先由从盟国诸侯中选拔出来的盟主（即“执牛耳者”）割牛耳取血，然后以玉器盛牲血，以珠盘盛牛耳，再用桃杖与扫帚轻拂其上以除邪秽，最后盟主前来涂血于口边或饮血，他人从之，以示诚意。由上可知，畜和牲同义，只是前者重在畜养，后者重在食用。《左传·桓公六年》：“不以畜牲。”孔颖达疏：“牲、畜一物，养之则为畜，共享则为牲。”牲有五牲和三牲之说。五牲指牛、羊、豕、鸡、犬。三牲指牛、羊、豕。牲中无马，却是因为马在作战和日常生活中担当着重要的职责，是不可或缺的交通工具，不做肉食。

可见，六畜与人们的关系极为密切。自秦汉以来形成了一套完整的年俗，

---

① 郭耕，《兔子的自然文化史》，《科学时报》，2011年3月4日。

② 祭祀分为大、中、小三等。祭五帝、先王为中祀。

从正月初一到初七，分别定为鸡日、狗日、猪日、羊日、牛日、马日、人日。据传，此俗与女娲创世有关。女娲先用六天造出了六畜，在第七天造出了人。

五牲中的牛、羊、豕、犬及以其构成的所有汉字，体现了它们在烹食文化中的地位，反映了它们在人类生活中所发挥的作用。

牛，甲骨文作，字形突出牛角，象形。《说文·牛部》云“牛为大物”，这体现在三个方面：

第一，牛是农业生产和运输中的役畜，如《说文》“牛”部收录了“犂（同‘犁’）”“犕（fú，驾驭）”等字。《周礼·地官·充人》：“掌养国之公牛……凡会同、军旅、行役，共其兵车之牛，与其牵徬，以载公任器。”郑玄注：“牵徬，在辕外挽牛也。人御之，居其前曰牵，居其旁曰徬。任，犹用也。”贾公彦疏：“云任犹用也者，谓在军所须之器物皆是也。”牵徬，人在车辕外牵牛。任器，器具。此例意为，充人掌管国家的公牛。凡是朝会、出征、服役，他要提供拉兵车的牛和在车辕外牵牛的人，以运载公家的器物。可见，牛是古代的重要运输工具。

第二，牛是祭祀中的主祭品。《礼记·王制》：“天子社稷皆太牢，诸侯社稷皆少牢。”太牢，指三牲俱全，如《庄子·至乐》：“具太牢以为膳。”成玄英疏：“太牢，牛羊豕也。”也专指牛，如《史记·五帝本纪》中记载尧时“用特牛礼”。特牛，公牛。《大戴礼记·曾子天圆》：“诸侯之祭，牛，曰太牢祭祀。”故《国语·楚语》云：“国君有牛享，大夫有羊馈，士有豚犬之奠。”可见，诸侯与天子一样也用太牢祭祀。大夫和士分别用羊、豚（或豕），是少牢之等级。《左传·襄公二十二年》：“祭以特羊，殷以少牢。”杜预注：“四时祀以一羊，三年盛祭以羊、豕。殷，盛也。”特羊，公羊。

在《说文》中，牛部字共有45个，直接与祭祀有关的字除了“牲”以外，还有“牺”“牷”。三字所指分别涉及对牛的完整性和毛色的要求，这充分体现了古人对祭祀的高度重视。

牲，《说文》：“牛完全。从牛，生声。”《穀梁传·哀公元年》：“全曰牲，伤曰牛，未牲曰牛。其牛一也，其所以为牛者异。”用于祭祀的牛必须健康无伤、完整无缺。王筠《说文句读》：“《左成七年经》：‘鼷鼠食郊牛角，改卜牛。鼷鼠又食其角，乃免牛’。是不完全不为牺之证。”郊祀为重祀，鼷鼠啮食了将要用于祭祀的牛的角，故不能为牲；改用占卜，牛角又遭鼠咬，此牛才因祸得福，免去一死。而对于国家来说，此为灾异之兆，“鼠食郊牛角”之典正出自此处。据《汉书·五行志》分析，鲁成公怠慢昏乱，季氏三家始专政，鲁国将从此衰微，上天悯周公之德，惜其将有败亡之祸，故于郊祀见警。鼠为小虫，鼷鼠犹小；牛为大畜，祭天之尊物；角为兵战、兵威之象，小鼠食至尊之角，预示季氏等诸侯之臣将把持国政，伤国君之威仪，有害于周公之礼。再改用为卜牛而鼷鼠又食牛角，是天再为警兆。其后鲁君臣皆为晋楚等国所拘。至襄公时，天下大夫皆夺君之政。后昭公被三家逐死于外。定公无道，十五年正月，鼠又食郊牛，牛死，五月，定公死。哀公元年正月又食，此天数见败亡之兆，欲其逐奸邪而用贤圣，鲁君终不悟。卒有亡国之事。此典以牛是否完整来预示国家的命运，可见其举足轻重之地位。除此之外，牲龄贵幼，以求洁净。

牺（犧），供宗庙祭祀用的纯色牲畜，以示未受玷污而洁净。商代尚白，周代尚赤，秦代尚黑。《说文》：“牺，宗庙之牲也。从牛，羲声。”未言明其色纯。《诗经·鲁颂·閟宫》：“皇皇后帝，皇祖后稷，享以骍牺。”毛亨传：“骍，赤；牺，纯也。”马瑞辰传笺通释：“牺之言希也，牲之纯色者恒希少也。”明“牺”与“希”音同义通。《尚书·微子》：“今殷民乃攘窃神祇之牺牷牲。”孔安国传：“色纯曰牺。”可见，牺重在色纯，与“牲”不同。“牺牲”一词本指供祭祀用的纯色的完整牲畜。《国语·周语上》：“使太宰以祝、史帅狸姓，奉牺牲、粢盛、玉帛往献焉，无有祈也。”韦昭注：“纯色曰牺。”此为周惠王向内史询问神灵降临的吉凶之事。尧的长子丹朱荒淫无度，与周昭王的妻子房后私通生下周穆王[①]，从此神灵就降临在周王室而主宰其子孙的命运。内史建议惠王命太宰率太祝、太史带领丹朱的后裔狸姓，捧着纯色而完整的牲畜、谷物、玉帛等祭品去献给神灵，不要有所祈求。

牷，关于其义有三说：①纯色的牛或牲畜。《说文》：“牛纯色。从牛，全声。”《周礼·地官·牧人》：“牧人掌牧六牲而阜蕃其物，以共祭祀之牲牷。”郑玄注：“郑司农云：‘牷，纯也。’”牷牲，纯色的全牲。明何景明《十二月

---

①《国语》记载此事与史实不符：丹朱是夏代以前的人，与周昭王之妻不共时。

朔日大驾观牲》诗："馨香流秬鬯，肥腯奏牷牲。"②肢体完整的祭牲。《尚书·微子》："今殷民乃攘窃神祇之牺牷牲。"孔安国传："色纯曰牺，体完曰牷，牛羊豕曰牲。"《周礼·地官·牧人》："牧人掌牧六牲而阜蕃其物，以共祭祀之牲牷。"郑玄注："玄谓牷，体完具。"南朝宋颜延之《宋郊祀歌》："有牷在涤，有絜在俎。"吕向注："牺牲体完曰牷。"此为描写郊祀供奉祭品的景象：有的全牲在冲洗，有的净牲在案俎。③色纯而完整的祭牲。《左传·桓公六年》："吾牲牷肥腯。"杜预注："牷，纯色完全也。"牷物，纯色的全牲。《周礼·地官·牧人》："凡时祀之牲必用牷物。"贾公彦疏："则此牷物者……其物色须纯，其体须完，不得杂也。"

经研究，"牷"之本义应为纯色的牛或牲畜。原因有二：1.《说文》"牛"部有十几个与牛的体毛肤色有关的字，如"牻""犡""荦（luò，杂色牛）""犥（piāo，黄白色牛）""犉"等，可见古人对牛的毛色之重视。据《周礼·地官·牧人》："凡阳祀，用骍牲，毛之；阴祀，用黝（yǒu，淡青黑色）牲，毛之；望祀，各以其方之色牲，毛之……凡时祀之牲，必用牷物。凡外祭、毁事，用龙（当为'牻'）可也。"阳祀，指祭天及宗庙。阴祀，指在北郊祭地及社稷。望祀，指遥祭山川地祇。"毛之"即"取纯色也"。此文的意思为阳祀、阴祀、望祀所用的牛羊祭品虽然各有规定的颜色，但必须是纯色。四时祭祀用"牷物"，即"牷牲"，纯色的全牛，与它前面所提的"骍牲""黝牲""色牲"同属定中关系，义为纯色的牲，与"牺牲"一致；同时与其下文中的"龙（牻）"相对，对比出其他如游历山川、禳天除咎等小祭祀可以用杂色的全牛。故贾公彦的疏未据文定性。2. 从构词上来看，上引《周礼》中的"牲牷"或《十二月朔日大驾观牲》中的"牷牲"是定中关系的词，中心语素是"牲"，指色纯的全牛。上引《尚书》中的"牺牷牲"的构词当为"牺牷＋牲"，定中关系，"牺牷"为同义连文，也作"牷牺"，指纯色牛，如宋曾巩《庭木》诗："白昼攫鼎肉，从容释牷牺。"故孔传视之为三个词而分别训释，不宜。

对"牷"字理解的混乱主要源于其字形的声符"全"易被视为表意部分，可表示体全、色全，故与"牲"或"牺＋牲"相混。其实，用作祭品的家畜首先是完整的，这就是"牲"，其次是对毛色的要求，"牺"与"牷"同义，分别与“牲”构成定中关系的词，如“牺牲”“牷牲”；而所谓“牷牺”则隐含了“牲”。

第三，牛是举行飨食之礼（古代一种隆重的宴饮宾客之礼）、射礼、军事活动时公众场合必备的食物之一。《周礼·地官·牛人》：“凡宾客之事，共其牢礼，积膳之牛。”意谓会见宾客之时，将牛作为招待客人的食物。又“飨食、宾射，共其膳羞之牛。……军事，共其犒牛。”意思为进行宴请、射礼和军事活动时要享用牛。

总之，无论是生产运输、祭祀活动、交际礼仪，还是军事活动都必备牛，故牛的重要性用“牛为大物”一言以蔽之。在西周时，朝廷专设“牛人”一职，掌管向王室供应肉牛，迎宾、军事、飨宴、宾射、祭祀、丧事。

魏晋南北朝时期，由于受到北方游牧民族饮食习惯的影响，肉牛的饲养量有所提高，所以牛肉渐渐用于膳食。北魏贾思勰《齐民要术·炙法》记录了以牛肉为原料的捧（当为“棒”）炙、牛胘（xián，牛胃）炙等名菜[①]。宋时有牛脯、煮牛肉等。元代后，牛肉已经是较常见的膳食肉食品，但较羊肉、猪肉贵，主要用于宴会。

羊，甲骨文作，字形突出羊角，象形。羊用于祭祀，太牢、少牢都少不了它；用于膳食，其味美好，令人垂涎，故“美、祥、善、义（義）、仪（儀）、羡、羞”等皆从“羊”。

美，其形义关系有两说。《说文·羊部》：“甘也。从羊，从大。”宋代徐铉提出：“羊大则美。”（日本人）笠原仲二《古代中国人的美意识》中也认为羊大为美，并从视觉、味觉、触觉和经济的角度加以证明。[②]何九盈在《汉字文化学》中补充了图腾崇拜之由。[③]但李孝定《甲骨文集释》据“美”之甲

① 棒炙：用急火烤大牛的里脊或小牛的脚肉，边烤边割边吃。牛胘炙，即烤牛胃。“老牛胘，厚而脆。逼火急炙，令上劈裂，然后割之，则脆而甚美。”见［北魏］贾思勰《齐民要术》，中国农业出版社，1998年，第616页。

②〔日〕笠原仲二，《古代中国人的美意识》，魏常海译，北京大学出版社，1987年，第3页。

③ 何九盈，《汉字文化学》，辽宁人民出版社，2000年，第143～144页。

骨文认为“疑象人饰羊首之形”[①]。从相关字之形义关系来对照，可以发现后说较为适宜。羌，甲骨文作或，金文作，皆像一人头戴羊角或一顶羊角帽。《说文·羊部》释为：“西戎牧羊人也。从人，从羊，羊亦声。”姜，甲骨文作，金文作，像一女子头顶羊角。《说文·羊部》释为：“神农居姜水，以为姓。从女，羊声。”段玉裁注：“按：姜、姬字盖后所制。”据此可知，“姜”是谐水名而造的表姓氏的字。美、羌、姜，三字构型理据相同，共同指向了图腾崇拜的原始思维。“祥”“善”二字亦是明证。《说文·羊部》：“祥，福也。从示，羊声。”王国维《观堂集林》：“祥，古文作羊。”《说文·羊部》：“羊，祥也。”周代铜器铭文有“吉羊”。汉《大吉羊洗》铭文：“大吉羊，宜用。”汉画像石“大吉羊”中即有一羊头。善，金文作，像羊头，至今在民间还保留着在家中客厅悬挂羊头装饰物的习俗。义，甲骨文作，金文作，《说文》：“己之威仪也。从我羊。”是“仪”的古字。朱骏声通训定声：“义下当云‘我亦声’。经传多以仪为之。”羊与威仪有关正是图腾的作用。

如果将“美、祥、善、义、羌、姜”诸字设为一个语义场，可知羊作为原始时期的图腾对人类认知的影响，这里所涉及的审美意识、族名和姓氏都是极具抽象意义的，而以具体形象的羊暗示原始思维的力量。但由于时代的变迁，羊的象征意义容易被忽视，如许慎对“姜、祥”的解释，仅视“羊”为声符。所以，“羊大为美”之说想象的成分居多，如“羔”，徐灏《说文解字注笺》：“疑羔之本义为羊炙，故从火。小羊味美，为炙尤宜，因之羊子谓之羔。”小羊肉质美味鲜嫩，这是大羊无法企及的。《周礼·天官·庖人》：“凡用禽献，春行羔豚，膳膏香。”郑玄注：“羔豚（小猪），物生而肥。”羔与豚作为天子的春季膳食，只因其“生而肥”，即生下来就肥嫩。可见，“羊大为美”之说并未真正触及字形背后的文化内涵。

至于羊肉的味道，古人评价很高。羡，从羊，从次（同“涎”），意谓面

① 转引自汉语大字典编辑委员会编纂的《汉语大字典》，四川辞书出版社、湖北辞书出版社，1986年，第3126页。

对羊肉而垂涎，有贪慕之意。羞，甲骨文作，金文作，皆从又持羊，会进献之意，《说文》：“羞，进献也。”美味的羊肉引人垂涎，自然就成为进献之物，这也许就是人们对其喜爱的原因之一。

《齐民要术·炙法》也记录了以羊为原料的菜肴。如《炙法》中的灌肠，《蒸缹法》中的蒸羊，《羹臛法》中的羊蹄臛、酸羹、胡羹等[①]。宋代时，加工羊肉的品种更为丰富，如入炉羊、炊羊、炮羊、羊头签、羊杂碎等 40 多种。由于养羊业日益兴盛，宋代设立了“牛羊司”。宋王朝南渡后，人们还将北方的绵羊带到江南，成功地培育出了新品种——湖羊。

猪（豬），原指小猪，从豕，者声。《尔雅·释兽》：“豕子，猪。”郭璞注：“今亦曰彘。”彘，甲骨文作，从豕身着矢，会意，透露出彘是猎获而来的野猪。从《尔雅》将“猪”归入“兽”类及郭璞注来看，猪应是小野猪。相对而言，家畜中的小猪应用“豚”表示。豚，甲骨文作，从月从豕。《周礼·天官·庖人》：“凡用禽献，春行羔豚，膳膏香。”郑玄注：“羔豚，物生而肥。”豚与羔因其肥嫩而作为天子的春季膳食，亦是赠人的佳品。《论语·阳货》：“阳货欲见孔子，孔子不见，归孔子豚。”邢昺疏：“豚，豕之小者。”鲁国大夫季氏的家臣阳货想让孔子拜谢自己，就送豚。豕，甲骨文作，像一头肥猪。七八千年前的新石器时期，豕就为古人所畜养和食用。在河南裴李岗文化、浙江河姆渡文化、仰韶文化、大汶口文化、龙山文化等遗址中，皆发现了豕类的骨骸。

商周时期，甲骨文有“豢”字，作，像双手抬着怀孕的母猪。《说文解字·豕部》释为“以谷圈养豕也”。《玉篇·豕部》：“豢，养豕。”表明人们早已圈养猪并学会了让母猪繁育。不仅如此，甲骨文中多次出现“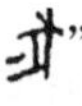”和“”，前者突出公猪的生殖器，故指公猪，此字后为“豭”；后者无势，这表明殷商时期人们已经掌握了小公猪的去势阉割技术，此项技术可以快速育肥仔猪并提高肉类质量。甲骨文“家”字作或，前者下从，后者从豕，

---

① 灌肠：烤羊肠。羊蹄臛：用羊蹄、羊肉熬成的肉羹。酸羹：羊肠羹。胡羹：羊肋羹。见［北魏］贾思勰《齐民要术》，中国农业出版社，1998 年，第 584、617 页。

也说明了阉割技术的成熟。

“豕”字多出现在与祭祀相关的语境中。如郭沫若《甲骨文合集》32674：“丁巳卜，又燎于父丁百犬、百豕，卯百牛。”意思为在丁巳日卜算，又为父丁举行燎祭[①]，烧了一百只狗、一百头猪，杀了一百头牛。而“家”也体现了“陈豕于室，合家而祀”的本义。吴大澂（chéng）云：“古家字从宀从豕。凡祭，士以羊、豕。古者庶士庶民无庙无寝[②]，陈豕于屋而祭也。”[③]可见，猪是祭祀、膳食所用的重要肉食，是士庶难得的祭品。甲骨文中还有一些以豕为偏旁或部首的部落名，也与其以豕为图腾有关。猪与人类的密切关系可见一斑。

春秋战国时期，猪是家庭重要财产。贵族普遍以猪为祭祀的牺牲之一，如猪与牛羊混合称为“太牢”，猪与羊混合称为“少牢”，《礼记·王制》还规定了二者的等级差别：“天子社稷皆太牢，诸侯社稷皆少牢。”由此可见，天子和诸侯祭土神和谷神时都用猪。

牛、羊、猪皆为重要的祭祀物品，但其地位有尊卑高下。据考证，牛是奴隶主的祭品，羊是巫师的祭品，豕是士庶以下的祭品。[④]

此时，猪肉也是富贵人家的重要食物。《诗经·大雅·公刘》：“执豕于牢，酌之用匏，食之饮之。”此段文字记录了当时贵族吃肉喝酒的富庶生活。而下级官吏及老百姓则很难享用猪肉。《左传·隐公元年》记载管理颍谷的地方官颍考叔拜见郑庄公时才见到用以招待他的肉；《孟子·梁惠王上》说只有实现了王道，老百姓方能在古稀之年享用到肉，如“鸡、豚、狗、彘之畜，无失其时，七十者可以食肉矣”，所以，《墨子·天志》“四海之内，粒食之民，莫不犓牛羊，豢犬彘”之语纯属夸张。

秦汉时期，养猪较为普遍，猪成为人们的主要肉食。饲养豕兼有放养和舍养两种方式。对于大户人家而言，豕的数量已具规模，故牧豕是主要的饲养方式，如汉王褒《僮约》记载了西汉蜀地富人的家奴“持梢牧猪”；《后汉

---

① 燎：古祭名，焚柴祭天。

② 寝：古代帝王宗庙的后殿，用以放置祖宗衣冠。

③ 参见姜亮夫《“家”字来源与中国古代士庶庙祭考》，《民族月刊》，1944 年第 1 卷。

④ 王仁湘，《新石器时代葬猪的宗教意义》，《文物》，1981 年第 2 期。

书·吴佑列传》记载了一位东汉官宦子弟吴佑不受他人馈赠，“常牧豕于长垣泽中”；《后汉书·杜乔列传》载，杨匡耻与宦官集团来往，故“托疾牧豕”。对于个体家庭来讲，一般只能饲养一头或数头猪，故采取舍养的方式。从各地出土的汉代猪圈模型来看，秦汉时期猪的舍养已较为普遍，所以《说文解字》释“豢”为“以谷圈养豕也”。此时，猪肉已相对易得，在燕飨之时不可或缺。成语“彘肩斗酒”用以形容英雄豪壮之气。语出《史记·项羽本纪》：“（樊）哙遂入，披帷西向立，瞋目视项王……项王曰：‘壮士，赐之卮酒。’则与斗卮酒。哙拜谢，起，立而饮之。项王曰：‘赐之彘肩。’则与一生彘肩。樊哙覆其盾于地，加彘肩上，拔剑切而啖之……”樊哙吃半生的猪肘，大口喝酒，豪爽之气跃然纸上。此“彘”泛指猪。《方言》卷八：“猪……关东西或谓之彘，或谓之豕。”至今，陕西关中方言依然如此称呼。

魏晋南北朝时期，舍养成为主要的饲养方式。北魏贾思勰《齐民要术·养猪》详细地介绍了更加合理的科学的养猪的技术方法，如猪仔饲养、小猪催肥、大猪催肥等。这些经验的系统总结与饲养猪的普及化分不开，当然，此时的猪肉也较前更容易出现在人们的膳食结构之中。此本书还详细介绍了以猪肉为原料的菜肴：炙豚、蒸豚、酸豚、猪肉鲊（zhǎ，腌制食品）、蒸猪头、猪蹄酸羹等。

唐宋时期，民间养猪更为普遍，官府也设立了专门养殖猪的机构。《新唐书·卢杞传》载，虢州（今河南灵宝）刺史卢杞曾向唐代宗上奏说“虢有官豕三千，为民患”。虢州官府竟然养了三千头猪，可见规模之大，难怪会成为当地百姓的灾难。宋朝时，养猪业日益发达，技术不断进步，肉量更大，价钱更便宜，在丰年甚至还出现了供大于求的状况，如苏东坡在其打油诗《猪肉颂》中写道：“黄州好猪肉，价贱如泥土。贵者不肯吃，贫者不解煮。”此时的猪肉菜肴有：东坡肉、烧肉、煎肉等；焙腰子、盐酒腰子、酿腰子、荔枝腰子等。值得一提的是，南宋时，养猪业在江南地区发展迅速。有学者说：“正是由于南宋饮食市场上猪肉售买运作的旺盛和人们对猪肉重视程度的改变，加上羊肉供应量的相对紧缺，猪肉开始成为主要的食用肉类，并有取代羊肉而跃居首位的趋势。经过南宋时期一代民风的转换，我国饮食中的首选肉食最终由羊肉演变为猪肉。这种食肉品种的转变对后世影响至重。”①

明清时期，虽然正德十四年（1519）明武宗下令禁止百姓养猪以避讳，但正德以后养猪业很快又发展起来，品种鉴别和饲养方法等技术更进一步发展，有效地提高了猪肉的产量和肉质。从此，猪肉的消费量已居各种肉类之首，其地位也超过了羊肉，有了“大肉”的美誉。民间广泛使用猪肉做祭品，特别是在岁末，人们要杀猪祭祀祖先，称之为“杀年猪”。穷苦百姓则借钱买一块称之为“刀头”的猪肉祭祖。祭祖猪肉皆为白水煮肉，这已成为习俗。清朝将食用祭肉的习俗上升为礼仪。清吴振棫《养吉斋丛录》卷一四：“二月朔日（按：祭日无定，有在正月初二者）、十月朔日，坤宁宫立竿祀神。礼成，召皇子以下及王公大臣食肉。……若圣驾在盛京祀神，则于清宁宫食肉。”

犬，甲骨文作，金文作，象形，特指大狗。它是新石器时代已被驯化的家畜之一，几乎此时期所有的遗址都有其遗骸出土，有的遗骨被敲砸过，残缺破碎，混于弃物中，这表明人们早已食用狗。狗除了守田舍、田猎以外，长时间以来一直充入庖厨。只不过在商周春秋时期，食狗者一般是贵族。如《礼记·王制》“诸侯无故不杀牛，大夫无故不杀羊，士无故不杀犬豕，庶人无故不食珍”的规定使我们了解到士以上的贵族方能食肉，而狗与豕相当。《礼记·坊记》又载：“大夫不坐羊，士不坐犬。”郑玄注：“古者，杀牲食其肉坐其皮，不坐犬羊，是不无故杀之。”据以上两则材料可知，家畜分等级，食狗者只能是士。其实不然。《礼记·月令》记载，在孟秋之月，天子为了去除残余的夏阳之气，使秋气畅达，便“食麻与犬”；而《礼记·内则》所记“八珍”之一的“肝膋（liáo）”便是以网油蒙于狗肝上烤炙而成，供周天子享用。

此时，狗常被贵族用作祭品或陪葬之物。献，繁体为“獻”，甲骨文作，从鬲从犬，以示用鬲煮狗肉。金文作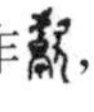，左上增“虎”头。小篆承金文，作，故《说文·犬部》云：“献，宗庙犬名羹献，犬肥者以献之。从犬，

① 王赛时、齐子忠，《中华千年饮食》，中国文史出版社，2002年，第48页。

甗（yàn）声。”指用作宗庙祭祀的肥犬。羹献之得名，源于《礼记·曲礼下》：“凡祭宗庙之礼……羊曰柔毛，鸡曰翰音，犬曰羹献。”孔颖达疏：“犬曰羹献者，人将所食羹馀以与犬，犬得食之肥，肥可以献祭于鬼神，故曰羹献也。”在商代甲骨文中多次提到犬祭，如郭沫若《甲骨文合集》32674：“丁巳卜，又燎于父丁百犬、百豕，卯百牛。”《礼记·月令》也记有“仲秋之月……（天子）以犬尝麻，先荐寝庙”“季秋之月……天子乃以犬尝稻，先荐寝庙”。寝庙是宗庙的后殿和正殿。周天子以犬祭祖先，也是为了顺时气，使秋气畅达。在商周时期的墓葬中，家犬遗骸多现于腰坑内、墓道、墓室或填土内。①以犬陪葬的意义在于希望狗能像生前一样为死者服务。

春秋以后，食狗之风渐渐吹向民间，遍布南北。《楚辞·大招》提到肉类的加工法，如“醢豚苦狗”，意思为把小猪做成肉酱，用苦酒除去狗肉的腥味。《国语·越语》载，勾践败于吴国后，为了恢复民力，规定“生丈夫，二壶酒，一犬”。战国时，此风更盛。《史记·刺客列传》还提到了燕国的屠狗者：“荆轲既至燕，爱燕之狗屠及善击筑者高渐离。荆轲嗜酒，日与狗屠及高渐离饮于燕市。”为此，唐韩愈《送董邵南序》云：“燕赵古称多感慨悲歌之士。……为我吊望诸君之墓，而观于其市，复有昔时屠狗者乎？”《睡虎地秦墓竹简·秦律十八种·田律》规定：民众的家犬如果进入禁苑捕兽，守苑者则杀之。秦汉时亦然。《淮南子·泰族训》有“剥狗烧豕，调平五味”之语。可见，当时全国上下皆以狗为食，屠狗便成为职业。如战国时的聂政、秦汉时的樊哙等②。山东诸城前凉台及河南南阳英庄等地出土的汉代画像石“庖厨图”中有宰狗的场面。湖南长沙马王堆西汉一号墓出土的遣策上有犬羹、犬肋炙、犬肝炙等菜肴名称。

魏晋南北朝时期，随着北方游牧民族的南迁与佛教的兴起，北方中原地区的食狗之风渐渐衰落，而南方广大地区的食狗之风则呈现兴盛局面，《南史·王敬则传》载萧齐功臣王敬则少时曾经“屠狗商贩，遍于三吴”。而文献

---

① 高广仁、邵望平，《中国史前时代的龟灵与犬牲》，《中国考古学研究》，文物出版社，1986年。

② 聂政：战国时韩国人，《史记·刺客列传》载其“以为狗屠”。樊哙：《史记·樊郦滕灌列传》云：“舞阳侯樊哙者，沛人也。以屠狗为事，与高祖俱隐。”

中所记载的烹饪方法不多，《齐民要术》仅有“犬牒（zhé，薄肉片）”，即用鸡蛋裹着蒸熟的狗肉薄片。

隋唐之后，北方食狗之风更加收敛。颜师古注《汉书・樊哙传》时道：“时人食狗，亦与羊豕同，故哙专屠以卖。”此文中的“时人”，即指汉代时期的人，可见唐时亦大为不同，人们已不再将狗视为食用动物了。而南方人则更多地保留有食用狗肉的习俗，如《太平广记》卷一七七“陈敬瑄”条：陈敬瑄任西川节度使时，将军政大事委托于幕僚，“日食蒸犬一头，酒一壶”。又卷四三七引《集异记》：广陵人田招贞元初年到宛陵表弟薛袭家时，“招谓袭曰：‘我思犬肉食之。’袭乃诸处觅之，了不可得。”又卷一三三引《报应记》：“蜀民李绍好食犬，前后杀犬数百千头。”至今，在广西还有在夏至日举行的“狗肉节”。其实，此为古代伏祭的保留。[①]

伏，在夏至后的第三个庚日进行的祭祀活动，以杀狗作仪式。《汉书・东方朔传》：“伏日，诏赐从官肉。”此为皇帝所赐之肉，必是狗肉。《史记・留侯世家》：“留侯死，并葬黄石，每上冢伏腊，祠黄石。”“伏”字虽然从“犬”，但并非是本字。其字的金文作，《说文・人部》：“伏，司也。从人，从犬。”徐锴系传：“伏，伺也。从人、犬，伺人也。”可见，此“犬”是候人的，并非作牲。陆宗达《训诂浅谈》认为，“伏”的本字当为“疈（pì）”，是“副”的异体字。《周礼》有“疈辜”一词，意为分割、肢解牲体。《周礼・春官・大宗伯》：“以疈辜祭四方百物。”郑玄注：“疈，疈牲胸也。”《说文・刀部》：“副，判也。”今湖北方言称宰杀牲口为“副”，如副猪、副鸡等。因为“伏”和“疈（副）”古音相同，故用带“犬”的“伏”替代了“疈”，此为通假。[②]此结论似乎武断，经过论证，二者意义也相通。（详见后文）

**（二）野禽、家禽**

禽，甲骨文作，与“毕”同字，本义捕获，后作“擒”，引申为鸟兽总名。东汉班固《白虎通义・田猎》：“禽者何？鸟兽之总名。”后范围缩小为飞禽。如《尔雅・释鸟》：“二足而羽谓之禽，四足而毛谓之兽。”

---

① 刘朴兵，《中国古代的食狗之风》，《文史知识》，2006 年第 3 期。

② 陆宗达，《训诂浅谈》，北京出版社，1964 年。

禽分为野禽和家禽。可食用的野禽是肉食的主要构成部分，有雀、雉、凫、雁、鹄、鸠、鸽、鹑等。家禽有鸡、鸭、鹅。

1. 野禽

古代的中国，生态环境优越，飞禽遍布，易于捕捉。其肉质鲜美，加工方法多样，很早就成为人们的食物，有的作为珍美肴馔而列入日常饮食之中。晋葛洪《神仙传》卷一："彭祖，姓篯名铿，帝颛顼之孙。善养生，能调鼎，进雉羹于尧，飨食之。以寿考。"相传彭祖活了八百岁，这与他讲究饮食密不可分。他善于烹调食物，将自己加工的雉羹进献给尧，可见其味道不一般。殷商时，商王也食用野禽。郭沫若《甲骨文合集》："甲寅卜，王飨雀。"

西周时，饮食礼完善起来，有庖人专门负责周朝王室的膳食，其中就有"六禽"的内容。《周礼·天官·冢宰》："庖人掌共六畜、六兽、六禽，辨其名物。"郑玄注："六禽，雁、鹑、鷃、雉、鸠、鸽。"其加工方法在《礼记·内则》中有详细说明："鹑羹、鸡羹、鴽（rú，鹌鹑之类的小鸟），酿之蓼（liǎo，辛菜）。……雏，烧；雉，芗（xiāng，一种香草），无蓼。"意思为鹑肉羹、鸡肉羹和鴽肉都用辛菜调和。……雏鸟要烧制，野鸡用香草调味，不用辛菜。

春秋时期，关于烹制野禽的方法也有记载。如《楚辞·大招》："炙鸹烝凫，煔（qián，煮肉）鹑敶（chén，陈列）只。煎鰿（jì，同'鲫'）臛（hè，肉羹）雀，遽爽存只。"此处提到了烤麋鸹、蒸野鸭、煮鹌鹑和雀肉羹。可见，先秦时期野禽的加工方法比较丰富，有烧烤类、蒸煮类、肉羹类，有的还需调配相应的菜以提味。

汉代以后，作为珍馐美味的野禽已在民间备受青睐。汉桓宽《盐铁论·散不足》："今民间酒食……麑卵鹑鷃橙枸，鲐（tái，青花鱼）鳢（lǐ，黑鱼）醢醯（xī），众物杂味。"说的是如今人们招待客人用鹿胎、鹌鹑、香橙、蒟（jǔ）酱，鲐、鳢、肉酱和醋，物丰味美。又"今熟食遍列，殽施成市……彀（kòu，由母喂养的幼鸟）膹（fèn，多汁的肉羹）雁羹，臭鲍甘瓠，熟粱貊炙。”在集市上可购买各种熟肉食，其中就有幼鸟羹和雁羹。[1]

以下介绍人们经常食用的野禽：雀、雉、凫、雁、鹄、鸠、鸽、鹑。

雀，小鸟总称，主要有麻雀、黄雀、田雀、蒿雀、锦雀等。甲骨文作，从小、隹，《说文·隹部》：“依人小鸟也。”古人主要以网罗、弋射之法捕雀。《孔子家语·六本》：“孔子见罗雀者所得皆黄口小雀，夫子问之曰：‘大雀独不得，何也？’罗者曰：‘大雀善惊而难得，黄口贪食而易得。黄口从大雀则不得，大雀从黄口亦不得。”黄口小雀因贪食而易被罗住，从大雀而飞则免，大雀从小雀则相反。《浙江通志》卷一〇一：“《余杭县新志》：‘麦黄时有细雀漫天而集，名曰黄雀。土人以丝网罥（用网捕捉）之，美逾常味。’”支网捕鸟，此法于今不可。

麻雀，亦称家雀，人们很早就发现了它的药用价值。唐孟诜《食疗本草》：“其肉十月以后、正月以前食之，续五脏不足气，助阴道，益精髓。”清代《调鼎集》还总结了烹制麻雀的各种方法：煨麻雀、烹麻雀、烧麻雀丁、麻雀饼、蚕豆炒麻雀等。

黄雀在秋冬季南飞于江浙一带，正是体肥肉足之时。唐杨万里《廷弼弟座上绝句》：“黄雀初肥入口销，玉醅新熟得春绕。”若所得黄雀多而一时消受不了，便做成黄雀鲊，宋浦江吴氏《中馈录·脯鲊》中有详细说明。

田雀往来于田间，以谷为食，肉质美嫩。如清柯维桢《小丹邱客谈》所载：“京师田雀以四月肥，背有黄羽，与江乡纯色者别，而以江南食法制之，亦甚腴美。”

蒿雀是塞外美食，有药用价值。宋唐慎微《证类本草》卷一九：“蒿雀，味甘温无毒，食之益阳道。取其脑，涂冻疮，手足不皲。似雀，青黑。在蒿间，塞外弥多。食之美于诸雀。”

锦雀肉质甜蜜，是川地之美食。南宋汪元量《答舍人锦江泛舟》诗：“西川锦雀甜如蜜，录事相分二百枚。”

雉，野鸡或山鸡。甲骨文作，罗振玉《增订殷虚书契考释》：“盖象以

---

① 王赛时、杨恩业，《中国古代食用野禽的史实考察》，载于《中国烹饪研究》，1998 年第 2 期。

绳索系矢而射，所谓矰缴也。”[1]野鸡雄者尾长，羽毛华丽；雌者尾短，色灰。其体大肉肥，不能久飞，捕捉较雀更为容易。肉味鲜美，很早就成为人们的盘中之物。上引《周礼·天官·冢宰》云“六禽”有雉，《礼记·内则》介绍了其烧制方法。此后，雉的加工方法更为丰富，如唐昝殷《食医心鉴》的“野鸡肉饼”“野鸡肉馄饨”，宋陆游《剑南诗稿》卷四《饭罢戏示邻曲》的“锦雉羹”，明刘若愚《明宫史·木集》的“烹龙”即“烹雄雉”，清无名氏《调鼎集》卷四的“炒野鸡”“煎野鸡”等。

凫，野鸭，亦称野鹜，貌似家鸭而略小，体肥者称“晨凫”，肉味甚美。金文作，象形。《楚辞·大招》有“烝凫”，又《招魂》有“臇（juǎn，烹煮）凫”，梁简文帝《七励》有“陈晨凫之美味”之句；唐孟诜《食疗本草》注意到其药用价值：“主补中益气，消食”，宋唐慎微《证类本草》卷一九也提到“野鸭……九月后、立春前采，大补益病人”。《调鼎集》卷四载有“炒野鸭片”“拌野鸭”等菜品。

雁，一种形似鹅的候鸟。《说文·隹部》：“鸟也。从隹，从人，厂声。”徐铉等注：“雁，知时鸟，大夫以为贽，昏礼用之，故从人。”“知时鸟”是说雁每年春分后成群地飞往北方，秋分后飞回南方。徐铉解释“雁”字从“人”是“大夫以为贽，昏礼用之”，反映了古代婚礼的“六礼”要求男方携雁为礼。东汉班固《白虎通义·嫁娶》：“礼曰：女子十五许嫁，纳采、问名、纳吉、请期、亲迎以雁贽。……取其随时南北，不失其节，明不夺女子之时也。又取飞成行、止成列也，明嫁娶之礼长幼有序，不相逾越也。”元郝经《续后汉书·婚》补充“纳雁以为采择之礼”的理由还有“雁，随阳之鸟，阳倡阴和也”。出于趋吉心理，人们将雁的习性附会出种种美好的喻义。

雁一般栖息于沼泽，人们设法捕捉，以为美食。《周礼·天官·冢宰》有“雁醢”，即雁肉酱。体型较大的雁称作“鸿”。《说文·鸟部》：“鸿，鸿鹄也。从鸟，江声。”《诗经·小雅·鸿雁》：“鸿雁于飞，肃肃其羽。”毛亨传：“大曰鸿，小曰雁。”《周易·渐》：“鸿渐于干。”虞翻注：“鸿，大雁也。”大

① 转引自汉语大字典编辑委员会编纂的《汉语大字典》，四川辞书出版社、湖北辞书出版社，1986 年，第 4097 页。

雁逐渐飞至岸上，来到高处。后以成语“鸿渐于干”表示始入仕途。如明海瑞《与博白大尹林仲和书》：“回思子平日节概，痴人说梦，尚是鸿渐于干而已，无足为异。”鸿可食，肉美如雁。《楚辞·招魂》提及“煎鸿鸧（cāng，一种水鸟）些”。雁在南飞和北归时肥瘠不同，《本草纲目》卷四七：“南来时瘠瘦不可食，北向时乃肥，故宜取之。”

鹄，天鹅。因其体大喙黄，又名“鸿鹄”“黄鹄”，是大型候鸟。从鸟，告声。鹄高飞远行，难以捕捉，而味美于雁。《本草纲目》卷四七：“鹄大于雁……入食为上，美于雁。”又有药用价值。清王士雄《随息居饮食谱·毛羽类》：“鹄，一名天鹅。甘，平。腌炙食之，利脏腑。”人们很早就捕食鹄了，且因其高飞，故多采用弋射。《战国策·楚策四》：“（黄鹄）自以为无患，与人无争也；不知夫射者，方将修其碆（bō）卢，治其矰缴，将加已乎百仞之上……故昼游乎江河，夕调乎鼎鼐。”碆卢，石制箭头，用于弓上。

鸠，从鸟九声，古指鸠鸽类及非此类而以鸠命名的禽鸟，如鸤鸠（布谷）。它是祝鸠、雎鸠、鸤鸠、爽鸠、鹘鸠等五鸠的总名。人们常指的山斑鸠和珠颈斑鸠两种，属祝鸠。古时鸠鸟众多，张网捕之，收获颇丰。五代陶谷《清异录》：“章贡小蒙川苏氏山林多鸠，宾客满座，可悉餍饫，一网数十百，咄嗟可具。”鸠也有药用价值，清王士雄《随息居饮食谱·毛羽类》：“斑鸠，甘，平，养老和中。”

鸽，与鸠同类，《说文·鸟部》：“鸠属。从鸟，合声。”读音模拟其叫声。如《急就章》第四章：“鸠鸽鹑鴳中网死。”颜师古注：“其鸣声鸽鸽，因以名云。”鸽肉可与天鹅肉媲美，如《楚辞·大招》：“鼎臑（ér，煮熟）盈些，致和芳只。内鸧鸽鹄，味豺羹只。”王逸注：“言宰夫巧于调和，先定甘酸，乃内鸧鸽黄鹄，重以豺肉，故羹味尤美也。”宋朱弁《曲洧旧闻》卷一〇：“韩玉汝丞相喜事口腹，每食必殚极精侈。性嗜鸽，必白煮而后食。或以他色者绐（dài，欺骗）之，辄能辨其非，世以为异然。”此乃喜食鸽肉至极的例子，竟能分辨出其味。元明以来，野鸽经驯化而成家鸽。因其善于飞行，训练后可通信，但仍被食用。

鹑，从鸟，淳省声。羽毛无斑者为鹌，有斑者为鹑，古称“鹑鸟、宛鹑、奔鹑”等，后亦混称“鹌鹑”。《本草纲目·禽二·鹑》中描述了鹑的样貌和习性："鹑大如鸡雏（同'雏'），头细而无尾，毛有斑点，甚肥。雄者足高，雌者足卑。其性畏寒。其在田野，夜则群飞，昼则草伏。"鹌鹑肉味佳美，蛋亦可供食，为补益佳品，很早就成为了美食。晋郭义恭《广志》："宛鹑大于北鹑以供御。"《太平御览》卷九二四引孔元舒《在穷记》："赵大龙以鹑二十枚奉上老母。"又引晋嵇含《南方草木状》："短头细黄鱼以九月中因秋风而变成鹑。上圃吏民捕取，盐炙食，滋味肥美。"此文提到鱼变鹑，不可信，但"盐炙"后而肥美的描写是真。鹑驯化后成为家养鹌鹑。

2. 家禽

家禽主要有鸡、鸭、鹅，三字皆形声，各谐其鸣叫声。

鸡（雞、鷄），因由雉驯化而来，故从隹或鸟，奚声。公鸡司晨，迎来光明，故被当作辟邪之灵禽，如《本草纲目》卷四八云："古人言鸡能辟邪，则鸡亦灵禽也，不独充庖而已。"鸡又是六牲之一，供祭祀，在我国各民族中都非常流行。如祭祀亲人或开工破土前有"五鸡供"；水族在亡人安葬三天后，于逝者灵位前供奉鸡，再用鸡血冲水漱口，之后方可开荤。至今，我们在清明、端午、重阳仍用三牲祭祖，三牲即完鸡、完鱼和猪肉。鸡用以供膳，《周礼·天官·膳夫》："凡王之馈，食用六谷，膳用六牲"。郑玄注："六牲，马、牛、羊、豕、犬、鸡也。"《礼记·内则》中记载有"濡鸡"一菜，供君王食用。百姓用鸡招待宾客，孝敬双亲。《论语·微子》：丈人"止子路宿，杀鸡为黍而食之"。典故"杀鸡供母"出自《后汉书·郭太传》。郭林宗寄宿于茅容家，"旦日，容杀鸡为馔，林宗谓为己设，既而以供其母，自以草蔬与客同饭。林宗起，拜之曰：'卿贤乎哉！'"茅容杀鸡为母，不为客，令郭林宗赞叹不已。

魏晋南北朝以后，鸡的食用价值不断提升。北魏贾思勰《齐民要术》、南宋洪迈《夷坚丙志·杨宣赞》和吴自牧《梦粱录》等皆对此有说明。

鸭，由凫驯化而来，故从鸟，甲声。原称"鹜"。《说文·鸟部》："鹜，舒凫也。从鸟，敄声。"《尔雅·释鸟》："舒凫，鹜。"郭璞注："鸭也。"郝懿行义疏："谓之舒者，以其行步舒迟也。"成语"鸡鹜争食"出自屈原《卜居》："宁与黄鹄比翼乎，将与鸡鹜争食乎？"喻指小人互争名利。商周时期，人们已驯养鸭，以之为食。春秋时期，吴王夫差酷爱养鸭，特地在今江苏省无锡东亭地区依河筑城垣，建起“鸭城”。南朝顾野王《舆地志》是为证：“鸭城东，吴王牧凫鸭之处即此也。”食鸭记录可见《左传·襄公二十八年》：“公膳，日双鸡，饔人窃更之以鹜。”“鸭”字用得较晚，如《三国志·吴志·陆逊传》：“时建昌侯虑于堂前作斗鸭栏，颇施小巧。”北魏贾思勰《齐民要术·养鹅鸭》总结了喂养鸭的经验：“鹅唯食五谷稗子及草、菜，不食生虫。鸭靡不食矣。”鸭比鹅好养，不挑食。其地位不如鸡，一般只用作膳食，不供祭祀，而凫则可。汉董仲舒《春秋繁露》卷一五：张汤问董仲舒祭祀以鹜当凫，董仲舒说：“鹜非凫，凫非鹜，窃以为不可。”相对而言，鸭在南方饮食中占重要地位。

鹅，由鸿雁驯化而来，故从鸟，我声，又称“舒雁”，《尔雅·释鸟》：“舒雁，鹅。”李巡注：“野曰雁，家曰鹅。”是六禽之首。此字始见于《左传·昭公二十一年》：“丙戌，（晋师）与华氏战于赭丘。郑翩愿为鹳，其御愿为鹅。”意思为公子城为了救宋，与华氏战于赭丘，郑翩愿为鹳阵，其御愿为鹅阵。《战国策·齐策四》《管子·轻重甲》分别提到鹅有食、有舍。汉桓宽《盐铁论·散不足》批判当时的富人捕食“春鹅秋雏”，只顾口腹之欲，而灭杀幼禽，不利于繁衍。北魏贾思勰《齐民要术·养鹅鸭》总结了喂养鹅的经验：“鹅唯食五谷稗子及草、菜，不食生虫。”

鹅又称作“鴈”，《说文·鸟部》：“鴈，鹅也。”徐铉注：“从人……从雁省声。”《庄子·山木》：“夫子出于山，舍于故人之家。故人喜，命竖子杀鴈而烹之。”《周礼·天官·食医》：“掌和王之六食、六饮、六膳、百馐、百酱、八珍之齐……凡会膳食之宜，牛宜稌，羊宜黍，豕宜稷，犬宜粱、鴈宜麦、鱼宜苽。”孙诒让正义：“鴈宜麦者，王引之云：‘鴈谓鹅也。’”

魏晋以后，鹅的培育水平显著提高，养殖规模得以扩大，烹制花样丰富起来。鹅的地位也提升了，如元王祯《农书·养鹅鸭类》：“鹅、鸭之利，又倍于鸡，居家养生之道，不可缺也。”

经过人类驯化，鸡从雉、鸭从凫、鹅从雁分化出来，生态环境的改变使其翅膀的功能退化，变为家生，以便供膳、祭祀。

### （三）水产

水产品主要有鱼、蚌、虾、蟹、鳖等。远古时，水域遍布，水产丰富。考古发现，在长江下游地区的新石器时代文化——马家浜文化（距今约 7000 ～ 6000 年）、崧泽文化（距今约 5800 ～ 4900 年）、良渚文化（距今约 5300 ～ 4500 年）的遗址中，均发现有大量人类食弃的水生动物遗骨。从前文所介绍的各种捕捞工具中也可以看出先民的智慧和当时水产种类的繁多。人与水产的关系如此密切，以至于先民生发出鱼崇拜。半坡人面鱼纹彩陶盆的内壁画有人面纹和鱼纹各两个，相间排列，显示了新石器时代以鱼为图腾崇拜的主题。（图 5－1）彩陶盆是儿童瓮棺[①]的棺盖，第一件所绘人面的两侧各有一条小鱼附于其耳部。有学者根据《山海经》中提到的巫师“珥两蛇”而推断，人面鱼纹表现的是巫师珥两鱼请鱼附体，以进入冥界为夭折的儿童招魂。人口的外轮廓与两个鱼头重合，加上两耳旁的鱼，简直就是人鱼合体。第二件仅耳旁无鱼。两件彩绘的人头上皆是奇特的装束，应为化装后的巫师在进行招魂仪式，稍有变形的鱼纹很可能是代表人格化的独立神灵——鱼神。

**图 5－1　人面鱼纹彩陶盆**

鱼，甲骨文作，像鱼形。“六膳”之一，人类最早食用的动物之一。据上文所引《周礼・天官・食医》“掌和王之六食、六饮、六膳、百馐、百酱、八珍之齐……凡会膳食之宜，牛宜稌，羊宜黍，豕宜稷，犬宜粱，鴈宜麦，鱼宜苽”可知，“六膳”乃牛、羊、豕、犬、雁、鱼。

西周时，渔猎经济是饮食生活的重要内容。《诗经》中提到的鱼名就有十多种，如鲤、鳢、鰋（yǎn，鲇鱼）、鲿（cháng，黄鲿鱼）、鲂（fáng，鳊鱼的古称）、鳏（鳡鱼）、鲔（wěi，鲟鱼的古称）、鲲、鲨（即吹沙鱼，生活在溪涧的小鱼。又名“鮀”）、鲦等。据《周礼》记载，当时设置有“渔人”“鳖人”之职。前者掌管供周王食用，供祭祀、宾客、丧葬用鱼；后者“春献

① 瓮棺：装敛夭折儿童的陶瓮，以盆为盖，埋在房屋附近。此为仰韶文化流行的丧葬习俗。

鳖蜃，秋献龟鱼”。

鱼味腥臊，故有异体字“鮏”“鱢”；经过加工制熟，代之以“鱻（鲜）”，成为美味。《老子》第六十章：“治大国若烹小鲜。”用“小鲜”指小鱼。《孟子·告子上》：“鱼，我所欲也；熊掌，亦我所欲也。二者不可得兼，舍生而取义者也。”用鱼类比生存，可见鱼在饮食中的重要地位。《战国策·齐策四》：“长铗归来乎，食无鱼！”孟尝君的众多门客分为三等，中间一等称“鱼客”，冯谖三次弹铗提出改善待遇，做鱼客就是其中一个要求。

虾（蝦、鰕）。从虫或鱼，从叚，叚亦声。以叚为声符的字多有红色之意，如騢是红白杂毛之马；瑕指碧玉上的小红点；葭是红色的芦苇幼苗，故又称“彤管”；霞，霞光，带红色。虾种类较多，有对虾、龙虾、青虾等，蒸煮煎炸后均变红。《本草纲目·鳞部·鰕》：“鰕音霞，俗称虾，入汤则红色如霞也。”《楚辞·九怀·通路》（汉王褒）：“鲸鱏（xún，同‘鲟’）兮幽潜，从虾兮游陼（同‘渚’，水边）。”从虾，小鱼虾。古人多用腌、糟等方法将虾加工为酱。《晋书·虞潭传》：“天时尚温，鮆（zhì，鱼名）鱼虾鲊未可致。”鲊，《释名·释饮食》：“菹（腌制品）也，以盐、米酿鱼以为菹，熟而食之也。”

蟹，《说文》收其异体字小篆，释曰：“蠏，有二敖（通‘螯’），旁行，非蛇鲜之穴无所庇。从虫，解声。”宋傅肱《蟹谱》：“蟹，水虫也，故字从虫。亦鱼属也，故古文从鱼。”其实，“解”也示义：蒸熟后，拆解而食。晋干宝《搜神记》卷一三：“蟛（同‘蟚’）螆（同‘蚏’‘蛆’），蠏也。尝通梦于人，自称‘长卿’。今临海人多以‘长卿’呼之。”蟹的名称还有许多。宋傅肱《蟹谱》：“蟹……以其横行，则曰螃蟹；以其行声，则曰郭索；以共外骨，则曰介士；以其内空，故曰无肠。”“盥手毕，即可食，目为‘洗手蟹’。”蟹与酒相配既美味又养生。《晋书·毕卓传》：“卓尝谓人曰：‘得酒满数百斛船，四时甘味置两头，右手持酒杯，左手持蟹螯，拍浮酒船中，便足了一生矣。”

鳖，“鼈”的俗体字。《说文·黽部》：“鼈，甲虫也。从黽，敝声。”黾，繁体为“黽”，蛙的一种。甲骨文作，象形。《说文·黾部》：“鼃（后作‘蛙’），黾也。从它（后作‘蛇’），象形。黾头与它头同。”从黾，表明关注的是鳖与蛙头。俗体字从鱼，则表明关注其类别。《诗经·大雅·韩奕》："其殽维何？炰（fǒu）鳖鲜鱼。"郑玄笺："炰鳖，以火熟之也。"孔颖达疏："此及《六月》云'炰鳖'者，音皆作焦，然则炰与焦，以火熟之，谓烝煮之也。"又《小雅·六月》："饮御诸友，炰鳖脍鲤。"郑玄笺："又加其珍美之馔，所以极劝也。"可知鳖需蒸煮，方成"珍美之馔"，其血和甲可入药。

大鳖作"黿"，从黽，元声。《楚辞·九歌·河伯》："乘白黿兮逐文鱼，与女游兮河之渚。"王逸注："大鳖为黿。""染指"的典故与"黿"有关。《左传·宣公四年》："楚人献黿于郑灵公。公子宋（字子公）与子家将见，子公之食指动，以示子家，曰：'他日我如此，必尝异味。'……及食大夫黿，召子公而弗与也。子公怒，染指于鼎，尝之而出。"连大夫都觉得黿属"异味"，可见其珍稀至极。

龟，甲骨文作，象形。原用作占卜，被视为神物，始非食物。宋易祓《周官总义》卷三："龟之为物，王用以卜；蜃之为物，王用以饰器，初非可食之物。"后成美味。宋叶时《礼经会元·膳羞》卷二上："兽以时田，鱼以时梁，龟鳖亦以时籍（cè，以叉刺取水中鱼鳖）。"龟与鳖并列，且与兽、鱼先后被置于"膳羞"类，其食用价值很高。

介壳类水产据大小形状分为蚌、蛤、蛎、蜃、螷（pí）等。统称为蚌。

蚌，长有黑褐色介壳、长圆形的软体动物，产于淡水中。《说文·虫部》："蚌，蜃属。从虫，丰声。"良渚人食用的水产品中就有河蚌。"鹬蚌相争，渔翁得利"之典描写了蚌的生性特点。

蛤，蛤蜊，产于浅海泥沙中。上引《国语·晋语九》"雀入于海为蛤，雉入于淮为蜃"韦昭注："小曰蛤，大曰蜃，皆介物蚌类也。"蛤分为蛤厉（蜊）、海蛤和魁蛤三类，古人以为蛤由雀或蝙蝠化来。《尔雅·释鱼》"魁陆"，郭璞注："《本草》云：魁陆状如海蛤，员（后作'圆'）而厚，外有理纵横，即今之蚶也。"陆德明《经典释文》："《说文》云：蛤有三，皆生于海。蛤厉，千岁雀所化，秦人谓之牡厉。海蛤者，百岁雀所化也；魁蛤，一名复絫，老服翼所化。"老服翼，蝙蝠的别名。从以上材料来看，《尔雅》将蛤置于鱼类不妥；《说文》释蛤的由来为不经之谈。

蛎，牡蛎，卵圆形。生于浅海泥沙中，肉味鲜美。壳烧成灰，可入药。

《广韵·祭韵》："蛎，牡蛎，蚌属。"晋郭璞《江赋》："蜛蝫（jūzhū，水生动物）森衰以垂翘，玄蛎魂礧（kuǐlěi）而碨硊（wěiyā）。"此句描写水生动物蜛蝫貌下垂而翘尾，牡蛎貌不平。蜛蝫，《文选》注引《南越志》曰："一头，尾有数条，长二三尺左右，有脚状如蚕，可食。"玄蛎，牡蛎的一种。蛎又名"蚝"。故有"蛎蚝"一词。明刘基《郁离子·九难》："蜑（dàn，南方的水上居民）艇蛮舠（dāo，小船），出没风涛……止水母，凿蛎蚝，擒化鲲，絷翔鳐。"牡蛎附石而生，故需"凿"。化鲲，指大鱼。用《庄子·北冥有鱼》之典。

腌制的牡蛎肉称蛎黄。《本草纲目·介二·牡蛎》："南海人以其蛎房砌墙，烧灰粉壁；食其肉，谓之蛎黄。"蛎房，指牡蛎的壳。因牡蛎附石而生，连接如房，故称。清李调元《南越笔记·蚝》："生食曰蚝白，腌之曰蛎黄，味皆美。"

蛎与蛤义近，故"蛎蛤"一词成为牡蛎的别名。《神农本草经》卷二："牡蛎，味咸平……久服，强骨节，杀邪气，延年。一名蛎蛤，生池泽。"

蜃，大蛤蜊。从虫，辰声。《左传·昭公二十年》："海之盐蜃，祈望守之。"杜预注："蜃，大蛤也。"亦作"蜄"。《庄子·人间世》："夫爱马者，以筐盛矢（通'屎'），以蜄盛溺（义同'尿'）。"陆德明释文："蜄，蛤类。"蜃之大，可以盛马尿。其古字为"辰"。杨树达《积微居小学述林·文字初义不属初形属后起字考》："辰为初形，其初义为大蛤，今大蛤之义为后起加形旁之蜃字所占，而初形之辰，所有之义皆后起之义矣。"初因蜃体大，外壳坚硬，故农夫用作农具，天子用为饰物，而始非食物。宋易祓《周官总义》卷三："蜃之为物，王用以饰器，初非可食之物。"后成美味。宋叶时《礼经会元·膳羞》卷二上："兽人共兽，𩾲人共鱼，鳖人共鱼鳖龟蜃，腊人共脯。"周朝王室设有负责各种具体食物的官职，蜃是鳖人提供的食材之一。

蠯，狭长的蚌。同"蠯"。《说文》："蠯，陛（通'蜌'）也，修为蠯，圜为蠇。从虫、庳。"杨树达《积微居小学金石论丛·古音对转疏证》认为"蠯从庳声"。确实如此，庳与蠯之间无意义关系，仅表声而已，故蠯当为形声字。《尔雅·释鱼》："蜌，蠯。"郭璞注："今江东呼蚌长而狭者为蠯。"《周礼·天官·鳖人》："祭祀，共蠯、蠃（luó，蚌类）、蚳（chí，传说中的一种水中动物)，以授醢人。”郑玄注引杜预曰：“蠯，蛖（同‘蚌’）也。”从此记录来看，鳖人将三种水产品提供给醢人，是为了把它们加工成酱。

有一种蚌，介壳为三角形、表厚外黑，即生活在浅海岩石上的蚌，称贻贝，其肉味鲜美。俗称淡菜或壳菜。唐韩愈《孔公墓志铭》：“明州贡海虫、淡菜、蛤蚶。”明杨慎《升庵经说·夏小正》：“宁波有淡菜，其形不典。一名壳菜，亦以形近。”《汉语大词典》认为称“淡菜”之由是“以煮晒时不加盐”[1]。这种解释似是而非。贻贝是海产品，本身含盐，故不淡。淡应是“蜑”的通假字。蜑，旧时南方的水上居民。宋周去非《岭外代答·蜑蛮》：“以舟为室，视水如陆，浮生江海者，蜑也。”“淡菜”应是蜑家菜的省略称呼。

以上所列水产种类可谓丰富，然古人对虾、蟹、鳖、蚌等的认知不甚统一。具体表现在：第一，有时将其混同于鱼。如上引《尔雅》将蛤置于鱼类，《楚辞·九怀·通路》(汉王褒)“从虾兮游陼”，王逸注：“虾，小鱼也。”宋傅肱《蟹谱》：“蟹……亦鱼属也，故古文从鱼。”鳖，字或从鱼，又称甲鱼，俗称“团鱼”。第二，一些字的部首与释义中的归类有种属关系，如虾、蚌、蟹等皆从虫，为属概念，而有的释义将之归为鱼类，则变为种概念。第三，有的异体归于不同的部首，如蟹既从虫又从鱼；鳖从鱼，又从黾，归蛙类。这是什么原因呢？

我国捕鱼业发展得很早，从捕捞工具的种类之多便可见一斑，如网类（罟、罭、緵等)、钓钩类（鲦)、竹器类（笱、筌、箅等）等。而且，上古时期人们已懂得合理利用水产资源的道理。如《逸周书·大聚》：“禹之禁，夏三月，川泽不入网罟，以盛鱼鳖之长。”魏晋南北朝时，人们利用池塘和稻田人工养鱼，北魏贾思勰《齐民要术》中有详细介绍。现今南方有“禾花鱼”即是此法的保留。三国吴沈莹《临海异物志》中记载，当时东南沿海一带的海鲜已达近百种。宋时，水产种类有120种左右。元时，沿海居民利用渔汛入海捕捞，利用海滩养殖，并将产品盐腌或曝晒后远售他地。清代，水产品种类繁多，制作工艺高超。虽然如此，古人对于水产的认知程度不如对

① 罗竹风主编，《汉语大词典》(缩印本)，汉语大词典出版社，1997年，第3334页。

牲畜理解得全面深入。

在介绍牲畜的部分里，我们可以看到古人对六畜划分之细致、关注之具体，这是人与之关系极其密切的反映。中华文明的发源地是广袤的中原大地，在遍布着的森林、草地、湖泊中有飞禽、走兽及鱼类。它们在古人眼中皆为“虫”，如《大戴礼记·易本命》云：“有羽之虫三百六十，而凤凰为之长；有毛之虫三百六十，而麒麟为之长；有甲之虫三百六十，而神龟为之长；有鳞之虫三百六十，而蛟龙为之长。”相对而言，人类早期过着渔猎生活，对牲畜和鱼类的认识水平应是不相上下的，然而实际情况并非如此。这也许是因为人们更加熟悉了解畜牧生活，特别是较早地掌握了驯化野兽、繁殖家畜的技术，使人们对牲畜肉食的依赖性逐渐增强；而获得河流、海洋中的生物较为不易，养殖较晚，故水产与人们的生活存在着一定的距离。这些实际生活的样貌通过文字如实地再现于我们的面前。

## 二、蔬菜

在采集与渔猎时代，人们以植物和肉类为食，其中的植物来自树木的果实、草籽和野菜等。野菜是“草之可食者”，“菜”字的形义关系就是一个证明。《说文·艸部》：“菜，艸之可食者。从艸，采声。”段玉裁注：“此举形声包会意，古多以采为菜。”“采”为“菜”说明了采集手段，后加艸，使采集的对象更加清楚。《诗经》中记有二十余种，其中荇（xìng，水生，嫩时可食）、荼（苦菜）、芑（qǐ，似苦菜）、苕（tiáo，茎叶可食）、荍（qiáo，即荆葵，味微苦）、莱（叶可食）等均为野菜。《左传·隐公三年》云“苹、蘩、蕰（wēn）、藻之菜，可荐于鬼神，可羞于王公”，好像这四样菜很珍贵，其实只是浮萍、白蒿而已，可见当时菜品之贫乏、粗糙。

后来人们发明了利用菜籽栽培蔬菜的方法。甲骨文有“囿”字，作或，高鸿缙《中国字例》：“字原倚四屮（cǎo，后为草）或四木，画其囿垣之形。”[①]其“屮”可指菜，如《大戴礼记·夏小正》：“（正月）囿有韭。”其

① 转引自汉语大字典编辑委员会编纂的《汉语大字典》，四川辞书出版社、湖北辞书出版社，1986年，第718页。

“木”可指果树，如《大戴礼记·夏小正》：“（四月）囿有见杏。”金文有“圃”字，作，《说文·口部》：“穜（同‘种’）菜曰圃。从口，甫声。”《玉篇·囗部》：“圃，菜园。”可见，商周时期已有栽培蔬菜的菜园。经人工栽培的菜称“蔬”。《逸周书·大匡》：“无播蔬，无食种。”《诗经·豳风·七月》：“七月亨葵及菽。”汉乐府《长歌行》中有“青青园中葵”这样一句。葵，“蔬”需播种，“葵”生园中，可证蔬非野生之菜，而葵是蔬中之宝（见下文）。《小尔雅·广物》云：“菜谓之蔬。”其实，这只是道出了二者的共性，而忽略了其差异。若不计其异，“菜”与“蔬”可构成同义连文，如《韩非子·外储说右下》：“秦大饥，应侯请曰：‘五苑之草著：蔬菜、橡果、枣栗，足以活民，请发之。’”此形式保留至今。

菜分荤素。荤者指有辛辣气味的菜，如葱、姜（薑）、蒜、韭等。其余为素，如菘、葵、芹等。

（一）荤菜

《说文·艸部》：“荤，臭（xiù）菜也。从艸，军声。”《仓颉篇》：“荤，辛菜也。”“荤”与“熏”音同义通。“熏”本是香草名，其叶为蕙，其根亦称熏，用来做荷包或烧烟，以驱散腐鼠之气。可见，“荤”的形音义皆显露出其特点：气味刺激，可食之草。

葱（茐、蔥），三字均为形声字，只标明其属草。《说文·艸部》收“蔥”，释为：“菜也。从艸悤声。”《集韵·东韵》：“葱，古作蔥。”“茐”为异体字。其别名为“芤（kōu）”，《释名》收之。《本草纲目·菜一·葱》：“芤者，草中有孔也，故字从孔，芤脉象之。”我国食葱已有三千多年历史。《山海经·北山经》：“边春之山，多葱、葵、韭、桃、李。”从汉代开始，葱可在温室种植，成为当时的重要蔬菜之一。《汉书·召信臣传》：“太官园种冬生葱韭菜茹，覆以屋庑，昼夜燃蕴（通‘煴’，微火，无焰的火）火，待温气乃生。”居延简中记录了某亭共种十二畦菜，其中五畦种的是葱和韭菜。[①]《素问》所说“五菜”中就有葱。

葱分大葱和小葱。大葱的茎、叶均粗大，多在秋、冬季收获，故又称

① 孙机，《中国古代物质文化》，中华书局，2014 年，第 15 页。

“冬葱”或“冻葱”。可用来调味，除鱼、肉之腥。如《礼记·内则》：“脍，春用葱，秋用芥。”可做菜，亦可供药用，是食疗品。小葱分蘖性强，茎和叶软细，较短，多在夏季收获，故亦称“夏葱”，又称“汉葱”。是普通的蔬菜。《本草纲目·菜一·葱》（集解）引苏颂曰：“一种汉葱，冬即叶枯。”《齐民要术·种葱》引东汉崔寔曰：“三月别（分种）小葱，六月别大葱。”文中形象地说明了二者生长期的差异。

姜，应为“薑”，《说文·艸部》收“薑”，释为“御湿之菜也。从艸，强声”。彊，同“强”，有使人强健之义，因姜有御病的功效。故此字当为形声兼会意。一般以为姜起源于印度，但实际上，中国栽培姜的历史很早。姜最早盛产于南方，如《吕氏春秋·本味》：“和之美者：有阳朴之姜，招摇之桂。”阳朴，地名，西蜀之地。招摇，山名，在西南。明清时引种于北方。明徐光启《农政全书·农本》：“今姜、荸荠之属，移栽北方，其种特盛，亦向时所谓土地不宜者也。”

姜分母姜（老姜）和子姜（初生的嫩姜，又称“紫姜”），如《本草纲目·菜一·生姜》：“初生嫩者其尖微紫，名紫姜，或作子姜，宿根谓之母姜也。”又：“四月取母姜种之。五月生苗……秋社前后新芽顿长，如列指状，采食无筋，谓之子姜。”又分干姜（晾干的母姜块茎）和生姜（姜的新鲜根茎）。姜无浊气，常用作调料，以除鱼、肉腥气，也做蔬菜，有药用价值。

蒜，最早出现于《大戴礼记·夏小正》。《说文·艸部》：“蒜，荤菜也。从艸祘声。”其实，作为声符的“祘”亦表意，从二“示”，《说文·示部》：“明视以筭之……读若筭。”“筭”是长六寸的筹，用以计数，常握于手中，紧密相挨，既与“祘”同源，又与多瓣的“蒜”形似。

蒜分小蒜和大蒜（葫）。小蒜生于本土，其种由野生的山蒜移栽而来，是一种独头蒜，又称“卵蒜”。其他野生蒜类还有泽蒜和石蒜。大蒜之种由西汉时张骞从西域带回。故又作“葫”。《玉篇·艸部》：“葫，大蒜也。”东汉延笃《与李文德书》：“折张骞大宛之蒜。”《本草纲目·菜一·葫》：“（陶）弘景曰：‘今人谓葫为大蒜，蒜为小蒜，以其气类相似也。’时珍曰：‘按孙愐《唐韵》云：张骞使西域，始得大蒜、胡荽。则小蒜乃中土旧有，而大蒜出胡地，故有胡名。”胡荽，香菜。东汉时，全国开始广种大蒜，但因其产量不高，始终未能取代小蒜。故“蒜”可泛指大蒜和小蒜。汉史游《急就篇》第九章：“芸蒜荠芥茱萸香。”颜师古注：“蒜，大小蒜也，皆辛而浑。”南北朝时，《齐民要术·种蒜》首次全面地介绍了种植大蒜的方法。

蒜苗、蒜薹用作蔬菜，清汪灏《广群芳谱·蔬谱一》：“苗嫩时可生食，夏初食苔，秋月食种，干者可食。”蒜头用作调料，去腥除膻；亦可入药，消食下气。魏晋之后，元旦当日有食“五辛盘”的汉族传统民俗。“五辛盘”又称“辛盘”，是在盘中盛放五种带有辛辣味的蔬菜，作为凉菜食用。“辛”谐“新”，既有除旧迎新之愿，也包含尝新之意。晋周处《风土记》：“元日造五辛盘”，“五辛所以发五脏气，即葱、蒜、韭菜、芸薹、胡荽是也”。此俗源于汉代立春日食生菜，故“五辛盘”又称“春盘”。唐杜甫《立春》诗中有专门描写：“春日春盘细生菜，忽忆两京梅发时。盘出高门行白玉，菜传纤手送青丝。”

因葱、姜、蒜皆可加入鱼、肉中去腥除膻，故亦用“荤”指鸡、鸭、鱼、肉等食物。与“素”相对。南朝梁宗懔《荆楚岁时记》：“梁有天下不食荤，荆自此不复食鸡子，以从常则。”

韭，《说文·韭部》：“菜名。一穜而久（生）者，故谓之韭。象形，在一之上。一，地也。”此解不但分析了其象形的字形特点，而且显示了它与“久”音同义通。韭菜是多年生的植物，地上的叶片被割掉后，新叶又会从土里拱出来。韭本为野生，《山海经·北山经》：“边春之山，多葱、葵、韭、桃、李。”至晚汉代已栽种。《史记·货殖列传》：“若千亩卮（一种紫赤色的野生植物，可制胭脂）茜（茜草，多年生草本植物，根可做红色染料，也可入药），千畦姜韭，此其人皆与千户侯等。”千户侯，食邑千户的侯爵。此句话的意思是普通地主虽无爵秩，但凭借种植以上四类植物即可有千户侯的收入。由此可见，姜韭已成为当时的主要菜蔬。

早春嫩韭，味道鲜香，为人珍爱，故从汉代开始，冬季时，它与葱一样在温室种植。如上引《汉书·召信臣传》例。由此也培育出了罕有的韭黄。宋时，韭黄已普遍。宋黄庭坚《二学士和予食笋诗次韵答之》：“韭黄照春盘，菰自媚秋菜。”

### （二）素菜

无辛辣味的菜称为“素”。《荀子·辞过》：“养山林薮泽鱼鳖百素。”百素，百种素菜。此为夸张写法，严格来讲，南北朝以前的素菜主要是野菜和少量的蔬菜，品种有限。

葵，《说文·艸部》：“菜也。从艸，癸声。”因秋种冬成，故又称“冬葵”“冬寒菜”。葵易种，经霜后味美甘滑。嫩梢和叶食用，种子和根入药。《急就篇》将葵列为诸菜之首；在《素问》中，葵居“五菜”之首，因为从先秦开始，食用葵最为普遍，如《诗经·豳风·七月》：“七月亨葵及菽。”《周礼·天官·醢人》：“馈食之豆，其实葵菹。”葵菹，即葵。魏晋诗歌经常提到葵，如晋潘岳《闲居赋》：“绿葵含露，白薤负霜。”《齐民要术·种葵》中专门介绍了葵的栽培技术。唐代以后，葵被一些新品蔬菜所替代，种植面积逐渐减少。明代植物学家王世懋《蔬疏》：“古人食菜必曰葵，乃今竟无称葵，不知何菜当之？”《本草纲目·草五·葵》亦云：“葵菜古人种为常食，今之种者颇鲜”或“今人不复食之”。并以此为由，将它列入草部，不再视为蔬菜。[①]而元王祯《农书》卷八称之为“百菜之主”，因为它“备四时之馔，本丰而耐旱，味甘而无毒。……子若根则能疗疾，咸无弃材。诚蔬茹之上品，民生之资助也”。看来，在唐代至明代之间，葵的食用、药用价值尚被认可。

菘，即大白菜的前身，因其色白，又称“白菘”。宋陆佃《埤雅·释艸》：“菘性凌冬不凋，两时长见，有松之操，故其字会意。”其实此字应是会意兼形声，即从艸、松，松亦声。菘，最早见于东汉张机《伤寒论》，晋张勃《吴录》提到了陆逊“雇人种豆、菘”。虽是本土培育出的新品种蔬菜，但其品质与后来的大白菜有很大的距离。南北朝时，菘的品质有所改进。《南齐书·周颙传》：“文惠太子问颙：‘菜食何味最胜？’颙曰：‘春初早韭，秋末晚菘。’”宋代以前，南方种菘；到了宋代，经过成功培育，原来叶子松散的菘变得肥大结实、滋味鲜美，并且高产耐寒，北方便也开始普遍种植，从此菘成为北方冬春季节的美食。宋苏轼《雨后行菜圃》诗：“白菘类羔豚，冒土

① 孙机，《中国古代物质文化》，中华书局，2014年，第14～15页。

出熊蹯。”以羊、猪甚至熊蹯来类比美味的白菘。《本草纲目·菜部·菘》列之为“上品”。

为了延长菘的食用期限，并丰富其食用方式，人们发明了腌制的方法。南北朝时，《齐民要术·作菹藏生菜法》“作菘咸菹法”，应是白菜加工成腌菜的最早记录。

菘还可入药。唐孙思邈《千金食治·菜蔬》：“久食通利肠胃，除胸中烦，解消渴。”

芹，《说文·艸部》：“楚葵也。从艸，斤声。”分水芹和旱芹。水芹是我国原产，在水田中栽培。《诗经·鲁颂·泮水》：“思乐泮水，言采其芹。”先秦时，它是常见的蔬菜，也用于供祭。《周礼·天官·醢人》：“凡祭祀……以五齐（通‘齏’，用酱腌渍的细切的韭菜）、七醢、七菹、三臡（ní，带骨肉酱）实之。”郑玄注：“七菹，韭、菁、茆、葵、芹、箈（tái，嫩笋）、笋菹。”对芹的味道古书中有不同的评价。《吕氏春秋·本味》：“菜之美者……云梦之芹。”此为赞赏。《列子·杨朱》：“昔人有美戎菽，甘枲茎芹萍子者，对乡豪称之。乡豪取而尝之，蜇于口，惨于腹，众哂而怨之。”此则惹出笑话：豪绅经受不住别人对芹菜味道的夸耀，品尝了之后，竟然口腹疼痛。后来就用“献芹”或“芹献”谦称赠人的礼品菲薄或所提的建议浅陋。

旱芹，又名药芹、野芫荽等，生于平地，起源于地中海沿岸地区。约在2000年前的古希腊、古罗马时代尚用作药材和香料。汉时从高加索引入我国，最初作为观赏植物，后被食用。经过长期培育，逐渐成细长叶柄形。清代《钦定授时通考·蔬二·芹》中描写得十分详细：“旱芹生平地。……其茎有节棱而中空，其气芬芳。五有开细白花，如蛇床花。”

## 第三节　汉字与副食加工

人们在长期的食品加工的实践中，发明和总结了丰富多样的加工肉食的方法，从切分到腌制风干再到加工成熟，都有专门的动词和名词加以记录。如“副（pì）、解、切”主要用于切分肉食，“斮（zhuó）、魝（jié）”用于处理鱼；“脍（鲙）”为细切的鱼肉，“腊（xī）、脯、脩、鲊”是加工后易于贮藏的肉或鱼，“羹”指带汁的肉，有时指带汁的菜。

### 一、肉食加工的方法

副，《说文·刀部》：“判也。从刀，畐声。”字亦作“疈”，中间有刀，更似一分为二，具体指将牲体的前胸一剖为二。《周礼·春官·大宗伯》：“以疈辜祭四方百物。”郑玄注：“疈，疈牲胸也。疈而磔（zhé，祭祀时分裂牲畜肢体）之，谓磔禳及蜡（zhà）祭。”“辜”义同“副”，从牲体的胸部分裂肢体。磔禳，在春季的第三个月，分裂牲体祭祀国门之神，攘除不祥，御止疫鬼。（《礼记·月令》）年终蜡祭，合祭百神。上引《周礼》例指的就是蜡祭。

“三伏”及其风俗与副狗有关，源自秦国。《史记·秦本纪》：“（德公）二年，初伏，以狗御蛊。”裴骃集解引孟康曰：“六月，伏日初也。周时无，至此乃有之。”战国时，秦德公统治期间兴起了在夏至后第三个庚日（庚日属金，在农历六月）举行伏祭的风俗。《封禅书》又云：“作伏祠，磔狗邑四门以御蛊灾。”伏祭时要在城邑四门分割狗肉。此俗继承和发展了上引《周礼》中所记载的伏祭。郑玄注《周礼》引郑众云：“罢辜，披磔牲以祭，若今磔狗而止风。”“罢辜”即“疈（副）辜”。郑众认为磔狗之俗是模拟古人磔牲之祭，用以“止风”。夏季多狂风，磔狗祭祀以祈无狂风之灾。狗为何能止风呢？贾公彦为《周礼》作疏，用五行相克之说予以解释：“狗属西方金，金制东方木之风。故用狗止风也。”

伏祭以副狗为仪式，故用从“犬”的“伏”字；又因其音（奉职入）与“副（滂职入）”属准双声叠韵，故音近义通。伏祭后，一般要把祭祀用的狗肉平分给众人，以使亲属和睦，这是继承宗法社会维系家族伦理的一种形式。如今南方一些地区还保留着夏季杀狗食狗的风俗，此为古礼之遗留。

解，甲骨文作，金文作，皆从左右手、牛、角。牛为大牲，宰牛先持其角。解分为豚解、体解。豚解是指祭祀时将全牲分解为四足、一脊（体中）、二胁（脊左右）共七体。《仪礼·士虞礼》：“主人不视豚解。”郑玄注：“豚解，解前后胫、脊、胁而已。”体解指在祭祀、燕飨时，将全牲切割为二十一个部分：左右前足各分为三，分别是二肩、二臂、二臑（nào，臂下）；

左右后足各分为三，分别是二肫（chún）或膊、二胳、二觳（què，脚背）；三脊分别是前正脊、中脡（tǐng）脊、后横脊；左右胁各分为三，分别是前之二代胁、中之二正胁、后之二短胁。《国语·周语中》："体解节折而共饮食之。"《周礼·夏官·小子》"掌祭祀羞羊肆羊殽肉豆"，郑玄注引郑众曰："羊殽，体解节折也。"孙诒让正义："今以《礼经》《春秋》内外传及韦、杜、贾诸说参互考之，脀（zhēng，以牲体纳入俎中）解之法盖有五，而实止四等。一曰全烝，全而荐之，则不解者也……四曰体解，节折谓之折俎，亦谓之殽烝。于七体中，复解前后左右肱股、脊、左右胁，各为三体，则解为二十一体也。凡牲之爓（xún，用热水烫肉使之半熟）孰者，必体解。"祭祀用的牲体有多种处理方法，《礼记·郊特牲》："腥肆（tī）爓腍祭，岂知神之所飨也？主人自尽其敬而已矣。"陈澔集说："祭之为礼，或进腥体，或荐解剔，或进汤沈，或荐煮孰。"以上提到的"节折""解剔"即是体解，亦称"折俎"。此例的意思是说，祭祀时进献的牲，有的是生的囫囵的，有的是体解的，有的是用热水烫过而半熟的，有的是煮熟的，怎能知道神喜欢享用哪种呢？主人尽到自己虔敬的心意就行了。

解亦称"肆"。《周礼·地官·大司徒》："祀五帝，奉牛牲，羞其肆。"郑玄注："进所肆解骨体。"贾公彦疏："羞，进也；肆，解也。谓于俎上进所解牲体于神坐前。""解肆"合为连文，《诗经·小雅·楚茨》："济济（jǐjǐ，整齐美好貌）跄跄（qiāngqiāng，走路有节奏的样子），絜（通'洁'）尔牛羊，以往烝尝。或剥或亨，或肆或将（奉献）。"郑玄笺："有肆其骨体于俎者。"陆德明释文："有肆，他历反，解肆也。"此诗描写了祭祀前准备牲体的过程：我们迈步整齐而有节奏，把牛羊涮洗清爽，前去献给冬祭和秋祭。有人宰割有人烹煮，有人体解有人献上。

切，甲骨文和金文皆作十，丁山《数名古谊》："本象当中切断形"，后借为数字七，为了区别，"不得不加刀于切，以为切断专字"。[①]故成形声字。《说文·刀部》："切，刌（cǔn）也。从刀，七声。"《广雅·释诂一》："切，

① 转引自汉语大字典编辑委员会编纂的《汉语大字典》，四川辞书出版社、湖北辞书出版社，1986 年，第 320 页。

断也。”又《释诂三》：“切，割也。”切是通称，可细分为“脔、轩、脍”。

脔（臠），切成肉块。《说文·肉部》：“脔，切肉脔也。”从肉，䜌声。明张自烈《正字通·肉部》：“脔，块割也。”《汉书·王莽传下》：“军人分裂莽身，支节肌骨脔分。”支节，四肢。此处写农民起义军分割王莽尸体，将其四肢骨肉切成块状。脔原多用于切割肉类，《淮南子·说林训》：“尝一脔肉，而知一镬之味。”后也指切割鱼肉，《齐民要术·作鲊》：“取新鲤鱼，去鳞讫则脔。”

脍（膾），《说文·月部》：“细切肉也。从肉，会声。”其实，“会”亦表意。《释名·释饮食》：“脍，会也。细切肉令散。分其赤白异切之，已乃会合和之也。”如《庄子·盗跖》：“盗跖乃方休卒大山之阳，脍人肝而餔之。”盗跖本是农民起义的领袖，名跖，被统治者贬称为盗。此例是说他在泰山之南休息时，细切人肝而食。《诗经·小雅·六月》：“饮食诸友，炰鳖脍鲤。”此处为细切鲤鱼。“脍”特指细切的鱼或肉，亦作“鲙”（见下文）。《论语·乡党》：“食不厌（满足）精，脍不厌细。”意思是食物越精致越好，细切的鱼肉则越细越好。

羹，带汁的肉。《说文》收了多种写法：如古文、，二字从䰜或鬲，从羔，关注炊具和食材；小篆作，从羔，从美，关注食材及其美味。释义为“五味盉（后作‘和’，调味）羹也”，即用五味调和出的带汁的肉。《左传·隐公元年》：颍考叔见郑庄公，庄公赐之食，而他“食舍肉”，并解释说“小人有母，皆尝小人之食矣，未尝君之羹，请以遗之”。前面提到“肉”，后面写作“羹”，变文同义。此羹亦称“和羹”。如《尚书·说命下》：“若作和羹，尔惟盐梅。”孔安国传：“盐咸梅醋，羹须咸醋以和之。”

与和羹相对的是大（后作“太”）羹，即不放五味的羹。《礼记·乐记》：“大飨之礼，尚玄酒而俎腥鱼，大羹不和，有遗味者矣。”郑玄注：“大羹，肉湆（qì，肉汁），不调以盐菜。”玄酒，古代祭礼中当酒用的清水。太羹重食物的本味，一般出现在合祀先王的祭礼（即“大飨”）、遍祭五方天帝、天子宴饮诸侯来朝者等隆重的场合。如《荀子·礼论》：“大飨尚玄尊，俎生鱼，先大羹，贵食饮之本也。”杨倞注：“大飨，祫祭先王也。”玄尊，亦作“玄樽”，即玄酒。《礼记·月令》：“（季秋之月）是月也，大飨帝。”郑玄注：

“言大飨者，遍祭五帝也。”《礼记·仲尼燕居》：“大飨有四焉。”郑玄注：“大飨，谓飨诸侯来朝者也。”

羹定，指肉已熟。《仪礼·乡饮酒礼》：“羹定，主人速宾。”郑玄注：“肉谓之羹。定，犹孰也。”犹孰，即犹熟。说明“定”并非完全等于“熟”，实是因为肉煮熟后停火止沸，故曰“定”，即因熟而定。如《礼记·礼器》：“羹定诏于堂。”孙希旦集解：“煮肉必沸；既熟，则止火而沸者定，故曰羹定。”

羹亦指带汤汁的蔬菜。《韩非子·五蠹》：“粝粢之食，藜藿之羹。”藜藿，灰菜和豆叶。此例是讲尧治理天下时，吃粗糙的饭菜。羹的这种用法应是扩大范围的结果，与字形无关。

魝，以刀剖鱼腹。《说文·刀部》：“魝，楚人谓治鱼也。”桂馥义证：“治鱼即剖鱼。”后音变为 cí，写为“持”，元杂剧有“持鱼”，即“魝鱼”，今江浙一带承此说。

鲙（鱠），从鱼，会声，“脍”的分化字。指薄鱼片。汉枚乘《七发》：“薄耆之炙，鲜鲤之鲙。”薄耆，用兽脊上的肉切成的薄片。古代吴地盛产“金齑玉脍（鲙）”，原名鲈鱼脍，指鲈鱼加菰菜（茭白）为羹，鱼肉白如玉，齑料色泽金黄。此名最早出现在《齐民要术·八和齑》。相传隋炀帝巡幸江南时赞美此菜云：“金齑玉脍，东南佳味也。”相关的典故有“莼鲈之思”，指思念故乡。语出《世说新语·识鉴》：“张季鹰（翰）辟齐王东曹掾，在洛见秋风起，因思吴中菰菜羹、鲈鱼脍，曰：‘人生贵得适意尔，何能羁宦数千里以要名爵！’遂命驾便归。”鲈，即鲈鱼脍。

## 二、风干腌制的肉食

腊，古字“昔”。小篆作，《说文·日部》：“昔，干肉也。从残肉，日以晞（xī，晒干）之。”“日”字上部表示残肉，用“晞”解释音义，有一定道理。如《逸周书·器服》：“独二丸弇（yǎn）焚菜、脍，五昔。”焚菜，干菜。意思是两个罐子各装着干菜和鱼片，五个罐子装着干肉。但“昔”的甲骨文、金文分别作、，像日下之水。有学者认为此字反映了史前曾经遭遇过的大洪水。在全世界 254 个主要民族、84 种语言的区域里，都曾发现过

古老民族遭遇大洪水的记录，如《山海经》的洪水神话故事和《圣经》中的诺亚大洪水。而且在文献中，“昔”有往日、久远的意思。《玉篇·日部》：“昔，往也。”又《日部》：“昔，久也。”所以，《说文》释义当为假借义。其所据小篆源于诅楚文的“”，可见其上部是“水”字的讹变，与“残肉”无关。为了表示此假借义，春秋中期的徐王鼎上出现了加形符的“肉”的今字。这样，腊就可以与指本义的“昔”分工了，主要指将小的禽兽（如雉、兔）切割后整个风干的肉。《周礼·天官·腊人》：“腊人掌干肉，凡田兽之脯腊膴（hū，无骨的干肉）胖（pàn，供祭祀用的半边牲肉）之事。”郑玄注：“腊，小物全干。”“小物”即体小的禽兽。风干后，肉质干硬。《释名·释饮食》：“腊，干昔也。”《周易·噬嗑》：“腊是坚刚之肉也。”腊可用作祭品。东汉应劭《风俗通义·祀典·司命》：“汝南余郡亦多有，皆祠以腊，率以春秋之月。”也用作动词，表示晒干后制成干肉。《庄子·外物》：“任公子得若鱼，离而腊之。”此则任公子钓鱼的寓言故事讲他用极大的鱼钩、极粗的黑绳，以五十头肥牛为鱼饵，钓起一条大鱼，将之切小后腌制成鱼干，令周围人饱食不尽。据此构成“腊肉”一词，如《周易·噬嗑》：“噬腊肉，遇毒。”朱熹本义：“腊肉，谓兽腊，全体骨而为之者，坚韧之物也。”此指风干后坚硬的完整兽肉。不同于指冬天腌制的肉类之“腊（臘）肉”。

腊可用于祭祀，引申为祭名，又作“臘”。在战国以前，腊祭指在入冬之月用冬季猎物所制成的干肉祭祀祖先，故从肉。《礼记·月令》：“（孟冬之月）天子乃祈来年于天宗，大割祠于公社及门闾，腊先祖五祀，劳农以休息之。”郑玄注：“大割，大杀群牲割之也。”孔颖达疏：“腊，猎也。谓猎取禽兽以祭先祖五祀也。”天宗，日月星辰。公社，古代官家祭祀的处所。门闾，宫门。五祀，禘、郊、宗、祖、报五种祭礼。此例是说在每年冬季的第一个月，天子就向日月星辰祈求来年的收成，在官家祭祀场所和宫门前举行大规模的杀牲仪式，用五种祭礼祭祀先祖，犒劳百姓，让他们休养生息。孔疏认为“腊”“猎”同源，且专指年终祭祀祖先。与同时并存的祭祀百神的蜡（zhà，蠟）祭不同。《新唐书·礼乐志一》：“蜡，蜡百神于南郊。”为此，明杨慎《升庵经说·礼记·蜡腊二祭不同》解释道：“蜡音子豫切，蜡与腊不同。《玉烛宝典》云：腊，祭先祖；蜡，祭百神。腊，取禽兽以祭，故字从猎省；蜡，享农功之毕，故字从蜡省。腊，于庙；蜡，于郊。”可见，腊专指祭祖先，属庙祭；祭百神的祭名用“蜡”表示，属郊祭。战国后，民间将腊祭和蜡祭合流，祭祀活动设在冬至后的第三个戌日。如《说文·肉部》：“腊，冬至后三戌，腊祭百神。从肉，巤声。”《左传·僖公五年》：“宫之奇以其族行，曰：‘虞不腊矣。’”杜预注：“腊，岁终祭众神之名。”许慎是东汉时期的人，杜预是晋代人，他们皆以为腊祭或“祭百神”或“祭众神”。故用“祖腊”表示祭百神中的路神。如《后汉书·陈宠传》：“闭门不出入，犹用汉家祖腊。”“社腊”表示祭祀土地神。如《韩非子·外储说右下》：“非社腊之时也，奚自杀牛而祠社?”腊祭之月在十二月，故称腊月。《史记·陈涉世家》：“腊月，陈王之汝阴。”裴骃集解引宗懔《荆楚记》云：“腊节在十二月，故因是谓之腊月也。”

腊节是祭祀祖先和百神以祈丰收和吉祥的节日。战国后虽将其定为冬至后的第三个戌日，但在农历里具体的日子并不固定，直到南北朝才确立农历十二月初八为腊日，南朝梁宗懔《荆楚岁时记》：“十二月八日为腊日。”故腊八节俗称“腊八”。腊八的确定可能与佛教创始人释迦牟尼在菩提树下修行成道并创立佛教的日子即农历十二月初八有关，故又被称为“佛成道节”。从宋代开始，在腊八日喝腊八粥成为习俗。腊八粥又称“七宝五味粥”，用五谷杂粮和红枣熬制而成。华北地区盛行泡腊八蒜，将紫皮蒜剥皮后浸入米醋中，半月后蒜瓣呈碧绿色，醋融入蒜的辣味，就着蒜、蘸着醋吃饺子别有风味。因“蒜”谐音“算”，故“腊八蒜”又称“腊八算”，指各家商号要在这天算账，收债要账。北京城有句民谚：“腊八粥、腊八蒜，放账的送信儿，欠债的还钱。”

脯，《说文·肉部》：“干肉也。从肉，甫声。”《汉书·东方朔传》：“生肉为脍，干肉为脯。”一般指薄片干肉。《齐民要术·种枣》：“枣脯法：切枣曝之，干如脯也。”此材料虽未直接说明脯的形状特点，但通过切枣成片晒干后如脯状的描写中得到了反映。

脩，金文作，从食，攸声；小篆作，《说文·肉部》：“脯也。从肉，攸声。”从食，范围太大；从肉，更具体。而用“脯”来注释则忽视了二者的差别。“脩”应指长条干肉。《正字通·肉部》：“脩，肉条割而干之也。”所

谓“条割”即按长条形切割。另外，“脩”有引申义“长”。如《诗经·小雅·六月》：“四牡脩广。”毛亨传：“脩，长。”故有“脩长”一词。如《史记·秦始皇本纪》：“皇帝休烈，平一宇内，德惠脩长。”司马贞索隐：“脩亦长也。”后因通“修”，常作“修长”。而“脯”指薄片干肉。《说文解字注·肉部》：“析言之，则薄析曰脯，捶而施姜桂曰段脩。”“段修”即“腶脩”，即加姜桂等作料，捶捣使肉坚实，晒干而成。

束脩，本指捆成一束的十条干肉。旧时用作馈赠的一般性礼物。《礼记·少仪》：“其以乘（shèng，四）壶酒、束脩、一犬赐人。”郑玄注：“束脩，十脡（条）脯也。”用作学生入学敬师的薄礼。《论语·述而》：“子曰：‘自行束脩以上，吾未尝无诲焉。’”邢昺疏：“束脩，礼之薄者。”孔子说，只要有人自愿拿束脩之礼来见我，我就没有不教诲他的。后代沿袭成礼。五代王定保《唐摭言·两监》：“龙朔二年九月，敕学生在学，各以长幼为序。初入学，皆行束脩之礼。”后转而指学费。亦作“脩金”表示。

鲊，用盐、米粉腌制的鱼。《释名·释饮食》：“鲊，菹（腌菜）也，以盐米酿鱼以为菹，熟而食之也。”从鱼，乍声兼意，表示挤压。从乍的字“窄、榨”皆有此义。腌制鱼有挤压的制作过程，故从乍。《晋书·列女传·陶侃母湛氏》：“侃少为寻阳县吏，尝监鱼梁，以一坩（gān，盛物的陶器）鲊遗母。”

## 第四节　汉字与饮品

古代的饮品源于粮食、植物和动物，主要有酒、茶、汤、乳，其加工方法、饮用场合、养生价值等各有不同。

饮（飲），甲骨文为，像一人低头于食器边张口啜食其中之物。金文作，右边的人站立于食器旁，口在上方且突显，表意未变。周时，饮曾与酒分称，酒指烈性酒，饮即饮料。《周礼·天官·浆人》：“（浆人）掌共王之六饮：水、浆、醴，涼、医、酏。”浆人和酒人有分工，浆人掌管六种饮品，其中的“浆”指微酸的饮料；“醴”是一种酿一宿而成的甜酒；涼同“凉”，

一种淡酒；“医”是用粥加曲蘖酿成的甜酒；“酏”是一种薄酒。此皆属淡薄饮料，但从“酉”的字位列其中，表明人们并未完全将饮料与酒对立，因为“酉”像壶尊，是一种盛酒器，即卣。故小篆的“饮”字繁化为，从酉、欠，今声，用“酉”表示类属，说明与酒有关。随着人们对酒和饮的成分及发酵程度的控制更加精密，二者的区别遂明显起来，“饮”才彻底脱离了酒的混杂，故此，隶书不再从“酉”，写作**飲**。

此处所提到的“饮”与食物相对立，故泛指所有饮料，包括酒。

## 一、酒

酒，甲骨文作，商承祚《殷虚文字类编》：“象酒由尊中挹出之状……《说文解字》酉与酒训略同，本为一字，故古金文酒字（按：）皆作酉。”[①]后加水，酉亦声。酿酒始于何时？目前有三种说法：1. 黄帝时期，如汉代《黄帝内经·素问》中描述了黄帝与岐伯讨论酿酒的情景。也许在这个阶段的某一时期，“不用曲的自然发酵的果酒……已经出现”[②]。据此可知，最初的酒应是果酒。2. 夏代，据《战国策·魏策二》记载，“昔者帝女令仪狄作酒而美，进之禹，禹饮而甘之”。仪狄是夏禹时代司掌造酒的官员。此文云仪狄发明了酒，但未说明原料。《说文解字·水部》释酒时认为“古者仪狄作酒醪”，酒醪即醪糟，以米谷制成，可知此时已有粮食酒。《尚书·酒诰》孔颖达疏引《世本》云“杜康造酒”，《说文解字·巾部》“古者少康初作箕、帚、秫酒。少康，杜康也”，此文云杜康始作秫酒，即粮食酒。3. 商代，甲骨文已有“酉”字，又《史记·殷本纪》：“（商纣）以酒为池，县（后作‘悬’）肉为林，使男女裸相逐其间，为长夜之饮。”据果酒可自然生成的特点来看，酿酒应始于第一个时期，粮食酒出现在第二时期。

关于酒的发明者，杜康较仪狄更能得到认可，他被后世尊为酒神，是制酒业的祖师爷。因此，后人用“杜康”代指美酒，如曹操《短歌行》：“慨当

---

① 转引自汉语大字典编辑委员会编纂的《汉语大字典》，四川辞书出版社、湖北辞书出版社，1986 年，第 3574 页。

② 孙机，《中国古代物质文化》，中华书局，2014 年，第 37 页。

以慷，忧思难忘。何以解忧，唯有杜康。”

杜康是何时人，说法不一：民间传说是黄帝时期，《说文解字》认为是夏代，《吕氏春秋》《博物志》等认为是东周等时期。但从酒的主要成分——酒精（乙醇）形成的原理来看，原始社会就应该有果酒了。因为水果富含糖分，在酵母菌的分解作用下就会生成酒精，所以，我们可以推测，远古时期，成熟后自然落下的水果在时间和温度的酝酿中开始发酵，形成酒精，散发出来的香气引来了采集果子的人们，经过品尝，人们为这美味的液体所陶醉。于是，他们开始学会收集果子，简单加工成果酒。由此可见，先有果酒，后有粮食酒。若如《说文》中所说杜康造秫酒，那么，杜康应是受到果酒启发而开始用粮食造酒的。故若参照文献记录，杜康至晚生活在夏代。

粮食酒经历了无曲和用曲发酵的过程。无曲者为醴。《吕氏春秋·重己》高诱注：“醴者，以糵（niè）与黍相体，不以曲也。”糵，谷类生的芽。甲骨文有糵杰和糵来（后作“麦”），它们分别是谷芽和麦芽。将二者一同浸水，经过一夜，淀粉便糖化、酒化，过滤后便是醴。《释名·释饮食》：“醴，体也。酿之一宿而成，体有酒味而已。”可见，仪狄发明的该是这种味道淡薄的甜酒。但严格说来，醴并非真正的粮食酒，只有曲的介入，才能使酒味更加醇厚。

曲（通“麹、麴”）的发现与剩饭发酵有关。晋江统《酒诰》：“有饭不尽，委之空桑。郁积成味，久蓄气芳。本出于此，不由奇方。”空桑，传说中的山名。吃剩的谷米饭是经过蒸煮而糊化的物质，自然发酵后生成酶的真菌——曲霉，将之制成酒曲，加入谷物中可使其糖化，淀粉分解为单糖，经适当发酵而产生酒精和酒香。如果说是仪狄发明了醴的话，那么杜康应该是进一步地发明了用曲造酒，从而提高了酒的产量和品质。《尚书·说命下》：“若作酒醴，尔惟麹糵。”此文可证明商代前期人们已掌握了人工培植曲糵以造酒的技术。经过不断完善和发展，至先秦时代人们已积累了丰富的酿酒经验。《礼记·月令》：“乃命大酋，秫稻必齐，麹糵必时，湛（jiān，浸泡）炽（蒸煮）必洁，水泉必香，陶器必良，火齐必得，兼用六物，大酋监之。”大酋，酒官之长。严密的制酒过程是酒的质量的保证。

随着酿酒技术的发展，酒的品种日益增加，相应产生了一些专名。除了上面提到的“醴”“醪”以外，还有“鬯、醇、醲、醹”等。

鬯，古代宗庙祭祀时用的香酒，用郁金香和黑黍（秬）酿成。甲骨文作，像一个有高足的酒器，×像所盛之物。金文繁化为，增加三点以示黑黍。大篆的下半部讹变为，小篆简化为，隶书定型为。鬯与“畅”音同义通，指香气浓郁畅达。《礼记·曲礼下》：“凡挚：天子，鬯；诸侯，圭。”孔颖达疏：“天子鬯者，酿黑黍为酒，其气芬芳调畅，故因谓为‘鬯’也。”古礼规定，凡是见面礼，天子用鬯，诸侯用圭。《说文·匕部》亦云：“鬯，以秬酿郁艸，芬芳攸服，以降神也。”段玉裁注：“攸服当作条畅。”朱骏声通训定声：“酿黑黍为酒曰鬯，筑芳草以煮曰郁，以郁合鬯为郁鬯。因之草曰郁金，亦曰鬯草。郁者，草香蕴积；鬯者，酒香条畅也。”在谷物中加香草酿酒以增香气，是娱神的需要。古人认为神虽不饮不食，但喜闻香气。《尚书·君陈》孔安国传：“芬芳香气，动于神明。”为此还专造“歆”字。《左传·襄公二十七年》杜预注：“歆，享也，使鬼神享其祭。”鬯相当于如今的植物露酒，即以酒精为酒基，添加植物的花、茎、叶、根等以形成独特酒香的美酒。[①]

醇，大篆作，小篆作，《说文·酉部》：“不浇酒也。从本，𦎫声。”声符𦎫从亯（后为“享”），从羊，隶书省“羊”后，形成醇。“不浇酒”即不掺水的酒，其酒质纯正，故段玉裁注：“浇，渼（通‘沃’）也。凡酒沃之以水则薄，不杂以水则曰醇。”《史记·宋微子世家》：“陈人使妇人饮之醇酒，以革裹之，归宋。”春秋时，宋大乱，南宫万奔陈。宋平息政变后，贿赂陈以索回南宫万。陈人让妇人用醇酒灌醉他，以皮革裹之，归还宋国。

酎（zhòu），经反复多次酿成的醇酒。《说文》：“三重醇酒也。从酉，从时（時）省。”段玉裁注：“《广韵》作‘三重酿酒’，当从之。谓用酒为水酿之，是再重之酒也。次又用再重之酒为水酿之，是三重之酒也。”此云以酒为水，重复酿两次，是为酎。这是一种耗时费力的制作过程，其目的是提高酒的纯度。《礼记·月令》：“（孟夏之月）天子饮酎。”郑玄注：“酎之言醇也。谓重酿之酒也。”

---

① 黄金贵主编，《古代汉语文化百科词典》，上海辞书出版社，2016年，第403页。

醲，味浓的酒。《说文·酉部》："厚酒也。从酉，农声。"强调酒味浓烈。《淮南子·主术训》："肥醲甘脆，非不美也。"故《广韵·谆韵》"醇，醲也"只显示了二者的因果关系，即酒精含量纯度高才能散发浓烈的气味，而忽略了它们的区别，即前者在于纯，后者在于浓。酒味浓烈用"酷"表示。《说文·酉部》："酒厚味也。从酉，告声。"《六书故·工事四》："酷，酒香味秾烈也。"

醨（lí），《说文·酉部》："薄酒也。从酉，离声。"与"醇"相反。段玉裁注："薄对厚而言，醇谓厚酒，故谓厚薄为醇醨。"《楚辞·渔父》："众人皆醉，何不餔（吃）其糟而歠（chuò，饮）其醨？"二字常并列使用，以对比。宋欧阳修《答圣俞》："蝉声渐已变秋意，得酒安问醇与醨？"

酒的种类日益繁多，我国原产的主要有谷物类酒、花草类植物酒（如菊花酒、桂酒、椒酒等）、动物类酒（如马奶酒）。从汉代开始引进了果物类酒，如来自西域的葡萄酒。唐时酒品有 300 多种，其中增添了药酒，如屠苏酒、菖蒲酒、枸杞酒等。宋时盛产黄酒，果酒和配制酒较前朝更为进步。元时流行马奶酒和葡萄酒，又从西域引入烧酒（即蒸馏酒、白酒）。元忽思慧《饮膳正要·米谷品》："阿剌吉酒，味甘辣，大热，有大毒，主消冷坚积，去寒气，用好酒蒸熬取露，成阿剌吉。"阿剌吉，阿拉伯语"araqi"的音译，意为"汗，出汗"。元许有壬《至正集》卷六："其法出西域，由尚方达贵家，今汗漫天下矣。"《本草纲目·谷部·烧酒》："烧酒非古法也，自元时始创其法。"清代开始以谷物酿制白酒，提高了烧酒制作技术，创制出汾酒、茅台酒、五粮液酒、剑南春酒、古井贡酒、洋河大曲等名酒。

除酒名外，《说文》"酉部"还收有关于造酒方法、酿造时间、酒的颜色、饮酒礼节和状态等字。

酝（醖），酿酒。指造酒的发酵过程。《说文》："酿也。从酉，昷声。"东汉张衡《南都赋》："酒则九酝甘醴，十旬兼清。"三国魏曹植《酒赋》："或秋藏冬发，或春酝夏成。"酿（釀），与"酝"同义。《说文》："作酒曰酿。从酉，襄声。"《史记·孟尝君列传》："乃多酿酒，买肥牛。"故"酝酿"构成同义连文，如《后汉书·吕布传》："布禁酒而卿等酝酿，为欲因酒共谋布邪？"

酤（gū），一夜酿成的酒。《说文》：“一宿酒也。……从酉，古声。”《诗经·小雅·伐木》：“无酒酤我。”毛亨传：“酤，一宿酒也。”

配，用多种酒配成的颜色。甲骨文作，金文作，皆从酉，从妃省，妃亦声。《说文》：“配，酒色也。从酉，己声。”徐铉等注：“己非声，当从妃省。”清吴楚《说文染指》：“妃、配制字之义相因矣。妃者，女与己为匹以相对也；配者，置酒成礼以相对而为匹也。二篆音同义贯，故古多通用。”至于是什么酒相配，有不同的说法。第一，清酒与酒糟相配。清吴善述《说文广义校订》：“酒有四饮（清、医、浆、酏）、六饮（水、浆、醴、涼、医、酏）之别，其色有浅深黑白之殊，配即《内则》注所谓以清与糟相配也。”此解不通。清酒本是滤去酒精的甜酒，为何又要与酒糟相配呢？第二，青色与黑色的酒相配。清江藩《配酨（yì）二字解》：“是当时酒有青色者，有黑色者，合二酒之色则谓之配。”此解与上引吴善述《说文广义校订》“其色有浅深黑白之殊”相吻合，又与“酨”字互相补充。酨，《说文》：“酒色也。从酉，弋声。”朱骏声通训定声：“酨，酒黑色也。字亦作黓。”故第二种解释较宜。

“酌、酬、酢（zuò）”是一组关于饮酒礼节的字。酌，斟酒劝饮。《说文》：“盛酒行觞也。从酉，勺声。”段玉裁注：“盛酒于觯（zhì，一种饮酒器）中以饮人曰行觞。”《仪礼·有司彻》：“尸升坐，取爵酌。”郑玄注：“酌者，将酢主人。”尸，古代祭祀时代死者受祭的人。主人，指死者后嗣。“酢主人”指尸为主人斟酒劝饮。唐李频《长安感怀》诗：“空将灞陵酒，酌送向东人。”酬，主人敬客人酒，又称导饮。《说文》：“主人进客也。从酉……”段玉裁注：“州声。”《仪礼·乡饮酒礼》：“主人实觯酬宾。”贾公彦疏：“若不先自饮，主人不忠信；恐宾不饮，示忠信之道，故先自饮，乃饮宾，为酬也。”即主人先为客人斟酒，后自饮，再劝客人饮酒。故《诗经·小雅·楚茨》云：“为宾为客，献酬交错。”郑玄笺：“主人又自饮酌宾曰酬。”酢，客以酒回敬主人。《诗经·大雅·行苇》：“或献或酢。”郑玄笺：“进酒于客曰献，客答之曰酢。”

“酣、酖（dān）、酗、醉、酲、醒”是一组关于饮酒状态的字。酣，饮酒尽兴。《说文》：“酒乐也。从酉，从甘，甘亦声。”徐锴系传：“饮洽也。”

尽兴而不醉即酣，字源于“甘”。甘，味美。《吕氏春秋·分职》：“今召客者，酒酣，歌舞鼓瑟吹竽。”高诱注：“饮酒合乐为酣。”《史记·高祖本纪》：“酒酣，高祖击筑。”裴骃集解引应劭曰：“不醒不醉曰酣。”

以酒为乐者易嗜酒，此字为酖。《说文》：“乐酒也。从酉，冘声。”段玉裁注：“酒乐者因酒而乐，乐酒者所乐在酒，其义别也。”区别了“酣”与“酖”。前者因饮酒恰到好处而乐，后者因酒而乐，意义微殊。《五音集韵·单韵》：“酖，嗜酒。”故有“酖酒”一词。如《尉缭子·治本》：“故如有子十人，不加一饭，有子一人，不损一饭，焉有喧呼酖酒以败善类乎?”意思是说，有十个孩子的人，不加重其生活负担，只有一个孩子的人，不减轻其社会责任，这样人们怎么会喧喧嚷嚷嗜酒作乐，以致败坏良好的风尚呢？酖酒亦用“酗”表示，从酉，凶声。《说文》未收。唐玄应《一切经音义》卷一三引《通俗文》：“躭（dān，迷恋）酒曰酗。”《尚书·无逸》：“无若殷王受之迷乱，酗于酒德哉！”孔安国传：“言纣心迷政乱，以酗酒为德。”

醉，饮酒适量。《说文》：“醉，卒也。卒其度量，不至于乱也。……从酉，从卒。”段玉裁注：“此以会意包形声。卒亦声也。”《诗经·周颂·执竞》：“既醉既饱，福禄来反。”郑玄笺：“君臣醉饱，礼无违者，以重得福禄也。”醉而无违于礼，以示适度。又有饮酒过量之义。《说文》：“醉……一曰溃也。”清桂馥《说文段主钞案》：“溃者，乱也。”《诗经·小雅·宾之初筵》：“宾既醉止，载号载呶（náo，喧哗），乱我笾豆，屡舞僛（qī）僛。”孔颖达疏：“宾既醉于酒止，于是则号呼，则讙（huān）呶而唱叫也。”僛僛，醉舞欹斜貌。过量饮酒导致的混乱行为由此可见一斑。

酲（chéng），醉酒引起的神志不清。《说文》：“病酒也。一曰醉而觉也。从酉，呈声。”王筠释例：“夫人之醉不以为病也，当其既觉，则头目不清，心神昏眊（mào），夫而后病其醉也。”昏眊，昏聩。王筠将许慎关于“酲”的两个释义进行串讲，即“病酒”是因醉酒而显病态，昏睡后醒来就会觉得神志昏乱。《诗经·小雅·节南山》：“忧心如酲，谁秉国成。”毛亨传：“病酒曰酲。”

如果说“酣”“醉”是饮酒尽兴的良好状态的话，酲就是过度了。东汉张衡《南都赋》：“其甘不爽，醉而不酲。”张铣注：“言甘不伤其口，醉不病其身。”此例说的是把握分寸，饮食有度。

与“醉”相对的概念是“醒”，酒醉后清醒。《说文新附》：“醒，醉解也。从酉，星声。”《左传·僖公二十三年》：“姜与子犯谋，醉而遣之。醒，以戈逐子犯。”晋公子重耳流亡至齐，齐桓公嫁女姜氏。姜氏见重耳安于现状，便与子犯谋划将之灌醉后加以驱赶。重耳清醒后，用戈驱逐子犯。《楚辞·渔父》：“众人皆醉我独醒，是以见放。”“醉”与“醒”形成鲜明对照。

从酒文化的发展历程来看，夏商起，它就渗透到社会生活的各个方面，如祭祀、节日、人生礼俗日、迎宾待客、出师、送行、疗疾等。汉魏以来，饮酒赋诗在文人中盛行。隋唐时形成了节日饮酒礼俗，如社日（一般在立春、立秋后的第五个戊日。间或有四时致祭者）饮酒食腊肉，元旦饮椒酒，上巳节曲水流觞，端午节饮菖蒲酒，重阳节饮菊花酒等。

## 二、茶

茶，本作“荼”。《说文·艸部》收“荼”：“苦荼也。从艸，余声。”徐铉注：“此即今之茶字。”苦荼非茶义，但因茶味苦，故含茶义。二字分化于唐代，宋魏了翁在《邛州先茶记》中有详细的说明：“茶之始，其字为荼。如《春秋》书齐荼，《汉志》书荼陵之类，陆、颜诸人虽已转入茶音，而未敢辄易字文也。若《尔雅》，若《本草》，犹从艸从余，而徐鼎臣（铉）训荼犹曰：‘即今之茶也。’惟自陆羽《茶经》、卢仝《茶歌》、赵赞《茶禁》以后，则遂易荼为茶，其字为艸，为入，为木，而谓荼为茅秀，为苦菜，终无有命荼为茶者矣。”清顾炎武《唐韵正》卷四认为梁以后才分出麻韵，“荼”音变为 chá，“又亡减一画为茶字……则此字变于中唐以下也”。清郝懿行《尔雅义疏》补充为：“今茶字古作‘荼’……至唐陆羽《茶经》始减一笔作茶字。”如《茶经·一之源》：“茶者……其名一曰茶，二曰槚（jiǎ），三曰蔎（shè），四曰茗，五曰荈（chuǎn）。”简单地说，“荼”本指苦菜，因茶味苦，故引申指“茶”，后造“茶”字以别“荼”。

“茶”的异体字为“梌”。唐陆羽《茶经·一之源》：“茶者，南方之嘉木也。……其字：或从草，或从木，或草木并。”原注：“从草，当作‘茶’，其字出《开元文字音义》；从木，当作‘梌’，其字出《本草》；草木并，当作‘荼’，其字出《尔雅》。”故《集韵·麻韵》云：“荼、梌、茶，茗也。或从木，亦省。”

槚、蔎，是茶的别名。《尔雅·释木》：“槚，苦荼。”郭璞注：“树小似栀子，冬生叶，可煮作羹饮。”唐陆羽《茶经·事》：“蜀西南人谓茶曰蔎。”从以上材料看，在“茶”字出现以前，此二字曾记录了茶的意义和地方读音，与“茶”逐渐分离。

茗，与茶有微殊。《说文新附》：“茶芽也。从艸，名声。”又指晚采的老茶，粗茶。亦作“荈”。《尔雅·释木》“槚，苦荼。”郭璞注：“今呼早采者为荼，晚取者为茗，一名荈。”《玉篇·艸部》：“荈，茶叶老者。”古人对茶的讲究可见一斑。《世说新语·纰漏》：“坐席竟，下饮，便问人云：‘此为茶，为茗？’”此为东晋时丞相王安丰设宴款待青年才俊任育长时的问语。

俗话说：“开门七件事，柴米油盐酱醋茶。”茶在中国饮食文化中占据重要的地位。据传是神农氏发现了茶。唐陆羽《茶经》：“茶之为饮，发乎神农氏。”晋常璩（qú）《华阳国志·巴志》载，周武王灭商后，封其宗族之人于巴，子爵，其地“园有芳蒻香茗”。秦时，饮茶和种茶传至荆楚。汉时才有饮茶的明确记录，如王褒《僮约》“烹荼尽具”“武阳买荼”。[①]魏晋南北朝时，佛教盛行，饮茶助清修成为共识，南方遂扩大种茶规模，饮茶蔚然成风。隋唐五代，茶的医疗保健功能（如轻身、少睡益思、助消化）被重视起来，其地位超过了酒。陆羽《茶经》创立茶道，关于从烧水到烹沏、从调和到饮用的技巧均有记载，还介绍了如何选择烹饮器等。该书记载了当时有32个州郡成为产茶区：陕南峡州、浙西湖州、浙东越州、剑南彭州等。福建建州出产贡茶。于是，从南到北，自上而下，煮茶饮茶遂成风俗。封演《封氏见闻录》卷六：“人自怀挟，到处煮饮，从此转相仿效，遂成风俗。”“茗战”就是有钱有闲之人比赛茶的好坏的民间风俗，至今成为惠州传统。宋称“斗茶”。苏轼《荔枝叹》诗：“争新买宠各出意，今年斗品充官茶。”宋代讲究片茶加工技术，并创制了花茶加工的工艺。明代的茶文化典籍多达50多部，总结茶文化的理论，研究茶叶、水质、容器及饮茶环境和礼俗，形成了鲜明的茶文化

① 据前论证，此“荼”当作“茶”。

体系，对后世影响巨大。[①]

## 三、汤

汤（湯），《说文·水部》：“热水也。从水，昜声。”汤本是具有多种用途的沸水、热水，至宋时经过加工改造，在唐代成为一种具有清热解毒功效的草药或用果品熬制的保健饮品（称“饮子”），由此发展为品种多样的饮料。如元陈元靓《事林广记》别集卷七《诸品汤》列有木瓜汤、桂花汤、乌梅汤等十余种，并附有配方和服法。这些汤品的用料分为药材、香料、花和干果，但均加甘草。如宋朱彧《萍州可谈》卷一：“汤取材甘香者屑之，或温或凉，未有不用甘草者，此俗遍天下。”

随着饮汤渐成风俗习惯，人际交往时就少不了一种“点汤”礼。此礼用于委婉辞客或相当于下逐客令。宋朱彧《萍州可谈》卷一：“今世俗客至则啜茶，去则啜汤。”即客人初至设茶，离开前设汤。佚名《锦绣万花谷》续集卷二载：宋仁宗在宫内听讲读时，讲读前先给讲读官“赐坐饮茶”，讲读官讲读毕复坐，“饮汤乃退”。客罢点汤的原因有很多，薛瑞兆《元杂剧中的“点汤”》总结为：第一，“客坐既久，恐其语多伤气”（南宋徐度《南窗纪谈》）；第二，客久至，主人委婉辞客；第三，示意恶客速去。[②]南宋后，此俗消失。但因汤有保健滋补功效，故仍作为待客饮料。宋陆游《入蜀记》卷三载，乾道六年，陆游入蜀，游历李太白祠堂，途中“有两道人持汤迎劳于松石间”。其后又归于保健饮品的地位。如清曹雪芹《红楼梦》第八十三回：“雪雁捧了一碗燕窝汤，递给紫鹃。紫鹃隔着帐子，轻轻问道：‘姑娘，喝一口汤罢？’”

## 四、乳

乳，甲骨文作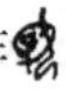，像哺乳状，本义当为哺乳。小篆讹变为，哺乳者已不见。《左传·宣公四年》：“邧夫人使弃诸梦中，虎乳之。”此谓楚国的令尹子文是斗伯比与邧子之女的私生子，故被邧夫人抛弃在沼泽，但被虎乳养。可代

① 黄金贵主编，《中国古代文化会要》（上），西泠印社，2007年，第379～380页。
② 薛瑞兆，《元杂剧中的“点汤”》，载于《文史》第二十一辑，中华书局，1983年。

指乳汁。《史记·张丞相列传》:“(张)苍之免相后，老，口中无齿，食乳，女子为乳母。”汉魏以后，中原人才饮牛乳、羊乳，但以牛乳为主。如《魏书·王琚传》:“常饮牛乳，色如处子。”元时，蒙古贵族喜饮马奶，宫廷以骆驼奶为贵，忽必烈用驼乳奖赏有功将领。①

湩(dòng),《说文·水部》:“乳汁也。从水，重声。”《穆天子传》卷四:“因具牛羊之湩，以洗天子之足。”郭璞注:“湩，乳也，今江南人亦呼乳为湩。”《玉篇·水部》亦云:“湩，江南人呼乳为湩。”由此可见，湩当为方言词，流行于江南。用“湩”指动物乳是汉代以后的事。《史记·匈奴列传》:“得汉食物皆去之，以示不如湩酪之便美也。”裴骃集解:“湩，乳汁也。”实际上“湩酪”是用马奶制成的奶酪,“湩”指马奶，裴骃未说明。据《汉书·百官公卿表》所提“挏(dòng)马”一职，主管取马乳制酒。颜师古注:“应劭曰:‘主乳马，取其汁挏治之，味酢(cù，酸)可饮，因以名官也。’如淳曰:‘主乳马，以韦革为夹兜，受数斗，盛马乳，挏取其上肥，因名曰挏马。’”挏,《说文·手部》:“擁(同‘拥’)引也。汉有挏马官，作马酒。从手，同声。”擁引，来回摇动。“挏马”怎么理解?马酒或马乳酒如何制成?说法不一。上文所引中应劭认为是来回摇动马乳使之发酸而成。清王筠《说文句读》对此有所补充:“盖撞挏之器重，须两手抱之，故曰擁;须往来推引之，故曰引也。”分解词义，非常形象。如淳认为摇动后只取马乳上的油脂，这与马酒不符。清邓廷桢《双研斋笔记论说文》:“其(制马酒)法以革囊盛马乳，一人抱持之，乘马绝驰，令乳在囊中自相撞动，所谓挏也。往复数十次，即可成酒。”此说不免荒唐，怎么能骑马狂奔使所持皮囊中的马乳撞动成酒呢?故相较之下，挏马是指来回摇动盛马乳的器皿，待乳发酸产生酒味，即为挏马酒之说更为合理。故李奇注《汉书·礼乐志》“其七十二人给大官挏马酒”为“以马乳为酒，撞挏乃成也”就易于理解了。挏马酒，又称挏酒、挏乳，皆为马酪，如隋薛道衡《明君词》诗:“駃騠(juétí)聊强食，挏酒未能倾。”駃騠，良马名。又明归有光《马政志》:“车驾幸上都，太仆卿以下皆从。先驱马出建德门外，取其肥可挏乳者以行。”马酪即上文所引

① 黄金贵主编,《中国古代文化会要》(上)，西泠印社，2007年，第381～382页。

《史记》中的“湩酪”。因其味如酒，故称“酒”。《汉书·礼乐志》“给大官挏马酒”，颜师古注：“马酪味如酒，而饮之亦可醉，故呼马酒也。”表示马酪的专字为酮（tóng）。

酮，用马奶制成的酪，从酉，同声。《广韵·平东》：“酮，马酪。”《集韵·东韵》：“酮，《埤仓》：‘马酪也。’”明王直《甘露颂》：“匪饴匪酮，既甘既融。”此文形容甘露虽非饴糖和马酒，但其味甘甜而和融。

酪，用牛羊马等的乳汁炼制成的食品，有固体和液体两种。酪原是我国北方少数民族的食品之一。如《汉书·晁错传》：“夫胡貉之地，积阴之处也，木皮三寸，冰厚三尺，食肉而饮酪。”汉魏以后，北方游牧民族进入中原，带来饮奶酪的习俗。《释名·释饮食》：“泽也，乳汁所作，使人肥泽也。”可见，当时人们已注意到酪的营养价值了。后来宋代徐铉在《说文·酉部》新附字中加入此字，并释为：“乳浆也。从酉，各声。”但此注只指液体的酪。此时酪的产量有限，只有少数人才能享用。《晋太康起居注》载：尚书令荀勖体弱多病，晋武帝特“赐奶酪，太官随日给之”。后渐渐向民间推广。《齐民要术》卷六有“作酪法”“作干酪法”，以传播奶酪的各种加工方法。隋唐五代，随着民族融合与交流日渐深入，乳品为中原人普遍接受，出现了一种用奶酪加工的点心——风鲊。旧本题唐金城冯贽《云仙杂记》卷一〇载，房寿六月待客，“捣莲茶制碧芳酒，调羊酪造含风鲊”。

酥，《说文》未收，王力《汉语史稿》以为是西域借词。[①]《玉篇·酉部》：“酥，酪也。”和酪一样，也是牛羊乳制品，即酥油。唐杜甫《病后过王倚饮赠歌》“金城土酥净如练”仇兆鳌详注引梦弼曰：“酥，牛羊乳所为，白色如练也。”酥是浮在酪之上凝结而成的白色物质。宋寇宗奭《本草衍义》卷一六：“作酪时，上一重凝者为酥。”具体加工过程，《本草纲目·兽部一·酥》中引《臞仙神隐》云：“以乳入锅，煮二、三沸，倾入盆内，冷定待面结皮，取皮再煎，油出去渣，入在锅内，即成酥油。”唐韦巨源《烧尾食单》中提到两种在原料中加酥油的食品：“单笼金乳酥”是蒸饼，“金铃炙”是色形如金铃的烤制品。

---

① 王力，《汉语史稿》，中华书局，2004 年，第 589 页。

酥上凝结的油是醍醐。隋唐时，它和酪、酥是难得的美味，故用来比喻出类拔萃之人。《新唐书·穆宁传》载，穆宁有四子，人品出色，被喻为酪、酥、醍醐和乳腐（乳饼）。此时也产生了“醍醐灌顶”之典。《敦煌变文集·维摩诘经讲经文》：“令问维摩，闻名之如露入心，共语似醍醐灌顶。”用把纯酥油浇到头上之语比喻灌输智慧，使人彻底觉悟。原用于佛教，后引申比喻听了高明的意见使人受到很大启发。

酮、酪、酥、醍醐诸字词皆从酉，这与酮味如酒有关。酪所指范围大于酮，酥是酪上之凝结之物，醍醐又是酥上之油，可见，由马酒之义扩展开来，同类事物皆类化，从酉以示。

奶（妳、嬭），本义是母亲。《广雅·释亲》：“奶，母也。”《北齐书·恩幸传·穆提婆》：“提婆母陆令萱尝配入掖庭，后主襁褓之中，令其鞠养，谓之干阿妳。”妳，《玉篇·女部》：“同奶。”三字音同义通，应为“母”的方言。《广韵·荠韵》：“（奶）楚人呼母。”引申为乳汁。《玉篇·女部》：“奶，乳也。”因此有“妳媪”“奶母”“奶（妳）子”“奶口”的称谓，即今之“奶妈”。如《晋书·桓玄传》：“妳媪每抱诣温，辄易人而后至，云其重也。”又《宋书·何承天传》：“承天年已老，而诸佐郎并名家年少，颍川荀伯子謿之，常呼为奶母。”五代范资《玉堂闲话·杀妻者》：“某于一豪家举事，共言杀却一奶子，于墙上舁过，凶器中甚似无物，见在某坊。”宋周密《齐东野语·龟溪二女贵》：“（隆国黄夫人）常以妳子自称。”明沈榜《宛署杂记·奶口》：“东安门外稍北，有礼仪房，乃选养奶口以候内庭宣召之所。”嬭，是“奶”或“妳”后起的异体字。明张自烈《正字通·女部》：“嬭，改作奶。”后可泛指所有乳汁，特别是动物乳。如清曹雪芹《红楼梦》第十九回：“我的血变的奶，吃的长这么大，如今我吃他一碗牛奶，他就生气了？”

## 第五节　汉字与五味

中国传统饮食讲究五味调和，《淮南子·原道训》：“味之和不过五。”高诱注：“味，甘酸咸辛苦也。”即甘（甜）、酸、咸、苦、辣（辛、䇶）。秦汉时期的《神农本草经》认为中药的五味排序是：“药有酸、咸、甘、苦、辛五味。”其序稍异。

味，《说文·口部》：“滋味也。从口，未声。”其古字为“未”，甲骨文为，金文为，篆文同。《说文·木部》：“未，味也，六月滋味也。……象木重枝叶也。”饶炯部首订：“未从木，重其枝叶。指事者，言其时万物滋长。”[①]以象形之法表抽象之义，亦可视为象形。饶炯采用王筠之说，以为是指事。“六月滋味”指夏季草木茂盛，其气味浓郁，象形字“未”成为味道之义的象征，故“味”中之“未”亦表意。

表示五味的用字皆有源，与相关食物及人们的感受有关。

甘，甲骨文作，小篆作，《说文·甘部》：“美也。从口含一。一，道也。”所谓“道”，其实不过是象征美味的食物。甘是一个指事字。所谓“美”，指食物的正味、本味，无任何刺激的气味。《尚书·洪范》：“稼穑作甘。”孔安国传：“甘味生于百谷。”又《素问》：“物之味甘者，皆土气之所生也。”古人认为甘源于粮食，是土地之气的凝聚，其味之美是对粮食的感受。《庄子·外物》：“口彻为甘。”所谓“口彻”，即口齿清爽，无异味。可见，甘的本义并非甜蜜，它强调本味之美。这种美味是粮食经过各种自然物质调和后而形成的中和之美，故《春秋繁露·五行之义》说：“甘者，五味之本也。”段玉裁注《说文》“甘”时指出其泛指义：“而五味之可口皆曰甘。”凡可口即甘。如《诗经·邶风·谷风》：“谁谓荼苦？其甘如荠。”而甜蜜亦是粮食经过特殊加工后的味道，如米、大麦、小麦、粟或玉米等粮食经发酵就会糖化，制成饴糖，于是甘就有了甜的滋味。晋葛洪《抱朴子·微旨》：“中有嘉味，甘如蜜。”此义后作“甜（甛）”。《说文·甘部》：“甛，美也，从甘，从舌。舌，知甘者。”徐灏注笺：“甘之至为甛，甛之言恬也。古无所谓甛，盖以甘统之，后世以稼穑之类为甘，饴饧之类为甛。”如《孔子家语·致思》：“楚王渡江得萍实，大如斗，赤如日，剖而食之甜如蜜。”所以，五味之中的“甘”可两指，即正味与甜味。“甜”在大多数情况下，与甘相对，侧重于甜蜜。但有时可两指。如“甜汤”在广东亦称“糖水”，是古代王公

① 转引自汉语大字典编辑委员会编纂的《汉语大字典》，四川辞书出版社、湖北辞书出版社，1986年，第1150页。

贵族宴会后食用的一种能调和食气、帮助消化的甜蜜饮品；而在陕西、河南方言中，它则指麦面糊汤，不放任何调料，保持原味。

酸，古代酸味本用梅来调，如《尚书·说命下》："若作和羹，尔惟盐梅。"孔安国传："盐醎梅酸，羹须醎醋以和之。"那么，"酸"字为什么从"酉"呢？原来，酒发酵过头就会产生酸味，如"截（zài）浆"就是一种用熟饭酿成的带有醋味的酒。《周礼·天官·酒正》"三曰浆"郑玄注："浆，今之截浆也。"贾公彦疏："此浆亦是酒类。"后来人们利用酿酒的经验发明了酢（俗作"醋"），如《说文·酉部》："酢，醶（yàn）也。"段玉裁注："酢本截浆之名，引申之凡味酸者皆谓之酢。"《说文·酉部》："今俗皆用'醋'，以此为酬酢字。"可引申为酸。《急就篇》卷三："酸醎酢淡辨浊清。"颜师古注："大酸谓之酢。"醯（xī）也是醋。《论语·公冶长》："孰谓微生高直？或乞醯焉，乞诸其邻而与之。"邢昺疏："醯，醋也。"酸是酢、酰的味道，即酸味，是"酢"的方言词。《说文·酉部》："酸，酢也。从酉，夋声。关东谓酢曰酸。"战国楚宋玉《楚辞·招魂》："大苦醎酸，辛甘行些。"朱熹注："酸，酢也。"此二"酢"，皆指酸味。故北周庾信《小园赋》道："枣酸梨酢，桃榹（sī）李薁（yù）。"桃榹，山桃。李薁，酸李。

咸（鹹），从卤（lǔ，盐碱地），咸声。卤，金文作，元戴侗《六书故》："内象盐，外象盛卤器。"有记载以为是形成盐粒的盐田。如《释名·释地》："地不生物曰卤。"《说文·卤部》："卤，西方鹹地也。"段玉裁注："鹹地仅产盐。"皆有据。既从卤，便与盐有关。盐的繁体为鹽，《说文·皿部》："鹹也。从卤，监声。"段玉裁注本据唐玄应《一切经音义》卷三改"鹹也"作"卤也。天生曰卤，人生曰盐"。段注区别了自然生成的卤和人为加工的盐。二字皆有卤，二物皆同味，如此咸味与卤（或盐）就联系到一起。故《广韵·咸韵》："鹹，不淡。"《字汇·卤部》："鹹，盐味。"此义的用例如《荀子·正名》："甘苦鹹淡、辛酸奇味，以口异。"

苦，本是苦菜。《说文·艸部》："苦，大苦，苓也。从艸，古声。"《诗经·唐风·采苓》："采甘采苦，首阳之下。"毛亨传："苦，苦菜也。"引申为苦菜般的味道，苦味。《诗经·邶风·谷风》："谁谓荼苦，其甘如荠。"荼味苦涩，但文中主人公以为只要夫妻相爱，苦也变得甘甜。

咸与苦相通。《周礼》《史记》《淮南子》等皆以“苦”与“盬（gǔ）”相通。“盬”，《说文·皿部》：“河东盐池。……从盐（鹽）省，古声。”本为盐池名。后指未经炼制的大粒盐。其量大味苦，故又将“盬盐”称作“苦盐”。《周礼·天官·盐人》“祭祀，共其苦盐、散盐。”郑玄注：“杜子春读苦为盬，谓出盬直用，不湅（通‘炼’）治。”贾公彦疏：“苦当为盬，盬谓出于盐池，今之颗盐是也。”又《素问》“夫盐之味咸者”注：“咸谓盐之味苦浸淫而润物者也。”“盐之味苦浸淫”是说，盐本咸，但过咸便为苦。故《尔雅·释言》云：“咸，苦也。”郭璞注：“苦即大咸。”

辣，《玉篇·辛部》：“辛，辣也。”作为五味之一，“辣”字以“辛”为偏旁，出现较晚，如《本草纲目·菜一·芥》之《集解》引南朝梁陶弘景曰：“芥似菘而有毛，味辣。”而同义的“辛”本义为罪，辛辣是假借义。那么此义最早用什么字表示呢？《说文·卤部》收“𨣏（shǐ）”字，释为：“列也。从卤，吏声。”段玉裁注：“列，当从《玉篇》作烈，字之误也。烈，炎猛也，引申为凡猛之称。𨣏，谓酒气酷烈。”看来，辣味最初与酒味酷烈有关。而辛和辣多指与酒无关的味道。如上文所引“芥似菘而有毛，味辣”，此为蔬菜味。又《尚书·洪范》：“水曰润下，火曰炎上，木曰曲直，金曰从革，土爰稼穑。润下作咸，炎上作苦，曲直作酸，从革作辛，稼穑作甘。”此文之意为五行中的水向低处奔流，能够滋润万物，产生咸味；火焰向上产生苦味；木可曲可直，产生酸味；金顺从人意可改变形状，产生辣味，此为金属味。而汉嵇康《养生论》“薰辛害目”李善注：“《养生要》曰：‘大蒜勿食，荤辛害目。’”“薰辛”即“荤辛”，指葱蒜等带有刺激味道的蔬菜。其中的“辛”与蔬菜有关。可见，三字使用范围有别：“𨣏”专指酒，辛和辣指别的具有刺激味之物。故明末时我国从南美洲引进的番椒又称辣椒。后来，“辣”所指范围扩大，代替了“𨣏”；使用频繁后，又代替了“辛”。

酸、𨣏二字皆来自酿酒，意义相关。这两种味道在烹食中最为刺激，醒脾开胃。故“辛酸”常常连用，如上引《荀子·正名》“甘苦鹹淡、辛酸奇味”，又东汉张衡《七辨》：“于是乃有刍豢腯（tú，肥壮）牲，麋麛豹胎，飞凫栖鷩（bì，锦鸡），养之以时，审其齐和，适其辛酸。”刍豢，牛羊犬豕之类的家畜。

总之，“甘”为本味、原味，入口适中，与之相对立的是有刺激感的后四种味道。五者之间有的存在着复杂的单向转化关系，如甘与酸可转化，因为水果生酸熟甘；甘与苦可转化，因为中药药性苦凉甘热；咸与苦可转化，因为咸到极致变成苦。有的是同一物的两种状态，如酸与䤈都源于酒，因发酵的程度大小和酒精的含量高低而不同。

## 第六节　汉字与饮食器具

饮食器具包括炊具、餐具和饮具，它们是经过长期的生活实践而发明和创造出来的，为人们的日常生活提供了方便。

### 一、炊具

炊，《说文·火部》：“爨（cuàn）也。从火，吹省声。”烧火做饭。《论衡·知实》：“颜渊炊饭，尘落甑中。”《左传·宣公十五年》：“易子而食，析骸以爨。”杜预注：“爨，炊也。”炊具由灶及各种盛放食物以熟之的器具组成。

灶，生火烧煮食物的设备，是“竈”的俗字和简体字。金韩道昭《五音集韵·号韵》：“灶，俗竈。”从火从土，明示其材料及用途。《说文·穴部》收“竈”：“炊竈也。从穴，鼀（wā）声。”段玉裁注：“炊爨之处也。”字从“穴”，表明此为掘穴而成的掘地灶，其四周无遮拦，上可立三根木枝的炙架来支撑猎获物，也可以埋锅造饭，只适用于野外。如《左传·成公十六年》：“塞井夷竈，陈于军中，而疏行首。”城濮之战时，为了不给楚军留下便利条件，晋军就填井平灶。后来有了在地面上用砖或坯垒砌而成的长方形的火灶。灶台的另一头有烟囱，即“堗”，通假为“突”。（图5－2）《广雅·释宫》：“窹[1]（wù）谓之灶。其窻（同‘窗’）谓之堗。”《韩非子·喻老》：“千丈之隄（同‘堤’）以蝼蚁之穴溃，百尺之室以突隙之烟焚。”突隙，烟囱的裂

① 窹：灶。《玉篇·穴部》：“窹，《苍颉》云：‘楚人呼灶曰窹。’”章炳麟《新方言·释宫》：“浙西谓灶下积薪处为灶窹。”

缝。成语“墨突不黔”出自《汉书·叙传上》“孔席不煗（同‘暖’），墨突不黔”，说的是孔子和墨子整日东奔西走，每到一处坐席还没有坐暖，烟囱都熏不黑，就匆匆离去，到别的地方了。火灶在灶眼上置一甗（yǎn）以蒸煮食物，旁有一小坛。长方形的灶口可烧柴草。（图 5－2）用火灶烧饭的情景在“爨”字的构形里有所反映。爨，小篆作，《说文·火部》：“齐谓之炊爨。臼，象持甑；冂，为灶门口；廾，推林内（后作‘纳’）火。”即双手将甑置于灶眼上，再将薪柴送入灶口引燃。

汉代出现了陶灶，前圆后方。灶口挡火墙呈“山”字形，高出灶身，下有一拱形火门，空心圆柱形烟突，直立。灶面有一火眼，其旁置一小罐。（图 5－3）

魏晋南北朝时，高台大灶通行于南北，但形制稍有不同。北方是长方形，有一个火眼，有挡火墙和烟囱；南方是船形，有二至三个火眼，火灶上翘并有排烟孔。（图 5－4）

**图 5－2　火灶**

**图 5－3　汉陶灶**

**图 5－4　南北朝青瓷船型灶**

隋唐五代时，南方火灶吸收了北方火灶的优点，将弧形改为平面，加挡火墙，较低矮。但随着烟囱和烟道的使用和改进，灶中燃料能够充分燃烧，烟气可有效排放，故挡火墙不再使用。

从北宋开始，北方普遍使用石炭（煤）为燃料，因其火力足，燃烧时间长，故灶的炉膛变小。但传统的陶灶和砖灶仍在使用。[①]

**图 5－5　陶鬲**

---

① 黄金贵主编，《中国古代文化会要》（上），西泠印社，2007 年，第 393 页。

鬲，上古煮器。甲骨文作，象形。小篆作，《说文・鬲部》：“鬲，鼎属。……象腹交文，三足。”其形状多为侈口、圆腹、三个袋状足，有的颈部有双耳，分陶制和金属制两种。（图5－5）陶鬲出现于新石器时代晚期，商周时期继续流行，春秋战国时期消失。字亦作“甌”，《说文・鬲部》：“鬲或从瓦。”从瓦，示其为陶制。较早的陶鬲腿长裆深，便于直接支在地上填柴引火。

鬲是先民最早发明的炊具。其作用是烹煮食物，使人享用到容易消化的粥。加甑后又能蒸饭，改变了以往只能烤、炙的熟制方式。以下诸字皆与之有关。

融，从鬲，虫省声，其甲骨文形象地表现了蒸煮时水汽上升状，故《说文・鬲部》云：“炊气上出也。”鬻，“粥”的异体字，从粥，从鬲。《尔雅・释言》：“鬻，糜也。”《集韵・屋韵》：“鬻，糜也。亦书作粥。”《仪礼・士丧礼》：“夏祝鬻余饭，用二鬲于西墙下。”郑玄注：“鬻余饭，以饭尸余米为鬻也。”陆德明释文：“本又作粥。”此例是说习夏礼而任司祭的人将饭含[1]所剩下的米用安放于西墙下的二鬲煮成粥。“鬻”之音义又同“煮”。《周礼・春官・肆师》：“及果（通‘祼’。祭名），筑（捣）鬻。”郑玄注引郑众曰：“筑煮，筑香草煮以为鬯。”陆德明释文：“鬻音煮。”意思为到将行祼礼时，筑捣郁金香草并煮之，用以调和鬯酒。

甑，从瓦从曾，曾亦声。其底部有七个透蒸气的孔，置于鬲或釜上，如现代的蒸笼。《说文・瓦部》：“甑，甗也。”段玉裁注：“甑所以炊烝米为饭者，其底七穿，故必以箅蔽甑底而加米于上。”（图5－6）箅用半环连在甑内，可开合。新石器时代晚期已有陶甑，上有七孔。商周时有青铜甑，后有铜甑、铁甑。战国时已釜甑合用，如《孟子・滕文公上》：“许子以釜甑爨，以铁耕乎？”许子，指农家学派的代表人物许行。汉代以后推广使用。成语“甑尘釜鱼”出自《后汉书・范冉传》“甑中生尘范史云，釜中生鱼范莱芜”。范冉，字史云，汉桓帝时为莱芜之长。他清贫自守，常常断炊，甑里积了灰尘，锅里生了蠹鱼。形容穷

**图5－6　青铜甗**

① 饭含：古丧礼，将米纳入死者口中。

困，断炊已久。后用来比喻官吏清廉自守。后来，甑不仅用于蒸米饭和干食，且可蒸制菜肴。《齐民要术》有“蒸鸡”“蒸肉”等。现陕西西安小吃“甑糕”就是用铁甑蒸成，是古蒸法的保留。

甗，从瓦，鬳声。上古蒸器，有陶制和青铜制，分两层。上部是透底的甑，可蒸食物；下部是无耳的鬲，可煮食物。（图 5－6）西周多用，东周少见。《周礼·考工记·陶人》：“陶人为甗，实二鬴（fǔ，同‘釜’），厚半寸，唇寸。”“二鬴”不准确，应是上为甑，下为鬲（后换成釜）。“唇”指甑的口沿。有了甗，原来放在竹筒里干蒸的方式就变成了汽蒸。

后来，火灶被广泛使用，灶口填柴，灶眼架炊具，于是，陶鬲三足的支撑功能丧失，进化为锅釜。这可以从锅釜类的字从“鬲”加以证明。鬴，“釜”的异体字。敛口圆底，或有二耳。《说文·金部》：“鍑（fù，大釜）属。从鬲，甫声。釜，鬴或从金，父声。”战国时多为陶釜（图 5－7），汉时有铁釜（图 5－8），唐代，皇室用金银釜。成语“破釜沉舟”出自《史记·项羽本纪》“项羽乃悉引兵渡河，皆沉船，破釜甑，烧庐舍，持三日粮，以示士卒必死，无一还心”。小釜是鍪（móu），青铜制，腹大颈小，敛口反唇。《说文·金部》：“鍪，鍑属。从金，敄声。”《急就篇》第十二章：“铁、鈇（义同‘斧’）、钻、锥、釜、鍑、鍪。”颜师古注：“鍪，小釜类。”（图 5－9）

**图 5－7　陶釜**

**图 5－8　铁釜**

**图 5－9　鍪**

釜是锅的前身。䰛，“锅”的异体字，铁制。《说文·鬲部》：“秦名土釜曰䰛。从鬲，𠦒声。”段玉裁注：“今俗作‘锅’。”许慎认为秦人称陶釜为䰛，应是方言，也是古字。因后为铁制，故以“锅”代之。如元末明初陶宗仪所编《说郛》卷五八引晋徐广《孝子传》：“母好食锅底焦饭。”

鼎是鬲的发展，用于煮肉盛肉。鼎，金文作，象形，用于烹煮肉食，

也用于燕飨时盛放食物或调拌食物，兼有炊具与飨具的功用。原始社会已有陶鼎，夏、商、周三代后多为青铜鼎。《说文·鼎部》："三足两耳，和五味之宝器也。"亦有四足方形的，如著名的后母戊方鼎。(图5－10)

**图5－10 后母戊方鼎**

鼎细分为镬（huò）鼎、升鼎、羞鼎（陪鼎）等。镬鼎形体较大，无盖，用于烹煮白牲肉。(图5－11）升鼎亦称正鼎，为放牲体的祭器，盛放从镬鼎中取出的煮熟的牲肉，食用时在腹底烧火，保持温度。羞鼎亦称陪鼎，用于盛放有佐料的肉羹，与升鼎相配使用，所以也叫作"陪鼎"。《仪礼·聘礼》："饪一牢，在西，鼎九，羞鼎三；腥一牢，在东，鼎七。"郑玄注："羞鼎则陪鼎也，以其实言之则曰羞，以其陈言之则曰陪。"在古代豪门贵族之家，它们常常配套用来煮、盛食品。成语"钟鸣鼎食"形容权贵的豪奢排场。东汉张衡《西京赋》："击钟鼎食，连骑相过。"唐王勃《滕王阁序》："闾阎扑地，钟鸣鼎食之家。"闾阎，里巷内外的门。扑地，遍地。宋时，铁鼎仍用于肉类食物的烹煮。

随着商代礼仪制度的建立和不断完善，鼎由简单的炊具、飨具上升为礼器，常置于宗庙以铭功记绩，成为贵族的专用品和统治权力的象征。西周后，形成了比较完整的用鼎制度，即用鼎数量与贵族等级高低有关：天子九鼎，诸侯七鼎，卿和士大夫五鼎，士三鼎。相应地，太牢配九鼎、七鼎，少牢用五鼎，豕用三鼎。秦汉时期鼎还保留着祭祀的功用。祭祀是国家大事，故鼎是权力和地位的象征。九鼎，相传为夏禹所铸，代表九州，夏、商、周三代以之为国家宝器。成语"问鼎轻重""问鼎中原"出自《左传·宣公三年》"楚子问鼎之大小轻重焉"，讲的是春秋时楚庄王北伐，周定王使王孙满慰劳楚王，楚王询问九鼎的重量，欲夺周朝之天下。成语"一言九鼎"出自《史记·平原君列传》，"毛先生一至楚而使赵重于九鼎大吕。毛先生以三寸之舌，强于百万之师。胜不敢复相士"。大吕，古钟名。指毛遂一句话抵得上九鼎和大吕的重量，比喻人说话能起很大作用。五鼎，大夫祭祀时陈列，分别盛羊、豕、肤（切肉）、鱼、腊五种供品。东汉李尤《鼎铭》：“五鼎大和，滋味集具。”三鼎，士祭祀所陈。《仪礼·士昏礼》：“期初昏，陈三鼎于寝门外东方、北面、北上。”郑玄注：“鼎三者，升豚、鱼、腊也。”《孟子·梁惠王下》：“君所谓踰者，前以士，后以大夫，前以三鼎，而后以五鼎与？”赵岐注：“《礼》：士祭三鼎，大夫祭五鼎故也。”可见鼎是神器之重，故西周以青铜鼎做明器，东周、汉代常以陶鼎做陪葬明器。

镬，无足鼎，是煮肉及鱼、腊之器。甲骨文作，罗振玉《增订殷虚书契考释·镬》：“（甲文）从鬲隻声，殆即许书之镬。……隻即獲字。”[①]金文作，从金，蒦声，为小篆所本。《周礼·天官·亨（后作“烹”）人》：“亨人掌共（后作‘供’，供给）鼎镬，以给（jǐ）水火之齐（后作‘剂’，分量）。”孙诒让正义：“《淮南子·说山训》高（诱）注云：‘无足曰镬。’《士冠礼》郑（玄）注云：‘煮于镬曰亨。’又《特牲馈食礼》‘亨于门外东方，西面北上’。郑注云：‘亨，煮也。煮豕、鱼、腊以镬，各一爨。’《少牢馈食礼》有羊镬、豕镬。是镬为煮肉及鱼、腊之器也。”此例意思为烹人掌管鼎、镬的供给，掌握烹煮时用水的多少和火候的大小。

夏商时，有用镬烹人祭祀天地神明的记载。后作为烹人的刑器，成为一种酷刑，即将犯人投入盛有沸水或热油的大镬中或煮或炸以处死，也叫烹刑、镬烹、汤镬等。《吕氏春秋·上德》：“被瞻据镬而呼曰：‘三军之士皆听瞻也。自今以来，无有忠于其君，忠于其君者将烹！’”被瞻，春秋时郑国大臣，愿为保全郑国而被晋文公所烹。清黄遵宪《番客篇》：“谁肯跨海归，走就烹人镬？”故有“镬亨”一词，指用镬煮而杀人的酷刑。《汉书·刑法志》：“秦用商鞅连相坐之法，造参夷之诛；增加肉刑、大辟，有凿颠、抽胁、镬亨之刑。”颜师古注：“鼎大而无足曰镬，以鬻人也。”参夷，

**图5-11　附耳牛头螭纹蹄足镬鼎（春秋晚期）**

① 转引自汉语大字典编辑委员会编纂的《汉语大字典》，四川辞书出版社、湖北辞书出版社，1986年，第4262页。

也叫“族诛”，即夷三族。《史记·廉颇蔺相如列传》：“臣令人持璧归，知欺大王之罪当诛，请就汤镬。”因镬与鼎配套使用，故二者常常组成偏义复词。《汉书·郦食其传赞》：“郦生自匿监门，待主然后出，犹不免鼎镬。”此指郦食其原为守门小吏，因刘邦遍访豪杰而随之出仕。他出使齐国，劝齐王田广归汉，齐王愿以七十余城降汉。而汉将淮阴侯韩信为夺郦食其之功，发兵袭击齐国，齐王以为被骗，乃用镬烹杀了郦食其。有时“鼎”指镬。如典故“五鼎烹”出自《汉书·主父偃传》“丈夫生不五鼎食，死则五鼎亨耳”。颜师古注：“五鼎亨之，谓被镬亨之诛。”主父偃是汉武帝时人，博学直谏，面对威胁，他说自己生不能享用五鼎食，死就受五鼎烹刑算了。

## 二、餐具

古代餐具种类繁多，大致分为盛器和取食器两类。

### （一）盛器

簠（fǔ），祭祀或燕飨时盛放稻、粱等饭食的方形器具。金文作，象形。（图5－12）《说文》古文简化作，小篆作，故《说文·竹部》：“簠，黍稷圜器也。从竹，从皿，甫声。，古文簠从匚，从夫。”所谓“圜器”，实为长方形，口外侈，有四短足及二耳。段玉裁注：“簠，盛稻粱。……此云黍稷者，统言则不别也。”其盖与器形状相同，合上为一器，打开则成大小相同的两个器皿。西周晚期始出现，春秋、战国而流行。

簋，祭祀和燕飨时盛放黍、稷等饭食的圆形器具，圆腹、侈口、圈足。（图5－13）甲骨文作，金文作，皆从又持匕（bǐ，古代取食器。图5－14），从皀（古代食器）中取食。小篆作，《说文·竹部》：“黍稷方器（按：实为圆器）也。从竹，从皿，从皀。”段玉裁注：“合三字会意。”一般分竹木制、陶土烧制或青铜制。商代的簋多无盖，二耳或有或无。西周至战国时流行方座簋，常带盖，有二耳或四耳，有兽面纹、云雷纹、卷体夔纹。《周礼·地官·舍人》：“凡祭祀共簠簋。”郑玄注：“方曰簠，圆曰簋，盛黍、稷、稻、粱器。”《诗经·秦风·权舆》：“于我乎每食四簋。”陆德明释文：

“内方外圆曰簋，以盛黍稷；外方内圆曰簠，用贮稻粱，皆容一斗二升。”

簋起源较早。《礼记·明堂位》：“有虞氏之两敦（duì，食器），夏后氏之四连（后作‘琏’），殷之六瑚，周之八簋。”郑玄注：“皆黍稷器。”孙希旦集解：“敦、琏、瑚、簋，四代之名虽异，而其实为一物也。”瑚、琏为宗庙礼器，故后用“瑚琏”比喻治国安邦之才。《论语·公冶长》：“子贡问曰：‘赐也何如?’子曰：‘女，器也。’曰：‘何器也?’曰：‘瑚琏也。’”孔子认为子贡是治国安邦的人才。北京餐饮一条街——簋街相传源于鬼街，因忌讳而换成同音的“簋”，其实连意义也借了。

**图 5－12　簠**

**图 5－13　冬簋（西周）**

**图 5－14　匕**

为了强调礼制，西周后期以鼎、簋为标志的列鼎制度出现。根据等级的不同，对鼎和簋的数量搭配有严格的规定，据《礼记·玉藻》记载和考古发现：天子九鼎八簋，诸侯七鼎六簋，卿和大夫五鼎四簋，上士三鼎二簋，下士一鼎二簋。天子九鼎，第一鼎盛牛，称为太牢，余鼎分别盛放羊、豕、鱼、腊、肠胃、肤、鲜鱼、鲜腊；诸侯用七鼎，也称大（后作“太”）牢，减少鲜鱼、鲜腊两味；卿大夫用五鼎，称为少牢，鼎实分别是羊、豕、鱼、腊、肤；士用三鼎或一鼎，称为特牲，鼎实为豕。可见，列鼎是礼制的产物，也是礼制的体现。

**图 5－15　散氏盘（西周）**

盘（般、盤、槃、鎜），敞口、扁浅的带圈足器皿。（图 5－15）其字形多样复杂，按出现的早晚来看，“般”为古字，本义盘旋。甲骨文作，金文作，从又（或攴），从舟，示以手（持桨）划舟。取舟旋转之特点隐喻与之存在共性的承盘。后来为了区别，先后造了三个形声兼会意之字“盤（金文作）”“槃”“鎜”，以示其属类为皿，或材质为木、金属。《说文·木部》：“槃，承槃也。

盤，籀文，从皿。”《正字通·皿部》：“盤，盛物器，或木或锡铜为之，大小浅深方员（后作‘圆’）不一。”故商承祚《说文中之古文考》云：“甲骨文作𣪠，则叚‘般桓’字为之……‘槃’以木为之，则从木；以金为之，则从金；示其器，则从皿，其意一也。”[①]

盘用来盛放食品，如《左传·僖公二十三年》：“乃馈盘飧，寘璧焉。”“盘飧”是盘盛食物的统称。此例讲的是曹国大夫僖负羁听了妻子的话派人给重耳送去一盘食物，并把一块璧玉藏在其中，想私下结交重耳。盘亦可盛放液体，如祭祀时所用的牲血。《周礼·天官·玉府》：“若合诸侯，则共珠盘、玉敦。”郑玄注：“古者以盘盛血，以敦盛食。”西周时也常以之承水，多与匜（yí，盥洗时用以盛水之具）相配，故亦称“承盘”。《礼记·内则》：“进盥，少者奉盘，长者奉水。”郑玄注：“盘，承盥水者。”魏晋南北朝后，盘多用于盛放非流质食品。[②]唐李绅《悯农》诗：“谁知盘中飧，粒粒皆辛苦。”粒粒之飧，当为米饭。

盆，《说文·皿部》：“盎也。从皿，分声。”口大底小的圆形器皿，用以盛物。与“盎”形制不同。《急就篇》第三章：“甀（zhuì，一种瓮类陶器）缶盆盎瓮罂（yīng）壶。”颜师古注：“缶、盆、盎一类耳。缶即盎也，大腹而敛口；盆则敛底而宽上。”《说文·皿部》以“盎”释“盆”是就其共性而言。盆在魏晋前多为陶制，后瓷盆或上釉的盆渐多。可盛食品、菜肴、酒。《晋书·阮咸传》：“诸阮皆饮酒，（阮）咸至，宗人间共集，不复用杯觞斟酌，以大盆盛酒，圆坐相向，大酌更饮。”此文写魏晋时阮咸与同宗集会，一起用大盆盛酒，不用杯觞。

碗，本作盌、椀，盛饮食的圆形器皿。（图5－16）《说文·皿部》：“盌，小盂也。从皿，夗声。”盂本是盛液体的饮器，形体较碗大。（图5－17）《玉篇·皿部》：“盌，小盂。亦作椀。”二字从皿或木，以示其属类或质料。“碗”字出现较晚。如北周庾信《春赋》：“芙蓉玉碗，莲子金杯。”“盌”“椀”“碗”得名于“宛”，中间低四周高的丘陵地区为“宛丘”。如《诗

① 转引自汉语大字典编辑委员会编纂的《汉语大字典》，四川辞书出版社、湖北辞书出版社，1986年，第1265页。

② 黄金贵主编，《中国古代文化会要》（上），西泠印社，2007年，第396页。

经·陈风·宛丘》："子之汤兮，宛丘之上兮。"毛亨传："四方高中央下曰宛丘。"三字皆为会意兼形声。

图5－16　青铜碗

图5－17　青铜盂

盂，甲骨文为，金文为，从皿，于声。段玉裁注《说文·皿部》："饮器也。"《韩非子·外储说左上》："为人君者犹盂也，民犹水也，盂方水方，盂圜水圜。"汉代时可盛饭。《汉书·东方朔传》："上尝使诸数家射覆，置守宫盂下，射之，皆不能中。"颜师古注："盂，食器也。"射覆。一种猜物游戏。守宫，壁虎。

钵，繁体"鉢"，俗体"缽"。《正字通·金部》："钵，俗体缽。"从金或缶，本声。梵语"钵多罗（pātra）"的省称，意为"应器"，是僧人化斋的食具。底平，口略小，形圆稍扁。陶制或铁制。（图5－18）《晋书·佛图澄传》："澄即取钵盛水，烧香咒之。"成语"衣钵相传"出自《旧唐书·神秀传》："昔后魏末，有僧达摩者，本天竺王子，以护国出家，入南海，得禅宗妙法，云自释迦相传，有衣钵为记，世相付授。"此谓中国禅宗师徒间道法传授，常常举行授予衣钵的仪式。故用以比喻师徒相传技术、学术。

图5－18　陶钵

钵也指一种形似盆而小、多为陶制的饮食器，用来盛饭、菜、茶水等。《玉篇·金部》："钵，器也。"《南齐书·虞愿传》："帝素能食，尤好逐夷，以银钵盛蜜渍之，一食数钵。"逐夷，即鱁鮧，河豚肉。

（二）取食器

原始的取食方法是抓食，即便后来发明了各种取食器，人们也保持着这种习惯。《礼记·曲礼上》："共食不饱，共饭不泽手。毋抟饭，毋放饭。"孔颖达疏："共饭不泽手者，亦是共器盛饭也。泽谓光泽也。古之礼，饭不用箸，但用手，既与人共饭，手宜洁净，不得临食始挼莎（ruósuō）手乃食，恐为人秽也。"挼莎，搓手。意思为多人从一个食器里取饭时，应事先洗净双手，不能到取食时才搓手使之干净。不过，单独就食时，一般使用各种食器。

箸，筷子。俗写"筯"。《说文·竹部》："箸，饭攲（jī，用筷子取物）也。从竹，者声。"《玉篇·竹部》："箸，筴（jiā，同'梜'）也，饭具也。"晚商时期已广泛用箸。《韩非子·喻老》："昔者纣为象箸，而箕子怖。"象箸，象牙筷。《世说新语·忿狷》："王蓝田性急。尝食鸡子，以筯刺之，不得，便大怒，举以掷地。"用筷子插鸡蛋，失败后怒掷于地，可见王蓝田性急的程度。宋时称"筷子"。明陆容《菽园杂记》卷一："民间俗讳，各处有之，而吴中为甚。如舟行讳住、讳翻，以箸为快儿……今士大夫亦有犯俗称快儿者。"后造"筷"字，如清吴趼人《二十年目睹之怪现状》第八十七回："一会儿先端出杯、筷、调羹、小碟之类，少奶奶也过来了。"

匕，饭匙类进餐器具。（图5－14）《说文·匕部》："匕，亦所以用比取饭，一名柶。"其实，匕不但用于盛取饭食，而且可取鼎中牲体，移于俎上，此过程称为"升"。前者体小，后者体大。《管子·弟子职》："左执虚豆，右执挟（通'梜'）匕。"行丧礼时使用以桑树做的匕，祭祀时使用以棘做的匕，取其谐音。段玉裁注《说文》有详说。又《诗经·小雅·大东》："有饛（méng，食物装满器皿貌）簋飧，有捄（qiú，长貌）棘匕。"朱熹集传："棘匕，以棘为之，所以载鼎肉而升之于俎也。"簋飧，盛在簋内的熟食。诗句的意思可释为满满的一簋饭，长柄的酸枣木匙。

新石器时代黄河流域有骨匕，商代兴青铜匕。西周起，中原盛行勺形青铜匕，后成为我国食匕的主要形式。

柶，形似匕，但曲体内翻，用于饮酒时抉取酒糟，角制或其他材料制成。常用作礼器。《说文·木部》："柶，匕也。从木，四声。"段玉裁注："盖常用器曰匕，礼器曰柶。"《广韵·至韵》："柶，角匕，大丧用之。"可见，《说文》释"匕""柶"用互训，实是通言而已。

## 三、酒具（杯、盏、卣、尊、罍、彝、爵、斝、盉）

杯（同“桮”“盃”），饮器的通称。从木、不，不（fū）亦声。不，花蒂。甲骨文作，金文为，王国维《观堂集林》：“不者，柎也。”高鸿缙《中国字例》：“罗振玉曰：‘象花不形，花不为不之本义。’……不，原意为鄂（通‘萼’）足，象形字，名词。后借用为否定副词，日久而为借意所专，乃另造柎字以还其原。”[①]《诗经・小雅・棠棣》：“棠棣之花，鄂不韡（wěi）韡。”郑玄笺：“承华（后作‘花’）者曰鄂。不，当作柎。柎，鄂足也。……古音不、柎同。”杯为饮器，形似花托，故字与“不”同源。《庄子・逍遥游》：“覆杯水于坳堂之上，则芥为之舟。”

《说文・木部》收“桮”，从木，否声。《集韵・灰韵》：“桮，盖今饮器。或作杯。”《晏子春秋・内篇杂上三》：“晏子奉桮血，仰天叹曰：‘呜呼！崔子为无道，而弑其君，不与公室而与崔庆者，受此不祥。’”春秋时，齐臣崔杼弑齐庄公，晏婴手捧盛着血的杯子仰天发誓，诅咒将要去投靠崔杼的人。《广韵・灰韵》：盃，“杯”的俗字。《战国策・魏策一》：“中山之君烹其子而遗之羹，乐羊坐于幕下而啜之，尽一盃。”战国时，魏将乐羊率军攻打中山国，其子此时在中山做人质。为了阻止乐羊，中山国君烹杀其子，让乐羊吃其肉。乐羊忍痛吃一杯，不改其志。

**图 5－19　大口深腹杯**

**图 5－20　浅腹耳杯（南朝双耳玉杯）**

杯分两类。（1）大口深腹杯，带耳。（图 5－19）盛酒、血、水等流质。《孟子・告子上》：“今之为仁者，犹以一杯水，救一车薪之火也。”（2）浅腹耳杯，亦称“羽觞”。（图 5－20）盛羹或菜肴。始于战国，盛于汉代及魏晋

---

① 转引自汉语大字典编辑委员会编纂的《汉语大字典》，四川辞书出版社、湖北辞书出版社，1986 年，第 11 页。

南北朝。《史记·项羽本纪》："必欲烹尔翁，幸分我一杯羹。"唐代后，茶杯出现，流行白瓷杯、白釉杯。

盏，浅而小的杯子。（图5－21）本作"醆"，《说文·酉部》："爵也。……从酉，戋声。""戋"亦表意，有浅小、简易义。如"笺、浅、钱、栈"皆从戋。原为夏代酒杯名。"盏"以"皿"代"酉"，同类。故《说文》以"爵"训"盏"。《方言》卷五："盏，桮也。自关而东，赵魏之间曰椷（jiān），或曰盏。"郭璞注："盏，最小桮也。"

图5－21 盏

"盏"亦称"𥁕"（yǎ），从皿疋声。应是方言之别。《广雅·释器》："𥁕，杯也。"《方言》卷五："𥁕……皆桮也。秦晋之郊谓之𥁕，所谓伯𥁕也。"后用"雅"通"𥁕"。如三国魏曹丕《典论》："刘表有酒爵三：大曰伯雅，容七升；次曰仲雅，容六升；小曰季雅，容五升。"唐于志宁《冬日宴群公于宅各赋一字得杯》诗："俱裁七步咏，共倾三雅杯。""三雅杯"即"三𥁕杯"，表示酒量大，今用"雅量"表示。如清文康《儿女英雄传》第二回："安老爷本是个雅量，遇着那些同寅宴会却也去走走。"同寅，犹同僚。

尊（罇、樽），甲骨文作，金文同，以廾捧酉。小篆为，"酉"变为"酋"。《说文·酋部》："酋，绎酒也。从酉，水半见（后作'现'）于上。"段玉裁注："'酋'上与'谷'上正同，皆曰水半见。绎酒糟滓下湛（后作'沉'），水半见于上，故像之。"故"绎酒"为沉淀后的酒，音义皆与"酉"相关。《说文》又收或体""，从酋从寸，"寸"与"廾"义通。

尊本是酒器，用于祭祀或燕飨宾客，故亦为祭器和礼器。《周礼·春官·小宗伯》："辨六尊之名物，以待祭祀宾客。"郑玄注引郑众曰："六尊：献（通'牺'）尊、象尊、壶尊、著尊、大尊、山尊。"汉代前，尊以肖形尊为主，如牺尊、象尊、鸟尊、兔尊等（图5－22、图5－23）；汉代及汉代后以非肖形尊为主，如西周何尊（图2－7）。

图 5－22　鸟尊（商）

图 5－23　兔尊（西周）

“尊”有定位作用，引申为“尊贵”。段玉裁注《说文》“尊”字：“凡酌酒者必资于尊，故引申为尊卑字。”黄侃《文字声韵训诂笔记·训诂》：“夫酒器所以名为尊者，奉酒以所尊故也。”[①]其地位仅次于鼎。故何尊铭文中的“福”字作，从尊从示，“示”即“祇（土地神）”，表明以尊敬献土神，可致福。因此，段玉裁注云：“自专用为尊卑字，而别制罇、樽为酒尊字矣。”新造二字皆为形声字，从“缶”示其属类，从“木”示其材质。唐白居易《轻肥》诗：“罇罍溢九酝（最醇的酒），水陆罗八珍。”

成语“污尊抔（póu，手捧）饮”出自《礼记·礼运》“夫礼之初，始诸饮食，其燔黍捭（bò，分开，撕裂）豚，污（低洼，凹陷。此处活用为动词，掘地为坑）尊而抔饮”。说的是在饮器发明以前的旧石器时代，人们只能掘地为坑当酒尊，双手捧酒而饮之。如《孔子家语·问礼》：“太古之时，燔黍擘豚，污罇抔饮。”王肃注：“凿地为罇以手饮之也。”

罍（léi，櫑），会意兼形声。《说文·木部》：“櫑，龟目酒尊，刻木作云雷象，象施不穷也。从木，畾声。罍或从缶。”畾，“雷”的古字，表音兼表意。罍是一种大型的盛酒器。《尔雅·释器》郭璞注：“罍形似壶，大者受一斛。”“皆盛酒尊。”邢昺疏：“罍者，尊之大者也。”《诗经·周南·卷耳》：“我姑酌彼金罍，维以不永怀。”意思为我姑且用这金罍来斟酒，以免总是感伤。罍的器形，始见于商代晚期。分方形和圆形两种。方形罍宽肩，两耳，有盖；圆形罍大腹，圈足，两耳，有盖。（图 5－24、图 5－25）两种形状的

① 转引自罗竹风主编的《汉语大词典》（缩印本），汉语大词典出版社，1997 年，第 1280 页。

罍一般在每侧的下部都有一个穿系用的鼻纽。罍流行于商末至西周，绝于战国晚期，其数量并不太多。

图5－24　司方罍（西周）

图5－25　亚丑铜罍（商）

彝，甲骨文作，金文作，二者构形相同，皆像双手捧鸡（或鸟）形。是取鸟或其他动物为形的宗庙祭器，用于盛酒。（图5－26）《说文》收古文，上半部分已讹变，小篆继之为，为隶书定型。《说文·糸部》：“彝，宗庙常器也。”《周礼·春官·司尊彝》提到六彝：鸡彝、鸟彝、斝（jiǎ，一种酒器）彝、黄彝、虎彝、蜼（wèi，一种长尾猿）彝，用于祼祭。

图5－26　彝（西周）

爵，甲骨文作，象形，上有柱，有流、鋬（pàn，提手）和三足。金文作，形似雀，增“又”，像手持爵。（图5－27）与“雀”同源。《说文·隹部》：“雀，依人小鸟也。从小隹。读与爵同。”用以盛酒、温酒和饮酒，盛行于殷商和西周。《诗经·大雅·行苇》：“或献（主人敬酒）或酢（客人回敬），洗爵奠（置）斝。”毛亨传：“夏曰醆，殷曰斝，周曰爵。”洗爵，周时礼制，主人敬酒前先取几上之爵清洗一下，再斟酒献客；客人回敬主人时，亦然。奠斝，周时礼制，主人敬酒后，客人饮毕，

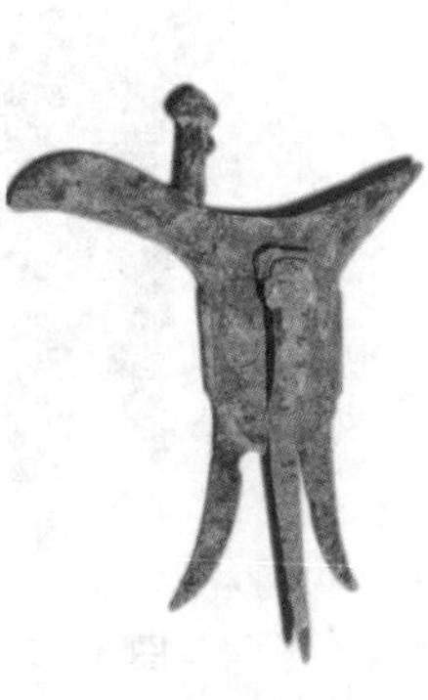

图5－27　爵

则置斝于几上；客人回敬主人时，主人亦然。诗句的意思为主宾先后相互敬酒，饮前洗爵饮毕置斝。

斝，甲骨文作，金文作，象形。上有二柱，有流、鋬与三足，圆口。（图5－28）小篆讹变为。盛行于商周，温酒器，亦可饮酒，或祭祀时盛酒，用于祼祭。《说文·斗部》：“斝受六升。”《礼记·明堂位》：“灌斝，夏后氏以鸡夷，殷以斝，周以黄目。”鸡夷，即“鸡彝”。黄目，指“黄目尊”，上刻人目为饰。《诗经·大雅·行苇》：“或献或酢，洗爵奠斝。”初为陶斝，商时有铜斝。

盉，金文作或繁体，郭沫若《长安县张家坡铜器群铭文汇释》：“金文盉，从禾者，乃象意而兼谐声……象以手持麦秆以吸酒。”[①]将“禾”释为麦秆过于实在，当与“和、龢”以“禾”构意表谐调有关。字当从皿、禾，禾亦声。酒和水的调和器，以调酒之厚薄。因为在祭祀和燕飨时饮酒必卒爵[②]，而酒量小的人需掺水于酒中，以降低酒的浓度，盉即发挥此功用。《说文·皿部》：“盉，调味也。”《广韵·平戈》：“调五味器。”初为陶制，晚商时期出现铜盉，有方、圆二形，圆者居多。圆口，深腹，有流、鋬和盖。（图5－29）盛行于商代和西周初期。

**图5－28　斝**

**图5－29　盉**

① 转引自汉语大字典编辑委员会编纂的《汉语大字典》，四川辞书出版社、湖北辞书出版社，1986年，第2560页。

② 卒爵：最后一杯。《周礼·春官·郁人》：“大祭祀，与量人受举斝之卒爵而饮之。”又可释为干杯。《国语·晋语一》：“史苏卒爵。”韦昭注：“卒，尽也。”

## 第七节　汉字与烹饪方法

中国传统的烹饪方法分为熟制粮食和熟制肉或鱼、带毛皮烤与去毛或去皮烤、直接触火和隔着器皿、加水和干烧、干汁与不干汁、猛火和文火等多种。故“烹”“饪”二字意义丰富。

烹，古作“亨”。字形源于甲骨文，像宗庙，是享献鬼神之处，篆文为亯，后分化为亨、享、烹三字。亯，《说文・亯部》：“献也。……《孝经》曰：‘祭则鬼亯之。’享，篆文亯。”享献，即供祭品奉祀祖先。因此，便能得到鬼神的福佑，运气亨通，于是为了区别此引申义，造了“亨”字。祭品需加工烹制，故亨引申为烹煮，另加“火”造“烹”字以区别之。《周礼・天官・内饔》：“内饔，掌王及后、世子膳羞之割亨煎和之事。”郑玄注：“亨，煮也。”煎和，煎煮调味。又《左传・昭公二十年》：“水火醯醢盐梅，以烹鱼肉。”可见，分化后的三字同源，意义相通，皆与饮食和祭祀有关。

烹的方法分石烹和器煮两种。石烹出现在炊具发明以前的旧石器时代，有外加热、内加热和烧石煮法三种（详见本章第三节）。《礼记・礼运》：“夫礼之初，始诸饮食，其燔黍捭豚，污尊而抔饮。”郑玄注：“中古未有釜、甑，释米捭肉，加于烧石之上而食之耳。”孔颖达疏：“燔黍者，以水洮（táo，冲洗）释黍米，加于烧石之上而燔之。捭豚者，捭析豚肉，加于烧石之上而熟之。”洮释，淘米。这种直接在石头上烙炕（kàng，烘烤）成熟的方法，是我国最古老的“石上燔谷”法，属外加热。唐代湖北应城的“砂子馍”、清代陕西关中的特色小吃“天然饼”（今称“石子馍”）、元代西北少数民族地区的名菜“柳蒸羊”等皆属此类。

有了炊具后，原始的烧石煮法得以改进，成为器煮，故古注皆以“煮”训释。煮，小篆为，《说文》：“孚也。从䰜（lì，古作‘鬲’），者声。煮，鬻或从火；，鬻或从水在其中。”又收或体，可见，煮除了水、火以外，还需炊具——鬲。如此，则反映出烹的特点了。

烹成为器煮后，与“煮”在所使用的器皿和熟化对象方面有别。一般来讲，煮是通称，所用容器多样，鼎、釜、鬲等皆可；所煮之物多样，主食、菜蔬、肉类皆可。如三国魏曹植《七步诗》："煮豆持作羹，漉（lù，过滤）豉以为汁。"宋苏轼《新城道中》诗："西崦人家应最乐，煮葵烧笋饷春耕。"唐杜牧《杜秋娘》诗："归来煮豹胎，餍饫不能饴。"烹，所用的器皿是镬。烹煮的对象多为肉食。《左传·昭公二十年》："水火醯醢盐梅，以烹鱼肉，燀（chǎn，烧火）之以薪。"杜预注："烹，煮也。"唐王昌龄《留别岑参兄弟》诗："何必念钟鼎，所在烹肥牛。"常用于祭祀。如《史记·孝武本纪》："禹收九牧之金，铸九鼎，皆尝鬺（shāng，烹煮）烹上帝鬼神。"裴骃集解引徐广曰："烹，煮也。皆尝以烹牲牢而祭祀也。"烹还指古代用镬煮人的酷刑。（见前文）《战国策·齐策一》："臣请三言而已矣，益一言，臣请烹。"

饪，煮熟。《说文·食部》："饪，大熟也。从食，壬声。肗，古文饪。"从食或从肉，义类相通，皆表示熟得恰到好处。如《论语·乡党》："失饪，不食。"何晏集解："孔曰：'失饪，失生熟之节也。'""节"指适度。古人对食物的生熟程度用"腥、饪、烂、糜"表示。腥，生肉。《礼记·礼器》："大飨腥。"孔颖达疏："腥，生肉也。"烂，煮得过熟而松软。《吕氏春秋·本味》："故久而不弊，熟而不烂，甘而不噥（nóng，味道浓厚），酸而不酷。"高诱注："烂，失饪也。"糜，碎烂，较"烂"更甚。故有"糜散""糜粉"之词。"烂、糜"皆是"失饪"。《论语》提出不食失饪之物是从礼节上讲的，《吕氏春秋》提倡"熟而不烂"，重在饮食卫生和讲究口感，可见，饪是实现规矩礼节、营养卫生、鲜香美味的需求。当然，物质层面的要求是基础，能将之上升为规矩礼节则是中国传统饮食文化高度文明的表现。

饪是熟的最佳状态，故以此为语素所构成的词大都有象征意义。如用同义连文"饪熟"的形式借代烹调必是因为对生熟之节的追求。《魏书·赵琰传》："饪熟之节，必亲调之。"饪餗（sù，鼎中的食物），指鼎中煮熟的佳肴美味。唐王翰《奉和圣制同二相已下群官乐游园宴》诗："饪餗调元气，歌钟溢雅声。"食物因饪而变作佳肴美味。饪鼎，亦作"餁鼎"。比喻朝廷大政。《魏书·咸阳王禧传》："元弟禧虽在事不长，而戚连皇极，且长（zhǎng）兼太尉，以和餁鼎。"长兼，加在官职名称前，表示非正式任命。北魏孝文帝的大弟弟咸阳王元禧在职时间不长，而以皇亲国戚和长兼太尉的身份来协调朝廷大政。饪是制熟食物的“节”，鼎是国家政权的“象”，两者相合以转喻朝廷之政。有鉴于此，在中国传统文化中，人们对美食的厚爱已到极致，以至于将之与政治关联。如《老子》第六十章的“治大国若烹小鲜”；《吕氏春秋·本味》记载夏末商初伊尹创立了“五味调和说”与“火候论”，在中国烹饪文化史上占据重要地位，被尊为“烹饪始祖”。不仅如此，他还以“至味”说汤的故事来劝谏商汤任用贤才、推行仁义之道，是历史上第一个以负鼎俎、调五味而辅佐天子治理国家的杰出庖人。

我国最早的烹饪学专著是秦代的《吕氏春秋·本味》。唐代韦巨源宴请唐中宗的《烧尾宴食单》是最早的“高级宴席菜单”。

烹、饪是烧制食物的代表性词语，泛指所有的具体烹制食物或做饭菜的方法。

## 一、熟制各种食物的方法

煎，《说文·火部》：“熬也。从火，前声。”此释只显示出“煎”“熬”同义，但具体所指不明。经查证，煎实际上是指一种将食物放进有汁液的锅里加热烧干的烹饪方法，有时指烧干有汁液的食物。《方言》卷七：“煎，火干也……凡有汁而干谓之煎。”《周礼·天官·内饔》：“内饔掌王及后、世子膳羞之割亨煎和之事。”孙诒让正义引《方言》曰：“凡有汁而干谓之煎。”《韩非子·备内》：“今夫水之胜火亦明矣，然而釜鬵（qín，釜类烹器）间之，水煎沸竭尽其上，而火得炽盛焚其下，水失其所以胜者矣。”此谓烈火可以烧干锅中的水。故“水煎沸竭尽”指把水烧干。东汉崔骃《博徒论》“烝羔炮鳖，饪鹄煎鱼”中的“煎鱼”指将鱼炖到汤汁干。如果食物本身就含水分，用油将其烧干亦称煎。如“煎醢”即用少许油把肉酱炒干。《礼记·内则》“淳（zhūn）熬，煎醢加于陆稻上，沃之以膏，曰淳熬。”孔颖达疏：“淳熬者，是八珍之内，一珍之膳名也。淳，沃也，则沃之以膏是也。熬，谓煎也，则煎醢是也。陆稻者，谓陆地之稻也。谓以陆地稻米，熟之为饭，煎醢使熬，加于饭上，恐其味薄，更沃之以膏，使味相湛渍（jiānzì，浸渍，渗透），曰淳熬。”淳熬是八种烹饪方法之一，指将用油炒干的肉酱盖在米饭上，再用熟油浇于其上，相当于今天的盖浇饭。也可指用少许油把食物表面煎成焦黄。

唐韩愈《燕河南府秀才》诗："还家敕妻儿，具此煎炰烹。"今时的"煎鸡蛋"尚保留此用。据此可知，《说文·火部》用"熬"训"煎"或用"干煎也"训释"熬"是有道理的。而《汉语大字典》不明，认为《说文》用"熬"训"煎"是指熬煮，举"煎茶""煎药"为例。[①]其实，熬煮之义产生于汉代，如《武威汉代医简》："治百病膏药方：蜀椒一升，付子廿果，皆父猪肪三斤，煎之五沸，浚（jùn，急速）去宰（当为'滓'，渣滓），有疾者取。"此指熬煮猪油，即炼猪油。《齐民要术·笨曲并酒》："作颐酒法：八月、九月中作者，水未定，难调适，宜煎汤三四沸，待冷，然后浸曲，酒无不佳。"此指熬煮热水。今之"水煎包"即此用。唐代以后，主要指通过久煮使汤汁变得浓稠。唐韦应物《清明日忆诸弟》诗："杏粥犹堪食，榆羹已稍煎。"此指熬煮用榆荚和榆面做成的羹。

如果油较多，煎即为炸。《礼记·内则》："为稻粉糔溲（xiǔsǒu）之以为酏（yí，面糊），以付豚煎诸膏，膏必灭之。"糔溲，用水调和粉面。此谓将小猪裹上面糊放入油锅里炸，油没过猪身。

熬，《说文·火部》："干煎也。从火，敖声。𪌉，熬或从麦。"又："鬻（同'炒'），熬也。"故"干煎"即炒。其或体从麦，说明此为熟制粮食的方法。《方言》卷七："熬，火干也。凡以火而干五谷之类，自山而东，齐、楚以往，谓之熬。"所谓"以火而干五谷之类"又称"熬谷"。《周礼·地官·舍人》："丧纪，共饭米、熬谷。"意思为遇到丧事，就要提供填入死者口中的米和干炒过的谷物。又《周礼·天官·笾人》"其实麷（fēng，炒过的麦子）、蕡（fèi，大麻的种子）、白、黑、形盐（特制成虎形的盐，供祭祀用）、膴、鲍鱼、鱐（sù，干鱼）。"孙诒让正义："古所谓熬，即今所谓炒也。"炒谷可使谷物干熟并散发出香气，出行时用作干粮；祭祀时当作供品，见上引《周礼·天官·笾人》之例；丧葬时充当引诱蚍蜉以保护尸体之物，如《礼记·丧服大记》："熬，君四种八筐。"孔颖达疏："熬者，谓火熬其谷使香也。欲使蚍蜉闻其香气，食谷不侵尸也。"上引《周礼·地官·舍人》之

① 转引自汉语大字典编辑委员会编纂的《汉语大字典》，四川辞书出版社、湖北辞书出版社，1986年，第2222页。

“熬谷”即作此用。综上所述，熬本指炒熟谷物。宋范成大《上元纪吴中节物俳谐体三十二韵》：“捻粉团栾意，熬稃（fū，谷壳）腷（bì）膊声。”自注：“炒糯谷以卜，俗名孛娄，北人号糯米花。”团栾，团子。“熬稃”指“炒糯谷”，能发出腷膊之声，足以证明熬的本义尚存于宋代。

南北朝时，“熬”指文火慢煮，不限谷物。《齐民要术·白醪麹》：“作白醪麹法：取小麦三石，一石熬之，一石蒸之，一石生，三等合和，细磨作屑。”此“熬”即煮。唐王建《隐者居》诗：“何物中长（经常）食，胡麻慢火熬。”“慢火熬”即突出了水煮的特点。宋杨万里《落梅》诗：“脱蕊收将熬粥吃，落英仍好当香烧。”此诗是说用脱落的花蕊煮粥。

《汉语大字典》将“熬”的两个义项合并为“文火慢煮或煎干”，[①]使词义发展的线索不明。

可见，“煎”“熬”皆有烧干之义，可构成同义连文“煎熬”，如《战国策·魏策二》：“齐桓公夜半不嗛（qiè，快乐），易牙乃煎敖（通‘熬’）燔炙，和调五味而进之。”易牙是春秋齐国人，精于烹调，长于辨味，他用精心制作的食物安慰不快的齐桓公。比较而言，“煎”的对象较广，“熬”的对象主要是谷物；后来二者皆有了煮的意思。无论是干烧还是慢煮都可以使食物熟化，故以此比喻焦虑痛苦，受折磨。东汉王逸《九思·怨上》：“我心兮煎熬，惟是兮用忧。”

与“熬”之本义相同的字还有很多，如《方言》卷七：“熬、𪸕（同‘炒’）、煎、㷶（bì，同‘煏’）、巩（通‘烘’），火干也。凡以火而干五谷之类，自山而东，齐、楚以往，谓之熬；关西陇冀以往，谓之㷶；秦晋之间，或谓之𪸕。凡有汁而干谓之煎。东齐谓之巩。”区别在于方言不同。

炒，异体字有“𤆀”（同“𪸕”）、鬻、煼等。从火、从鬲以示烹饪的条件和工具，余皆为声符。《说文·火部》：“鬻，熬也。”《广雅·释诂》：“鬻，干也。”王念孙疏证：“今俗语犹呼干煎曰炒矣。”可见，炒的初义是在锅里直接翻动食物使之干熟。《齐民要术·造神麹并酒》：“炒麦黄，莫令焦。”宋陆

① 汉语大字典编辑委员会编纂，《汉语大字典》，四川辞书出版社、湖北辞书出版社，1986年，第2226页。

游《老学庵笔记》卷二：“故都李和熓栗名闻四方。”炒麦、熓栗皆为干炒。南北朝后，炒时可加油。如《齐民要术·作酱法》：“临食，细切葱白，着麻油炒葱，令熟，以和肉酱。”这样，炒的方式有了些微的变化，炒制对象也由谷物、干货、绿茶扩展到菜、肉，今之“炒米”“炒青”“炒肝”“炒菜”等即是词义扩大的结果。由于“煎”“熬”逐渐转指煮，而“炒”大体保持了干熟的特点，故逐渐为之所取代。

㷶（bì，𤊲），从火从備（备），備亦声。《集韵·德韵》：“𤊲，赵、魏谓熬曰𤊲。”《字汇补·火部》：“𤊲，《字学指南》与㷶同。”此字与“糒”“备”同源。是加工糗的方法。煏，从火，畐声。《玉篇·火部》：“㷶，同煏。”与“㷶”的构意相比，其表意相对不足。由于石磨的推行，干炒粒食做干粮而不适宜人体消化的缺点就显得很突出，于是人们把面粉加工成各种面食，以便出门携带，如炒面、烤饼等，这样，㷶的方法就无用了。

烙，烧烙，《说文新附·火部》：“灼也。从火，各声。”唐玄应《一切经音义》卷九“烧烙”注：“烙，谓烧煮物著之也。”表示用锅铛之属烤制面食，在宋代时才出现。《金瓶梅词话》第三十七回：“妇人洗手剔甲，又烙了一箸面饼。”

焙，微火烘烤。唐代后出现，一般用于烧烤茶、药。唐张继《山家》诗：“莫嗔焙茶烟暗，却喜晒谷天晴。”“焙茶”又作“焙茗”，“焙人”是焙茶的工人，“焙烘”是制茶的一道工序。

除了烧烤类的加工方法以外，蒸、馏也是两种重要的烹饪方法。在甑、甗发明以前，先民采取原始蒸法，如把生鱼塞入盛水的竹筒里封闭起来，然后加热蒸熟。此法的不足之处是食品各面难以均匀受热。有了甑、甗之后，熟制食物变得便捷且有质量。

蒸，本指去皮的麻秸。因通假“烝”而产生了用水蒸气的热力使物变热或变熟的意义。烝，金文作，从米从豆，祭祀时奉上的各种祭品。在文献中表示祭祀（特指冬祭）、进献、升（指古代祭祀或燕飨时以牲体置于俎上）等义。但小篆的出现改变了其相关意义。《说文·火部》：“烝，火气上行也。从火，丞声。”其实是会意兼形声字。因它与“登、升、乘、腾”同源，皆有向上之义，即利用高温气流向上升腾的原理来熟制食物。《诗经·大雅·

生民》："释之叟叟，烝之浮浮。"孔颖达疏："炊之于甑爨而烝之，其气浮浮然……既烝熟乃以为酒食。"故"烝烝"表示上升貌，"蒸蒸日上"表示一天天地向上发展。如清李宝嘉《官场现形记》第五十二回："你世兄又是槃槃大才，调度有方，还怕不蒸蒸日上吗？"

在河南、山东及甘肃部分地区的方言中有"熥（tēng，或作'腾'）"一词，如"熥馒头"，或写作"腾馒头"，实际上本字当为"烝"，此处指蒸热熟食。"熥（腾）"保留了"烝"的古音。北京方言称"馏"。

馏，从食从留，留亦声。《尔雅·释言》："饙（fēn）、馏，稔也。"郝懿行义疏："馏者，《说文》云：'饭气蒸也。'《诗》正义引作'饭气流也。'盖馏之为言流也。饭皆烝熟，则气欲流。"此文指出"馏"与"流"音近义通。馏是蒸的一种，指把半熟的食物蒸熟。造酒时，要先把生谷煮成半熟，称"饙"，然后再馏。如上引《尔雅》孙炎曰："蒸米谓之饙，饙必馏而熟之。"《齐民要术·造神麴并酒等》："其下饙法：出饙瓮中，取釜下沸汤浇之，仅没饭便止。"石声汉注："（饙）是将米蒸到半熟的饭。四川、湖南都有这样的办法，都是用水煮到半熟，用箕捞出。这样的饭，在四川现称为'生饙子'。"①

古人做米饭也采取此法。如《世说新语·夙惠》："（陈）太丘问：'炊何不馏？'元方、季方长跪曰：'大人与客语，乃俱窃听，炊忘箸（zhuó，通"着"，安放）箄（bì，同"箅"，箅子），饭今成糜。'"此处讲忘了在锅里放置箅子而把米煮成烂粥，所以，做米饭的步骤应该是先煮米至半熟而后捞出，置箅再蒸。后来，北京方言把熟的食物蒸热称"馏"。如老舍《骆驼祥子》十五："馏的馒头熬白菜加肉丸子。"

## 二、专门熟制肉食的方法

炙，《说文·火部》："炮肉也。从肉在火上。"段玉裁改"炮"为"炙"。其道理见下"炮"。此为最原始的熟肉法之一，是将生肉或鱼近火烤熟，保持食物的柔软口感。《诗经·小雅·瓠叶》："有兔斯首，燔之炙之。"毛亨传：

---

① 转引自罗竹风主编的《汉语大词典》（缩印本），汉语大词典出版社，1997年，第7362页。

“炕火曰炙。”具体烤制的办法在《礼记·礼运》“以亨以炙”的郑玄注中有所介绍：“炙，贯之火上。”即以签棍穿肉烧烤。烧烤的对象有大有小。大者可切小后再烤，似今烤羊肉串；或全烤，熟一层割一层再烤，边烤边吃，不必保存。小者则用签棍横穿或纵贯其身体来烤制，似今之烤乳猪、烤全鸡、烤鱼等。《齐民要术·炙法》中有详细的介绍。

炮，《说文·火部》：“毛炙肉也。从火，包声。”徐灏注笺：“炮本连毛裹烧之名，故用‘包’为声。引申之为凡炮炙之称。”炮指用烂泥涂裹带毛的动物置于火中煨烤，以保持食物的鲜嫩味道。故“包”亦表意。《诗经·小雅·瓠叶》：“有兔斯首，炮之燔之。”孔颖达疏：“并毛而炮之。”《礼记·礼运》：“以炮以燔，以亨以炙。”郑玄注：“炮，裹烧之也。”又《内则》：“炮者，以涂（泥）烧之为名也。”炮豚、炮牂就是古代八种珍食之二。《周礼·天官·膳夫》“珍用八物”郑玄注：“珍，谓淳熬……炮豚、炮牂、捣珍。”“炮”含逐渐烤热烤熟食物之义，故与表示干烧的“煎”合成“炮煎”一词。如宋张耒《冬日放言》诗之三：“老妻坐我傍，肴蔌屡炮煎。”此处指烧烤鱼肉等。今江苏常熟名吃“叫花鸡”即以此法炮制。

南北朝时，炮变成另一种烹调方法，即将鱼肉片等放入置于旺火上的锅或铛中迅速搅拌。如《齐民要术·脯腊》：“食时，洗却盐。煮、蒸、炮任意，美于常鱼。”“炮羊肉”“炮猪肚”即属此类。宋时，此法用于炮制中药，即把生药放在热铁锅里炒，使它焦黄爆裂。宋洪迈《容斋四笔·雷公炮炙论》：“咳逆者，天雄炮过，以酒调一钱，匕服。”天雄，中药名。“炮”可与表示水煮之义的“煎”“熬”构词，指炮制并熬煮中药。如陆游《离家示妻子》诗：“儿为检药笼，桂姜手炮煎。”

宋时，“炮”还指直接将生的食物放在火中或带火的灰里煨熟。同“煨”。宋洪迈《夷坚乙志·闽清异境》：“俄一人自外荷钼（同‘锄’）至，架钼于门上，趋近附火……袖中出芋十枚，炮熟，指其半与僧，自食其半。”故有“炮煨”一词。如陆游《戏咏乡里食物示邻曲》诗：“细研罂粟具汤液，湿裹山蓣供炮煨。”此处指把山药埋在火灰里慢慢烤熟。

燔，《说文》：“爇（ruò）也。从火，番声。”指将去毛后的肉块置于火上翻烤烧干，使其保存更长久。得名于“翻”。《礼记·礼运》：“以炮以燔，以亨以炙，以为醴酪。”醴酪，酒浆。郑玄注：“炮，裹烧之也。燔，加于火上。亨，煮之镬也。炙，贯之火上。”所谓“加于火上”即直接置于火上。此例区分了以上四种加工方法。《诗经·小雅·瓠叶》：“有兔斯首，炮之燔之。”郑玄笺：“鲜者毛炮之，柔者炙之，干者燔之。”此处是说“炮”使肉质鲜嫩，“炙”使肉质外焦里软，“燔”则侧重于烤干生肉。

燅（xún），《说文·炎部》：“于汤中爚（通‘瀹’）肉。从炎，从热省。”即把祭祀用的肉放在汤镬中烫热。《仪礼·有司》：“司宫摄酒，乃燅尸俎。卒燅，乃升羊豕鱼三鼎。”郑玄注：“燅，温也。”司宫，主管宫内之事的官，以阉人充任。摄酒，设酒。燅尸俎，将尸俎上的祭品拿回镬里温热。古代外交活动中有“寻盟”一词，当为“燅盟”，意为重温旧盟。《左传·哀公十二年》：“若可寻也，亦可寒也。”孔颖达疏引郑玄《仪礼》注云：“寻，温也……则诸言寻盟者，皆以前盟已寒，更温之使热。”此为比喻之用法。

由“燅”繁衍出三个字：（1）挦：用开水烫后拔去毛。唐玄应《一切经音义》卷一引东汉服虔《通俗文》：“以汤去毛曰燅。”湖北等地的方言中仍保留此用。（2）涮：音变而成。北京方言称“涮”为一种把生肉片、鱼片等放在沸水里烫一下就取出来蘸佐料吃的烹饪方法。如“涮羊肉”。（3）汆：音变而成。指把食物放入沸水中稍煮一下的烹饪方法。如四川水煮牛肉、北京清汆丸子。

㶣（ēn），《说文·火部》：“炮肉，以微火温肉也。从火，衣声。”段玉裁注：“今俗语或曰乌，或曰煨，或曰焖，皆此字之双声叠韵耳。”指用小火或少量的水慢慢地温肉。此字在越地方言中有所保留。清范寅《越谚》卷中：“㶣，以微火温肉，道墟有㶣猪头。”

**练习题：**

1. 与饮食相关的字有哪些？它们反映了中国饮食文化的变迁过程，请结合实例进行总结论证。

2. 结合汉字来谈谈现代饮食继承和发展古代饮食文化的情况。

3. 区别烧烤类的同义字。

# 第六章
## 汉字与服饰

中华服装的发明，传说与黄帝有关。由先秦时期史官修撰，主要记载上古帝王、诸侯和卿大夫家族世系传承的史籍《世本》说：“伯余黄帝制衣裳。”伯余是黄帝之臣。《吕氏春秋·勿躬》又说：“胡曹作衣。”胡曹也是黄帝之臣。但据唐代王瓘（guàn）《广黄帝本行记》、南宋《轩辕黄帝传》可知，黄帝距今5千多年，而考古发现3万年前的山顶洞人曾用过磨制的骨针。所以，黄帝时代创制衣服的说法应是在假借圣人造物的思维习惯影响下产生的。

中国历代服式的种类繁多，样式复杂、简易相伴，花色朴素、华丽兼有，但其基本形制只有两种：一为上衣下裳制，一为衣裳连属制。上衣下裳制是中华服装的初始样式。黄帝陵的黄帝像体现了这种服制的特点。（图 6－1）从 1924 年起，甘肃省临洮县陆续出土了距今 3000 年左右辛店文化的彩陶器皿，其中一个彩陶上绘有上衣下裳的人物画。“衣”是一种交领、连袖、前开式的、衣襟右掩的服装，称为“右衽”，穿着时系带束腰。“裳”是将两片布先后围在下身，一长一短；一前掩，一后掩，起到蔽体的作用。《易纬·乾凿度》郑玄注：“古者田渔而食，而衣其皮，先知蔽前，后知蔽后，后王易之以布帛，而独存其蔽前者。”故《释名·释衣服》曰：“凡服上曰衣。衣，依也，人所依以避寒暑也。下曰裳。裳，障也，所以自障蔽也。”裳一直沿用到秦代。战国末期，已把裳的前后两片连起来，成为筒状，这就是现在所说的“裙”。故《说文·巾部》云：“常，下帬（即裙）也。从巾尚声。裳，常或从衣。”衣裳连属制出现在春秋战国后，它是一种上衣下裳合并制成的服装，名曰“深衣”。（图 6－2、图 6－3）

图 6－1　黄帝像

图 6－2　曲裾深衣

图 6－3　直裾深衣

两种形式的服装各有特点。上衣下裳制搭配灵活，脱换方便，穿着后，行动起来比较自由，所以大多为从事劳作的下层平民所采用。不过，上衣下裳制是上古时期的服制，因此历代帝王百官的祭礼之服（如冕服等）都沿用此制，以示尊古。即使始于唐代、兴于宋明的士人服，即上衣下裳连属于一体的襕衫，也要在下摆施一横襕[①]（lán），以别上下。属于衣裳连属制的服装

① 横襕：衣与裳相连的长衣下摆所加的作为下裳形制的横幅。

保暖性强，但行动受拘束，多作为官员的常服及便服，以显示士人的高雅风度；另外，上下一体的衣服也能显示出女子的窈窕体态，因此，上层贵族的妇女多服此衣。

从中国服饰的发展史来看，这两种服式并行不悖，沿用至今。其中如裤褶、襦裙、袄裤等均属上衣下裳制（图6－4）；而长衫、旗袍以至现代的连衣裙等则属衣裳连属制。除了裤褶服类、袄裤类以外，其余样式皆统称为汉服，而现代多以汉代的曲裾深衣或直裾深衣为汉服例。从整体来看，汉服是从“黄帝尧舜垂衣裳而天下治”（《周易·系辞下》）发展而来，主要特点是宽袍、大袖、博带。它是中国“衣冠上国”“礼仪之邦”“锦绣中华”的体现，充分展现了汉民族柔静安逸、娴雅超脱和泰然自若的民族性格，平淡自然、含蓄委婉、典雅清新的审美情趣。[①]

**图6－4　裤褶服（南北朝）**

衣服的基本作用或物质作用是护体和御寒，其精神作用是遮羞和装饰，这与人类社会的发展和文化的进步相一致。所以，服装的装饰性愈加强化后，“服”与“饰”就结合在一起了，其精神意义被放大。如具有类书性质的唐欧阳询的《艺文类聚》、宋李昉等的《太平御览》等皆将衣服和佩饰归于一类。但人们不满足于此，在等级制度不断强化的古代社会，服饰上升为礼制——冠服制度。根据文献记载及出土文物分析，中国冠服制度初步建立于夏商时期，到了周代逐步完善，春秋战国之交被纳入礼制。

冠服制度表现在贵贱有等、衣服有别。首先，统治者和百姓服饰不同；其次，统治者根据地位高低，在服饰的装饰纹样和颜色上也各不相同；第三，王室公卿在不同的礼仪场合，顶冠既要冕弁有序，穿衣着裳也须采用不同的形式、颜色和图案。祭祀有吉服，朝拜有朝服，丧葬有凶服。在等级制度已确立的西周时代，设有司服一职，“掌王之吉凶衣服”，详见《周礼·春官·司服》。可见，衣服的文化价值超过其物质价值，冠服制度对中国封建社会的

① 《汉服，吓到路人还是文化复兴?》，http：//cul. sohu. com/s2015/hanfu/。

服饰发展产生了深刻的影响。

服饰除了以上提到的衣、裳（裙、裤）等体衣以外，还有头衣和足衣。以下将分别从头衣、体衣和足衣三个方面来结合汉字进行介绍。

## 第一节　汉字与头衣

“头衣”相当于“帽”，但因“帽”字在汉后出现，且其义所指范围较小，故仍用“头衣”表示。汉代以前，帽子称头衣或元服。《仪礼·士冠礼》：“令月吉日始加元服。”郑玄注：“元，首也。”元，甲骨文作，从二在人上，用“二”指明人头所在的位置。上古时，头衣与人的名分地位相符。《孔丛子·刑论》：“中国之教，为外内以别男女，异器服以殊等类。”与头衣有关的汉字有：冠、冕、弁、胄、帽、巾、帻、缅（xǐ）、笄等。

### 一、冠

贵族男子所戴帽子的总称。《说文·冖（mì）部》：“冠，絭（juàn）也，所以絭发，弁冕之总名也。从冖，从元，元亦声。冠有法制，从寸。”其实，“寸”并不表示“法制”，只是与其他两个部件合在一起像以手戴帽于头上之形。冠最初的形制非常简单，就是一个套在束起的发髻上的罩子，它由冠圈、冠梁和缨组成，样式也没有什么具体的规定。虽然如此，但是戴发冠总比直接露出头顶要显得美观有礼。在古代礼仪中，成年男子（特别是有地位的人）如果在公共场合裸露头顶是极为不雅、有失尊严的举动。据冠服制度可知，古时贵族男子二十岁行冠礼，如《礼记·曲礼上》：“男子二十，冠而字。”其象征意义在于有尊严地担当社会责任和家庭责任。因此，《左传·哀公十五年》记述卫国内乱，子路在冠缨松开待系与抵抗叛贼直面拼杀之关键时刻选择了系缨，他说：“君子死，冠不免。”不惜为保尊严而被杀死。当然，也有一些放荡不羁之士以露顶为潇洒，如杜甫《饮中八仙歌》赞张旭“脱帽露顶王公前”。

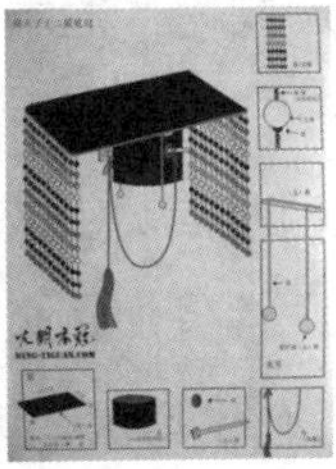

图6－5　冕冠

图6－6　通天冠

图6－7　长冠

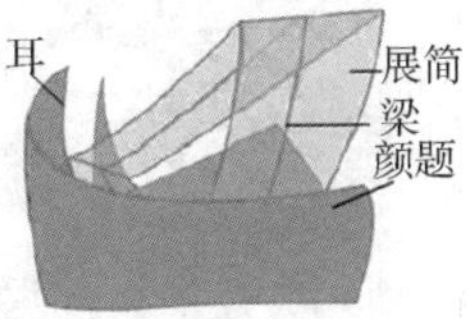


图6－8　进贤冠

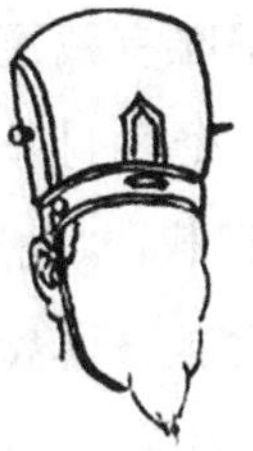

图6－9　委貌冠

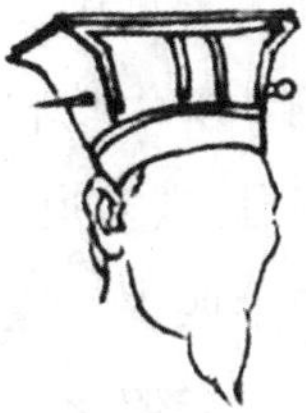

图6－10　法冠

图6－11　鹖冠

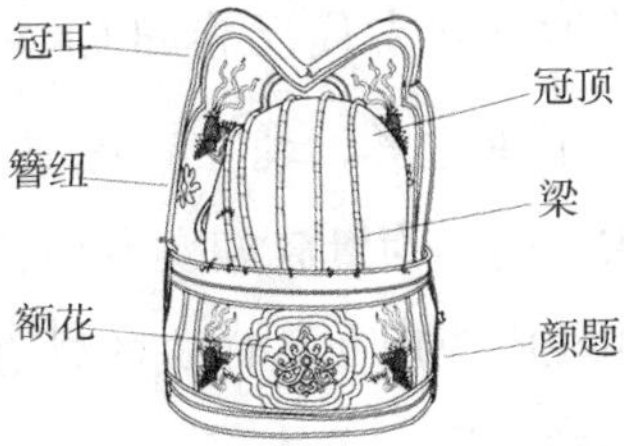


图6－12　梁冠（明）

汉代时，冠服制度又被重新制定，样式更加丰富。不同的身份和等级、不同场合所戴的冠帽有了更加严格的规定，后代在此基础上进一步细化。如冕冠最早是大夫以上者均可戴，后来在帝王祭祀大典时戴（图6－5）；通天冠次于冕冠，帝王在朝会和宴会上戴（图6－6）；长冠本是汉高祖刘邦微时所戴，由竹皮编制，后改用黑色丝织物缝制，冠顶扁而细长，故称长冠，后来将其定为公乘以上官员的祭服，又称斋冠（图6－7）；进贤冠是文吏儒士所戴，其冠体用铁丝、细纱制成，冠上缀梁，梁柱前倾后直，以梁数多少区分等级贵贱，如公侯三梁，中二千石以下至博士二梁，博士以下一梁（图6－8）；

委貌冠是祭祀的官员所戴，用帛绢制成（图 6－9）；法冠或獬豸冠本为楚王冠，从秦汉起，御史、使节和执法官皆戴此冠（图 6－10）；武冠，亦称武弁、武弁大冠、繁冠、鹖（hé）冠或赵惠文冠，相传战国赵武灵王效胡服时始用，后来成为武官朝会时所戴之冠，汉代时，侍中、中常侍加黄金珰，附蝉为文，貂尾为饰，故名“鹖冠”（图 6－11）；其余还有建华冠、樊哙冠、小冠、高山冠、梁冠（图 6－12）等。

唐代后期，妇女也开始戴冠。1971 年在陕西乾县唐懿德太子墓中发现石椁外壁雕有戴冠之贵族女子的线刻。宋代政和年间规定，受过封号的妇女可以戴花钗冠。《宋史·舆服志》记载：“龙凤花钗冠，大小花二十四株，应乘舆冠梁之数，博鬓，冠饰同皇太后，皇后服之，绍兴九年所定也。（图 6－13）花钗冠，小大花十八株，应皇太子冠梁之数，施两博鬓，去龙凤，皇太子妃服之，乾道七年所定也。”两博鬓，也称博鬓，古代汉族妇女的一种发式，即贴上假鬓，其下垂过耳，鬓上有花钿、翠叶之类的饰物。这种发式始于隋，流行于唐、宋、明，为贵族妇女专用，以表贵贱、别等级。宋代以后，平民女子只能在出嫁时服用九品样式的凤冠霞帔（pèi），以示荣耀，这是宫廷文化流入民间的结果。

**图 6－13　龙凤花钗冠**

**（宋钦宗皇后）**

## 二、冕

冕是天子、诸侯、卿、大夫参加朝仪、祭祀等大典时所戴的礼帽，外黑色，里朱色。《说文·冃（mào）部》：“冕，大夫以上冠也。邃延、垂旒、紞（dǎn）纩（kuàng）。从冃（后作‘帽’），免声。”邃延，即邃綖，长形冕板，前低后高。延，通“綖”。垂旒，即垂挂的玉珠。旒，同“鎏”。贯以玉珠的五彩丝绳状如水藻，称“玉藻”，即“璪”。旒的多少与等级有关。《礼记·玉藻》：“天子玉藻，十有二旒。”诸侯前后各九旒，上大夫七，下大夫为五，士三。所用玉珠也有制度，商周时多按照赤、白、青、黄、黑的顺次排列，每颗玉珠相间距离为 1 寸，天子每旒长 12 寸。汉代改用单色，皇帝白玉珠，三公、诸侯青玉珠，卿大夫黑玉珠。东晋时珠的质料可用翡翠、珊瑚。旒除了表明戴冕者的身份之外，还用以蔽明，即遮拦视线，以示王者不视非和邪。南北朝以后，只有帝王戴冕有旒，因此“冕旒”成为帝王的代称。唐王维《和贾至舍人早朝大明宫之作》诗：“九天阊阖开宫殿，万国衣冠拜冕旒。”阊阖，传说中的天门。此诗将大明宫比作天上的宫殿，示其巍峨气派。万国衣冠指来自各国的使节。紞，垂在綖两侧的用以系瑱的丝绳；纩，紞上悬着的玉石，即“充耳”“瑱”，垂在耳旁，用以塞聪，示不听谗言。

成语“冠冕堂皇”形容外表体面、气势宏大的样子。其由来源自：第一，冠、冕是古代帝王、官吏的帽子，所以成词后犹言体面、光彩。明冯梦龙《醒世恒言·卖油郎独占花魁》：“何不倾成锭儿，还觉冠冕。”锭儿，指用作货币的银块。第二，堂皇，亦作“堂隍”，本指广大的殿堂。《西京杂记》卷三：“文帝为太子立思贤苑，以招宾客。苑中有堂隍六所。”引申形容气势宏大。如宋张耒《大礼庆成赋》：“堂皇二仪，拓落八极，以定万世之业。”但二者合为成语较晚，如清吴趼人《二十年目睹之怪现状》第八十四回：“他自己也就把那回身就抱的旖旎风情藏起来，换一幅冠冕堂皇的面目了。”

## 三、弁

甲骨文作，像双手扶冠形。弁是士穿礼服时所戴的帽子，分爵（通“雀”）弁、皮弁、韦弁。

**图6－14 爵弁**

爵弁，颜色像雀头，赤而微黑，故称。这是士的最高级别的服饰，用于协助君王祭祀和士亲迎仪式。它用极细的葛布或丝帛做成，外形像冕，但綖前后平直，宽八寸（约20cm），长一尺二寸（约30cm），前小后大，无旒。（图6－14）

皮弁，是次于冕的礼服，天子、诸侯、卿、大夫所戴。它由白鹿皮拼接而成，皮上有浅毛，所以白色中带些浅黄色，共十二缝，每个接缝处饰有一块五彩玉石。《说文·玉部》：“弁饰。往往冒玉也。”“往往”即“行

图6-15 皮弁

行”。（图6-15）《周礼·夏官·弁师》：“王之皮弁，会五采彩玉璂（qí），象邸（通‘柢’），玉笄。”郑玄注：“会，缝中也。璂，读如薄借綦之綦[①]。綦，结也。皮弁之缝中，每贯结五采（彩）玉十二以为饰，谓之綦。《诗》云‘会弁如星’[②]，又曰‘其弁伊綦’[③]，是也。邸，下柢也，以象骨为之。”贾公彦疏：“谓于弁内顶上以象骨为柢。”此处描述了周王的皮弁形制，五彩玉石、玉笄和象邸足以显示其高贵了。明代梁庄王墓中出土的皮弁保留了玉璂，但笄换为金。

关于爵弁和皮弁的缨或纮，《仪礼·士冠礼》云：“皮弁笄，爵弁笄，缁（zī）组纮，纁边。”郑玄注：“纁边，组侧赤也。”缁组纮，指用黑色的丝带做成的缨或纮。“纁边”，指滚浅红色边。所以，二弁的缨应是黑色丝带加浅红色边。

韦弁，大夫以上者打仗或狩猎时戴。形似皮弁，赤黄色熟皮制。《周礼·春官·司服》：“凡兵事，韦弁服。”郑玄注：“韦弁，以韎（mèi，赤黄色）韦为弁。”孙诒让正义引任大椿曰：“韦弁为天子诸侯大夫兵事之服。戎服用韦者，以韦革同类，服以临军，取其坚也。《晋志》韦弁制似皮弁，顶上尖，韎草染之，色如浅绛。然则形状似皮弁矣。”后消失，但汉代军中伍佰（武士）的衣服用此色，是韦弁服的遗制。郑玄注《周礼·春官·司服》“凡兵事，韦弁服”云：“今时伍伯（通‘佰’）缇（tí，浅绛色）衣，古兵服之遗色。”贾公彦疏：“韎是旧（当为‘茜’[④]）染，谓赤色也，以赤色韦为弁……纁（浅绛色）赤之衣，是古兵服赤色遗象。”南北朝后，不用此制。

---

① 薄借：即不借。一种麻制的草鞋。綦：鞋带。
② 出自《诗经·卫风·淇奥》。
③ 出自《诗经·曹风·鸤鸠》，原文作“骐”。
④ 茜：茜草，根可做红色染料。

## 四、胄（冑）

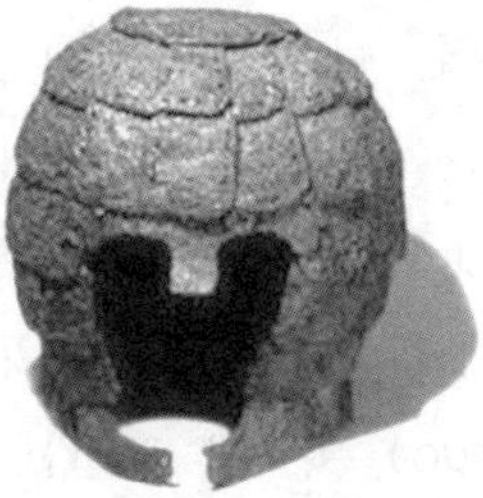

图6-16　胄

将士作战时所戴的头盔，以保护头部和面部。金文作，像胄在目上，小篆改为，从冃，由声，《说文·冃部》：“胄，兜鍪也。”“兜鍪”是秦汉以后的叫法，因其外形很像倒扣着的当时的一种炊具——鍪。（图5-9）《说文》所提供的重文作，从革，由声，《盐铁论》作“鞧”。其字形由象形变化为形声，并突出其材质为革。不过，燕大都墓曾出土了一具用89片铁甲编缀而成的胄。可见，胄为革或铁等制成。后来，“胄”与从肉由声的“胄”混用。

在古代，见尊者要免胄。《左传·僖公三十三年》：秦军东进经过周北门时，战车上的士兵“左右免胄而下”，以礼敬周襄王之孙王孙满。即使在战争中的敌我双方也重免胄礼。如《左传·成公十六年》中记载，晋楚鄢陵之战爆发，晋将郤至每见楚王都下车免胄。

胄（图6-16）是一种遮护面大、安全性高的帽子，所以戴胄者不易辨认。《左传·哀公十六年》中讲了一个相关的故事：楚国的白公胜在国都叛乱，叶公（子高）率兵平叛。有人责备他不戴胄，有危险，说：“君胡不胄？国人望君如望慈父母焉，盗贼之矢若伤君，是绝民望也。若之何不胄？”叶公乃戴胄而进。可后来又遇一人责备他：“君胡胄？国人望君如望岁焉，日日以几，若见君面，是得艾也。民知不死，其亦夫有奋心，犹将旌君以徇于国。而又掩面以绝民望，不亦甚乎？”叶公又免胄而进。叶公的无奈其实皆源于百姓对他的爱戴和信任。

## 五、帽

帽，古字作冃、冒。《说文·冃部》：“冃，小儿蛮夷头衣也。从冖（覆盖）；二，其饰也。”冃，象形。冒，从冃加于目上，会意。汉朝后期出现“帽”字。特指用布帛缝合的圆形软帽，成人在非正式场合佩戴。关于帽的由来，说法不一。《本草纲目·器部》以为帽来自巾：“古以尺布裹头为巾，后世以纱罗布葛缝合，方者曰巾[1]，圆者曰帽。”有以为来自缅[2]。如《晋书·舆服制》：“古者冠无帻[3]，冠下有缅，以缯为之。后世施帻于冠。因或裁缅为帽，自乘（shèng）舆[4]宴居下至庶人无爵者皆服之。”但对比《说文》的解释，帽也许与巾和缅无关，因为巾、缅等是成年男子所戴，而小儿戴帽应源于生活经验，且蛮夷与华夏礼仪不同，亦应无关。而所谓帽为闲时所戴、是平日常服之说有古乐府《陌上桑》之例为证：“少年见罗敷，脱帽着帩（qiào）头[5]。”又唐杜甫《饮中八仙歌》中描写“草圣”张旭“脱帽露顶王公前”，表现了他无视权贵之威严的自由豪放的精神。

明代兴起六合帽，相传为明太祖朱元璋所创制，世人皆可戴之。（图 6－17）六合帽，又称六合一统帽、六合巾、小帽、圆帽等。它是六瓣合一、下缀帽檐的样式，象征天地东西南北“六合”一统于皇帝。清代统治者受汉文化的影响，将六合帽稍加改造制成瓜皮帽。清谈迁《枣林杂俎》：“清时小帽，俗称‘瓜皮帽’，不知其来久矣。瓜皮帽或即六合巾，明太祖所制。”

**图 16－17　六合帽（明）**

六、巾

巾，象形，冂像巾覆于头两端而下垂状，丨表示把巾系住。《宋本玉篇·巾部》：“巾，佩巾[6]。本以拭物，后人着之于头。”秦以前，巾多被庶民、仆役等卑微者所戴。《释名·释首饰》将之与冠类比，象征礼仪制度：“巾，谨也。士冠，庶人巾，当自谨修四教[7]也。”由此可见，古代成年男子无论尊卑

① 巾：指乌角巾，是一种葛布制成的、黑色、有折角的头巾。常为隐士所戴。
② 缅：戴冠时包发用的黑帛。（详见后文）
③ 帻：包头巾，套在冠下的头箍，从前额齐眉处围向头顶盖后，露出发髻。
④ 乘舆：天子、诸侯乘坐的车。后指皇帝。
⑤ 帩头：古代男子包头发的纱巾。即帞（mò）头。
⑥ 佩巾：古代女子外出时系于腰左的拭巾。
⑦ 四教：即四项教育科目：文、行、忠、信。一说是诗、书、礼、乐。

一律不能在公共场合裸露头顶，虽然所戴不同，但是皆有礼俗规定。由于巾轻软服帖，戴着舒适便宜，因此，到了汉代，上层士大夫在家宴居时也常戴巾。汉末，文人与武士则更崇尚束巾，并以之为雅，于是束巾被广为采用。除此之外，庶人百姓依然保持戴巾的传统，如东汉末太平道首领张角等人以黄巾裹头起义，史称“黄巾军”。

巾主要有软裹、硬裹两大类。软裹只是用巾裹发，其外形多不稳定，见图 6－18 所示四例。

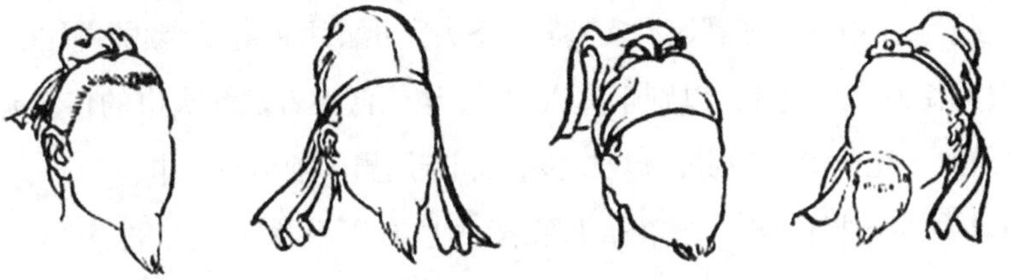


**图 6－18**

（1）缁撮：束结在头顶的发髻上，两脚自然后垂的黑色小巾。《诗经·小雅·都人士》：“彼都人士，台笠缁撮。”毛亨传：“缁撮，缁布冠也。”都人士，指居于京师有士大夫操行的人。台笠，蓑衣和笠帽。“台”是莎草，一名夫须，可制蓑笠。此诗句的意思是那些京师里有操守的士大夫们身穿蓑衣，头戴斗笠。汉代时，文人辩士多好戴之。唐代以后，多为官吏在家宴居时所用，武将壮士也好戴用。

（2）幅巾：用整幅巾从额前往后包发，并将巾系紧，余幅自然垂后，垂长一般至肩，也有垂长至背。用葛布制成的称为“葛巾”，多为布衣庶人戴用；用细绢制成的称为“缣（jiān）巾”，多为王公雅士戴用，汉末盛行。《后汉书·郑玄传》：“玄不受朝服，而以幅巾见。”《三国志·魏志·武帝纪》亦有记载，裴松之注引《傅子》：“汉末王公多委王服，以幅巾为雅。”这种舍弃冠冕公服而以幅巾束首的风气，一直延续到魏晋，如袁绍、孔融等人都喜戴幅巾。

（3）结巾：用巾从前往后裹头，将其两脚系结在头顶之前，呈同心结状，再“缀片帛于后，其末下垂”[1]。常为武士衙卫所戴用。

---

① 见［明］王圻（qí）《三才图会》。

（4）雷巾：用巾从前往后裹头，巾顶高起而呈平头，巾前常饰有片锦，余下两脚系结在脑后，并使其自然垂下，为武将壮士常戴。雷巾多为红色，亦称“红头”。

老百姓也戴软里巾，不过非常简易。如“黔首”以巾之特点代指老百姓。《礼记·祭义》：“明命[①]鬼神，以为黔首则。”郑玄注：“黔首，谓民也。”孔颖达疏：“黔首，谓万民也。黔谓黑也，凡人以黑布覆头，故谓之黔首。”苍头，在汉时代指仆隶，以青巾裹头。《汉书·鲍宣传》：“奈何独私养外亲与幸臣董贤，多赏赐以大万数，使奴从、宾客浆酒霍肉[②]，苍头庐儿皆用致富。”颜师古注引孟康曰：“汉名奴为苍头，非纯黑，以别于良人也。”地位低下者戴绿头巾的传统延续到元明两代，如《元典章》规定，娼妓之家长和亲属男子须裹青头巾。

硬裹则以藤制框架，外罩布并涂漆；也有以桐木衬之，再裹巾，使其外形固定美观。如图 6－19 系列所示四类。

儒巾

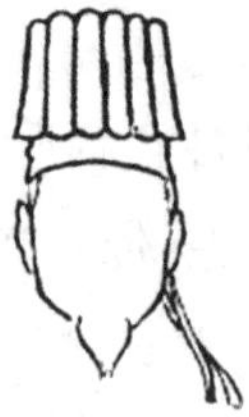

纯阳巾

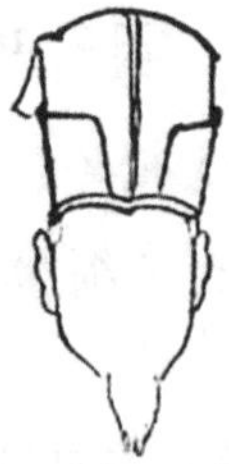

东坡巾

纶巾 1
（襞积丝带式）

纶巾 2（卷云梁冠式。中为明代故宫南熏殿诸葛武侯像）

**图 6－19**

---

① 明命：犹尊名。恭敬地命名。
② 浆酒霍肉：视酒肉如浆藿。极言奢侈浪费。霍，通“藿”，豆叶。

（1）儒巾：也称四方平定巾，是一种方形的硬裹巾，大多以黑绉纱为表，麻布为里。在巾上饰有一块帛，使之翻折，形如瓦状，并有两带垂于脑后，飘垂为饰。一般为举子以及在学未第之学子（如秀才）等所佩戴。宋林景熙《霁山集·元日得家书喜》诗："爆竹声残事事新，独怜临镜尚儒巾。"上下两句相映衬，更突显了诗人在岁月更迭之时感叹仕途不顺的落寞心情。明代时，佩戴儒巾更为盛行，如《三才图会》云："儒巾……凡举人未第者皆服之。"

（2）纯阳巾：巾前饰有一方形竹简状的折片，上高下低，斜覆于前，并有二脚系结于脑后，自然下垂。据传其为吕洞宾（道号"纯阳子"）所创，又被称为乐天（白居易的字）巾。《三才图会》称："纯阳巾，一名乐天巾，颇类汉唐之巾。顶有寸帛，襞积如竹简，垂之于后，巾上有盘云纹样。曰纯阳者以仙名，而乐天则以人名也。"史料记载，此巾在明代十分流行，不仅道教徒戴，连儒者、生员、士大夫子弟也戴。

（3）东坡巾：外形高似帽，以藤为里，以锦为表，以黑漆涂之。此巾分内墙和外墙。内墙四面，前后左右各以角相向；外墙比内墙窄小，即巾檐，前开后合，戴之则有角，介于两眉之间，后垂有布帛为饰。文人雅士、逸隐者好戴。因苏轼常戴此巾，并写有"父老争看乌角巾"（《纵笔三首》之二）的诗句，故称东坡巾，又称乌角巾。元、明仍沿用，有高雅之致。明杨基《眉庵集·赠许白云》诗："麻衣纸扇趿（tā）两屐，头戴一幅东坡巾。"诗句描写了悠闲自在的文人形象。

（4）纶巾：目前对其形制说法不一，且含混不清：《汉语大字典》释为："古代用青丝带做成的头巾。"[①]《汉语大词典》释为："一说配有青色丝带的头巾。"[②]两说皆未言明其样式。马里扬《"纶巾"考》据竹林七贤画像砖中的阮咸像认为纶巾即纶（青丝绶带）+巾，是"襞（bì）积丝带式"："以一整幅头巾将额头以上层层包住，而将留在脑后的部分纠结成一股股丝带"[③]。而一般则以为是卷云梁冠式，中部有卷褶，如图6－19纶巾2。其实，沈从文以

① 汉语大字典编辑委员会编纂，《汉语大字典》，四川辞书出版社、湖北辞书出版社，1986年，第3417页。
② 罗竹风主编，《汉语大词典》（缩印本），汉语大词典出版社，1997年，第5685页。
③ 马里扬，《"纶巾"考》，载于《寻根》，2010年第4期，第93页。

为“唐宋式向后延伸卷云梁冠，汉代画刻中实未发现。似是唐人根据晋代巾襞积法作成”，若此，明代诸葛像的所谓“纶巾”正是模仿了唐宋的“卷云梁冠式”。[①]可见，真正的纶巾应是襞积丝带式。（图 6－19 纶巾 1）在古代多为文官、谋士、雅士所用，因诸葛亮常常佩戴，又称“诸葛巾”。宋苏轼在《念奴娇·赤壁怀古》一词中曾描写周瑜潇洒倜傥的样子为：“羽扇纶巾，谈笑间，樯橹灰飞烟灭”。据此可知，电视剧《三国演义》中诸葛亮的纶巾造型属卷云梁冠式，与实际不符。（图 6－19 纶巾 2 右）

以上所列举的是历代常用的主要巾式，除此之外，还有云巾、方巾、老人巾、史巾、皂隶巾、汉巾、唐巾等。

有一种巾从软里逐渐改易为硬里，最后成为宋、明时期的官帽——乌纱帽，此巾名为陌头。陌头，又作帞（帕）头、帩头等，是平民头衣，似陕北农民的裹头，从后往前，在额上打结。《释名·释首饰》：“绡（应为‘帩’）头……或谓之陌头，言其从后横陌而前也。”若是官员或贵族，则在其上加冠帽。古乐府《陌上桑》：“少年见罗敷，脱帽著帩头。”相传周武帝佩戴时仍保留前额打结的样式，不过又在脑后扎成两脚，故亦称“四角巾”或“折上巾”。后来改易为内衬桐木，或以藤草织就，外覆纱并以黑漆涂之，起到定型与美观的作用，终变为硬裹巾，逐步过渡到幞（fú，“陌”的音变）头制。北宋初年，有人将幞头改为一种纱帽，取消了前面的结，两脚用金属扎起，衬以木片并逐渐延长，故称“展脚幞头”。（图 6－20）南宋时的朱熹在《朱子语类》卷九十一曾说：“但不知几时展得如此长。”据传是宋太祖为防止臣僚上朝时交头接耳而发明，其实也有端正仪态的作用，因为这种纱帽两旁各有一根一尺多长的细长翅，走起路来便会上下颤动，若步态不稳，晃动就明显，故官员们都养成了小心翼翼走路的习惯。皇帝对此种纱帽大加称赞，规定朝中官员都要戴它，有时自己也会佩戴。至明朝，官员们仍沿袭宋制戴纱帽，但皇帝已不戴，而戴一种结合纱帽与折上巾样式的硬里巾。（图 6－21）从明世宗时开始，纱帽翅的长度缩短了，其宽窄也据官阶高低而不同：官阶越大，纱帽的双翅越窄。从此，人们称之为“乌纱帽”。（图 6－22）我们的传统戏

---

① 马里扬，《“纶巾”考》，载于《寻根》，2010 年第 4 期，第 93 页。

剧一般采用明时的乌纱帽。

图6－20 展脚幞头

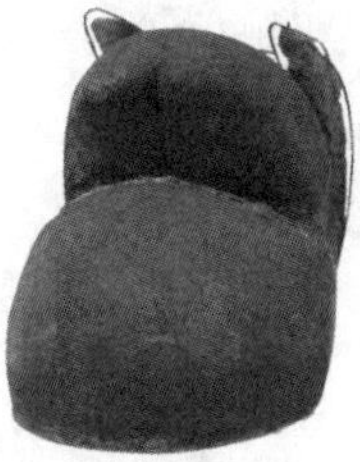

图6－21 乌纱折上巾

图6－22 乌纱帽

七、帻

帻，原为裹束鬓发之巾帕，从前额齐眉处围到后脑勺，露出发髻。《释名·释首饰》："帻，赜（zé）也，下齐眉赜然也。"赜，深的意思。与以上所介绍的各种头衣相比，帻延伸到齐眉处以上，显得很深。开始用于不需着冠的庶人阶层。东汉应劭《汉官仪》："帻者，古之卑贱执事不冠者之所服也。"据《续汉书·舆服志》，帻起于秦代武将的绛帕。汉代开始，贵族才戴帻，但其上加冠。据传与汉元帝有关。东汉蔡邕《独断》："元帝（刘奭）有壮发，不欲使人见，始进帻服之，群臣皆随焉。"汉元帝额发粗硬，以帻遮盖，众臣仿效。故《急就章》颜师古注云："帻者，韬（包扎）发之巾，所以整乱发也。常在冠下，或单着之。"

帻的主体部分称"颜题"，两边围向脑后并延伸出竖立的双耳，耳下用方形的"收"连接固定。最初帻上无巾以盖发髻，童子服此以示未成年。《晋书·舆服志》中有相关记载，就是未成年的天子戴帻也不加巾。后来施巾盖发。东汉蔡邕《独断》："然尚无巾，如今半帻而已。王莽无发，乃施巾，故语曰：'王莽秃，帻施屋'。"王莽秃发，在帻上又覆巾，高隆如屋顶，如"人"字形。（图6－23）

汉代时，文官戴进贤冠，帻耳较长，冠梁和巾相叠似"介"字，故称"介帻"（图6－24），天子祭祀时也戴介帻。武官戴惠文冠，帻耳较短。由赤色平上帻和纱弁组成。平上帻的体积逐渐缩小至顶，帻上平如屋顶，故名。据《后汉书·舆服志下》记载："武冠，一曰武弁大冠，诸武官冠之。侍中、中常侍加黄金珰，附蝉为文，貂尾为饰，谓之'赵惠文冠'。"王先谦集解：

“赵惠文王，武灵王子也。其初制必甚粗（cū）简，金玉之饰，当即惠文后来所增，故冠因之而名。”粗简，粗陋简单。《独断》亦有介绍：“冠进贤者宜长耳，冠惠文者宜短耳，各随所宜。”

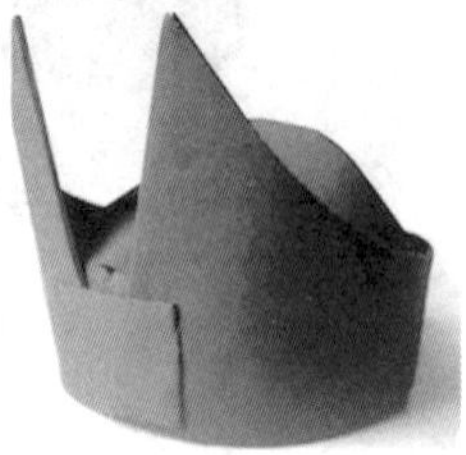

图6－23　帻

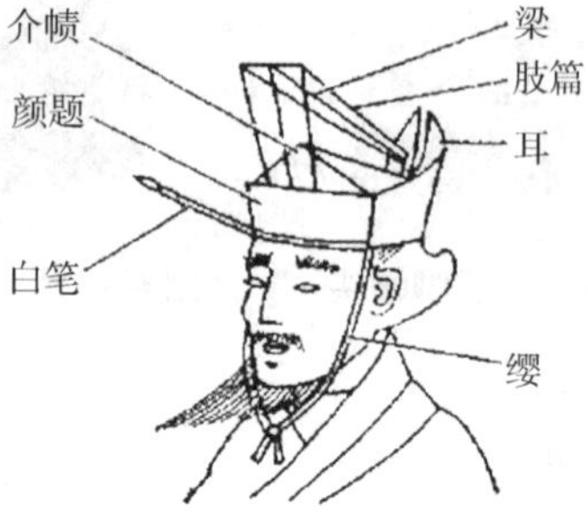


图6－24　介帻

图6－25　平巾帻
（隋墓瓷俑）

绿帻，是位卑者所服。《汉书·东方朔传》载：武帝时，受馆陶公主宠幸的董偃戴绿帻。颜师古注：“绿帻，贱人之服也。”唐李白《古风》之八：“绿帻谁家子，卖珠轻薄儿。”这里说的是董偃，他幼时曾与母亲卖珠为生。

从以上介绍中可以看出，汉人好服帻。魏晋时武官仍戴平上帻。至隋，侍臣及武官通服之。隋唐时，武官亦尚服平巾帻。（图6－25）唐代以前，人们用“岸帻”或“岸巾”以示洒脱不拘礼节或急迫不及从礼的行为。岸帻（巾），指推起帻，露出前额。“岸”有高的意思。《晋书·谢奕传》：“岸帻笑咏，无异常日。”唐刘肃《大唐新语》二：“中宗愈怒，不及整衣履，岸巾出侧门。”宋以后，帻逐渐被幞头、乌纱帽所代替，服者渐少。元以后少见，小说里偶尔会提到。如《水浒传》第二十八回说，武松篦了头，“绾个髻，裹了巾帻”。源自《水浒传》的《金瓶梅》第一回也说：“武松梳洗裹帻，出门去县里画卯。”

八、缅

纚，戴冠时包发用的黑帛，从糸，从丽（附着），丽亦声。戴冠前，先把头发束起盘在头顶，用缅包住，然后加冠、笄。缅又写作“縰”，可代指冠。汉扬雄《解嘲》：“戴縰垂缨而谈者皆拟于阿衡。”阿衡，商汤的宰相伊尹。此文指士大夫们都把自己比成古代的贤臣。

九、笄

笄，异体字为“筓”，上形下声。《说文·竹部》：“笄，簪也。从竹，幵声。”是固定头发或冠冕的发饰，故又称“发笄”“横笄”。汉后称簪。一般为竹、象牙、玉、骨等制。

古代女子十五岁要行“及笄”之礼。《礼记·内则》：“女子十年不出，十有五年而笄。”《仪礼·士昏礼》：“女子许嫁，笄而醴之，称字。”故用“及笄”代指十五岁。如《儒林外史》第十回：“鲁老先生有个令爱，年方及笄。”

## 第二节　汉字与体衣

传统的体衣分上衣下裳，不分男女，《周易·系辞下》：“盖取之乾坤。”史上最华丽的体衣当为天子的冕服，分为玄衣、纁裳。（图6-26）《尚书·益稷》具体描述了其状貌，共有十二章：“予欲观古人之象，日、月、星辰、山、龙、华虫[①]，作会（通‘绘’）；宗彝[②]、藻（水藻）、火、粉米[③]、黼（fǔ，古代礼服上白黑相间的花纹，取斧形，象征临事决断）、黻（fú，古代礼服上绣的黑与青相间的亚形花纹，表示背恶向善），绨（zhǐ）绣，以五采彰施于五色，作服。”这十二种吉祥纹饰分别用五种色彩绘制或刺绣而成，各有象征意义。隋顾彪在《尚书疏》中说：日月星辰取其照临，山取其能兴雷雨，龙取其变化无方，华虫取文章，蜼取耿介，藻取有文，火取炎上，粉取洁白，米取能养，黼取能断，黻取善恶相背。东汉初年，孝明皇帝诏有司博

---

① 华虫：一种类似野鸡的鸟。

② 宗彝：宗庙祭祀所用酒器，常以虎、蜼（wěi）为图饰。蜼，一种长尾猿猴，古人传说其性孝。

③ 粉米：白色的米形绣文。

采《周官》《礼记》《尚书》等史籍，制定了详细的祭祀服饰及朝服制度，确立了汉代的章服制度。从此，十二章成为中国帝制官服的等级标志。明代衮服依此设计，见图 6－27 所示的一件出自北京定陵的缂丝[①]十二章衮服，这是皇帝在重大庆典时所穿的礼服。

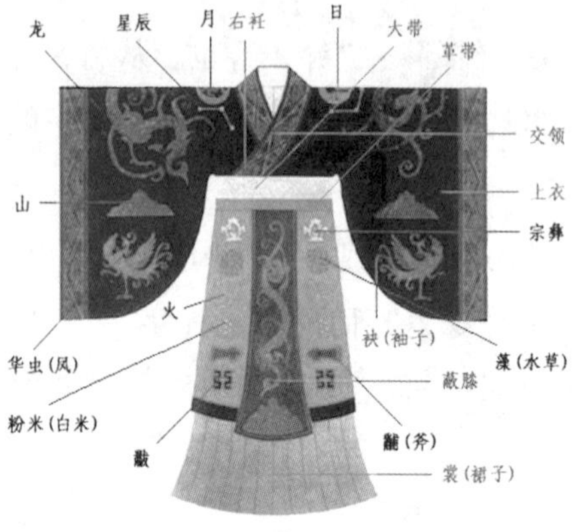


**图 6－26　冕服**

**图 6－27　衮服**

春秋战国时，出现了深衣。其直筒式的长衫，象征天人合一，恢宏大度，公平正直，包容万物的东方美德；其袖口宽大，象征天道圆融；领口直角相交，象征地道方正；背后一条直缝贯通上下，象征人道正直；腰系大带，象征权衡。按《礼记・玉藻》记载，深衣为古代诸侯、大夫等阶层所穿的家居便服，也是庶人百姓的礼服。《礼记・深衣》：“短毋见肤，长毋被土。”从各种深衣的形制来看，广义上的深衣指所有符合“被体深邃”特点的汉族传统服饰。如清阮元主编的《皇清经解》附深衣图，其样式分上衣、下裳两部分，象征两仪。上衣用布四幅，象征一年四季；下裳分开裁剪并缝合到一起，用十二幅布裁制，象征十二个月。可见，深衣的设计充分体现了天

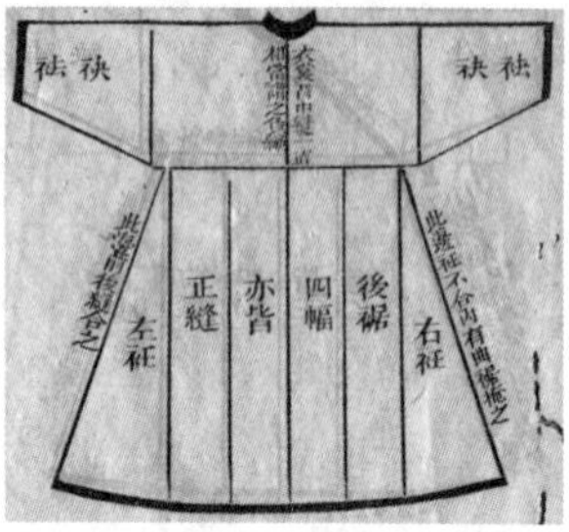


**图 6－28　深衣（后片）**

① 缂丝：一种通经断纬的手工丝织工艺。

道之圆融，地道之方正，身穿它时就深感为人处事要符合人间之正道，行动进退要符合权衡规矩，生活起居要顺应四时之序。汉代，深衣分为曲裾深衣和直裾深衣。

与体衣有关的汉字是：襦，复（複）/袷（jiá）/褶（dié）、襌（dān）、衫，亵（褻）/衷、衵（rì）；裘、裼（xī）、袍/襺（jiǎn）；褐、衰（蓑）；襟/衽、裾/衱（jié）、袖（褎、褏）/袂/袪（qū）、带/鞶、绅、帔；裳（常）、裙（帬）/帔、绔（袴）/裈（kūn，裩）/裤、韨（fú，市）/韠（bì）。

衣，甲骨文作，金文作，像交领右衽的上装。亦统称衣服。具体分为：

## 一、襦，复（複）/袷/褶、襌、衫，亵（褻）/衷、衵

本组字表示上衣中的夹衣、单衣和内衣。

### 1. 襦

襦，短上衣，与“深衣”相对。分齐膝的长襦和齐腰的短襦两种。图6－29所示的秦俑穿双层或单层长襦。《史记・匈奴列传》：“服绣袷绮（qǐ，有花纹的丝织品）衣、绣袷长襦、锦袷袍各一。”绣袷绮衣，指衣表绣花、衣里为有花纹的丝织品的夹衣。绣袷长襦，指衣表绣花的双层无絮的长襦。锦袷袍，指用有彩色花纹的丝织品做成的双层无絮的长袍。古诗《孔雀东南飞》：“妾有绣腰襦，葳蕤自生光。”此“腰襦”即短襦。（图6－30）有里子的襦称“复（複）襦”。古乐府《孤儿行》：“冬无复襦，夏无单衣。”

东汉末至魏晋，女子深衣式微，襦裙始兴。

**图6－29　秦俑长襦**

**图6－30　短襦长裙（隋）**

2. 复（複）/袷/褶、禅

复（複），《说文·衣部》："重衣也。从衣，复声。""重衣"即夹衣，带里子。也作"袷"，《说文·衣部》："衣无絮也。从衣，合声。"徐锴系传："袷，夹衣也。"据此可知，"合"有合并之义，袷即衣表和衣里合并在一起，故有示意作用。"袷"字应是会意兼形声字。唐皮日休《夏首病愈因招鲁望》诗："晓入清和尚袷衣，夏阴初合掩双扉。"清早天气清明和暖，穿着袷衣，夏日阴凉，刚入黄昏就关闭屋门。

褶，夹衣。《广韵·帖韵》："褶，袷也。"《礼记·玉藻》："禅为絅（jiǒng，罩在外面的单衣），帛为褶。"郑玄注："有表里，而无著。"陆德明释文："褶音牒，夹也。"无著，指夹层无絮。

与"复、袷、褶"相对的是"禅"。《说文·衣部》："衣不重。从衣，单声。""衣不重"，即指单层衣。《释名·释衣服》对比概括为："有里曰复，无里曰禅。"朱骏声通训："《释名》：'有里曰复'，谓即袷也。"《三国志·魏志·管宁传》："宁常著皂帽、布襦袴、布裙，随时禅复。"图6－31所示的素纱禅衣身长1.28米，通袖长1.9米，仅重49克，薄如蝉翼，是国家一级文物。

**图6－31　素纱禅衣**
**（马王堆汉墓出土）**

3. 衫

无袖头的开衩上衣。（图6－32）《释名·释衣服》："衫，芟也，芟末无袖端也。"毕沅疏证："盖短袖无袪之衣。"相传其形制及称呼源于秦始皇。五代马缟《中华古今注·布衫》："三皇及周末庶人，服短褐襦，服深衣。秦始皇以布开胯（指衣服遮盖股胫的部分），名曰衫。"又《衫子背子》："始皇元年，诏宫人及近侍宫人，皆服衫子，亦曰半衣，盖取便于侍奉。"所谓"开胯"的"半衣"其实就是自股以下两侧开衩的上衣，多为单

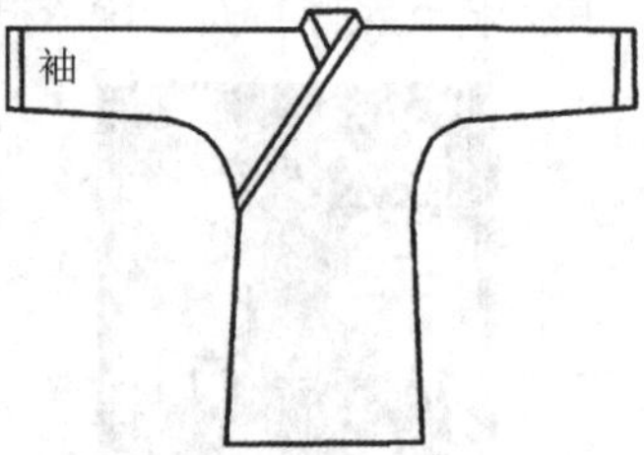


**图6－32　衫**

衣。《方言》卷四："或谓之禅襦。"郭璞注："今或呼衫为禅襦。"如唐陈子良《新成安乐宫》诗："衫薄偏憎日，裙轻更畏风。"衫亦指夹衣。沈从文《中国古代服饰研究·东晋竹林七贤图砖刻》："晋《东宫旧事》称'太子纳妃，有白縠、白纱、白绢衫，并紫结缨。'晋《修复山林故事》称：'梓宫有练单衫、复衫、白纱衫、白縠衫。'可知当时是上中阶层通用便服。衫有单夹，不论婚丧均常用白色薄质丝绸制作。"①

单衫常贴身穿，能吸汗，故有"汗衫"一说，据传与汉高祖刘邦有关。五代马缟《中华古今注·汗衫》："汗衫，盖三代之衬衣也。《礼》曰：'中单'。汉高祖与楚交战，归帐中，汗透，遂改名汗衫。"后代沿用。晋束皙《近游赋》："设系（当为'复'）襦以御冬，胁汗衫以当（遮蔽）热。"冬季穿絮丝绵的长襦，用以抵御风寒；夏季穿汗衫，用以遮蔽暑热。

4. 亵（褻）/衷、衵

亵（褻），《说文·衣部》："私服也。从衣，埶声。"私服，指便衣或贴身内衣。《论语·乡党》："君子不以绀（gàn）緅（zōu）饰，红紫不以为亵服。"何晏集解："王肃曰：'亵服，私居服，非公会之服者也。'"意思是说，君子不以深青透红或黑中透红的布给平常穿的衣服镶边为饰，不用红色或紫色的布做便服。又指内衣。如汉司马相如《美人赋》："女乃弛其上服，表其亵衣。"意为女子松开外衣，露出内衣。

衷，《说文·衣部》："里亵衣。从衣，中声。"此义也作"衵"，《说文·衣部》："日日所常衣。从衣，从日，日亦声。"《玉篇·衣部》："衵，近身衣也，日日所著衣。"《左传·宣公九年》记载了陈灵公君臣与夏姬私通，"皆衷其衵服，以戏于朝"。其中的"衷"是动词，指穿在里面。原意为把夏姬的内衣穿在里面。

有时也用"私""泽"表示内衣。《诗经·周南·葛覃》："薄污我私，薄澣（huàn）我衣。"称"私"因其贴身，有私密性。称"泽"有以下之由：《诗经·秦风·无衣》："岂曰无衣，与子同泽。"郑玄笺："泽，亵衣，近污垢。"《释名·释衣服》："汗衣，近身受汗垢之衣也。《诗》谓之泽，受汗泽也。"

---

① 沈从文，《中国古代服饰研究》，上海书店出版社，2005年，第196页。

## 二、裘、裼、袍/襽

本组字表示长大厚实的上衣及其配套部分。

### 1. 裘

裘，甲骨文作，像皮裘，毛在外。故《说文·衣部》云：“古者衣裘以毛为表。”后写作从衣、求声的“裘”。成语“反裘负刍（薪）”恰恰体现了裘的穿着方式。汉桓宽《盐铁论·非鞅》：“无异于愚人，反裘而负薪，爱其毛。不知其皮尽也。”后来刘向在《新序·杂事二》中补充了这个典故：“魏文侯出游，道见路人反裘而负刍，文侯曰：‘胡为反裘而负刍?’对曰：‘臣爱其毛。’文侯曰：‘若不知其里尽而毛无所恃耶?’”愚人为了爱惜裘衣，反穿着背柴，实在是不知“皮之不存，毛将焉附”的道理啊！

裘分品级，狐白裘最为珍贵，因为它是以狐腋白毛部分制成的皮衣，非常难得。成语“集腋成裘”说的就是这种情况。《史记·孟尝君列传》：“此时孟尝君有一狐白裘，直（值）千金，天下无双。”因其价值千金，故可用来表示精品。如宋胡寅《和朱成伯》诗：“持身贵比琥（hǔ，雕成虎形的玉器）璜（状如半璧的玉器）爵，得句精如狐白裘。”

紫羔裘也是佳品，古时为诸侯、卿、大夫的朝服。其毛色淡黑，毛根紫，故名。《论语·乡党》：“缁衣，羔裘。”刘宝楠正义：“郑注云：‘缁衣羔裘，诸侯视朝之服，亦卿、大夫、士祭于君之服。’……经传凡言羔裘，皆谓黑裘，若今称紫羔矣。”如《诗经·唐风·羔裘》：“羔裘豹褎，自我人究究。”究究，相互憎恶貌。诗意是：穿着豹袖羔裘的人，对我们傲慢无礼。

其次是貂裘、貉裘。《淮南子·说山训》：“貂裘而杂，不若狐裘而粹。”貂裘的毛色虽然不如狐裘纯粹，但一张处理好的貂皮不足一尺见方，要做成一件皮衣需连缀六十多张貂皮，所以也自有价值。另外，其保暖性强，且能擦拭出混入眼中之物。明宋应星《天工开物·裘》：“服貂裘者，立风雪中，更暖于宇下；眯入目中，拭之即出，所以贵也。”貂皮分白、黑、暗黄三色。唐薛逢《侠少年》诗：“绿眼胡鹰踏锦鞲（gōu，射箭、架鹰时缚于两臂、束住衣袖以便动作的臂套），五花骢（cōng，青白色相杂的马）马白貂裘。”

貉的外形似狐，毛棕灰色，穿貉裘者多为富贵之人。《论语·子罕》：“子曰：‘衣敝缊袍，与衣狐貉者立而不耻者，其由也与?’”貉衣与狐衣能并列，可见其价值。此言意为子路身穿破旧棉袍，与富贵者在一起但并不以此为羞耻。

等级差一些的是麑裘，是用幼鹿之皮制成的白衣服。《论语·乡党》：“素衣，麑裘。”穿此衣需另罩白色丝绢外衣。

最次的是一般的羊裘和鹿裘。《后汉书·马援传》记载：东汉名将马援功高富有，却“身衣羊裘皮绔”。《晏子春秋·外篇》说齐相晏子“布衣鹿裘以朝”。《淮南子·精神训》：“文绣狐白，人之所好也，而尧布衣掩形，鹿裘御寒。”名高位重之人身着普通服装，显示了其俭朴的美德。晋南北朝时，隐逸高士多披鹿皮裘。宋李昉（fǎng）等《太平御览》卷五〇三：“瞿硎（xíng）先生者，不得姓名，亦不知何许人也。泰和末，常居宣城郡界。山中有瞿硎，因以名焉。大司马桓温常往造，既至见先生，被鹿裘，坐于石室，神采五色。”瞿硎，本指瞿山出产的磨刀石。唐阎立本《列帝图》中的南朝陈文帝身披鹿裘，独坐高榻，神情悠闲。

2. 裼

在公共场合，华贵的裘衣不能当作外套穿，如《礼记·玉藻》“表裘不入公门”，意思是说外穿裘衣不能进入国君的外门。正式的穿着形式是在裘衣外罩上一件无袖的纹饰华美的外衣，既起罩衫的作用，又露出里面的华贵裘皮，这种外衣叫作“裼”。裼，从衣，易声。裼的颜色和质料要与裘相配。《诗经·秦风·终南》：“君子至止，锦衣狐裘。”又《礼记·玉藻》：“君衣狐白裘，锦衣以裼之……君子狐青裘、豹袖，玄绡（薄的生丝织品）衣以裼之。”“锦衣”指精美华丽的衣服，它与狐白裘相配，内里的白色与外表的绚烂之色相得益彰。“玄绡”是黑而薄的生丝织品，它与狐青裘相配，可衬托出狐青裘和豹皮衣袖的华贵光色。故《礼记·玉藻》云：“裘之裼也，见美也。”穿狐裘也可罩黄色的外衣，羔裘配黑色帛做的朝服，麑裘配白色丝绢外衣。如《论语·乡党》：“缁衣，羔裘；素衣，麑裘；黄衣，狐裘。”杨伯峻注：“这三句表示衣服里外的颜色应该相称。古代穿皮衣，毛向外，因之外面一定要用罩衣，这罩衣就叫裼衣。这里的‘缁衣’‘素衣’‘黄衣’的衣指的正是裼衣。”[1]

① 转引自汉语大字典编辑委员会编纂的《汉语大字典》，四川辞书出版社、湖北辞书出版社，1986年，第7529页。

但廉价的羊裘和鹿裘不需要加裼。《礼记·玉藻》云：“犬羊之裘不裼，不文饰也不裼。”

3. 袍/襺

袍，分长袄和单衣两种。长袄是长至脚背的夹衣，其夹层絮有新旧混杂的棉絮，即“缊”。袍，《说文·衣部》：“襺也。从衣，包声。”襺，《说文·衣部》：“袍衣也。从衣，茧声。”虽是互训，但实际上两者所指相对。《礼记·玉藻》：“纩为襺，缊为袍。”郑玄注：“纩谓今之新绵也。缊谓今纩及旧絮也。”原来，用新丝绵所絮叫襺，用新旧相杂的丝绵所絮的长袄为袍。（图6-33）《诗经·秦风·无衣》：“岂曰无衣，与子同袍。”此处若换作“襺”就不合适，因为战士是被驱使者，无条件穿质量好的衣服。既然袍内有缊，故有“缊袍”一词，穿此衣者多为穷困者。如上文所引《论语·子罕》中所提到的子路。再如东汉廉吏羊续。《后汉书·羊续传》载：“续为南阳太守……时权豪之家多尚奢丽，续深疾之，常敝衣薄食，车马羸败。府丞尝献其生鱼，续受而悬于庭；丞后又进之，续乃出所悬者，以杜其意。”如此廉洁，故一生清贫。当汉灵帝欲选他为“三公”之一的太尉时，他却拿不出一千万钱及厚礼，而仅献上自以为最值钱的缊袍，结果被拒。

袍也指单衣，属亵衣。《礼记·丧大记》：“袍必有表，不襌；衣必有裳，谓之一称（chèn）。”郑玄注：“袍，亵衣，必有以表之乃成称也。”一称，即一套。正式穿袍需罩外衣，成为一套。但家居时无需成套穿。汉代后，袍成为朝服。

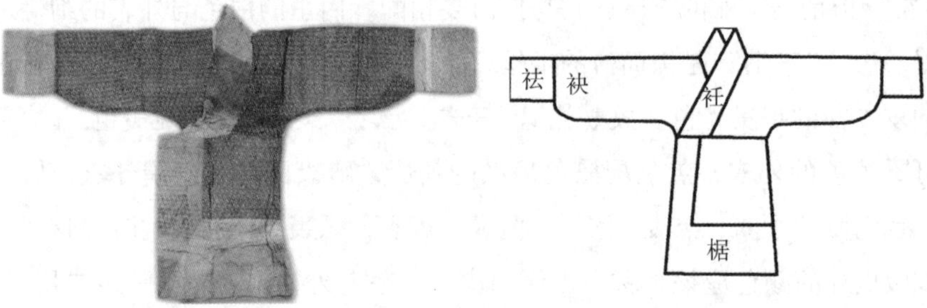


**图6-33　马王堆汉代直裾袍**

## 三、褐、衰（蓑）

本组字表示粗劣的上衣和雨衣。

1. 褐

《说文·衣部》:“褐,……一曰粗衣。从衣,曷声。”粗衣,指粗毛或粗麻制成的短衣。贫贱者所服。《孟子·滕文公上》:“许子衣褐。”赵岐注:“以毳织之,若今马衣也。或曰:褐,枲衣也;一曰粗布衣也。”许行是农家学派的代表,提倡农耕,自给自足,生活俭朴。《史记·廉颇蔺相如列传》:“乃使其从者衣褐,怀其璧,从径道亡。”蔺相如为了保证安全,让其随从装扮成贫苦之人,怀揣价值连城的和氏璧从小道逃跑。晋陶渊明《饮酒》诗之十六:“敝庐交悲风,荒草没前庭。披褐守长夜,晨鸡不肯鸣。”诗人用“披褐”点明自己困窘的处境。唐杜甫《自京赴奉先县咏怀五百字》诗:“赐浴皆长缨,与宴非短褐。”“短褐”指代卑贱者,与指代权贵的“长缨”相对。故“褐夫”所指同“短褐”,如《孟子·公孙丑上》:“视刺万乘之君,若刺褐夫。”

因“褐”有特殊的指代义,故古人用“释褐”表示由百姓而升官。汉扬雄《解嘲》:“夫上世之士,或解缚而相①,或释褐而傅②。”宋高承《事物纪原》载:宋新中进士者殿试后需在太学行释褐之礼。宋王禹偁《成武县作》诗:“释褐来成武,初官且自强。”写自己初仕自勉,前往山东菏泽的武成赴任。

2. 衰(蓑)

草编雨衣,至今南方仍使用。《说文·衣部》:“艸雨衣。”其所收古文作,象形;小篆作,以象形字“衣”为基础,中间加本体象形部分。《国语·越语》:“譬如衰笠,时雨既至,必求之。”时雨,应时的雨水。后加意符,作“蓑”。《诗经·小雅·无羊》:“尔牧来思,何蓑何笠。”毛亨传:“蓑,所以备雨。”

四、襟/衽、裾/衱、袖(褎、褏)/袂/袪,带/鞶、绅,帔(襕裆)

本组字表示上衣的附属部分。

1. 襟(裣、衿)

原指上衣的交领,如《尔雅·释器》:“衣眦(zì)谓之襟。”郭璞注:

---

① 指齐桓公亲自为管仲松绑并封之为相之事。

② 指武丁举傅说之事。据传,说原为傅岩筑墙之奴隶。武丁梦得圣人,名叫说,派人求于野。乃于傅岩得之,举以为相,国大治。

“交领。”后泛指上衣前幅。如《释名·释衣服》：“襟，禁也，交于前所以禁御风寒也。”据此，襟是从衣从禁，禁亦声。《庄子·应帝王》：“列子入，泣涕沾襟以告壶子 。”壶子，即壶丘子，名林。战国郑人，列子之师。

襟的古字为“衿”。《说文·衣部》：“衿，交衽也。从衣，金声。”邵瑛《群经正字》：“衿，今经典作襟，亦作衿。《说文》无襟字，正字当作衿。”如南朝梁沈约《春咏》诗：“衿中万行泪，故是一相思。”

也作“衿”。从衣，今声。本指交领。《方言》卷四：“衿谓之交。”郭璞注：“衿，衣交领也。”经典语句“青青子衿”出自《诗经·郑风·子衿》：“青青子衿，悠悠我心”，毛亨传：“青衿，青领也。学子之所服。”青衿为学子所服，故转指秀才。三国魏曹操《短歌行》之诗引用《诗经》例，以表达求贤若渴的心情。衿也指衣襟。《庄子·让王》：“曾子居卫……十年不制衣，正冠而缨绝，捉衿而肘见，纳履而踵决。”曾参在卫国讲学时，生活窘迫，十年未添置新衣。一端正帽子缨就断了，一拉衣襟胳膊肘就露出来，一穿鞋脚后跟就破裂。后用“捉襟见肘”形容衣着破烂。也用以比喻顾此失彼，穷于应付。

“襟”也作“衽”。《说文·衣部》：“衽，衣衿（同‘襟’）也。从衣，壬声。”中国古代上衣的穿着分“右衽”和“左衽”两种形式。右衽，指衣襟向右掩，这是华夏族的服装样式；左衽，衣襟向左掩，是少数民族的服装样式。《论语·宪问》：“微管仲，吾其被发左衽矣。”邢昺疏：“衽谓衣衿，衣衿向左，谓之左衽。”“披发左衽”是蛮夷的打扮和服饰。孔子赞美管仲，认为如果没有他，后人将被异族所统治。

2. 裾/衱

《说文·衣部》：“裾，衣袍（当为‘褎’，bào）也。从衣，居声。”段玉裁注：“褎物谓之褎，因之衣前襟谓之褎。”指前襟，是针对曲裾深衣而言。这种衣服的前襟被接长，呈三角状，穿时经过背后再绕至前面，故而用裾指三角状的前襟，称曲裾。曲裾是配合无裆绔的，曲裾绕身一圈后，腰部缚以大带，可遮住三角衽片的末梢，便于举步，无露体之虞。此即所谓“曲裾绕襟深衣”，较上衣下裳方便，男女皆服。汉代以后，裤子有裆，“直裾”服出现。三角形的前襟或“曲裾”变为平直状的直裾，直接绕到后腰侧，简捷轻便。“直裾”服初现民间，成为便服。到了西汉晚期，上升为礼服，甚至为朝服，逐渐代替了曲裾深衣。由于直裾和衣领部分分界明显，又因曲裾也包括绕到身后的一部分，所以，裾应指衣服前后的下面部分，即前后襟。但多指后襟，有别于“襟”。如《汉书·邹阳传》：“饰固陋之心，则何王之门不可曳长裾乎?”长裾被曳，必在后，此裾指衣服后身的下面。故《释名·释衣服》云：“裾，倨也，倨倨然直，亦言其在后常见踞也。”后借“曳裾王门”表示在王侯权贵的门下做食客。如唐李白《行路难》诗：“弹剑作歌奏苦声，曳裾王门不称请。”

衣服后襟的意思还可用“衱”表示。《尔雅·释器》：“衱謂之裾。”郭璞注：“衣后襟也。”邢昺疏：“衱，一名裾，即衣后裾也。”宋苏辙《次韵答陈之方秘丞》诗：“行看文石阶，高谈曳长衱。”我们行走在有花纹的石阶上，高谈阔论拖着长长的衣裾。

3. 袖（褎、褏）/袂、袪

袖，泛指衣袖，即从肩到腕的部分。从衣从由，由亦声。《释名·释衣服》：“袖，由也。手所由出入也。”古字作“褎”，其俗体为“褏”。《说文·衣部》：“褎，袂也。从衣，𥝌声。袖，俗褎从由。”如上引《诗经·唐风·羔裘》：“羔裘豹褎，自我人究究。”古人的衣袖较长较大，如《汉书·董贤传》载：“（董贤）为人美丽自喜，哀帝望见，说其仪貌……贤宠爱日甚，为驸马都尉侍中，出则参乘，入御左右，旬月间赏赐累巨万，贵震朝廷。常与上卧起。尝昼寝，偏藉上褏，上欲起，贤未觉，不欲动贤，乃断褏而起。其恩爱至此。”汉哀帝与董贤同寝，欲起身，发现自己的衣袖被压在他的身下，因不忍打扰，就挥刀断袖。后用“断袖”指男性之间的同性恋。又如《史记·信陵君列传》：“朱亥袖四十斤铁椎（chuí），椎杀晋鄙。”袖内能藏大铁椎，可见其宽大至极。故有“长袖”“广袖”之说。《韩非子·五蠹》：“鄙谚曰：‘长袖善舞，多钱善贾。’”《玉台新咏·汉时童谣歌》：“城中好广袖，四方用匹帛。”

“袖”也可以指袖口，同“袪”。唐慧琳《一切经音义》卷四一引《考声》：“袖，衣袂端也。”如传统戏曲服装中的“水袖”，指在蟒[①]、帔[②]（pī）、开

---

① 蟒：指蟒袍，又名花衣、蟒服。上绣蟒形，有水袖。古代官员的礼服。受封诰的妇女也可以穿。

② 帔：戏曲中帝王、后妃、将相、官绅的便服。大领、对襟、水袖，左右胯下开衩。

氅[1]、褶（xí）子[2]等袖端所缀的白色的绸绢，甩动时形似流水波纹，故称。

袂，《说文·衣部》："袖也。从衣，夬声。"《仪礼·有司彻》："以右袂推拂几三。"郑玄注："衣袖谓之袂。"袂之宽大的特点可令人展开想象，进行夸张描写。《晏子春秋·杂下九》："晏子对曰：'齐之临淄三百闾，张袂成阴，挥汗成雨，比肩继踵而在，何为无人？'"此为成语"张袂成阴"（或"袂云汗雨"）的典故。又白居易《长恨歌》："风吹仙袂飘飘举，犹似霓裳羽衣舞。"

如果将衣袖分成袖身和袖口两部分，袂特指袖身，与"袪"相对。《诗经·郑风·遵大路》："遵大路兮，掺执子之袪兮。"孔颖达疏："《丧服》云：'袂属幅（指上衣），袪尺二寸。'则袂是袪之本，袪为袂之末。《唐风·羔裘》传云：'袪，袂末。'则袂、袪不同。此云'袪，袂'者，以袪袂俱是衣袖本末别耳。"见图6－33马王堆汉代直裾袍所示。但有人将二字所指颠倒。如唐陆德明《经典释文》："袪末曰袂。"又《仪礼·聘礼》郑玄注："纯（zī，缁，黑色丝织物）袂为口缘。"

袪，《说文》："衣袪也。从衣，去声。……袪尺二寸。"一般指袖口，较袂紧窄，但所谓"（一）尺二寸"宽于今之标准。《左传·僖公五年》记载了晋公子重耳被晋惠公的手下寺人披"斩其袪"之事，此"袪"正是宽大的袖口。有时泛指衣袖。《淮南子·人间训》："阳虎为乱于鲁……门者出之。顾反而取其出之者，以戈推之，攘袪薄（通'迫'，近）腋。"阳虎，即阳货，鲁国大夫季氏的家臣。他犯上作乱，有一个守门者放了他，他却反过身用戈撩开守门人的袖口并伤其腋下。

总之，"袖"是统称；"袂"特指袖身，亦同"袖"；"袪"特指袖口，亦同"袖"。三者大同小异。

4. 带/鞶、绅

带，小篆作，《说文·巾部》："带，绅也。男子鞶带，妇人带丝。象系佩之形。佩必有巾，从巾。"段玉裁注："古有大带，有革带；革带以系佩韨，而后加之大带，则革带统于大带，故许于绅于鞶，皆曰大带。"如段氏所云，

① 开氅：和尚领、斜大襟、宽袖、带水袖的一种左右胯下开衩的传统戏服。
② 褶子：此处指传统戏装中的一种便服。其中男角褶子大领大襟，有水袖。

许慎用“绅”释“带”，又与“鞶”相关。但“带”具体所指不明。

其实，“带”特指大带，用素、绢或练制成，级别不同，带的宽度也不同。《礼记·玉藻》：“大夫大带四寸。”郑玄注：“大夫以上以素，皆广四寸；士以练，广二寸。”《诗经·曹风·鸤鸠》“其带伊丝”郑玄笺：“‘其带伊丝’，谓大带也。大带用素丝，有杂色饰焉。”大带用来束身，而非“系佩”。佩，即一些装饰品，如珠玉、容刀、帨巾、觿等。《说文》认为“带”“象系佩之形”，又在《人部》说：“佩，大带佩也。”对此，段玉裁注得明白：“古者有大带有革带，佩系于革带，不在大带。何以言大带佩也？革带统于大带也。”（图6-34）需要说明的是，大夫的大带素制，即白色生绢，而图中为黑色，称其为“素色熟绢”，自相矛盾。晋左思《蜀都赋》：“舆辇杂沓，冠带混并。”刘逵注：“带，大带，所以束身也。”

大带的里面是革带，即“鞶”，从革，般声，用以系佩韨。韨，即蔽膝。（图6-34）

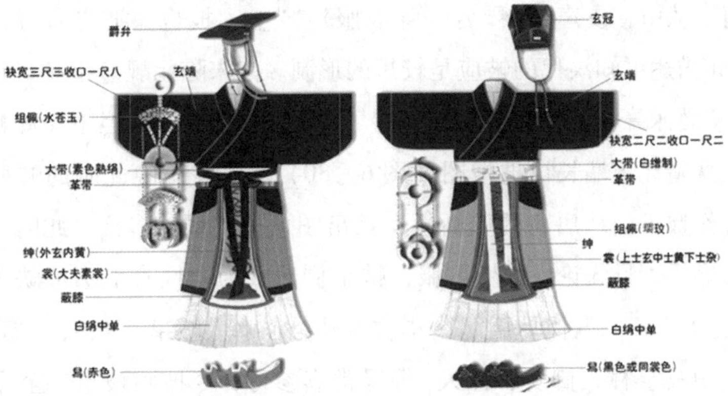


结婚礼服**1**（大夫）　　结婚礼服**2**（士）

**图6-34**

大带结的下垂部分叫“绅”，因属于大带的一部分，故《说文》云：“绅，大带也。从糸，申声。”《论语·卫灵公》邢昺疏：“以带束腰，垂其余以为饰，谓之绅。”（图6-34）绅的长度因地位不同而异。《礼记·玉藻》：“绅长，制：士三尺，有司二尺有五寸。”郑玄注：“绅，带之垂者也。”

图 6－35　缙绅

绅不仅起装饰作用，而且还可以用来书写记录。《史记·仲尼弟子列传》："子张书诸绅。"当"绅"泛指大带时，产生了"缙绅"一词，原指插笏于绅带和革带间。《汉书·郊祀志上》："其语不经见，缙绅者弗道。"颜师古注："李奇曰：'缙，插也，插笏于绅。'……字本作搢，插笏于大带与革带之间。"缙，通"搢"，插。也有另外一种解释，如《晋书·舆服志》："所谓搢绅之士者，搢笏而垂绅带也。"将"搢于绅"的中补关系解释为"搢笏而垂绅带"的联合关系，亦通。（图 6－35）因此服为旧时官宦的装束，后借指士大夫。清王应奎《柳南随笔》卷四："故事：官批讼牒，必以朱笔点讼者姓名。其人或系缙绅，则用圈焉。"故事，过去的典章制度。讼牒，诉状。

5. 帔

披肩。从巾，皮声。《释名·释衣服》："帔，披也。披之肩背，不及下也。"据此描述可知汉代的帔应是较短的形制。南宋陈元靓《事林广记·服饰类》载："晋永嘉中，制绛晕帔子，令王妃以下通服之。"但不知此帔子是何等样式。从隋代短襦长裙披帔图（图 6－30）来看，至晚此时的帔已变为细长型，称作帔帛。从唐墓的壁画仕女帔帛图可见其颜色多样。此时，披帔帛之风十分盛行，且无论贵贱皆可服，帔帛俨然成为女性身上不可缺少的服饰配件。（图 6－36）五代马缟《中华古今注》"女人帔帛"条云："开元中诏令二十世妇及宝林、御女、良人[①]等寻常宴参侍，令披画帔帛，至今然矣。"宋代以后演变为霞帔，成为命妇的礼服，非恩赐不得服。《宋史·刘文裕传》："封其母清河郡太夫人，赐翠冠霞帔。"与帔帛相比，霞帔经对折缝合，平整有厚度，显出礼服平直端正的特点。（图 6－37）明代，霞帔始为命妇品级的服饰，自公侯一品至九品命妇，皆服用不同绣纹的霞帔。霞帔一般宽三寸二分，长五尺七寸，形状宛如一条长长的彩色挂带，服用时绕过脖颈，披挂在胸前，下端垂有金或玉石的坠子。

① 世妇、宝林、御女、良人：皆古代宫中女官名。

图 6－36 帔帛（唐）

图 6－37 宋宣祖后披霞帔像

## 五、裳（常）、裙（帬）/帔、绔（袴）/裈/裤、韨（市）/韠

本组字表示下衣及其附属部分。

### 1. 裳（常）

《说文》："常，下裙也。从巾，尚声。裳，常或从衣。"其实，此"下裙"是用两块布裹于下身，为一片蔽前、一片蔽后的最早的下衣形式。因古代布幅较窄，所以前用三幅，后用四幅，共七幅。《仪礼·丧服》："裳，内削幅。"郑玄注："凡裳，前三幅后四幅也。"上施有折裥（jiǎn），用腰带系结于腰际。因前后分开，可以开合，更衣或方便时只要撩开裳片即可，不必解腰带。

### 2. 裙（帬）

裙即连缀的"裳"。《说文·巾部》："帬，下裳也。"《集韵·文韵》："帬，亦书作裙。"许慎的解释易混于"裳"。还是《释名·释衣服》说得明白："裙，群也，联接群幅也。"战国末期已有裙。如《睡虎地秦墓竹简·封诊式·贼死》："衣布禅帬、襦各一。"魏晋前男女皆穿。隋唐时，裙为妇女专服。若与短襦相配，则裙腰束至胸间，走起路来不断摆动，唐李群玉的诗《同郑相并歌姬小饮戏赠》将其描述为"裙拖六幅潇湘水"。

帔，也指"裙"。《说文》："帔，弘农谓帬帔也。从巾，皮声。"段玉裁注："谓帬曰帔也。"属方言词。《方言》卷四："裙，陈魏之间谓之帔。"

3. 绔（袴）/裈（裩）/裤

绔，《说文·糸部》：“胫衣也。从糸，夸声。”段玉裁注：“今所谓套裤也。左右各一，分衣两胫。”套裤，即两条裤腿，无裆，用带子系于腰。（图6－38）《释名·释衣服》：“绔，跨也，两股各跨别也。”故此字与“跨”同源。古人穿绔无裆，有别于今。晋王嘉《拾遗记》：“苏秦张仪二人同志好学，迭剪发而鬻之以相养，或佣力写书，非圣人之言不读，遇见《坟》《典》[①]，行无所题记，以墨书掌及股里，夜还而写之。”二人把要点书写在大腿，这证明了绔无裆。又《礼记·曲礼上》：“暑毋褰（qiān，撩起）裳”“不涉不撅（guì，掀起衣裳）”，透露了裳用以蔽羞的作用，只因内无连裆裤。但从商代“臣”字眼玉人像上可以发现他们身穿内裤（图6－39），既然如此，为什么没有满裆裤呢？因为在裆上缚带，不做成满裆，是为了便溺的方便。所以穷裤又有“溺袴”之称。另外，裳和曲裾深衣皆有遮蔽之功，绔无需满裆。

**图6－38　长绔**

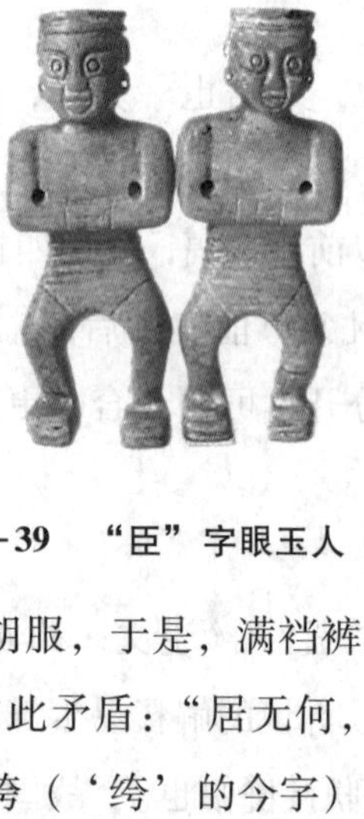

**图6－39　“臣”字眼玉人（商）**

大概在战国时，赵武灵王倡导改穿胡服，于是，满裆裤才慢慢盛行开来。但《史记·赵世家》中的一段记载却与此矛盾：“居无何，而朔妇免身，生男。屠岸贾闻之，索于宫中。夫人置儿袴（‘绔’的今字）中。”这是一段有关赵氏孤儿的故事，赵盾之子赵朔的妻子分娩，为了躲避屠岸贾的追杀，就将婴儿藏在袴中。可见，此袴必是有裆，但《汉语大字典》将此例置于“套

---

①《坟》《典》：《坟》，指三坟，或称三易，即《连山》《归藏》《周易》。《典》，指五典，即五经；一说为《尚书·洪范》中的五福“寿、富、康宁、攸（所）好德、考终命”。

裤”的义项之下[1]，无法讲通。不过，此事发生在春秋时期，尚未有满裆裤的穿着方式，于是，此故事的真实性值得怀疑。对照《左传·成公八年》：“武从姬氏畜于公宫”，可以发现孤儿赵武一直就与母亲赵庄姬生活在一起。所以，只能推测是司马迁误采战国时的异说，同时也证明了此时已有满裆裤，而且西汉时的司马迁也应知晓。

但有人说汉昭帝时才有满裆裤。明张萱《疑耀》卷二：“古人袴皆无裆。女人所用。皆有裆者，其制起自汉昭帝时。上官皇后为霍光外孙，欲擅宠有子，虽宫人使令，皆为有裆之袴，多其带，令不得交通，名曰穷袴。今男女皆服之矣。”此说源于《汉书·孝昭上官皇后传》：“光（霍光）欲皇后擅宠有子，帝（汉昭帝）时体不安，左右及医皆阿意，言宜禁内，虽宫人使令皆为穷绔，多其带。”颜师古注：“服虔曰：‘穷绔有前后当（裆），不得交通也。’使令，所使之人也。绔，古袴字也。穷绔，即今之绲（hún，缝）裆袴也。”所谓“穷绔”“绲裆袴”皆指满裆裤。昭帝是武帝之子，而武帝时的司马迁已记载满裆裤之事，可见，张萱的说法不确。比较可靠的解释应是昭帝时代是汉代宫中女性从穿无裆裤到穿满裆裤的过渡时期，而男性和民间早已穿满裆裤了。既然如此，《后汉书·马援传》：“身衣羊裘皮绔”中的“皮绔”应是满裆裤，这不仅与东汉时间相符，而且与将军骑马的需要相符。但《汉语大字典》亦将此例置于“套裤”的义项下[2]。

纨绔，本指细绢制成的裤，古代贵族子弟所服。《汉书·叙传上》：“数年，金华之业绝，出与王、许子弟为群，在于绮襦纨绔之间，非其好也。”颜师古注：“纨，素也。绮，今细绫也。并贵戚子弟之服。”指班超之祖先班伯在未央宫的金华殿讲说辍业后，就与汉成帝母家的王氏、皇后家的许氏交往，身处衣着绮襦纨绔之人中间。后用“纨绔”代指富贵人家的子弟，含贬义。唐杜甫《奉赠韦左丞丈二十二韵》：“纨袴不饿死，儒冠多误身。”

裈，是绔（袴）的音变结果，属方言词。明张萱《疑耀》卷二：“裈即袴也。”但指满裆裤。《急就篇》卷二：“襜褕（chānyú，深衣）袷复褶袴

① 汉语大字典编辑委员会编纂，《汉语大字典》，四川辞书出版社、湖北辞书出版社，1986年，第3088页。

② 同上注，第3392页。

裈。”颜师古注：“合裆谓之裈，最亲身者也。”《方言》卷四：“裈，陈、楚、江、淮之间谓之衳。”钱绎笺疏：“按，裈即今之满裆绔也。”古代卫生条件差，满裆处肮脏、潮热不透气，故是虮虱藏匿之所。《晋书·阮籍传》：“何异夫虱之处裈中乎？”亦作“裩”。《类篇·衣部》：“裈，或作裩。”

图 6－40　穿犊鼻裈的农夫

（山东沂南汉画像石）

犊鼻裈是缝合裆的短裤，多为平民百姓所穿。因其形如犊鼻，故名。（图 6－40）汉代文学家司马相如曾与富家新寡的卓文君私奔，在临邛卖酒。《史记·司马相如列传》中载他“身自着犊鼻裈与佣保杂作，涤器于市中”。

“裤”字出现于近代，是成人满裆裤及小儿开裆裤的通称。《红楼梦》第六十五回：“底下绛裤红鞋，鲜艳夺目。”

4. 韨（市）/韠

市，金文作巿，像蔽膝，系在腰间，垂于腹前。《说文·巾部》：“市，韠也。上古衣蔽前而已，市以象之。天子朱市，诸侯赤市，大夫葱衡。从巾，象连带之形。韨，篆文市从韦，从犮。”葱衡，绿色的玉衡。由此看出，“市”是古字，象形；“韨”是其今字，会意，从韦，表明其为熟皮制成。《汉书·王莽传上》：“于是莽稽首再拜，受绿韨衮冕衣裳。”颜师古注：“此韨谓蔽膝也。”韠，《说文·韦部》：“韨也。所以蔽前，以韦，下广二尺，上广一尺，其颈五寸。……从韦，毕声。”三字所指一致，皆是大夫以上祭祀或朝觐时遮蔽在衣裳前的服饰，用熟皮制成。其形制、图案、颜色按等级不同有所区别。但郑玄、孔颖达认为“韨”用于祭服，有别于服用“韠”。《礼记·玉藻》：“一命缊韨幽（通‘黝’）衡，再命赤韨幽衡，三命赤韨葱衡。”郑玄注：“此玄冕爵弁服之韠，尊祭服，异其名耳。韨之言亦蔽也。缊，赤黄之间色，所谓韎也。”孔颖达疏：“他服称韠，祭服称韨。”幽衡，黑色的玉衡。一命、二命、三命，周时的官阶。

传说舜发明韨。《礼记·明堂位》：“有虞氏服韨。”郑玄注：“韨，冕服之韠也。舜始作之，以尊祭服。”发明韨的原因是不忘远古之人衣着简陋之本。郑玄注《礼记 · 玉藻》云:“古者佃渔而食之,衣其皮,先知蔽前,后知蔽后,后王易之以布帛而独存其蔽前者,不忘本也。”

## 第三节 汉字与足衣

足衣包括鞋和袜。相关的字有履、屦/屦、屐、鞮(dī)/鞜(tà)、靸(sǎ)、韡(靴)、鞵(鞋)、舄(xì),袜(韈、韤、襪)。

### 一、履、屦/屦、屐、鞮/鞜、靸、韡(靴)、鞵(鞋)、舄

在中国远古时期,鞋的形象已出现在氏族社会时的彩陶上。新石器时代,先民已用草、麻、葛编织成履。后来,履的材料、样式不断丰富。

1. 履

本义践踏,《说文》所收其古文作,从页、足、舟,表现人踩在船上。引申为鞋的总称。《说文 · 履部》:“履,足所依也。从尸,从彳,从夊,舟象履形。一曰尸声。”徐灏注笺:“履,践也,行也。此古义也。”朱骏声通训定声:“此字本训践,转注为所以践之具也。”可见,许慎为了说明履的本义是鞋,就认为“舟”字“象履形”,有误。《庄子 · 山木》:“庄子衣大布而补之,正縻(xié,带子)系履而过魏王。”

因为“履”和“礼”同音,加之服饰本身就能表现礼,所以,古人以为履是礼的体现,二者同源。《释名 · 释衣服》:“履,礼也,饰足所以为礼也。”《说文 · 示部》:“礼,履也。”

2. 屦(屨)

是鞋的古称和总称。《说文 · 履部》:“屦,履也。从履省,娄声。”段玉裁注引晋蔡谟曰:“今时所谓履者,自汉以前皆名屦。”此言绝对,《韩非子 · 五蠹》有“郑人有且置履者”之例。不过,“屦”应是表示鞋的专字,“履”是引申而来的。

《释名 · 释衣服》:“屦,拘也,所以拘足也。”此解有一定的道理。屦一般指单底鞋,用葛、麻、皮、丝等制成。《周礼 · 天官 · 屦人》:“屦人掌王及后之服屦。”郑玄注:“复下曰舄,禅下曰屦。”意思是双层底的鞋叫舄,单层

底的鞋是屦。富贵者穿屦很讲究，夏天穿葛屦，冬天穿皮屦。《诗经·魏风·葛屦》："纠纠葛屦，可以履霜。"毛亨传："夏葛屦，冬皮屦。葛屦非所以履霜。"

草鞋最轻贱，所以用作丧履。其中服丧礼最重的一种是"菅屦"，子为父守孝、诸侯为天子服丧、妻妾为亡夫戴孝时穿。如《左传·襄公十七年》："齐晏桓子卒，晏婴粗缞（cuī）斩[①]，苴绖（jūdié）带[②]，菅屦。"齐国相晏桓子去世，其子晏婴胸前披着麻布条，身穿不缝衣边的丧服，头戴麻布制的无顶冠，腰系麻布带，脚穿草鞋。次一等的是服齐衰三年的"疏屦"，也作"菲（fèi，通'屝'，草鞋）屦"，子为母、母为长子、丈夫为妻子、出嫁之女为父母、孙及孙女为祖父母服丧时所穿。如《礼记·曾子问》孔颖达疏："婿为妻合服齐衰杖而菲屦，及止哀次[③]。"又《丧服传》："疏屦，藨蒯[④]（biāokuǎi）之菲也。"此义也作"苞屦"。《礼记·曲礼下》："苞（即'藨'）屦、扱（chā，插）衽、厌冠，不入公门。"意思为穿草编的丧鞋、把衣襟插在腰带里、头戴丧冠，不能进入国君的宫门。扱衽是父母刚去世时孝子的穿着形式。厌冠，如偃伏状的丧冠。因草鞋常用作丧履，所以古人认为草鞋不能借入或借出，故有"不借"之别名。

草鞋可用"屩"字表示。从履省，乔声。《释名·释衣服》："屩，草屦也。屩，蹻也，出行著之，蹻蹻轻便，因以为名也。"《史记·范雎蔡泽列传》："夫虞卿蹑屩檐簦（dàndēng），一见赵王，赐白璧一双，黄金百镒。"战国名士虞卿穿着草鞋、背着雨伞，一见到赵王，就被赏赐了一对白璧，百镒黄金。

相对而言，皮屦易于保存，所以，中国现存最早的鞋是湖南长沙楚墓出土的一双用皮缝制的鞋。

大概汉代时，"履"成为通语，"屦"用作方言。《方言》卷四："屦，履

---

① 粗缞：臣为君、子为父、妻为夫所服的一种丧服，把麻布条披于胸前。斩，指丧服不缝衣旁和下边。

② 苴绖：丧服中麻布制的无顶冠。带，腰带。

③ 哀次：凡居丧，当于寝门处用席和草苫之类的材料搭起临时的窝棚而居处。

④ 藨蒯：可编草鞋的草。

也，自关而西谓之屦。”

3. 屐

屐，木屐。从履省，支声。木底大多有二齿，防泥污。《急就篇》卷二：“屐屩絜麤羸窭贫。”颜师古注：“屐者，以木为之，而施两齿，所以践泥。”《释名·释衣服》：“屐可以践泥也。”屐发明于春秋时期。唐玄应《一切经音义》卷一四引南朝宋刘敬叔《异苑》：“介之推抱树烧死，晋文公伐以制屐。”为了纪念不居功的介之推，也是为了表达悔恨之情，晋文公砍伐此树以制木屐。

据传，屐的形状最初男女有别，后趋于一致。《晋书·五行志上》：“初作屐者，妇人头圆，男子头方，圆者顺之义，所以别男女也。至太康初，妇人屐乃头方，与男无别。”南朝时期，盛行木屐，上至天子，下至文人、士人都可穿着。宋代以后，妇女大多不穿，男子多将其当作雨鞋，尤其是在潮湿阴雨的南方。宋叶绍翁《游园不值》诗：“应怜屐齿印苍苔，小叩柴扉久不开。”明末清初，仕女和小孩多穿红色木屐。姑娘出嫁时，要漆画彩屐作为妆奁。此俗传至日本，至今男女仍穿着使用。

为了便于登山，南朝宋的著名山水诗人谢灵运发明了“谢公屐”，简称“谢屐”，一种前后齿可装卸的木屐。他“常着木屐，上山则去前齿，下山则去后齿”（《宋书·谢灵运传论》）。李白《梦游天姥吟留别》诗：“脚着谢公屐，身登青云梯。”

相关的典故有“折屐齿”，或作“屐齿之折”。《世说新语·雅量》：“谢公与人围棋，俄而谢玄淮上信至，看书竟，默然无言，徐向局。客问淮上利害，答曰：‘小儿辈大破贼。’意色举止，不异于常。”《资治通鉴·晋孝武帝太元八年》增添了后续之事：“过户限，不觉屐齿之折。”东晋时，前秦的军队南下至淝水布阵，侍中谢安推荐其侄谢玄前去应敌。两军交战之时，谢安与人下围棋，看罢信使送来的战报，沉默不语，慢慢转向棋局。客人询问战况，他语气平和地说：“小儿辈大败贼人。”但当他迈过门槛时，竟未感到屐齿已断。此典用以表达喜不自禁的心情。

4. 鞮/鞜

单底皮鞋。《说文·革部》：“鞮，革履也。从革，是声。”汉代时，属方言词。《方言》卷四："自关而东，……禅者谓之鞮。"郭璞注："今韦鞮也。"韦鞮，用去毛熟制的兽皮制成的鞋。又《急就篇》卷二："靸鞮昂角褐袜巾。"颜师古注："鞮，薄革小履也。"一说是生皮革制成的鞋。《礼记·曲礼下》"鞮屦"卫湜引吕大临曰："革屦也。……革去毛而未为韦，非吉屦也。"其依据是原文中提到的"大夫、士去国，踰竟（后为'境'）为坛位，乡（后为'向'）国而哭，素衣，素裳，素冠，彻缘"等，说的是进谏国君失败的士和大夫离开祖国，因怀念家乡而设置坛位进行祭拜，他们穿着朴素，连衣服和帽子的镶边也要拆掉。可见，此鞮就像素未经漂染一样，应是未经熟制的皮革制成的鞋。如此，则与"鞜"相混。

鞜，生革制的皮鞋。《急就篇》卷三："履舄鞜裒绒锻纠。"颜师古注："鞜，生革之履也。"但有时"鞜"与"鞮"可通用。《汉书·扬雄传下》："躬服节俭，绨（tí，厚实平滑、有光泽的丝织物）衣不敝，革鞜不穿，大夏（通'厦'）不居，木器无文。"大夏，大殿。此文中说汉文帝身体力行地推行节俭，不穿华贵的衣裳和皮鞋，不住大厦，使用的木器没有雕饰花纹。一般来说，鞮是熟皮制，较生皮制的鞜柔软舒适，富贵者当穿鞮。但上引《礼记》所提到的流亡贵族衣着朴素设坛祭拜家乡时，所穿的"鞮"应是鞜；又上引《汉书》提到文帝克己节俭，不穿的"鞜"当指鞮。可见，二者细分有别，而通言则互相转化，此时需根据语境来判断。

5. 靸

本指小儿穿的无后帮、无后跟的皮制拖鞋。《说文·革部》："靸，小儿履也。从革，及声。"《急就篇》卷二："靸鞮是昂角褐袜巾。"颜师古注："靸谓韦履，头深而兑（通'锐'），平底者也。今俗呼谓之跣子。"据考，夏商周三代的靸皆皮制，始皇二年改用蒲制，从晋到唐多草制，梁武帝时曾用丝制。[①]如唐杜荀鹤《山寺老僧》诗："草靸无尘心地闲，静随猿鸟过寒暄。"元末明初陶宗仪《辍耕录》卷一八："西浙之人，以草为履而无跟，名曰靸鞋。"以上二例中的靸皆为用蒲草等编制的拖鞋。既然靸的材质不限于皮，那

① 见清桂馥《说文义证》："《炙毂子杂录》引《实录》云：'靸鞢、舄，三代皆以皮为之，朝祭之服也。始皇二年遂以蒲为之，名曰靸鞢。梁天监中武帝易以丝，名解脱履。据此，则靸鞢之制其来甚古。'"

么后来就可泛指拖鞋了。

6. 鞵（鞋）

《说文》收“鞵”，从革，奚声；无“鞋”。《释名·释衣服》：“鞵，解也。著（着）时缩其上如履然，解其上则舒解也。”如果说上面所列诸鞋皆属套鞋的话，那么，鞵就特指一种鞋面上纵向中分，可松可紧的皮鞋，汉时用带系。

“鞋”字初现于南朝梁顾野王《玉篇》，是“鞵”的异体字。不过，它多指麻鞋。北齐颜之推《颜氏家训·治家》：“麻鞋一屋，弊衣数库。”元末明初陶宗仪《说郛》卷一〇引《事始·鞋》：“古人以草为屦，皮为履，后唐马周始以麻为之，即鞋也。”后成为足衣的统称。

7. 鞾（靴）

鞾，高到踝骨以上的长筒皮靴，从革，华声。战国赵武灵王胡服骑射时引进，《释名·释衣服》：“鞾，跨也。两足各以一跨骑也，本胡服，赵武灵王服之。”宋高承《事物纪原》：“赵武灵王好胡服，常短靿（yào，靴筒），以黄皮为之，后渐以长靿，军戎通服之。”

靴，同“鞾”，出现较晚，《玉篇·革部》：“靴，亦履也。”又“鞾，同靴。”开始传入时，靴主要用于军旅。因其保温性强，便于在泥土、沼泽中行走和骑马等，就连北方的百姓也不分男女都在穿着。汉代后期逐渐开始推广。如《晋书·刘兆传》：“尝有人著靴骑驴，至（刘）兆门外。”北齐以后普及开来。宋沈括《梦溪笔谈》卷一：“中国衣冠，自北齐以来，乃全用胡服。窄袖，绯（fēi，红色）绿短衣，长靿鞋，……皆胡服也。”从隋朝开始，靴为百官常服，皇帝亦服。唐代普及，官民皆可穿，但式样略异。女子流行软底透空锦靿靴，男子先流行六合靴（图 6－41），中的左一和右一为穿圆领袍衫，头戴幞头，脚蹬乌皮六合靴的唐代官吏。后来唐太宗听取马周的建议，认为长靿靴高达膝盖，行事不便，便将长靿靴改为短靿靴，用作常服、朝服。当时宫廷中的女性舞蹈者以穿靴为时尚，时称“蛮靴”。宋朝时，朝会穿靴，用黑革做成靴筒，内衬以毡，各官职穿着的颜色依服色而定。明时，靴染成黑色，称“皂靴”。洪武二十五年（1392），庶民不许穿靴。清代官靴多以织物制作，靴头有两种：平常穿尖头，朝会穿方头，以便跪拜。与靴有关的故事是“寇准背靴”，许多剧种塑造过这个耿直果敢、爱护忠烈的人物形象。

**图 6-41　《步辇图》局部（唐 阎立本 绘）**

8. 舄

小篆作[小篆字形]，本是“鹊”的异体字。有一种上层为布底、下层加木底、可防水的双底鞋外形如鹊，故用来指此种最高级的履。（图 6-34）先秦时，舄是帝王、后妃及公卿百官行礼时与礼服配套的鞋子。《诗经·豳风·狼跋》：“公孙硕肤，赤舄几几（jǐ）。”毛亨传：“赤舄，人君之盛屦也。”此诗赞美周成王健硕肤美，所穿赤舄头尖而上翘。据周礼，男子穿赤、白、黑，以赤色为主，以示阳刚之气；女子服玄、青、赤，以玄色为主，以示阴柔之义。还规定，天子穿冕服配赤舄，诸侯同；以白舄配韦弁、皮弁，以黑舄配冠弁①。王后以玄舄配袆（huī）衣，以青舄配揄（yáo）翟（dí，长尾的野鸡），以赤舄配阙（què）翟，②合称为“三翟”。《周礼·天官·内司服》：“内司服，掌王后之六服：袆衣、揄狄、阙狄、鞠衣、展衣、缘衣。”郑玄注：“狄当为翟。翟，雉名……王后之服，刻缯为之形而采（彩）画之，缀于衣以为文章。袆衣画翚（huī，五彩山雉）者，揄翟画摇（通‘鹞’）者，阙翟刻而不画，此三者皆祭服。”汉时，舄成为一般鞋子的通称。《史记·滑稽列传》：“日暮酒阑，合尊坐，男女同席，履舄交错，杯盘狼藉。”黄昏，酒筵将尽，大家共同

① 冠弁：天子田猎时的装束。在玄冠之上加皮帽。

② 袆衣：绘有五彩山鸡图纹的王后祭服。揄翟：也作“揄狄”，彩画鹞鹰为饰的王后祭服。阙翟：也作“阙狄”，只刻不画的王后祭服。

饮酒，男女同坐一席，鞋子错杂，杯盘散乱堆积。

## 二、袜（韈、韤、襪）

“袜”的异体字很多，可分为两类：从“革（韦）”类，如“韈”“韤”；从“衣”类，如“襪”。从部首的变化可以看到中国古代袜子材质的改变。

韈，《说文·韦部》：“足衣也。从韦，蔑声。”清顾炎武《日知录》：“古人之襪，大抵以皮为之。”在原始的渔猎时代，人们用兽皮做袜护脚，这种皮袜应该只是包裹着脚并将其捆扎起来。异体字“韤”也透露出皮袜曾经存在过。随着纺织工艺的出现，有了布帛袜。所以二字的意符不再表意了。如《史记·张释之冯唐列传》：“王生老人曰：‘吾韈解。’顾谓张廷尉：‘为我结韈。’”韈解，指袜线或袜带开了，所以后来他就命令张释之为他系袜线。此袜当为布帛袜。唐韩偓《懒起》诗：“煖（同‘暖’）嫌罗韈窄，瘦觉锦衣宽。”又《韩非子·外储说左上》：“晋文公与楚战，至黄凤之陵，韤係（带子）解，因自结之。”晋文公为自己系好松开的袜带。这三例中的“韈”“韤”与皮革无关。

至迟在周代出现了布帛制的袜子，称“角袜”。穿着时也像皮袜一样用一块帛包裹并捆绑在脚上。《释名·释衣服》：“襪，末也，在脚末也。”《玉篇·衣部》：“袜，脚衣也。”唐慧琳《一切经音义》卷五九：“袜，或作襪。”故从“革（韦）”的“韈”“韤”就变为从“衣”的“襪”“袜”。《集韵·月韵》：“韈，《说文》：‘足衣也。’或从衣。”如东汉张衡《南都赋》：“脩袖缭绕而满庭，罗襪蹑蹀而容与。”躡蹀，往来小步貌。容与，从容闲舒貌。

汉代时，袜子成为一种较普遍的足衣。湖南长沙马王堆的一号汉墓曾出土了两双绢面夹袜，均用整幅绢缝制而成。其缝制方法十分科学，把接缝部位安排在脚面和后跟，所以，袜底无缝而平整，穿着很舒适。袜筒后面开口，袜口处缝有袜线，可将袜子固定在脚脖处，防止滑落。

隋唐五代，男女多穿用绫罗制成的“锦袜”。宋时，虽然男女依然穿锦袜，但男子以服帛袜居多，以避奢侈之嫌。直到明清，男子之袜质料多样，非常讲究。

当然，以上都是针对富贵者而言，四季不同，袜也不同。一般来说，春秋穿白布袜，即“净袜”；夏穿棉麻袜，即“暑袜”；深秋穿白羊毛袜；冬穿棉袜、皮袜、夹袜。而贫困潦倒者无袜。《史记·滑稽列传》载，家境贫寒的东郭先生“足下之履无底。行于雪中，足尽践地，为路人讥笑”，东郭先生乃自嘲道：“履行雪中，其上为履，其下为足迹，谁能为之？”可见，东郭先生脚上只有一双无底的破履，里面就没有穿袜子。杜甫《北征》诗：“平生所娇儿，颜色白胜雪。见耶（用同‘爷’，父亲）背面啼，垢腻脚不袜。”诗人虽是一介官吏，但家中清贫，孩子也无袜可穿。

古人登席必脱袜，否则不礼。《左传·哀公二十五年》：卫侯与大夫饮酒时，“褚师声子韈而登席，公怒。辞曰：‘臣有疾，异于人。若见之，君将𣪊（hù，吐）之。是以不敢。’公愈怒。大夫辞之，不可。褚师出，公戟（伸出）其手曰：‘必断而足！’”褚师声子虽已解释不脱袜的理由，但卫侯仍怒气冲冲。可见，着袜登席，违礼之甚。汉代时，贵族祭祖要穿红袜、红内衣、红裤子，以示对列祖列宗一片“赤心”。宋元明亦有此俗。

袜线很短，没有其他用途，所以，古人用“袜线”讽刺一无所长的人。宋孙光宪《北梦琐言》卷五：“韩昭仕蜀，至礼部尚书、文思殿大学士。粗有文章，至于琴棋书算射法，悉皆涉猎。以此承恩于后主。时有朝士李台嘏（gǔ）曰：‘韩八座[①]事艺，如拆袜线，无一条长。’”后来比喻才学短浅，用于自谦。明郑若庸《玉玦记·诏封》：“袜线之才，勉奉王命，深媿（kuì，惭愧）无功。”

**练习题：**

1. 举字例说明服饰与等级的关系。
2. 结合汉字谈谈下衣的演变情况。
3. 古人的衣着服饰怎样体现了礼的规定？
4. 华夏族的服饰是怎样从少数民族的服饰中吸取精华的？

① 八座：亦作“八坐”。封建时代中央政府的八种高级官员。历朝制度不一，所指不同。

# 第七章 汉字与建筑

建筑最初是与人类的居住需求密切相关的，它就犹如衣食，是人类生存的必需品。随着社会的进步，需求的多样化，其用途也日益扩大，除了供居住以外，在交通、享乐、礼仪、宗教、陵墓等方面都衍生出了各种建筑物。

# 第一节　汉字与建筑形式

在人类漫长的发展历史中，我国先民的居住形式大体上经历了从地下到地面、从树上到地面两种。在黄河流域，因其土壤深厚，地势较高，故这里的人们长期保持着穴居的模式，这些洞穴或是自然山崖、陵穴，或是人工挖掘而成。距今5000多年的半坡人已经会建造圆形尖顶半地穴式房屋，至今在北方一些地区，仍有窑洞供人居住。洞穴包括横穴和竖穴（袋型竖穴），后进化为半穴居（又称“复穴”）（图2－10）。在长江流域，河流纵横，地势低洼，构木为巢是主要的居住形式，如距今7000多年的河姆渡人已经会建造干栏式的木结构房屋。但文献认为穴居和巢居的形式与季节有关，《礼记·礼运》：“昔者先王，未有宫室，冬则居营窟，夏则居橧（zēng）巢。”郑玄注：“寒则累土，暑则聚薪柴居其上。”其实未必，巢居可能也是为了人身安全。《庄子·盗跖》：“古者禽兽多而人民少，于是人皆巢居以避之。”也有文献以为先有穴居后有巢居，《太平御览》卷七八引三国吴项峻《始学篇》：“上古皆穴处，有圣人教之巢居，号大巢氏。”此说有一定的道理，直接利用自然崖穴是初期的手段，在树上人工搭建巢所应出现在后。随着人们对自然环境的认识逐渐加深，选择适应环境的居住形式就成为必然，因此，《始学篇》又云：“今南方人巢居，北方人穴处，古之遗俗也。”晋张华《博物志》卷三：“南越巢居，北朔穴居，避寒暑也。”南方潮热，适宜巢居；北方干冷，适宜穴居。

经过长期的生活实践，北方的穴居和南方的巢居殊途同归，皆转向地面，先后出现了原始地面建筑和分室建筑。（详见第二章第一节）相关的汉字充分体现了居住形式的所有变化过程。

## 一、汉字与住宅

### （一）穴居

穴居有多种形式，虽然没有专字证明，但是据相关例字可以找到断崖下的横穴式、地下的竖穴式和半地穴式。它们有的利用自然遮挡物，有的建造屋顶，越来越科学实用。

仄，从厂从人，《说文·厂部》云：“象人在厂下”，又云：“厂，山石之厓岩，人可居，象形。”厂表明人在山崖下的岩穴居住，属横穴类。既是居处，故“室”“房”的异体字分别是“厔”“厉”。《玉篇·厂部》：“厔，室也。”《字汇补·厂部》：“厉，与房同。见汉《校官之碑》。”《校官之碑》指《汉溧阳长潘乾校官碑》，其内有“左尉河内汲董（dǒng）竝字公厉”。又如“宅”，《说文·宀部》引古文“厇”，从“广（yǎn）”，《说文·广部》：“广，因广为屋。象对刺高屋之形。”广即依山崖建造的房屋。

穴，金文作，像凿空地面向下挖成穴洞，上设顶盖成，像以立柱为中线而左右对称相分（图2－10）。《说文·穴部》：“穴，土室也。”《诗经·大雅·绵》：“古公亶父，陶复陶穴，未有家室。”毛亨传：“陶其壤而穴之。”郑玄笺：“凿地曰穴。”可见，穴即凿地而成的土室。《周易·系辞下》：“上古穴居而野处，后世圣人易之以宫室。”远古穴居很平常，故“穻（yū，窗户；或同‘宇’，屋檐）、窖（mǐng，自然洞窟，用作土屋）、窔（yào，室中东南角）”等字从穴。又如“宅”，《说文》引古文“宪”，从“土”，以示地穴，结合从“广”的“厇”，宅的原形可能是地穴式或岩穴式。

宋，甲骨文作，金文同，像独木支撑屋顶。《说文·穴部》：“宋，居也。从宀从木。”但经传未见此义之用例。对照甲骨文和金文及图2－10所示的竖穴，《说文》所释的“居”则有据可依了。舍，金文作，下“口”为坎，上部像一木支撑屋顶，这与《说文》将其小篆的字形结构分析为“从亼、中，象屋也。口，象筑也”的结果相一致。（图7－1）

**图7－1　半坡半穴居房屋**

“出”和“各”二字也透露出古人穴居的信息。出，甲骨文作，从止从凵。凵，意同坎穴。二者合起来表示走出穴。李孝定认为：“古人有穴居者，故从止从凵，而以止之向背别出人也。”[①]各，甲骨文作，从反止从凵，表示至穴。此义后也作“格”。

宕，甲骨文作，金文作，从宀从石，宀像洞口。“石”说明此为石洞，故《说文·宀部》云：“一曰洞屋。”若在黄土高原，则是在黄土沟壁上开挖横穴而成的窑洞式住宅。

宫，甲骨文作，《说文·宀部》：“室也。从宀……”，对此字形历来有不同解释。罗振玉认为，宀下之“”像洞穴中“此室达于彼室之状”[②]。据此，宫当为地下居所。而徐中舒以西安半坡遗址的半穴居圆形房屋为据，认为“宫”像房屋的立体之形。具体来说，像房屋透视轮廓，上“口”像屋顶斜面而开的通气窗孔，下“口”像在圆形基础上所建的围墙中部开设的房门。[③]（图7－1）因有实物佐证，故后说较宜。且《释名·释宫室》云：“宫，穹也，屋（屋顶）见于垣上，可隆然也。”隆然，高起的样子。既然如此，“宫”字标志了半穴居的方式，为升上地面的建筑打下了基础。

屋，本指地穴式或半地穴式住室的顶部覆盖。《说文·尸部》引其籀文，从尸从厂从至，并说：“一曰尸象屋形。”其中的“厂”本像可居的断崖之下，而在其上再架屋则多此一举，故厂在此指地面以下的空间。《说文》又引其古文，从室，上像屋顶覆盖物，故段玉裁注：“屋者，室之覆也。”而“室”有异体字“厔”（见前文），亦与岩穴有关，故上置覆盖物亦不合理。可见，《汉语大字典》认为“屋”是“古代半地穴式住室建筑的顶部覆盖”[④]之说可信。

---

① 李孝定，《甲骨文字集释》，中央研究院历史语言研究所，1970年。
② 罗振玉，《增订殷虚书契考释》（中卷），东方学会印本，1927年。
③ 徐中舒，《甲骨文字典》，四川辞书出版社，1988年。详见梁冬青《“宫”字说》，《古汉语研究》，1991年第1期，第78、83页。
④ 汉语大字典编辑委员会编纂，《汉语大字典》，四川辞书出版社、湖北辞书出版社，1986年，第972页。

（二）巢居

图7－2　橧巢

巢，本指鸟窝。金文作，上像鸟巢，下从木。小篆增像三鸟的“巛”为。故《说文·巢部》云：“鸟在木上曰巢。”最初，人们仿鸟巢搭建容身之所以防水患。如《孟子·滕文公下》：“当尧之时，水逆行，泛滥于中国，蛇龙居之，民无所定，下者为巢，上者为营窟。”赵岐注：“埤（bēi）下者于树上为巢，犹鸟之巢也。”埤下，低下。意思是住在低处的人建巢为居，住在高处的人就建穴洞而居。又《风俗通义·丘部》：“尧遭洪水，万民皆山栖巢居，以避其害。”

后来，先民利用搭巢的经验在地面上建造巢形居室，它以堆积柴薪而成，此义用“橧”表示。（图7－2）《广雅·释宫》：“橧，巢也。”从木从曾，曾亦声。从曾的字一般与增加、加高、多层有关，如“增”表示增加，“甑”是放置在甗上的底部带孔的炊具。杨树达《积微居小学金石论丛·释曾》：“聚薪柴人居其上谓之橧。”此解释正反映了搭建橧有累积加高的特点。上引《礼记·礼运》：“昔者先王，未有宫室，冬则居营窟，夏则居橧巢”中的“橧巢”提到了其避潮热的功能。章炳麟《官制索隐》：“上古橧巢，后王宫室，其质文虽世异，而据山立邑则同。”此文所言橧巢虽与后来的房屋有不同的形式，但都建在山上或安在居住地。清桂馥《札朴·滇游续笔·橧》：“永平山中人筑室不用砖瓦土墼（jī，未烧的砖坯），但横木柴，垒为四壁，上覆木片，谓之苫片，与豕所居无异。馥谓即古之橧也。”永平在今云南大理，清时还保留着居橧巢的传统，这与当地潮湿的气候条件相适应。

橧其实就是干栏式建筑中的一种，在中国史书中亦称干兰、高栏、阁栏和葛栏等，是由少数民族语言转译而来的音变形式。从新石器时代至今，它主要分布于中国的长江流域以南等地区，应为防潮湿而修建。

（三）地面居室

随着生产力的不断发展和进步，人们建筑居室的经验日益丰富，居住形式逐渐从地下、半地下或干栏式变为地面居室，甚至有的建筑在高台之上，巍峨壮观。

宅，甲骨文作，《说文》："所托也。从宀，乇声。"此字形显示出住宅已成为地面居室了。若与其古文、递相排列，则可以梳理出古人居室的发展历程：穴居、岩穴居到地面房屋。故《玉篇·宀部》云："人之居舍曰宅。"《正字通·宀部》："今谓屋曰宅。"

类似于"宅"所指的演变，以上提及的"宫、室、屋、舍"等也都指地面居室了。

随着累土、版筑和烧砖工艺的发展，高台类建筑兴起，统治者以此彰显尊贵的地位。

高，甲骨文作、，《说文·高部》："崇也。象台观高之形。"下部像高大的土台，中间有窗，上部像建筑的墙体和屋顶。与原来的地穴或半地穴式居室相比，这种建在台基上的房屋拔地而起，宏伟醒目，故造字者用如此象形的手法来隐喻抽象的意义。

京，甲骨文作，郭沫若《两周金文辞大系考释》："象宫观厜㕒（zuīwēi，高峻）之形。在古素朴之世非王者所居莫属。王者所居高大，故京有大义，有高义。"[①]《说文·京部》认为京的小篆"从高省，丨象高形"，其实"丨"指高于地面的台基。

亳，甲骨文作，《说文·高部》以为是"京兆杜陵亭，从高省，乇声"，但林义光《文源》有异议："亳与乇不同音，亳字当为殷汤所居邑名而制，其本义不当为亭名也。从京，宅省。京宅互体而省。"[②]从文献记录来看，确实如此。《史记·殷本纪》："汤始居亳。"亳是商汤时的都城，分三处：北亳、南亳和西亳，皆在今河南商丘、偃师地界。从京，以示都城之高大；从宅，以示其用途。

享，小篆作，再看《说文·享部》："献也。从高省。曰：象进孰物

① 转引自汉语大字典编辑委员会编纂的《汉语大字典》，四川辞书出版社、湖北辞书出版社，1986年，第284页。

② 同上注，第287页。

形。《孝经》曰：‘祭则鬼亯之。’亨，篆文亯。”但结合其甲骨文，再看《说文》对字形的分析就值得怀疑了。吴大澂《古籀补》认为：“古亯字象宗庙之形。”[1]宗庙应建在高台之上，当为象形字。它是享献鬼神之处，故有献义。

堂，筑起的方形土台。春秋战国时，为了观天象，察氛祥，筑高台成为一时的风尚。秦汉时，堂之低者十余丈，高者数十丈。[2]清俞樾《群经平议》：“古人封土而高之，其形四方，即谓之堂。”亦指屋基。《玉篇·土部》：“堂，土为屋基也。”《尚书·大诰》：“若考（父亲）作室，既厎（dǐ，定）法，厥子用弗肯堂，矧肯构？”孔安国传：“以作室喻治政也。父已致法，子乃不肯为堂基，况肯构立屋乎？”此例以建造房屋比喻为政的道理。意思是父亲已定法，儿子却不肯建屋基，更何况盖房子？后反其义而用之，以“肯堂肯构”或“肯构肯堂”比喻儿子能够继承父业。如明东鲁古狂生《醉醒石》第七回：“家有严君，斯多贤子。肯构肯堂，流誉奕世。”奕世，累世。从“堂”的字形来看，《说文·土部》据小篆析为“从土，尚声”，与从高从土的籀文“”相比，表意有限。所以，籀文更能说明堂是高高的土台或屋基，而非《说文》中所说的“殿”。秦汉以后，高台建筑日渐式微，堂之本义被“台基”替代，其上所筑的高大轩昂之房屋就成了“堂”。（见下文）

当地面建筑连为一体时，就显得更加气派了。官，甲骨文作，金文作，清俞樾《群经平议》以之为“馆”的古文，以宀覆𠂤，𠂤犹众也。而杨树达《积微居小学金石论丛》认为此为官府：“官字从宀，凡从宀之字皆以屋室为义。官字下从𠂤，盖象周庐列舍之形，谓臣吏所居，后用引申为官职之称。”[3]以上二说结论虽有异，但对字形的分析是一致的，即相连在一起的房屋。

---

① 转引自汉语大字典编辑委员会编纂的《汉语大字典》，四川辞书出版社、湖北辞书出版社，1986年，第284～285页。

② 张家骥，《简明中国建筑论》，江苏人民出版社，2012年，第211页。

③ 转引自汉语大字典编辑委员会编纂的《汉语大字典》，四川辞书出版社、湖北辞书出版社，1986年，第921页。

西周时期，四合院初现。迄今为止，发现最早的是陕西岐山凤雏村的二进四合院。（图7－3）它前堂后室，两侧为前后相贯的厢房。此布局烙上了鲜明的礼制秩序痕迹，涂抹了浓厚的礼仪等级色彩，成为身份和地位的象征和最正宗的传统文化符号。

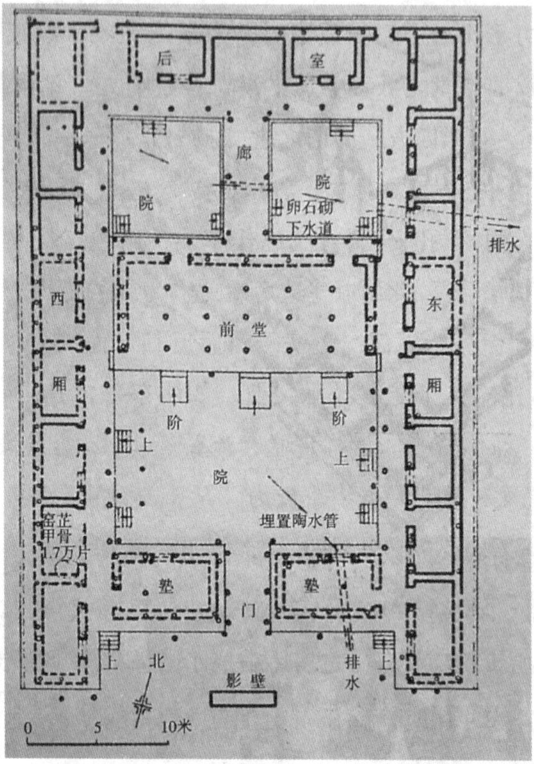


**图7－3　陕西岐山凤雏村的二进四合院**[①]

在四合院建筑成熟以后，住宅的形制规模日益壮大，从而形成了一系列相关的概念。首先是主体建筑名称，如宅、舍、邸、宫、堂、室、屋、房。

宅，从地下升到地面以后，多指宅基地。《孟子·梁惠王上》："五亩之宅，树之以桑，五十者可以衣帛矣。"这是孟子为百姓设计的王道之下的美好生活。此"宅"非指屋室，而是包括带有种植树木的宅基地。《尚书·洛诰》："召（shào）公既相宅，周公往营成周，使来告卜，作《洛诰》。"孔安

① 见 http://wiki.zhulong.com/sj10/type104/detail159742_c.html。

国传："召公先相宅，卜之，周公自后至，经营作之。"相宅指择地定居，是商周以来盛行的习俗，也作"卜宅"，包括阳宅和阴宅。此言召公先赴洛邑（在今河南洛阳东郊）卜宅，而后周公负责建设。《礼记·杂记上》："大夫卜宅与葬日，有司麻衣……占者皮弁。"孔颖达疏："宅谓葬地。"故《释名·释宫室》云："宅，择也。择吉处而营之也。"后来泛指宅院。《急就篇》卷三："室宅庐舍楼殿堂。"颜师古注："宅，总言院宇之中也。"既然宅包括屋室，故《玉篇·宀部》云："人之居舍曰宅。"《正字通·宀部》："今谓屋曰宅。"宅所指范围很广：有私宅，《梁书·孙谦传》："每去官，辄无私宅，常借官空车厩居焉。"有官宅，即衙门，如《元典章新集·刑部·奴盗主物刺字》："议得贼人沈阿寅浼（měi）托凌局使保送，跟随达鲁花赤瓜都[①]，充面前使唤，就于本官宅宿食，为见本路印匣开锁钥匙于中堂一处顿放，因而窃取银印匣，剥去银皮，镕（后作'熔'）成定子货卖。"意思是受判处的盗贼沈阿寅托付他人保释自己，供官人使唤，在衙门吃住。他偷走盛放银印匣子的钥匙，取出银印，将银皮溶化为银锭售卖。有民宅，《周礼·地官·大司徒》："以土宜之法，辨十有二土之名物，以相民宅，而知其利害，以阜（使富有）人民。"土宜，谓各地土壤性质不同，适宜不同的生物。名物，名目与物产。

舍，客馆。《说文·亼部》："市居曰舍。"段玉裁注："此市字非买卖所之，谓宾客所之也。"《释名·释宫室》："舍，于中舍息也。"据此可知，"舍"是供客人休息之处。《庄子·天道》："吾闻夫子圣人也，吾固不辞远道而来愿见，百舍重趼而不敢息。"成玄英疏："舍，逆旅也。"逆旅，客馆。此义也作"馆"。《说文·食部》："馆，客舍也。从食，官声。《周礼》：'五十里有市，市有馆，馆有积，以待朝聘之客。'"按，官亦表意，指连体的房屋。"朝聘之客"只是住馆的一部分人。《诗经·郑风·缁衣》："适子之馆兮，还予授子之粲兮。"孔颖达疏："馆者，人所止舍。"诗意为你到馆舍去办事，回来我送你新衣。

宫，宅院、居室的通称。《韩非子·难二》："景公过晏子曰：'子宫小，

---

① 达鲁花赤：官名。元朝官职，朝廷各部及各路、府州县均设。瓜都：人名。

近市，请徙子家豫章之圃。'”此指宅院。《尔雅·释宫》：“宫谓之室。”《周易·困》：“入于其宫而不见其妻，不祥也。”此指居室。当“宫”与“室”对举时，宫指宅院，室只是其中一个房屋。《管子·八观》：“宫营大而屋室寡者，其室不足以实其宫。”故段玉裁《说文解字注·宫部》总结说：“宫言其外之围绕，室言其内。析言则殊，统言不别也。”秦汉后，宫专指帝王的住所。唐陆德明《经典释文·尔雅音义》：“宫，古者贵贱同称宫，秦汉以来惟王者所居称宫焉。”如“阿房宫”“未央宫”“大明宫”等。

堂，小篆作，从土尚声，本指高台或屋基。（见前文）因为古代整幢房子建筑在高出地面的台基上，故堂也代指建于其上的坐北朝南的厅房，初无南墙，只有两根柱子，即东楹和西楹，一般是主人行吉凶大礼和待客的地方，不住人。《仪礼·乡饮酒礼》：“设席于堂廉，东上。”郑玄注：“侧边曰廉。”说的是在堂的侧面为乐工布置坐席，以东为上首。《礼记·丧大记》：“卿大夫即位于堂廉楹西，北面东上。”卿大夫在堂边西楹处就位，面北，以东为上首。对于天子或国君而言，堂即明堂。《说文通训定声·壮部》：“堂之高明者曰明堂，宗庙、国学及祀文王、朝诸侯之处皆有之，则皆得称之。”《左传·宣公二年》记载了晋灵公坐在堂上，大臣士季三进行礼，而灵公视而不见，当士季来到屋檐下时，他才“而后视之。曰：‘吾知所过矣，将改之'”。其实，堂前开阔敞亮，二人早已互相看见。后来灵公设埋伏宴请赵盾，骖右提弥明识破，“趋登”上堂，借故护赵盾逃走。其后是室，住人。如《论语·先进》：“由也升堂矣，未入于室也。”堂后来变成前面带廊、前后有门户的堂屋。

因堂高大，故用“高堂”尊称自己的父母。唐韦应物《送黎六郎赴阳翟少府》诗：“秖（zhī，只）应传善政，日夕慰高堂。”古制，北堂为主妇之居室，故用“令堂”尊称对方的母亲。明吾邱瑞《运甓记·剪发延宾》：“世上有此贤德之母，小弟既忝与仁兄倾盖交欢，敢请令堂一见。”北堂树萱（忘忧草），可以令人忘忧。故以“萱堂”代指母亲。元耶律楚材《祝忘忧居士寿》诗：“玉佩丁东照兰省，斑衣摇曳悦萱堂。”兰省，即兰台。指秘书省。诗意为身上玉佩叮咚作响前往秘书省，身穿彩衣作婴儿戏耍状以娱母。后句引用了老莱子“斑衣戏彩”之典。

堂是宅院的主体建筑，体积大小比较适中，结构设计和装饰比较简洁，大多有地方特征。自汉代以后，堂一般是指衙署和第宅中的主要建筑。

与堂相类的概念是“殿”。《说文 · 土部》：“堂，殿也。”段玉裁注：“堂之所以称殿者，正谓前有陛，四缘皆高起……古曰堂，汉以后曰殿。古上下皆称堂，汉上下皆称殿，至唐以后，人臣无有称殿者。”段注混淆了堂与殿：首先，既然殿“前有陛，四缘皆高起”，那么就与只有阶的“堂”不同；其次，二者并非古今称谓差异造成，而是本身就不同：殿较堂形体高大，空间和构件的尺度较大，结构设计和装修比较讲究，地位显著，一般位于宫室、庙宇、皇家园林等建筑群的中心或主要轴线上，其平面多为矩形、方形、圆形、工字形等，而堂仅是宫殿、寺观中的次要建筑。

庑，围绕主体建筑——堂四周而建的独立的屋子。《说文 · 广部》：“庑，堂下周屋。从广，无声。”如距今 3500 年左右的二里头遗址（在今河南省偃师市二里头村及其周围）F2 院落的东、西、南为庑，北为墙，环绕着殿堂。有时特指建在庭院南侧的门屋，分东庑、西庑。宋赵彦卫《云麓漫钞》卷二：“文潞公作家庙，求得唐杜岐公旧址，止馀一堂四室两翼，公增置前两庑及门，东庑以藏祭器，西庑以藏家谱。”东、西庑也是读书之处。宋苏轼《夜过舒尧文戏作》诗：“先生堂前霜月苦，弟子读书喧两庑。”

庑如堂一样，也有廊，如《玉篇 · 广部》：“廊，庑下也。”其面向院内，故“廊庑”指殿堂周围庑的前廊。《史记 · 魏其武安侯列传》：“所赐金，陈之廊庑下。”

庑不同于廊。第一，庑有室隔开，廊是行走的空间；第二，庑独立于主体建筑之外，廊不一定，也可以是堂的延伸部分，如唐白居易《凶宅》诗：“往往朱门内，房廊相对空。”房与廊相对相连；第三，庑可特指门屋，即东庑、西庑，廊不可。而一些文献常常将二者混淆，如《广韵 · 唐韵》：“廊，庑也。”

东庑、西庑又可用“塾”表示。《说文新附 · 土部》：“塾，门侧堂也。从土，孰声。”《汉书 · 食货志上》：“春，（将）出民，里胥平旦坐于右塾，邻长坐于（左）塾，毕出然后归，夕亦如之。”颜师古注：“门侧之堂曰塾。”右塾、左塾即西塾、东塾。因塾是读书之处，故引申为私人设立的教书之处。《礼记 · 学记》：“古之教者，家有塾，党有庠，术有序，国有学。”故有“私塾”“家塾”之说。“塾师”指私塾的教师。《红楼梦》第十八回：“前日贾政闻塾师赞他尽有才情，故于游园时聊一试之。”“塾徒”指在私塾就读的学生。清吴敏树《业师两先生传》：“其课塾徒，止用试帖体诗。”“塾脩”指塾师的报酬。清郑珍《〈郘亭诗钞〉序》：“子偲以贫也……率诸弟读僦宅中，岁借塾修以相生养。”

塾也指宫门外两侧的房屋，是臣僚等候朝见君王之处。《三辅黄图·杂录》：“塾，门外舍也。臣来朝君，至门外当就舍更衣，熟详所对之事。塾之言熟也。”此以声训释“塾”之音义关系，有一定道理。

庭，《说文·广部》：“宫中也。从广，廷声。”段玉裁注：“宫者，室也，室之中曰庭。”此注不确切。古代建筑前堂后室，若依此说，庭当同“室”。而《论语·季氏》“尝独立，鲤趋而过庭”，邢昺疏：“夫子曾独立于堂，鲤疾趋而过其中庭。”中庭指厅堂正中，而非室中，故立于堂下的孔子能看见其子孔鲤经过，否则不符合实际。又如《汉书·朱买臣传》：“坐中惊骇，白守丞，相推排陈列中庭拜谒。”官吏们在“中庭拜谒”朱买臣。故从“中庭”所指可见庭应指堂的正中。与“堂”相较，庭属于其中的一个空间。

序，《说文·广部》：“东西墙也。从广，予声。”指堂的东西两墙。《礼记·丧服大记》：“大夫殡以帱（dào，覆盖），攒（cuán，停棺待葬）置于西序。”孔颖达疏：“攒置于西序者，屋堂西头壁也。”意思为大夫死后，停殡的棺木要覆盖住，置于堂的西墙。此义也作“廊”，《说文新附·广部》：“东西序也。从广，郎声。”后多指围绕在堂的庑檐下四围的回廊，如《广韵·唐韵》引文颖曰：“廊，殿下外屋也。”多建在宫殿、官邸、寺院中，是主体建筑的延伸，其上有屋檐遮盖，其下是行走的空间。《史记·乐记》：“再奏之，大风至而雨随之，飞廊瓦，左右皆奔走。平公恐惧，伏于廊屋之间。”此段描写了演奏音乐引来了狂风暴雨，吹飞了廊上的瓦，平公欲奔入堂屋，可因害怕，就趴在了门廊和堂屋之间。廊也指供行走的有屋檐的过道，独立于主体建筑，又称“步廊”“长廊”。《汉书·司马相如传上》：“步櫩（yán，檐下的走廊）周流，长途中宿。”李善注：“步櫩，步廊也。”唐王维《谒璿上人》诗：“高柳早莺啼，长廊春雨响。”在后代的园林名胜中多建有各种形式的廊，颐和园的长廊最为有名。

室，房间，内室。从宀，从至，至亦声，表示到了内屋。《说文·宀部》以“实”为声训，比较牵强。成语“登堂入室”反映了室在堂后的特点。又《礼记·问丧》：“入门而弗见也，上堂又弗见也，入室又弗见也。”亦作“屋”，与“室”一样，皆从至。《广雅·释宫》：“屋，舍也。”《周易·丰》：“上六，丰其屋。”丰卦第六爻表示把房屋盖得高大。

房，《说文·户部》：“室在旁也。从户，方声。”桂馥《说文义证》：“古者宫室之制：前堂后室，前堂之两头有夹室，后室之两旁有东西房。”即后室两旁的房间。如《尚书·顾命》：“胤（古国名）之舞衣、大贝、鼖（fén，大鼓）鼓在西房；兑（人名，上古善于造戈的巧匠）之戈、和（人名，和仲、和叔）之弓、垂（地名）之竹矢在东房。”也泛指房间。《楚辞·招魂》：“姱（kuā，美丽）容修态，絙（gèng，贯通）洞房些。”王逸注：“房，室也。”

厢（廂），本指东西廊。《说文新附·广部》：“厢，廊也。从广，相声。”引申指正堂东西两侧的对称房屋。（图7-4）《广韵·阳韵》：“厢，亦曰东西室。”《乐府诗集·相和歌辞九·相逢行》：“音声何嗈嗈（yōngyōng，象声词），鹤鸣东西厢。”

“房”和“厢”的区别可从图7-4得以说明。由于此三进四合院堂室合一，故“房”即图中所示的“正房”和“耳房”，“厢”即图中所示的东西“厢房”。

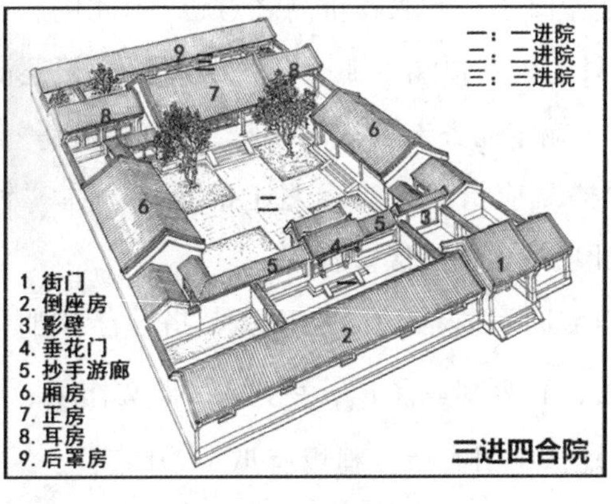


**图7-4　三进四合院**

厦（廈），大屋。从广，夏声。《集韵·马韵》："厦，大屋。"故可受"大""隆""广"等词修饰。汉卢谌《感交》诗："大厦须异材，廊庙非庸器。"晋左思《魏都赋》："隆廈崇起。"张铣注："隆廈，大屋也。"唐杜甫《茅屋为秋风所破歌》："安得广厦千万间，大庇天下寒士俱欢颜。"

楼（樓），《说文·木部》："重屋也。从木，娄声。"指两层以上的房屋，即楼房。而《释名·释宫室》认为"楼谓牖户之间诸射孔楼楼然也"。楼楼，即娄娄，空的意思。《尔雅·释宫》亦云："四方而高曰台，陕（通'狭'）而脩曲曰楼。"邢昺疏："凡台上有屋，陕（通'狭'）长而屈曲者曰楼。"据此可知，楼并非重屋，即屋上架屋的楼房，而是建在狭长曲折的高台之上、有射孔的屋子。唐慧琳《一切经音义》卷一七"楼橹"注则明确了楼的具体所指："楼，城墙上战楼也。"亦称"箭楼"，是古代城门上辟有洞户的楼，供瞭望和射箭之用。故"射孔楼楼然"。因楼有军事性质，故后将侦察敌情的车称为"楼车"或"飞楼"。如《左传·宣公十五年》："（解扬）登诸楼车，使呼宋人而告之。遂致其君命。"春秋时，楚攻宋，晋国派大夫解扬出使宋国传达相救信息，但被楚军拦截，逼解扬向宋人谎称晋不会派兵相救，而解扬登上楼车将真情告诉宋人。此为成语"解扬守信"之出处。又如《六韬·军略》："视城中，则有云梯飞楼。"战国时，才有"重屋"之义的记载。如《孟子·告子下》："不揣其本而齐其末，方寸之木，可使高于岑楼。"孙奭疏："曰楼者，盖重屋曰楼，亦取其重高之意也。"此例意思为不揣度树根的高低是否一致，而只比较其顶端，那么矮小的树比高楼还高。后以"不揣其本而齐其末"或"不揣本而齐末"表示不把事物放在同一起点上去比较是不公平的。此中的"楼"应指建在高台之上的重屋。在"钟楼、鼓楼、城门楼"中，"楼"的此项意义仍被保留着。

庐（廬），春夏农时可寄居的简易房舍，搭建于田野。《说文·广部》："庐，寄也。秋冬去，春夏居。从广，卢声。"金文作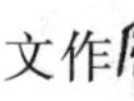，与小篆一致。《诗经·小雅·信南山》："中田有庐，疆埸有瓜。"郑玄注："中田，田中也。农人作庐焉，以便其田事。"因其简易，便于临时搭建，故引申指为了守丧而构筑在墓旁的小屋。如《荀子·礼论》："齐衰、苴杖、居庐、食粥、席薪、枕块，所以为至痛饰也。"或指沿途迎候宾客的房舍。《周礼·地官·遗人》：

“凡国野之道，十里有庐，庐有饮食。”郑玄注：“庐，若今野候，徒有房（yǎ，途中迎候宾客的馆舍）也。”或指举行婚礼时用的青布棚。《太平广记》卷一九〇引《小说·魏太祖》：“魏武少时，尝与袁绍好为游侠，观人新婚，因潜入主人园中，夜叫呼云：‘有偷儿至！’庐中人皆出观。”

墅，乡间简陋的房屋。《玉篇·土部》：“墅，田庐也。”从野从土，示其在田土之上。故有“草墅”“田墅”“村墅”之说。三国魏曹植《梁甫行》：“剧（艰难）哉边海民，寄身于草墅。”南朝梁沈约《少年新婚为之咏》：“山阴柳家女，莫言出田墅。”宋陆游《春晚苦雨》诗：“垂老卧村墅，余寒欺病身。”因墅建在城外，故引申指别馆，是家宅以外另建的园林住宅。《晋书·谢安传》：“又于土山营墅，楼馆林竹甚盛。”唐韩愈《记宜城驿》：“甄氏于小城北立墅以居。”故有“别墅”一词。《晋书·谢安传》：“（谢）安遂命驾出山墅，亲朋毕集，方与（谢）玄围棊（同‘棋’）赌别墅。”

邸，《说文·邑部》：“属国舍。从邑，氐声。”徐锴系传：“诸侯来朝，所舍为邸。”可知邸本指战国时诸侯来国都朝拜时所临时居住的客馆。《史记·范雎列传》：“（范雎）敝衣闲步之邸，见须贾。”张守节正义引刘曰：邸，“诸国客馆”。汉朝时，邸成为诸郡王侯来京朝见皇帝的住所。《汉书·文帝纪》：“太尉（周）勃乃跪上天子玺。代王谢曰：‘至邸而议之。’”颜师古注：“郡国朝宿之舍，在京师者率名邸。邸，至也，言所归至也。”代王刘恒受周勃等重臣的辅佐进京城至邸，后即位，成汉文帝。因邸是客居之所，故可泛指旅舍、客馆。《宋史·黄榦传》：“时大雪，既至，而（朱）熹它出，榦因留客邸。”黄榦要拜见朱熹，可朱熹外出，他只好留在客馆。因邸是诸侯或郡王列侯们在外居住的高级宾馆，故又引申指权贵们设在外面的副宅。唐慧琳《一切经音义》卷八五“邸”注：“邸，舍也，亲王诸王外镇之别名也。”汉刘向《说苑·尊贤》：“史鳝去卫灵公邸舍三月，琴瑟不御。”“邸舍”连言，指卫灵公宫外之住所。又《南史·前废帝纪》：“甲申，以北邸为建章宫，南第为长杨宫。”南朝宋时以京城建康（今江苏省南京市）的北邸为建章宫，即将客居之馆提升为宫殿。后成为王侯府第，私第。宋李格非《〈洛阳名园记〉跋》：“公卿贵戚开馆列第于东都者，号千有余邸。”

## 二、汉字与庙坛、佛塔

中国古代的祖先崇拜和自然崇拜体现在修建宗庙和祭坛上。后佛教传入，其安放佛祖骨粒的塔被汉化为中国特有的建筑形式。

### （一）宗庙

宗庙是古代帝王、诸侯、大夫、士等祭祀祖宗的庙宇。《国语·鲁语上》："夫宗庙之有昭穆也，以次（排序）世之长幼，而等（分等）胄（帝王或贵族的后嗣）之亲疏也。"昭穆，古代宗法制度，体现在宗庙或宗庙中神主的排列次序为始祖居中，以下父子递为昭穆，左为昭，右为穆。（图7－5）

宗，甲骨文作，金文作，《说文·宀部》："尊祖庙也。从宀，从示。"段玉裁注："当云：'尊也。祖庙也。'"关于"示"，有两说：于省吾认为其形像神主（即已死君主、诸侯的牌位），故"宗"是屋内立神主之形。一说它是地祇之"祇"的初文。因古人以为生命源于土地，土地也是人死后回归之处，故用"示"表示祖先和神灵。[①]前者形义关系直接，后者稍显勉强。王筠《说文释例》："天神、地示坛而不屋，人鬼用庙祭，是宀中之示也。故说从宀示。"原来，地祇在野外建坛祭祀，不入室内。故"示"应指牌位。《尚书·大禹谟》："正月朔旦，受命于神宗。"孔安国传："神宗，文祖之宗庙。言神，尊之。"宗一般指支庶祖先的庙。

庙（廟，庿），金文或从宀，作，《说文·广部》："尊先祖皃（后作'貌'）也。从广，朝声。庿，古文。"何休注《公羊传·桓公二年》"纳于太庙"云："庙之言貌也，思想仪容而事之。"《释名·释宫室》："庙，貌也。先祖形貌所在也。"可见，庙是设有祖先偶像的宗庙。如此，"朝"也表意，说明庙是晚辈朝拜祖先牌位之地。庙有等级差别。《礼记·王制》："天子七庙，三昭三穆，与大（后作'太'）祖之庙而七。诸侯五庙，二昭二穆，与大祖之庙而五。大夫三庙，一昭一穆，与大祖之庙而三。士一庙。"所谓"昭""穆"分别指设在始祖庙之左（东）、右（西）者。七庙合为一个宗庙

① 汉语大字典编辑委员会编纂，《汉语大字典》，四川辞书出版社、湖北辞书出版社，1986年，第917页。

区，中为始祖或太祖，为不迁之主，（参见下文“祧”的解说）左右三昭三穆，自天子之父、祖、曾祖、高祖、高祖之父、高祖之祖共六代。（图7－5）如果将帝王七庙合为一体，就是太庙。《论语·八佾》：“子入太庙，每事问。”

| | |
|---|---|
| 始祖（太祖） | |
| 穆：二世 | 昭：一世 |
| 四世 | 三世 |
| 六世 | 五世 |

**图7－5　七庙位置**

祧（tiāo），帝王远祖或始祖（太祖）庙，故又称“远庙”。因远祖或始祖（太祖）不迁庙，永远立庙祭祀，故有“不迁之祧”或“不迁之庙”的说法。据《礼记·祭法》，天子七庙里有三个祖庙是“不迁之祧”，即周的祖先后稷和建立周王朝的武王以及武王的父亲文王。《礼记·祭法》孔颖达疏：“王立七庙者，亲四、始祖一、文、武不迁，合为七庙也。”文、武庙本在应迁之例，但特为功德而留。故后人用其以赞美中兴封建王朝的皇帝。如后晋沈昫（xù）《旧唐书·武宗纪》：“宪宗皇帝有恢复中兴之功，请为百代不迁之庙。”因远庙也是古代庙宇中专门供奉、祭祀被迁神主的庙殿，故又称“迁庙”。《说文新附·示部》：“祧，迁庙也。从示，兆声。”如果天子薨，其子继位，就迁移新薨之天子的神主入祀太庙为第六代，而迁原第一代神主（即图7－5中的一世）入其夹室。夹室，祧庙内堂东西厢的后部，藏五世祖以上远祖的神主的地方。《孔丛子·巡狩》：“或以迁庙之主行，载于斋车，每舍奠焉。”斋车，斋戒时所用的车。此例意思为用斋车载着要迁庙的神主前往夹室，每次行释奠礼。唐韩愈《请迁玄宗庙议》：“新主入庙，礼合祧，藏太庙中第一夹室。”合祧，合祀于祧庙。意思为新的神主移入祧庙，按礼要合祀，然后将其收藏到第一夹室。据《清通礼·吉礼》：“高祖以上亲尽则祧，由昭祧者，藏主于东夹室；由穆祧者，藏主于西夹室”，结合昭穆排序的规律，可知“第一夹室”指东夹室。

祖，甲骨文作，金文同，后加“示”。《说文·示部》：“祖，始庙也。从示，且声。”始庙，指始祖的庙。其实“且”亦表意，它取象于神主，象征

祖先神灵。始祖是有世系可考的最初的祖先。《仪礼·丧服》:“诸侯及其大祖，天子及其始祖之所自出。”郑玄注:“始祖者，感神灵而生，若稷契也。”稷是周人的始祖，契是商人的始祖。故祖指始祖的庙。可泛指宗庙。《周礼·考工记·匠人》:“左祖右社。”郑玄注:“祖，宗庙。”“左祖”指建在宫殿东边的宗庙，“右社”指建在宫殿西边的社坛（即祭祀土地神的土坛）。此建筑布局在北京故宫有所体现：天安门东侧即太庙，曾是明清两代皇室家庙，现为劳动人民文化宫；西侧是社稷坛，现为中山公园。

庙、祧、祖，皆指始庙或太庙。但庙可为统称，泛指各种宗庙，如“七（五、三、一）庙”“宗庙”“祖庙”“太庙”“祢庙”等；祧，仅指太庙；祖，指除祢庙之外的宗庙。

祢（nǐ），祭祀已故父亲的宗庙。《说文新附·示部》:“祢，亲庙也。从示，尔声。”《周礼·春官·甸祝》:“舍（shì，通‘释’）奠于祖庙，祢亦如之。”郑玄注引郑众曰:“祢，父庙。”孙诒让正义引《左传·襄公十三年》孔颖达疏曰:“祢，近也。于诸庙，父最为近也。”“尔”有近义，故孔颖达说“祢，近也”，如此，“尔”亦表意。舍奠，即释奠。一种祭祀仪式，指陈设酒食以祭祀。

祭祀祖庙或祢庙很有讲究。首先，行丧礼有别。《左传·襄公十二年》:“凡诸侯之丧，异姓临于外，同姓临于宗朝。同宗于祖庙，同族于祢庙。”杜预注:“父庙也。同族谓高祖以下。”祭法规定诸侯立五庙，大宗（指继承君位的嫡系长房）在祖庙祭祀，小宗在父庙祭祀。其次，因事之大小而定。不过，此礼秦汉以后就废除了。《晋书·礼志九》:“礼，大事则告祖庙，小事则特告祢。秦汉久废。”

（二）祭坛

祭祀神灵要在户外筑土台，这些土台因祭祀对象不同而有不同的命名。

坛（壇），是为祭祀天地或举行朝会、盟誓及拜将而建的土台，多用土石等建成。《玉篇·土部》:“坛，封土祭处。”封土，聚土为坛。《说文·土部》:“坛，祭场也。从土，亶声。”段玉裁注:“场有不坛者，坛则无不场也。”“场”原指祭祀神灵所用的平地，如《说文·土部》:“场，祭神道也。”在段注中活用为动词，表示设场。所以，《说文》的注解太宽泛，不如《玉篇》的注解具体而准确。不过，坛建于祭场之中，故有“坛场”一词。《史记·封禅书》：“诸祠各增广坛场，圭币俎豆，以差（cī，等级）加之。”各个庙扩大坛场，供奉的各种礼器按等级增加。《汉书·高帝纪上》：“于是汉王斋戒设坛场，拜（韩）信为大将军。”据此记载，陕西汉中城南门外建有拜将台，亦称拜将坛。我国最早的天坛增设了台阶，它建于隋朝，位于陕西西安南郊吴家坟。（图7－6）后来，坛发展为在其上建筑殿堂，形成富丽堂皇的建筑群，如北京的天坛、明坛、先农坛。

**图7－6　天坛遗址（隋）**

社，甲骨文作，本是“土”字。王国维《再与林博士论洛诰书》：“社，（殷周）古文作土。”[①]在农业社会中，土地是生活来源之根本，人们奉之为神，“土”字就代指土地神，后加“示”以区别。如《公羊传·僖公三十一年》：“天子祭天，诸侯祭土。”何休注：“土谓社也。”故《说文·示部》云：“社，地主也。从示、土。”地主，土地神。祭拜土地神的地方也称“社”。《公羊传·哀公四年》：“社者，封也。”何休注：“封土为社。”东汉班固《白虎通义·社稷》：“封土立社。”其古文作，增“木”，《说文》据周礼“二十五家为社，各树其土所宜之木”进行解释。意思是以二十五家为单位封坛祭祀，并在坛的周围栽种其土所宜之树，以示礼敬。

社坛与古代的分封制有关。第一，不同等级所建的社坛名称较复杂：高低有别，公私有别。《礼记·祭法》：“王为群姓立社，曰大（后作‘太’）

① 转引自汉语大字典编辑委员会编纂的《汉语大字典》，四川辞书出版社、湖北辞书出版社，1986年，第415页。

社。王自为立社，曰王社。诸侯为百姓立社，曰国社。诸侯自为立社，曰侯社。大夫以下成群立社，曰置社。”王社、侯社是由官方组织隆重的祭祀活动时所使用的场所，如出征、献俘、田猎、巡狩等皆在此举行仪式，以显示神圣。太社、国社是民间为节庆和礼仪祭祀所使用的场所。第二，不同等级所建的社坛规模有别。《礼记·郊特牲》：“天子大社，必受霜露风雨，以达天地之气也。”孔颖达疏：“《白虎通》云：‘天子之社坛方五丈，诸侯半之。’”即诸侯的社坛是天子的一半。第三，依五方与五色相配之说，社坛的土质有五色之别。据上引《礼记·郊特牲》孔颖达疏：“天子之社封五色土为之，若诸侯受封，各割其方色土与之。”天子的大社中间的土为黄色，南北东西分别为赤黑青白，以示天子居于中央，统领四方之意。如果诸侯受封于某方，就割取大社相应方向的土并携持之以就任，以此建诸侯国的社坛。《汉书·齐怀王刘闳传》“呜呼！小子闳。”颜师古注引三国魏张晏曰：“王者以五色土为太社，封四方诸侯，各以其方色土与之，苴（jū，包裹）以白茅，归以立社。”

稷，本是一种谷物。《说文·禾部》：“稷，穧（jì）也，五谷之长。从禾，畟声。”古人将尧的臣子、周人的祖先弃奉为谷神，名为后稷，设坛祭祀。《集韵·职韵》：稷是“尧臣，能播五谷，有功于民，祀之”。谷神与土神同类，故常连言。《周礼·地官·大司徒》：“设其社稷之壝（wēi，坛）。”郑玄注：“社稷，后土及田正之神。”“稷”同“社”一样，引申代指祭祀谷神的坛场。一般来说，社坛和稷坛同在宫殿之右（西），形成“左祖右社（稷）”之格局（详见“祖”条），二者先后排列。《汉书·郊祀志下》：“圣汉兴，礼仪稍定，已有官社，未立官稷，遂于官社后立官稷……后稷配食。”官社、官稷，分别是帝王祭祀土神、谷神的社宫。仍同社坛周围栽种所宜之树一样，稷坛周围也要栽种谷树，以象征后稷之功。上引《汉书·郊祀志下》“稷种谷树”颜师古注：“谷树，楮树也。其子类谷，故于稷种。”

社稷是农业文明的产物，是国家存续的物质基础，故用为国家的代称。《礼记·檀弓下》：“能执干戈以卫社稷。”

畤（zhì），《说文·田部》：“天地五帝所基址祭地。从田，寺声。”王筠句读：“语颇诘屈，似经删并，其意若曰：畤者，祭天地五帝之地也；畤者，止也。其制坛而不屋，但有基止，故谓之畤。”此解说得很明白，畤是祭祀天地五帝的祭坛，既是坛，故只有基址而无屋顶。据文献资料所载，秦国以畤祭上帝、西方之神白帝、东方之神青帝和黄帝、炎帝等。《史记·六国表》：“至犬戎败幽王，周东徙洛邑，秦襄公始封为诸侯，作西畤用事上帝，僭端见矣。”又《史记·封禅书》秦襄公“自以为主少皞之神，作西畤，祠白帝”，秦文公“作鄜（fū）畤……郊祀白帝”，秦宣公“作密畤……祭青帝”，秦灵公“作……上畤，祭黄帝；作下畤，祭炎帝”，秦献公“作畦畤……祀白帝”。秦统一中国后，仍在西畤、畦畤行祭礼，“祠如其故”，而秦始皇“不亲往”。汉代保留畤，除祭天地五帝外，还有祭地之用。《史记·孝武本纪》：“上初至雍（地名），郊见[1]五畤。”张守节正义：“先是文公作鄜畤，祭白帝；秦宣公作密畤，祭青帝；秦灵公作吴阳上畤、下畤，祭赤帝、黄帝；汉高祖作北畤，祭黑帝，是五畤也。”五畤亦称五畤原，在今陕西凤翔县南。因其地势较高，故选为立畤处。2016 年 12 月，陕西省首次在凤翔县柳林镇辖内发掘出北畤，“整体为圜丘状，通高 5.2 米，基座直径 23.5 米……其外围有一个圜状围沟，其整体呈梯形，上下口宽 5 至 4 米。围沟之外，则有三重递降的台阶平地，临近的踩踏面十分坚实，勘探时发现从不同方向通向夯土台的多条通道”。此消息认为这是“‘秦皇汉武’时代大型国家祭天遗址”，[2]与上述文献记录为汉武帝时所建有些出入。《汉书·成帝纪》：“诏曰：乃者徙泰畤、后土于南郊、北郊，朕亲饬躬，郊祀上帝……”其中的“后土”即社坛，成帝同时祭天地。据此可知，畤是秦汉时祭天地和五帝的祭坛。

封，甲骨文作，金文增“又”为，像植树培土。培土形成土堆，故可指帝王在泰山上筑土为坛，以祭天和四方山岳之神，报天之功。《周礼·春官·肆师》：“类造上帝，封于大神；祭兵于山川，亦如之。”郑玄注：“大神，社及方岳也。”类造，两种祭祀名，此指祭天。类，因征战出师而祭天的祭名，后作“禷”。造，祭祀考庙，此处与“类”连用，不表意。《史记·封

① 郊见：天子在郊外祭祀上帝诸神。
② 见 http：//news.ifeng.com/a/20161206/50372326_0.shtml。

禅书》："古者封泰山禅梁父者七十二家。""禅"指在梁父山[1]上辟场祭地，报地之德。元刘埙《隐居通议·礼乐》："说者谓封禅取高厚之义，封土于山，而禅祭于地，天以高为尊，地以厚为德也。增泰山之高以报天，附梁父之厚以报地。"故"封禅"连言，可偏指"封"，如《后汉书·祭祀志上》："建武三十年二月，群臣上言，即位三十年，宜封禅泰山。"刘昭注引卢植曰："封泰山，告太平，升中和之气于天也。"可合指古代帝王祭天地的大典，如《史记·封禅书》："自古受命帝王，曷尝不封禅。"

（三）佛塔

塔，"佛塔"的简称。源于印度梵文的窣堵波（Stupa）或巴利文塔婆（Thupa），是南北朝时为音译词而造的字。《说文新附·土部》："塔，西域浮屠也。从土，荅声。"亦作"墖"，从土、人、畐（"福"的古字）。《字汇补·土部》："墖，《帝京景物略》：与塔同。"北魏杨衒之《洛阳伽蓝记》说南北朝是"时世好崇福"，这为此字的构形说明了理据。在当时那个特殊的历史时期，人们崇尚佛教，为生人祈福，为死者追福，大规模地建造塔寺，甚至到了舍宅为寺的地步。连位高权重者也乐此不疲。清周济《晋略·何充传附何准》："充居宰辅之重，权倾一时，而准散带衡门，不及人事，唯诵佛经修墖庙而已。"散带，衣带松散。衡门，简陋的门户。何充是东晋骠骑大将军，他出资建造了建福寺，慷慨施舍僧侣。其弟何准衣带不整，居舍简陋，一心修佛。

印度塔的主体部分由基座和覆钵组成，外形如坟冢，用于安放圣人佛陀的遗骸（骨粒或舍利）。进入中国后，它被改造成楼阁式宝塔。有人认为，中国佛教史上最早建造的宝塔是东汉献帝时的笮（zé）融所造。其他类型的塔还有砖塔、密檐式塔、喇嘛塔等。代表性的楼阁式宝塔有五代时的江苏苏州虎丘塔（云岩寺塔）、北宋时的浙江杭州六和塔、辽时的山西应县木塔等。最古老的砖塔是北魏时的河南登封嵩岳寺塔。最著名的密檐式塔有唐时的陕西西安的大（小）雁塔和云南大理的崇圣寺三塔。喇嘛塔是在元代喇嘛教兴盛时传入中土的，如北京的妙应寺白塔、山西五台山的塔院寺白塔。

---

① 梁父山：泰山下的一座小山，在今山东新泰西。

## 三、汉字与朝廷、官署和府库

朝廷、官府皆为办公机构，相关的字有廷、厅。府、库分别是国家收集财物和武器之所。

### （一）朝廷、官署

廷，金文作。《说文·廴（yǐn）部》：“廷，朝中也。从廴，壬声。”廴，小篆作，《说文·廴部》：“长行也。”徐灏笺：“长行者，连步行也，故从彳（chì）而引长之。”此言廴源于彳，小篆作，《说文·彳部》：“小步也。象人胫三属相连也。”故将小篆底部表示小腿的部分加以延长以示连续行走。既然“廷”以之为部首，那么其义与行走有关。《释名·释宫室》：“廷，停也，人所停集之处也。”这里以声训之法释廷为停。结合上面对廴的分析，可知朝廷是君臣步行、停集之所，故《说文》以“朝中”释“廷”。《穀梁传·襄公二十四年》：“廷道不除。”陆德明释文：“廷道，朝廷之道也。”有时地方官署也称“廷”。《广雅·释宫》：“廷，官也。”王念孙疏证：“为官舍也。”《墨子·号令》：“符传疑，若无符，皆诣县廷言，请问其所使。”由“县廷”可知其为地方办公处。《史记·高祖本纪》：“（刘邦）为泗水亭长，廷中吏无所不狎侮。”此“廷”为泗水亭长的办公处。

古代科举制度中有一种形式叫廷试，亦称殿试，是由皇帝在殿廷上亲自策问会试中举者的考试。其制始于唐武则天时，后代沿用。《宋史·选举志一》：“凡廷试，帝亲阅卷累日，宰相屡请宜归有司，始诏岁（每年）命官知举。”命官，朝廷的官吏。知举，“知贡举”的省称。指唐宋时特派主持进士考试的大臣。

廨（xiè），官署。从广，解声。《玉篇·广部》：“廨，公廨也。”东汉王充《论衡·感虚》：“星之在天也，为日月舍，犹地有邮亭，为长吏廨也。”邮亭，驿馆。此例的意思为天上的星星是日月的居所，地上的驿馆是长吏的官署。长吏，州县长官的辅佐。与“廨”同义的双音节词有“廨署”“廨舍”“廨宇”等。例如：晋左思《吴都赋》：“营屯栉比，廨署棊（同‘棋’）布。”《晋书·罗含传》：“以廨舍喧扰，于城西池小洲上，立茅屋，伐木为材，织苇为席而居。”《南史·蔡凝传》：“及将之郡，更令左右修中书廨宇。”

厅（廳），官府中听事办案之处。《集韵·青韵》：“厅，古者治官处谓之听事，后语省直曰听，故加广。”据此可知，廳当为会意兼形声字，是动词“听（聽）”的今字，可分析为从广从听（聽），听（聽）亦声。唐刘肃《大唐新语·聪敏》：“（裴）琰之不上厅，语主案者略言其事意，倚柱而断之。”司户裴琰之不在县府正厅中办案，而是在了解实情后靠在楹柱上判案，机敏过人。

（二）府库

府，金文下加“贝”，作，应是收藏财物之所。《尚书·大禹谟》：“地平天成，六府三事允（果真）治。”孔颖达疏：“府者，藏财之处。”地平天成，指禹治水成功而使天下生物得以有成。三事，此指正德、利用、厚生。《礼记·曲礼下》：“在府言府。”郑玄注：“府谓宝藏货贿之处也。”货贿，财货。后也指储藏文书之所。《说文·广部》：“府，文书藏也。”段玉裁注：“文书所藏之处曰府。”也作“书府”。如唐封演《封氏闻见记·典籍》：“周武平齐，先封书府。”“周武”指周武王。

库，《说文·广部》：“兵车藏也。从车，在广下。”此以兵车包括各种兵器，库即收藏兵车和兵器之所。《礼记·曲礼下》：“在库言库。”郑玄注：“库谓车马兵甲之处也。”后泛指收藏物品的房屋。《释名·释宫室》：“库，舍也，物所在之舍也。”物品可以是金钱，与“府”同。如《礼记·月令》：“（季春之月）开府库，出币帛。”从府库中取出财物。又唐韩愈《太原王公墓志铭》：“其蓄积，钱余于库，米余于廪。”此例单用“库”，更显其所指同“府”。但一般情况下，二者连言时，可为联合词组，指国家贮藏财物、兵甲的处所。如《孟子·梁惠王下》：“君之仓廪实，府库充。”

四、汉字与亭台榭阙

亭台榭阙是独立于以上各类主体建筑外的形式。

亭，为设置在道旁供行人停留食宿或观景之处，其四面开敞，是小型点式建筑，顶部可分为六角、八角、圆形等多种形状。《释名·释宫室》：“亭，停也。人所停集也。”《说文·高部》：“亭，民所安定也。亭有楼，从高省，丁声。”段玉裁注：“《风俗通》曰：‘亭，留也，盖行旅宿会之所馆。’”此处借引申义说明本义。“亭”字以“高”为形符，说明其高于地面的特点。依其作用，也称驿亭、凉亭。后因其造型轻巧、选材不拘、布设灵活，可因地制宜地被广泛应用在园林建筑之中。明计成《园冶》认为亭“造式无定，自三角、四角、五角、梅花、六角、横圭、八角到十字，随意合宜则制，惟地图可略式也。”北宋所建的苏州沧浪亭最为有名。

台（臺），以土建成的高而上平的方形建筑物，供观察眺望用。小篆作，《说文·至部》：“观，四方而高者。从至、从之、从高省。”《国语·楚语上》：“故先王之为台榭也，榭不过讲军实，台不过望氛祥。故榭度于大卒（按：王之士卒）之居，台度于临观之高。”韦昭注：“积土为台。……凶气为氛，吉气为祥。”高台是观察吉凶云气之处，实际上是观察天文气象。也作“灵台”。东汉张衡《东京赋》：“左制辟雍（按：大学），右立灵台。”薛综注：“司历纪候节气者曰灵台。”可见，灵台是我国最早的天文台。秦汉时，秦始皇、汉武帝为了长生不老，听信方士之言，修筑通天台以会神仙。当时多是挖土为池、垒土成台。如《诗经》所记周文王建灵台，是与凿池沼同时并行的。因台的高大的特点，可用于军事，如“烽火台、瞭望台、练兵台”等。[①]

榭，建在高台上的敞开式的木屋，多用来游观。《说文新附·木部》：“榭，台有屋也。从木，射声。”清郝懿行《尔雅义疏》：“榭者，谓台上架木为屋。”故“台榭”并称。《尚书·泰誓上》：“惟宫室台榭。”孔安国传：“土高曰台，有木曰榭。”榭多建于水边或花间，有借景的特点。明计成《园冶》：“榭，借也，借景而成者也。或水边，或花畔，制亦随态。”江南水乡集中了许多古典园林，水榭广布。北方最为著名的榭是承德避暑山庄的水心榭，是乾隆三十六景中的第八景。

阙，宫门外两侧的高台，中间有道路，台上起楼观。《说文·门部》：“阙，门观也。从门，欮声。”徐锴系传：“盖为二台于门外，人君作楼观于上，上员（后作‘圆’）下方。以其阙然为道谓之阙，以其上可远观谓之观，

① 张家骥，《简明中国建筑论》，江苏人民出版社，2012年，第144～145页。

以其县（后作‘悬’）法谓之象魏。”此文从不同方面解释了阙的命名理据及异称由来。《三辅黄图·杂录》：“阙，观也。周置两观以表宫门，其上可居，登之可以远观，故谓之观。”也可建在城门外两旁。《诗经·郑风·子衿》：“挑兮达兮，在城阙兮。”高亨注：“阙，城门两边的高台。”也可建在庙门、陵墓前。如河南省登封嵩山汉代开母庙石阙（图7－7）和乾陵墓前石阙。这种独立的双阙到唐宋时仅用于陵墓，以后就不再用了。后来还有一种门阙合一的阙，即在双阙之间连以单层乃至三层檐的门楼，如唐代大明宫含元殿的门阙。经宋元的演变，到明清时阙成为北京紫禁城午门的形制，增强了宫殿入口的威严。

阙有单体和连体两种。单体见图7－7，连体见图7－8。

**图7－7　开母庙石阙**

**图7－8　汉平阳府君阙**

## 第二节　汉字与建筑的立面组合

中国古典建筑以建筑群为基础，其单体建筑为木梁架结构。房屋的立面组合是台基、屋身和屋顶。这是人类经过长期的生活实践而总结并定型的房屋基本组合形式。《墨子·辞过》：“古之民未知为宫室时，就陵阜而居，穴而处。下润湿伤民，故圣王作为宫室。为宫室之法，曰：室高足以辟润湿，边足以圉（通‘御’）风寒，上足以待雪霜雨露。”此处说明了造房屋的方法或建台基、屋身和屋顶的原因：筑高地面以防潮，周边围挡以御风寒，上覆屋顶以遮挡雪霜雨露。

台基、屋身和屋顶之“三分说”如实地描写了中国传统单体建筑实体的外在形式。它们既是不可分割的整体，又相对独立，各有多种变化形式。如台基可高可低，踏步可宽可窄；屋身可四面围挡，筑墙安户牖，亦可空宕阙如；屋顶有两坡的硬山（两侧山墙同屋面齐平或略高出屋面）和悬山（屋面两侧伸出山墙之外），有四坡的庑殿（由四个倾斜而略呈弯曲的屋面、一条正脊和四条斜脊组成）、歇山（上半部分为悬山顶或硬山顶的样式，下半部分为庑殿顶的样式）和攒尖顶（屋顶为锥形，没有正脊，顶部集中于一点）。一切均按照建筑的类型和封建等级制度的要求设计。[①]

## 一、台基

基，墙脚。《说文·土部》：“基，墙始也。从土，其声。”《诗经·周颂·丝衣》：“自堂徂基。”毛亨传：“基，门塾之基。”“门塾之基”指东塾、西塾的墙脚，可泛指所有建筑物的底部。《左传·宣公十一年》：“令尹蒍(wěi)艾猎城沂，使封人虑事，以授司徒。量功命日，分财用，平板干，称畚筑，程土物，议远迩，略基趾（通‘址’），具糇粮，度有司，事三旬而成，不愆于素。”此段讲楚国令尹蒍艾猎在沂地建城的具体过程，其中“略基趾”即巡视城基。

址，同“阯”，基址。《说文·阜部》：“阯，基也。从阜，止声。址，阯，或从土。”宋苏轼《奖喻敕记》：“自城中附城为长堤，壮其址。”“壮其址”指扩大地基。

础（礎），也作“礩”，垫在柱子下面的石礅。《说文新附·石部》：“础，礩也。从石，楚声。”又“礩，柱下石也。从石，质声。”《淮南子·说林训》：“山云蒸，柱础润。”高诱注：“础，柱下石，礩也。”若与“基”连言，指建筑物的根脚，如墙脚和柱下之石。北魏郦道元《水经注·渠》：“今碑之左右，遗墉尚存，基础犹在。”后引申指事物发展的根本或起点。清吴趼人《二十年目睹之怪现状》第二十一回：“同他讲解明白了，自然他就明理，明

① 张家骥，《简明中国建筑论》，江苏人民出版社，2012年，第210页。

了理，自然德性就有了基础。”

阶（階），少级的台阶。《太平御览》卷八〇“帝尧陶唐氏”载“《墨子》以为尧堂高三尺，土阶三等”。此句是说尧身居台基只有三尺高和三级台阶的简陋房屋。而《说文·阜部》曰：“阶，陛也。从阜，皆声。”以多级的高阶“陛”相注，易混。《玉篇·阜部》：“阶，登堂道也。”此解说明阶是连接台基和地面的坡道。后来阶也泛指台阶，在殿堂前分东西二阶。《尚书·大禹谟》：“帝乃诞敷文德，舞干羽于两阶。”诞敷，遍布。干羽，两种舞具。文舞执羽，武舞执干。此例描述在两阶分别执舞具跳文舞和武舞的情景。《史记·魏公子列传》：“赵王扫除自迎，执主人之礼，引公子就西阶。公子侧行辞让，从东阶上。”据《礼记·曲礼上》，“主人就东阶，客就西阶。”西阶、东阶有尊卑之分，因我国西高东低。上例中的赵王敬迎魏公子，引之走西阶，而作为客人的魏公子则谦让好礼，拒绝后，从东阶上堂，如同主人。自秦汉始，主体殿堂的台基高显，其台阶专称“陛”；次要殿堂和一般官民房屋的台阶就专称为“阶”。[①]

陛，多级的高台阶。《说文·阜部》：“陛，升高阶也。从阜，坒声。”其实“坒”亦表意。《说文·土部》：“坒，地相次坒也……从土，比声。”而“比”亦有密义。《说文·比部》：“比，密也。二人为从，反从为比。”如此，那么“比”“坒”“陛”都表示密集、相次第之义。故陛指层层累上的高台阶。与高台阶相配的建筑应是建在高台之上的坛、宫殿等。如《吕氏春秋·贵信》：“庄公与曹刿皆怀剑至于坛上……管仲、鲍叔进，曹刿按剑当两陛之间曰……”此为通向高台之坛的阶。《战国策·燕策三》：“秦武阳奉地图匣，以次进至陛。”此处指咸阳宫高台上的阶梯。殿堂雄伟高大，台基相应就很高，如果直接用陛上下，就会显得空间局促而不安，故帝王宫殿的台阶分为两部分：通往殿堂的为阶，而其下作为底座的高大的台子则由长长的陛级联系上下。明冯惟敏《端正好·徐我亭归田》套曲：“俺这里随班行礼，不强如纳陛升阶。”“纳陛升阶”，先提“陛”后提“阶”，正好符合登上宫殿的顺序。可见，殿有阶有陛，而堂只有阶。晋挚虞《决疑要注》：“凡太极乃有陛，

① 张家骥，《简明中国建筑论》，江苏人民出版社，2012年，第212页。

堂则有阶无陛也。”太极指太极殿，三国时魏明帝始建。

宋李诫《营造法式》卷三提到：“造殿阶基之制，长随间广，其广随间深。”说的是陛和台基的长宽深要互相顺应。因此，陛不仅层级多，而且较宽阔，往往在其中间斜铺石板，上雕精美的云龙纹样，此石板路被称为“御路”，从而形成“两阶一路”的形制，这应是继承上古“两阶制”的发展，它将东阶和西阶合并而成，其中间设一道不能通行的路，反映了主子和奴才的关系。[①] 如北京故宫太和殿的陛两边为踏跺，中间为御路。

既然陛属于帝王宫殿，如《玉篇·阜部》：“陛，天子阶也”，那么“陛下”就成为帝王的尊称。东汉蔡邕《独断》卷上：“天子必有近臣执兵陈于陛侧，以戒不虞。谓之‘陛下’者，群臣与天子言，不敢指斥，故呼在陛下者而告之，因卑达尊之意也。”

阼，大堂前东面的台阶，为主人之位。天子、诸侯、大夫、士临朝觐、揖宾客、承祭祀、行冠礼升降时皆由此，故称“主人阶”。《说文·阜部》：“阼，主阶也。从阜，乍声。”如《礼记·曲礼下》：“君天下曰天子，朝诸侯，分职授政任功，曰予一人，践阼，临祭祀。”孔颖达疏：“阼，主人阶也，天子祭祀升降阼阶。”此处指天子践阼以祭祀。《礼记·冠义》：“故冠于阼，以著代也。”孔颖达疏：“阼，是主人接宾之处。”此处指嫡长子在阼上行冠礼，以标志他将成为新的主人。汉贾谊《新书·礼》：“礼，天子适诸侯之宫，诸侯不敢自阼阶。阼阶者，主之阶也。”此处指天子亲往诸侯之处践阼以代主人。阼阶，即阼、东阶。《仪礼·士冠礼》：“主人玄端爵（通‘雀’）韠，立于阼阶下。”郑玄注：“阼，犹酢也，东阶所以答酢宾客也。”郑注以声训之法说明了“阼”与“酢”的音义关系，可见“主人阶”的来由。玄端，黑色礼服。爵韠，赤黑色的皮制的蔽膝，士朝觐或祭祀时带在裳前，用以遮蔽。

阼是主人升降之阶，故“阼席”指主席，即主人的席位。《仪礼·公食大夫礼》：“不授几，无阼席。”贾公彦疏引郝敬曰：“不授几，公不亲授也；无阼席，不设主席也。”

阼是帝王嗣位或祭祀时所登的台阶，故借指帝位。“涖（lì）阼”“即阼”

① 张家骥，《简明中国建筑论》，江苏人民出版社，2012年，第212页。

"践阼"即帝王登位执政。《礼记·文王世子》："成王幼，不能涖阼。"郑玄注："莅，视也，不能视阼阶行人君之事。"《史记·孝文本纪》："辛亥，皇帝即阼，谒高庙。"《新唐书·李靖传》："太宗践阼，授刑部尚书。"

除，《说文·阜部》："殿陛也。从阜，余声。"指宫殿的台阶，包括阶、陛及阶上或陛下延伸的一段。《史记·魏公子列传》："赵王扫除自迎，执主人之礼。"此"除"既为诸侯赵王所住宫殿的台阶，就必分阶和陛，其上下亦属于清扫的范围。《汉书·王莽传下》："群臣扶掖（王）莽，自前殿南下椒除。"颜师古注："除，殿陛之道也。"此亦为宫殿之台阶。后泛指台阶。明朱伯庐《治家格言》："黎明即起，洒扫庭除。"

墄（cè），指每一层台阶。从土，戚声。因像牙齿，故称"阶齿"，也称"阶级"。《广韵·德韵》："墄，阶齿。"《集韵·德韵》："墄，阶级也。"宋李诫《营造法式·总释下·阶》："阶下齿谓之墄。"三国魏时所建的太极殿的台阶是"左墄右平"。东汉班固《西都赋》："右平左墄。"薛综注："天子殿高九尺，阶九齿，各有九级。其侧阶各中分左右，左有齿，右则滂沲（同'沱'）平之，令辇车得上。"滂沱，广大貌。把右阶砌成平缓的斜坡，是为了便于皇帝车辇的通行。为显示帝王之尊，数字九体现在大殿的各个部分。其中"阶九齿"即指每一段台阶有九层墄。宋司马光《修筑皇地祇坛状》："陛广三尺五寸，平漫无墄。"无墄，指没有层级，故陛"平漫"，即平坦广远，以便车辇上下。

二、屋身

屋身三面封闭，一面开敞，由墙、户、牖构成。

墙也有多种类别，大致分木骨泥墙、土墙、砖墙、石墙、木墙等。相关的字有：墙、垣、壁。

墙（牆），甲骨文作，金文作。《说文·啬部》："墙，垣蔽也。从啬，爿（qiáng）声。""啬"有积的意思。《方言》卷一二："啬，积也。"郭璞注："啬者贪，故为积。"墙是土筑或砖石等砌成的，含有积义。"啬"亦与"濇"意义相通，即阻塞不通。《史记·扁鹊仓公列传》："所以知韩女之病者，诊其脉时，切之，肾脉也，啬而不属（通'嫋'，怀孕）。"韩女因脉

象不通而无法怀孕。墙有遮蔽、阻挡视线、道路等的作用，使之不通。《释名·释宫室》则从声训的角度解释了墙的障蔽作用："墙，障也，所以自障蔽也。"《左传·昭公元年》："人之有墙，以蔽恶也。"此例正体现了墙的障蔽作用。而"爿"亦表意。原始社会，古人就已用树枝当立柱，再与横向的枝干纵横编扎成架，中间用苇束等轻质材料填充，最后两面涂泥成墙。[①]爿，木片。在"墙"字里表示这种原始墙垣的构造形式。但它不具备支撑作用，这是因为中国传统建筑是木构架结构，所以在建筑行业里流行着"墙倒屋不塌"的谚语。后泛指土墙、砖墙、石墙、木墙等，多是外墙。《诗经·郑风·将仲子》："将仲子兮，无踰我墙，无折我树桑。"毛亨传："墙，垣也。"翻墙折树枝，此墙当为院墙。

屋墙分正立面和侧立面。正立面设置窗棂和门户，侧立面因屋顶部分呈三角形而被称为"山墙"。山墙或高或低，或内或外，其设计与屋顶形式相一致：四坡顶的房屋，山墙在檐柱之内；两坡顶的房屋，山墙到顶。传统民居的山墙则高出屋顶，有阻挡火势蔓延的作用，故称作"风火墙"或"封火墙"。[②]

垣，矮小的院墙。《说文·土部》："垣，墙也。从土，亘声。"段玉裁注："此云'垣者，墙也'，浑言之；'墙'下曰'垣蔽也'，析言之。……垣自其大言之，墙自其高言之。"又徐锴系传注《说文》"垣"："垣犹院，周绕之意。"又《尚书·梓材》："若作室家，既勤垣墉，惟其塗塈（jì）茨。"陆德明释文引马融注："卑曰垣。"可以理解为如果成家建房，已勤勉构筑高墙，当以泥涂抹茅草屋顶。《广雅·释宫》"墙，垣也。"王念孙疏证："垣之言环也，环绕于宫外也。"如此则得出：垣是矮小的外墙。如《左传·僖公五年》："（重耳）踰垣而走，（寺人）披斩其祛。"春秋时，晋惠公命寺人披暗杀其兄公子重耳。重耳越过院子的垣墙而逃，披仅斩断其袖口。因垣低矮，故易翻越。《孟子·滕文公下》："段干木踰垣而辟（后作'避'）之。"段干木是战国初年魏国名士，孔子的再传弟子。他翻墙逃跑，躲避即将登门拜访的魏文

① 黄金贵主编，《古代汉语文化百科词典》，上海辞书出版社，2016年，第540页。
② 张家骥，《简明中国建筑论》，江苏人民出版社，2012年，第217页。

侯。垣可翻越，自然就是环绕居舍的矮墙。

壁，室内的墙壁。《释名·释宫室》："壁，辟也。所以辟御风寒也。"从土、从辟，辟亦声。唐慧琳《一切经音义》卷一〇："墙壁"注引《玉篇》云："壁，室中垣壁也。"故有抵御风寒、保持室内温度的作用。以上解释皆比《说文·土部》的"壁，垣也"更具体、更确切。《仪礼·特牲馈食礼》："饎（chì，酒食）爨在西壁。"郑玄注："西壁，堂之西墙下。"

总之，墙是屋外的墙壁，垣是矮小的院墙，壁是屋内的墙壁。

正立面面对庭院的墙开户辟牖，下面就分别介绍表示户牖方面的字。

（一）门户

古代门户的种类很多，形制、材料、所属不同，就分别有相应的字表示。总体分为"门""户"两大类。

1. 门类

门（門），《说文·门部》："闻也。从二户，象形。"段玉裁注："闻者，谓外可闻于内，内可闻于外也。"二户，两扇门。甲骨文、金文主要有两种写法：、，皆像双扇门，后者像门上插有门闩。以"闻"释"门"，是声训，二者音近，意义也相关：门里门外可以互相听见声音。门高而宽大，常与权贵者的建筑物相配，故有"高门大户"之说；因涂有鲜艳光亮的红漆，故又称"朱门"，代指贵族豪富之家。如唐杜甫《自京赴奉先县咏怀五百字》诗："朱门酒肉臭，路有冻死骨。"

据上文分析可知，"门"类字大多是双扇。

阖（闔），木制的双扇门。《说文·门部》："阖，门扇也。……从门，盍声。"门扇不同于户扇，是双扇的，常用作外门，高大气派。《荀子·儒效》："四海之内，莫不变心易虑以化顺之，故外阖不闭，跨天下而无蕲（qí，通'圻'，边界）。""外阖"突显了阖的位置。

阖为高大的两扇，常指城门的门扇。如《左传·襄公十八年》："州绰门于东闾，左骖迫还于东门中，以枚数阖。"陆德明释文："阖，门板。"阖不仅不同于单扇的户、扇、扉，而且是木板所制，指城门的门扇。春秋时，晋国大臣州绰攻打齐国的东门，左边的骖马因拥挤而不能前进，回到东门里，州绰在里面待得太久，连城门上的乳钉都数清了。

闱（闈），宫中小门。《说文·门部》：“闱，宫中之门也。从门，韦声。”郭璞释《尔雅·释宫》“宫”条：“谓相通小门也。”如《左传·哀公十四年》：“子我归，属徒攻闱与大门，皆不胜，乃出。”“闱”与大门相对，可见其小。“子我”即阚止，春秋时齐简公的权臣，与陈氏有隙。陈氏兄弟进宫，将阚止挡在外面。阚止率部下攻打宫中的小门和大门，都未取胜，就逃走了。“闱”可特指后妃居处。《后汉书·明德马皇后纪》：“既正位宫闱，愈自谦肃。”故用“宫闱”代指后妃。“正位宫闱”指在后妃中身居正位，即皇后。此处指汉明帝的马皇后，马援之女，一生以俭朴自奉、不信巫祝、待人和善、约束外家著称，故谥明德。“闱”也特指宗庙内的小门。《周礼·考工记·匠人》：“庙门容大扃（jiōng，门闩）七个，闱门容小扃参个。”郑玄注：“庙中门曰闱。”

闺（閨），上圆下方的单扇小门。《说文·门部》：“闺，特立之户，上圆下方，有似圭。从门，圭声。”圭是一种长条形、上尖下方的玉器。“闺”字从之，以示其形。指宫中小于闱的圭形门。《公羊传·宣公六年》：“赵盾已朝而出，与诸大夫立于朝，有人荷畚自闺而出者。”何休注：“宫中之门谓之闱，其小者谓之闺。”春秋时，晋国国卿赵盾退朝出来，与大夫们站在外朝，有人抬了一个筐从宫中小门出来，里面装的是被灵公杀死的膳宰的尸体。《淮南子·氾论训》：“夫醉者俛入城门，以为七尺之闺也。”闺门只有七尺高，也就是中等身高的高度，可见其矮小。因其小，故用“闺窦”表示穿墙似圭的小门。《左传·襄公十年》：“筚门闺窦之人。”杜预注：“闺窦，小户，穿壁为户，上锐下方，状如圭也。”因其小，故可代指女子卧室。三国魏曹植《杂诗》之三：“妾身守空闺，良人行从军。自期三年归，今已历九春。”亦作“闺房”“闺苑”。如此就形成了一系列的词组，皆与女性有关：“闺人”“闺女”“闺流”“闺秀”皆指已婚或未婚的女性；“闺心”“闺情”“闺怨”指女子求嫁或思所爱、哀怨之情；“闺戒”“闺箴”“闺德”“闺训”“闺教”与女德有关。

闼（闥），内门或禁中小门。《说文新附·门部》：“闼，门也。从门，达声。”此释未明其特点。《诗经·齐风·东方之日》：“彼姝者子，在我闼兮。”毛亨传：“闼，门内也。”马瑞辰通释：“《传》‘门内’当为‘内门’

之讹。《文选》古词《伤歌行》，李善注引毛《传》曰：‘闼，内门也。’是其证矣。”王先谦集疏：“切言之则闼为小门，浑言之则门以内皆为闼，故毛《传》但云‘闼，门内也’。”其中的小门指帝王所居的宫中小门。如《史记·樊郦滕灌列传》：“（高祖）卧禁中……（樊）哙乃排闼直入。”张守节正义：“闼，宫中小门。”“排闼”即推开禁中小门。宋叶适《宜人郑氏墓志铭》：“民欲解衣宿，忽冲风骤雨，水暴至，闼启膝没，及溜荡胸，至门已溺死。”先是打开闼，大水没膝再到胸，然后到外门而溺死，可见闼为内门。

院门内外的照壁或影壁称“屏”。《说文·尸部》：“屏，敝也。从尸，并声。”“敝”通“蔽”，遮蔽。“尸”有陈列义。说明照壁或影壁是具有遮蔽作用的陈列物，具体而言，它是一堵独立的短土墙，分内外。前者在宫殿大门内，后者在大门外。《荀子·大略》：“天子外屏，诸侯内屏。外屏，不欲见外也；内屏，不欲见（xiàn）内也。”意思为天子的宫殿兼有内外屏，诸侯只有内屏。“不欲见外”和“不欲见内”正体现了屏的作用。后代北方民居一直保留着屏。

院内的屏又称作“萧墙”。《说文通训定声·鼎部》：“（屏）亦谓之塞门，亦谓之萧墙，如今之照墙也。”它不仅是宫殿内的屏障，而且也是臣见君经过此处时整饬容仪之处。《论语·季氏》：“吾恐季孙之忧，不在颛臾，而在萧墙之内也。”何晏集解引郑玄曰：“萧之言肃也；墙谓屏也。君臣相见之礼，至屏而加肃敬焉，是以谓之萧墙。”其中的“萧墙”借指内部。故成语“祸起萧墙”出自此典。

2. 户类

户，单扇门。甲骨文作，像截取“门（門）”字的左半边。《说文·户部》：“户，护也。半门曰户。象形。”多为庶民百姓家居所配，故有“蓬户”“小户”之说，与“朱门”“官家”相对，代指贫苦人家。晋葛洪《抱朴子·嘉遁》：“背朝华于朱门，保恬寂乎蓬户。”离开在权贵富豪之家盛开的鲜花，在穷人居住的陋室里守住清静无为。此以“朝华”喻显贵的身份。明朱朴《苦哉行》：“虚名及小户，米入官家仓。”意思为荒年间的赈济粮表面上放给百姓，实际上都进入了权贵者的粮仓。

门由门框和门页构成，据门页的材质可分为扇、扉等。

扇，用竹或苇编成的单扇门页。《说文·户部》：“扇，扉也。”段玉裁依《韵会》注：“从户、羽。从羽者，如翼也。”此处很形象地描写了门页开开合合如鸟翼上下飞舞之状。《礼记·月令》：“（仲春之月）是月也，耕者少舍，乃脩（通‘修’）阖扇。”郑玄注：“用木曰阖，用竹苇曰扇。”阖也是门页，若与扇对举，则是木制，扇是竹苇编制。后泛指各种门页。《资治通鉴·梁武帝太清二年》：“贼又以长柯斧斫东掖门，门将开，羊侃凿扇为孔，以槊刺杀二人，斫者乃退。”胡三省注：“扇，门扇也。”此扇属于宫殿正门东侧的边门，应为木门。唐李白《梦游天姥吟留别》：“洞天石扇，訇然中开。”此处为石制的门页。

扉，荆条、树枝等编制的单扇门页。《说文·户部》：“扉，户扇也。从户，非声。”释以“户扇”，并字从户，说明扉是单扇类门页。晋陶潜《癸卯十二月作与从弟敬远》诗：“顾盼莫能知，荆扉昼常闭。”唐王维《送别》诗：“山中相送罢，日暮掩柴扉。”“荆扉”“柴扉”突出其材质是荆条或树枝，也泛指各种门扇。《左传·襄公二十八年》：“子尾抽桷（jué，方形的椽子）击扉三。”杜预注：“扉，门扇也。”此处指子尾抽出宗庙的方形椽子击打庙的大门。唐李白《拟恨赋》：“若夫陈后失宠，长门掩扉。”此处指汉武帝皇后阿娇失宠被幽闭于长门宫，宫门关闭。

现代书刊封面内印着书名、著者等项目的一页，当它被翻来翻去时，形如可开可阖的扉，故有“扉页”一词。曹靖华《素笺寄深情》：“扉页上端是书名，下端印有‘诸夏怀霜社校印’字样。”

关闭门户的工具有：关、闩、楗（键）、扃等。

关（關），门闩。金文作，像横在门鼻上的横木承受两根竖木之形，横者为关，纵者为楗。小篆作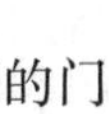，《说文·门部》：“以木横持门户也。从门，声。”主要指从里面关门用的门闩，常用于城门。《墨子·备城门》：“门植关必环锢（通‘固’，坚固）。”毕沅校注：“言扃固之。环与扃音相近。”城门的直木和横栓一定要关锁坚固。《史记·魏公子列传》：“（侯）嬴乃夷门抱关者也。”夷门，战国时魏国都城的东门。抱关者，监门。后此义亦作“闩

(閂)”，像门上的横插。宋范成大《桂海虞衡志·杂志》：“闩，门横关也。”清文康《儿女英雄传》第三十一回：“只见那水湿的地方从窗棂儿里伸进一只手来，先摸了摸那横闩，又摸了摸那上闩的铁环子。”

楗，垂直插入关的牝孔的木橛。牝本指雌性动物的生殖器，这里喻指横关上的孔。《说文·木部》：“楗，限门也。从木，建声。”《老子》第二十七章：“善闭，无关楗不可开。”朱谦之校释：“范应元曰：‘拒门木也。横曰关，竖曰楗。”后也用“键”表示。《广雅·释宫》：“键，户牡也。”东汉蔡邕《月令章句》：“键，关牡也。”牡本是雄性动物的生殖器，此处喻指插入关中牝孔的木橛。因“关”“楗（键）”合为一体，故常连言。上文所引《老子》“善闭，无关楗而不可开。”河上公注：“善以道闭情欲守精神者，不如门户有关键，可得开。”又《北齐书·窦泰传》：“其人入数屋，俄顷而去。旦视关键不异，方知非人。”比喻事物最紧要的部分或对事情起决定作用的因素。晋葛洪《抱朴子·畅玄》：“顾盼为杀生之神器，唇吻为兴亡之关键。”

扃，从外关闭门户的门闩。《说文·户部》：“扃，外闭之关也，从户，冋声。”王筠句读：“扃与《木部》楗盖内外相对，皆关闭之器。在门内者谓之楗，在门外者谓之扃也。”按，“楗”当为“关”。《礼记·曲礼上》：“入户奉扃，视瞻毋回。”郑玄注：“奉扃，敬也。”指客人进入主人室门时双手做出捧着扃的样子，以示尊敬，眼睛不能环视四周。有时扃也指从内关闭门户的门闩。《韩非子·扬权》：“上固闭内扃，从室视庭。”清魏秀仁《花月痕》第四十六回：“胭脂已拔扃，招大军入城了。”

开门后在两扇门处各支撑一根长木桩，以固定门扇，此木桩称作“阁”。《说文·门部》：“阁，所以止扉也。从门，各声。”《尔雅·释宫》：“所以止扉谓之阁。”王引之述闻：“谓门之既开，其旁有长橛以止之，使不动摇。今时城门既开，插木橛于旁以止之，是其遗法也。”

（二）窗牖

窗类的字有窗、牖、向。

窗（囱），设在屋顶上用以透光和通风的窗子。字有多形，古文作，小篆作，像带木格的窗子。《说文》或体作，上加“穴”，以示在穴居

或半穴居时代在屋盖上开天窗。《说文·囱部》:“囱,在墙曰牖,在屋曰囱,象形。窗,或从穴。”段玉裁注:“屋在上者也。”宋苏轼《柳子玉亦见和因以送之兼寄其兄子璋道人》诗:“晴囱咽日肝肠暖,古殿朝真履袖香。”窗用以通风照明,故东汉王充《论衡·别通》云:“开户内(后作‘纳’)日之光,日光不能照幽,凿窗启牖,以助户明也。”打开房门仅能让阳光照进一部分,只有窗牖才能纳入更多的阳光。此处窗与牖对举,可见二者之别。故有“天窗”一词。东汉王延寿《鲁灵光殿赋》:“天窗绮疏。”李善注:“天窗,高窗也。”绮疏,雕刻成空心花纹。后亦指开在墙上的窗子。《乐府诗集·横吹曲辞五·木兰诗》:“当窗理云鬓,对镜贴花黄。”与“门”“户”常对举。南朝宋鲍照《拟行路难》诗之三:“璿(xuán,美玉)闺玉墀(chí,台阶)上椒阁,文窗绣户垂罗幕。”又唐杜甫《绝句四首》之三:“窗含西岭千秋雪,门泊东吴万里船。”窗的异体字还有“窻、牕、牎、窓、窗”等。

牖,开在南面墙壁上有棂格的窗户,位于室门西边。《说文·片部》:“牖,穿壁以木为交窻也。从片、户、甫。”段玉裁注:“交窗者,以木横直为之,即今之窗也。在墙在牖,在屋曰窗。……必言以木者,字从片也。古者室有户有牖,牖东户西,皆南乡(后作‘嚮’,简化为‘向’)。”按,当为“牖西户东”。《尔雅·释宫》:“牖户之间谓之扆(yǐ)。”邢昺疏:“牖者,户西窻也。”又《说文·户部》:“户牖之间谓之扆。”段玉裁注:“凡室,户东牖西,户牖之中间是曰扆。”此文可明确牖在户之西。“甫”音义与“旁”相关。据上文可知,牖开在南向、门户西边的墙上,需穿壁,周围以木框固定,其中纵横木条棂格。《尚书·顾命》:“牖间南向,敷重篾席。”此处可明确牖南向。

“牖下”指窗下。《诗经·召南·采蘋》:“于以奠之?宗室牖下。”郑玄笺:“牖下,户牖间之前。”此诗句的意思为在哪安置祭品?在祠堂窗下。牖下或扆是向阳温暖处,古人选此处寿终正寝,故借指寿终正寝。《左传·哀公二年》:“毕万,匹夫也。七战皆获,有马百乘,死于牖下。”杜预注:“死于牖下,言得寿终。”毕万是晋献公的车右,七次战斗都俘获了敌人,有四百匹马,在家里善终。

向，甲骨文作，外墙朝北的窗子。《说文·口部》：“向，北出牖也。”徐灏注笺：“古者前堂后室，室之前为牖，后为向，故曰北出牖……象形。”《诗经·豳风·七月》：“穹室熏鼠，塞向墐（jìn）户。”毛亨传：“向，北出牖也。”此文讲冬季来临之前，堵住鼠洞，烟熏老鼠；填实北向的窗子，用泥涂塞门户。故清夏炘《学礼管释·释窗牖向》云：“牖与向不同，南出者为牖，北出者谓之向。”后泛指窗户。《齐民要术·种紫草》：“入五月，内著屋中，闭户塞向，密泥（nì，用泥涂抹），勿使风入漏气。”

总之，窗是天窗，牖是开在南墙上的窗，向是开在北墙上的窗。

三、屋顶

古代宫室的建筑构架有穿斗式、抬梁式、干阑式、井干式四种，其中，抬梁和穿斗两种结构在建筑发展中得到了广泛的应用，而后两者只在我国南方地区或山区使用。据研究，抬梁式由穿斗式演进而来。穿斗式构架内柱密集，分割了室内的空间，抬梁式则将柱子置于梁上，以减少柱子，增加室内的有效面积。（图7－9）抬梁式架构的科学性和实用性使之广为传播，成为多数建筑的屋架形式。以下以抬梁式为例说明与之有关的字。

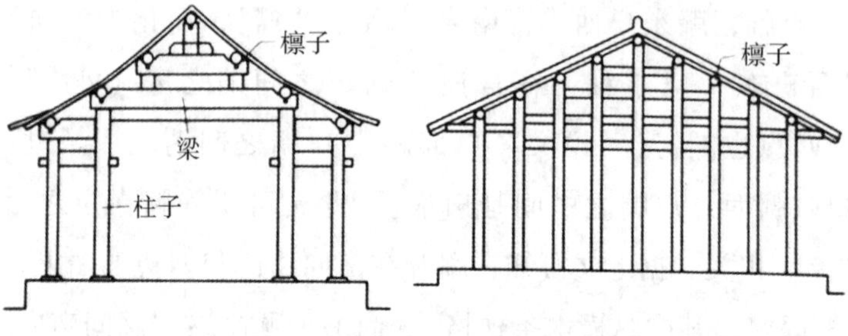


抬梁式：柱子将梁抬起，梁承托檩子　　穿斗式：柱子直接承托檩子

**图7－9　抬梁式与穿斗式屋架的比较**[①]

反映宫室屋顶材料构件的字有：（一）栋梁类：宋（máng）、栋、极、桴（楣）、庋（guǐ）、檼（yìn）、棼（fén）；（二）椽子类：椽、桷（jué）、榱、橑（lǎo）等。

① 见《几张简图看懂古建之概述》，http：//3rd. mafengwo. cn/travels/info. php？id＝3004012。

（一）栋梁类

宋，房屋的正梁，指南北向的大木，多为矩形。《说文·木部》："宋，栋也。从木，亡声。"清承培元《说文引经例》："屋制，东西架者曰栋，南北架者曰梁。宋，梁也，而许君曰栋，浑言之，梁栋（详见下文）不分也。"唐韩愈《进学解》："夫大木为宋，小木为桷……施之成室者，匠氏之功也。"宋也称作"宋廇（liù）"。《尔雅·释宫》："宋廇谓之梁。"郭璞注："屋大梁也。"大梁即主梁，位置最靠下，其上部皆为次梁。

以上注解提到了"宋、栋、梁"三个相关的概念，它们形成关系的条件和层次是不同的。栋是东西向的大木，架在宋上。（详见下文）因二者皆属屋架部件，且相互依赖，故可"浑言之"。梁，本指平直的桥，（详见第八章第二节）架在水面，连接两岸，与屋梁毫无关系。在穿斗式架构里，宋穿在柱子之间，只起联系作用。但在抬梁式架构中，宋就加长变粗，先架在主要的立柱上，如横跨水面的梁；而上面的柱子立在层梁上，所以，此处"宋"的性质和作用就有所改变，不再适合表达变化后的意义了。另外，随着桥的材料和结构形式不断丰富和改变，"梁"也逐渐失去了本义，而转向另一领域，表示建筑结构中水平承重的构件，替代了"宋"。可见，由"宋"到"梁"的变化反映了我国传统宫室的建筑构架形式的演进过程。梁的断面总体演变趋势是由细向粗。唐代大梁断面的高宽比为2∶1，辽承唐制，宋代高宽之比为3∶2，金元时期的大梁断面多近圆形，明清建筑多为10∶8或12∶8，明显趋向方形。[①]

宫室一般南向而建，梁为南北向，其上有短柱，叫"栿（fú）"，用以承受栋。《广韵·屋韵》："栿，梁栿。"从木，伏声。《正字通·木部》："栿，今人以小木附大木上为栿。"

栋（棟），屋脊下最高的一根东西向大木，架在梁上，在屋正中。《仪礼·乡射礼》："序则物当栋。"郑玄注："是制五架之屋也，正中曰栋，次曰楣，前曰庪。"五架之屋，五架梁的屋顶。架数与其上所承受的檩数有关，如图7－9左即五架屋。"栋"亦称"极"。故《说文·木部》"栋，极也。从

① 见《几张简图看懂古建之概述》，http：//3rd. mafengwo. cn/travels/info. php？id＝3004012。

木，东声。”徐锴系传：“极，屋脊之栋也。”吴善述广义校订：“栋者，屋之正梁，居中至高，故谓之极。”此处混淆了栋和梁，是浑言。《庄子·则阳》：“孔子之楚，舍于蚁丘之浆。其邻有夫妻臣妾登极者。”陆德明释文：“司马云：极，屋栋也。”

据《周易·系辞下》“上古穴居而野处，后世圣人易之以宫室，上栋下宇，以待风雨”可知，最原始的木构建筑仅有一栋。随着建筑技艺逐渐提高，栋不断增多，逐层架在一层一层的梁上，使室内空间更加宽敞。因栋和梁纵横交错，故俗语中梁、栋不分。如此则知《说文》以“栋”释“宲”。因栋、梁是房屋的主要构件，故常用来比喻担负国家重任的人。《后汉书·陈球传》：“公为国家栋梁，倾危不持，焉用彼相邪？”又如成语“栋折榱崩”原指房屋倒塌，用来比喻倾覆。《左传·襄公三十一年》：“子产曰……子于郑国，栋也。栋折榱（椽）崩，侨（子产的名）将厌（通‘压’）焉，敢不尽言。”子产将郑国大夫子皮和自己比喻为栋和榱，即屋脊和椽子，以示屋脊的重要性：屋脊断了，椽子就会被压在下面。

栋可为统称。宋李诫《营造法式·大木作制度二·栋》：“栋，其名有九：一曰栋，二曰桴（fú），三曰槾，四曰棼，五曰甍（méng），六曰极，七曰槫（tuán），八曰檩（lǐn），九曰櫋（mián，屋檐板）。”如果栋特指屋脊大木的话，那么架在梁上与之平行的、托住椽子或屋面的横木就称作“桁（héng）、檩、槫、欐（lì）”等。其中，“檩”字常用。明清时，大式建筑中将其称为“桁”，小式建筑中称为“檩”，且用檩数表示抬梁式房屋的进深。如图7－9左有七根檩，故为进深七檩。

为了区别，次于极（或中栋）的檩子又称“桴”，即第二栋。而《说文·木部》不分笼统将其注为：“桴，栋名。从木，孚声。”东汉班固《西都赋》：“列棼橑（椽）以布翼，荷栋桴而高骧（腾越）。”形容梁柱负荷椽檩之多，以极言宫殿之宏伟。

在庪（详见下文）和极之间的檩称为“楣”。上引《仪礼·乡射礼》“序则物当栋，堂则物当楣”郑玄注：“是制五架之屋也，正中曰栋，次曰楣，前曰庪。”段玉裁注《说文》“桴”：“许以屋櫋联曰楣，则栋前曰眉栋，谓栋之近前若眉者也。”据此，楣从木，从眉，眉亦声。因栋与梁混，楣亦然，可称

“前梁”。如《仪礼·乡饮酒礼》：“宾西阶上，当楣北面答拜。”郑玄注：“楣，前梁也。”后转指门楣。《尔雅·释宫》“楣谓之梁”郭璞注：“门户上横梁。”邵晋涵正义：“门上横木为楣，总名为梁。”

庪，屋檐口的栋，即椽端的横板。从广，技声。上引《仪礼·乡射礼》“序则物当栋，堂则物当楣”郑玄注：“前曰庪。”清胡承珙《仪礼古今文疏义·士昏礼》“宾升西阶当阿”：“今文阿为庪者，即《说文》之‘产（同“檐”）’字……产与檐一物，庪即产，亦屋檐之名。”按，实为支撑屋檐的栋。故贾公彦注比较确切：“凡士之庙，五架为之栋，北一楣，下有室户，中脊为栋，栋南一架为前楣。楣前接檐为庪。”说得更明白些，即五架之屋的栋分三层：最高为极（栋），次为楣，最下为庪。

檼，隐于天花板上和方椽下的、双层屋面最上层的栋。《释名·释宫室》：“檼，隐也。所以隐桷。或谓之望，言高可以望也。或谓之栋。栋，中也，居室之中也。”桷，方椽。以“隐”为注，突显其隐藏之特点。《说文》以为此字从木，㥯声。而《正字通·木部》认为此字从隐省：“檼，屋脊也，即今之复屋栋。复屋栋不可见，故从隐省。”复屋指具有双重椽、栋、轩板、垂檐等建筑结构的屋宇。亦作“重屋”。故宋李诫《营造法式·大木作制度二·栋》“栋，其名有九……三曰檼”只说明“檼”是“栋”的一种。

棼，双层屋面的栋。《说文·林部》：“棼，复屋栋也。从林，分声。”分亦表意，表示分层。夏代二里头宫殿即是四阿重屋，即四坡顶、两重檐。（图7-10）商代天子用以宣明政教的大厅堂也是重屋。《周礼·考工记·匠人》：“殷人重屋，堂修七寻，堂崇三尺，四阿重屋。”郑玄注：“重屋者，王宫正堂，若大寝也。”清戴震《〈考工记图〉补注》：“世室、重屋，制皆如明堂……姚姬传曰：重屋，复屋也。别设栋以列椽，其栋谓之棼，椽栋既重，轩版、垂檐皆重矣。”孙诒让正义：“殷人重屋者，亦殷之明堂也。”故上引东汉班固《西都赋》“列棼橑以布翼”中用表示逐层排列的“列”字来描写棼。可见“棼”包括“檼”。

**图 7－10　夏代二里头宫殿四阿重屋复原图**

（二）椽子类

椽，垂直安放于檩上以承载屋瓦和屋面的圆形细木条。《说文·木部》："椽，榱也。从木，彖声。"榱是椽子的总称。（详见下）此注是浑言。《左传·桓公十四年》："宋人以诸侯伐郑……以大宫之椽归，为卢门之椽。"陆德明释文："圆曰椽，方曰桷。"此注则明确了椽是圆形。后成为椽子的总称。《楚辞·九歌·湘夫人》："桂栋兮兰橑，辛夷楣兮药（白芷）房。"王夫之通释："桷，今谓之椽。"桂栋，用有香气的桂树做的屋脊。兰橑，用有香气的木兰做的椽子。辛夷楣，用有香气的辛夷树做的檩子。为了显示湘夫人的美德，作者铺陈了多种香木香草。若要区别椽的形状，则以"圆椽""方椽"表示。

桷，方椽。《说文·木部》："桷，榱也，椽方曰桷。从木，角声。"段玉裁注："桷之言棱角也，椽方曰桷，则知桷圆曰椽矣。"据此可知，桷之"角"亦表意。三国魏嵇康《与山巨源绝交书》："足下见直木必不可以为轮，曲者不可以为桷，盖不欲枉其天才，令得其所也。"桷需直挺，方能支撑，故"曲者不可以为桷"。

榱，椽子的总称。《尔雅·释宫》："桷谓之榱。"邵晋涵正义："是桷与椽有方圆之异，总名之为榱也。"关于其形义关系，《说文·木部》认为是从木，衰声，而段玉裁注云："榱之言差次也，自高而下，层次排列，如在等衰也。"等衰，犹等差。若此，榱当为从木，从衰，衰亦声。

汉魏时，权贵之家非常重视建筑装饰，即便是房檐处的椽也要髹漆或彩绘，椽头处饰以金玉，被称为"华榱"。如《汉书·司马相如传上》："华榱碧珰。"司马贞索隐："韦昭曰：'裁玉为璧，以当榱头。'司马彪曰：'以璧为瓦当。'”碧珰，即装饰在椽头的玉璧。

橑，复屋的椽，铺在棼上。《说文·木部》：“橑，椽也。从木，尞声。”段玉裁注：“橑必与棼连言，而别于榱桷，则榱桷为屋椽，橑为复屋之椽可知，橹霤在复屋。”故可称其为“复橑”。唐王勃《乾元殿颂》：“丰隆按节，下复橑而司阶。”丰隆是古代神话中的雷神。此句描写了大风应季节而刮来，飘过屋顶和台阶。

中国古代建筑形式多样，同类事物因其差别而特造不同的字以表示，由此可见此项技术的成熟程度。

练习题：

1. 举字例说明中国古代居住条件的变化过程。
2. 结合汉字介绍中国古代建筑的类型。
3. 建立台基类同义词系列并加以区别。
4. 建立屋身类同义词系列并加以区别。
5. 建立屋顶类同义词系列并加以区别。

# 第八章 汉字与交通

交通是各种运输手段和通信方式的总称。自古以来，我国的交通设施及其手段形式多种多样，体现在陆路和水路两方面，具体分为道路、桥梁、渡口、运输工具（车马、舟船）、驿站等。

## 第一节　汉字与道路

在汉字中，有关道路的字很多。这些字一方面显示了交通的发达程度，另一方面也体现了人们对交通的关注程度。

道，甲骨文作，从行，从首，表示人在道路上行走。小篆改“行”为“辵”，作，意义相通。故《说文·辵部》云：“道，所行道也。从辵，从首。一达谓之道。”“一达”，顾名思义，当指一直通达的路，其特点是笔直平坦。如《诗经·小雅·大东》：“周道如砥，其直如矢。”道路如磨刀石般平坦，像箭一样笔直。

路，《说文·足部》用“道”释义，从足，各声。主要指大道。《周礼·地官·遂人》：“凡治野，夫间有遂，遂上有径；十夫有沟，沟上有畛（zhěn，田间分界的小路）；百夫有洫，洫上有涂；千夫有浍（kuài，田间的排水道），浍上有道；万夫有川，川上有路，以达于畿。”此段文字主要叙述周代的农田规划：大凡治理野外的田地，一个农夫与另一个农夫的田地之间有排水小沟，小沟上有小路；十个农夫与十个农夫的田地之间有沟，沟上有分界的小路；百个农夫与百个农夫的田地之间有水沟，沟上有路；千个农夫与千个农夫的田地之间有排水道，排水道上有道；万个农夫与万个农夫的田地之间有川，川上有大路，通到畿内各地。从由小到大的依次排序上可以看出，“路”是大路。这使它含有“大”义。如《尔雅·释诂上》：“路，大也。”《左传·桓公二年》“大路越席”孔颖达疏：“路，训大也。君之所在以大为号，门曰‘路门’，寝曰‘路寝’，车曰‘路车’；故人君之车，通以路为名也。”路门，宫室最里层的正门。路寝，天子、诸侯的正厅。路车，又作“辂车”，是天子或诸侯贵族所乘的车。若散言，“路”同“道”，故有“道路”之并称。《尔雅·释宫》：“一达谓之道路。”

途，甲骨文作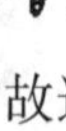，从止，余声。主要指小路、城中大道的分路或旅途。《孙子·军争》：“故迂其途而诱之以利，后人发，先人至，此知迂直之计者也。”“迂其途”指沿着迂回曲折的道路前进。路有曲折，必是小路。在《礼记·王制》中有“一道三途”之制，汉代的长安城便沿用此制。此用法与小

路的意义相通。后来多指旅途。如晋陶渊明《归去来兮辞》：“实迷途其未远，觉今是而昨非。”唐韩愈《送李愿归盘谷序》：“武夫前呵，从者塞途。”成语“迷途知返”也体现了“途”的此项用法。同义连文“路途”亦指旅途。唐元稹《青云驿》诗：“怀此青云望，安能复久栖？路途信不易，风雨正凄凄。”在文献中，途又写作“涂”或“塗”。

行，甲骨文作，像通往四个方向的道路。《说文·行部》：“行，人之步趋也。”从字形和释义上看，侧重指要道或步行之路。但文献用例不限于此，可泛指道路。如《诗经·豳风·七月》：“女执懿筐，遵彼微行。”毛亨传：“微行，墙下径也。”“行”被“微”修饰后才与“径”同义。《诗经·大雅·大东》：“佻佻公子，行彼周行。”朱熹集传：“周行，大路也。”“周行”与“微行”相反，可见“行”为泛指，只不过常用于上古文献中，是一个比较古老的字。其能产性很高，“术（術）、街、衢”等字皆以之为部首，指各种道路。

术（術），《说文》：“邑中道也。从行，术声。”即邑中道路。银雀山汉墓竹简《孙膑兵法·擒庞涓》：“齐城、高唐当术而大败。”齐城、高唐是齐国的两个城邑。原文意为把守齐城和高唐的二位将军所率领的军队在城中道路上被魏军打败。《汉书·燕刺王刘旦传》：“王自歌曰：‘归空城兮，狗不吠，鸡不鸣，横术何广广兮，固知国中之无人！’”“横术”指“空城”中的大道。

街，《说文》：“四通道也。从行，圭声。”指大城市中的大道。唐慧琳《一切经音义》卷四引《考声》：“街，都邑中之大道也。”《管子·桓公问》：“汤有总街之庭，以观人诽也。”“总街”指都市大道。成语“总街之庭”指商汤听取民意之大道旁的亭舍。《太平御览》卷一九五引东汉应劭《风俗通义》：“京师有长寿街、万岁街、士马街，若此非一。”成语“大街小巷”也体现了“街”是城中大道。

衢，《说文》：“四达谓之衢。从行，瞿声。”指分岔的道路。《荀子·劝学》：“行衢道者不至，事两君者不容。”杨倞注：“孙炎云：‘衢，交道四出也。’或曰：衢道，两道也。不至，不能有所至。下篇有杨朱哭衢涂。今秦俗犹以两为衢，古之遗言欤？”“衢道”“衢涂（途）”皆指岔路。故东汉张衡

《西京赋》云："方轨十二，街衢相经。"其中的"衢"是从"街"分离出的歧路，二者互通。特指时，可专指四个方向的道路。见下文《尔雅·释宫》例。

逵，是小篆的或体，《说文》："馗，九达道也。……从九，从首。"指通往九个方向的道路。古汉语中，通向几个不同方向的道路皆有专称。《尔雅·释宫》："一达谓之道路，二达谓之歧旁，三达谓之剧旁，四达谓之衢，五达谓之康，六达谓之庄，七达谓之剧骖，八达谓之崇期，九达谓之逵。"可见，"逵"是分岔最多的路。《诗经·周南·兔罝》："肃肃兔罝，施于中逵。"毛亨传："逵，九达之道。"后泛指大道。唐王维《送高道弟耽归监淮作》诗："君王苍龙阙，九门十二达。"赵殿成笺注："后人凡通衢大道，皆谓之逵，不特九达矣。"

歧，从大路上分出来的小路。《玉篇·止部》："歧，歧路也。"因是干道的分支或岔道，故字从止，从支，支亦声。《列子·说符》："歧路之中，又有歧焉，吾不知所之，所以反也。"又"大道以多歧亡羊，学者以多方丧生"。此为成语"歧路亡羊"之典故，意思为因岔路太多而不知选择哪条路去追寻逃跑的羊，故丢失了羊。比喻事物复杂多变，方向错误就会一无所获。《淮南子·说林训》将此典故改为："杨子见逵路而哭之，为其可以南可以北。"高诱注："道九达曰逵。"与"歧"相通。

巷，是《说文·邑部》的"䢼"或《𨙨部》中"𨞒"的省形，从邑或𨙨省，共声。又作"衖"，从行，共声。《说文》释为"里中道"。如《诗经·郑风·叔于田》："叔于田，巷无居人。"毛亨传："巷，里塗也。"孔颖达疏："里内之塗道也。"相当于现代南方的里弄和北方的胡同。

径（徑），《说文·彳部》："步道也。从彳，巠声。"《说文通训定声》："步行之道，谓异于车行大路。"又段玉裁注："谓人及牛马可步行而不容车也。"据此可知，径是狭窄的小路，只有步行方可通过。《论语·雍也》："有澹台灭明者，行不由径。"澹台灭明，复姓澹台，名灭明，字子羽。孔子弟子。行不由径，指不走小路，比喻行为正大光明。

田间小路南北向为"阡"，东西向为"陌"。《说文新附·阜部》："阡，路东西为陌，南北为阡。从阜，千声。"晋潘岳《藉田赋》："遐阡绳直，迩陌如矢。”张铣注：“阡陌，田畔道也。言如绳矢之端。”即远方的南北小路和近前的东西小路像绳子和箭一样笔直。故商鞅变法中的“废井田，开阡陌”就是打开被阡陌隔断的小块田地，以适应业已提高的生产力水平。

## 第二节　汉字与桥梁、渡口

### 一、桥梁

桥（橋），《说文·木部》：“水梁也。从木，乔声。”段玉裁注：“水梁者，水中之梁也。……骈木者曰桥。”即架在水上、合并多块木板以便通行为桥梁。“乔”有高而上曲之义。《说文·口部》：“乔，高而曲也。从夭，从高省。”段玉裁注：“会意。以其由，故从夭。”如“乔木”即高大的树木。“乔迁”指人迁居或升职。故“桥”中的“乔”声兼义。段玉裁注：“大而陂陀（pōtuó，倾斜不平貌）者曰桥。”此桥指高而上曲的大桥。《史记·秦本纪》：“（昭襄王五十年）初作河桥。”在黄河上建桥，其规模不小。

梁，金文作，从水，刅（chuāng）声。《说文》古文作，徐锴系传：“从两木，一，梁之中横象，从水。指事。”此字形更形象地显示了梁由一块块木板拼合而成，架在水上。小篆为，《说文·木部》：“水桥也。从木，从水，刅声。”段玉裁注：“梁之字，用木跨水，则今之桥也。”从注解上看，梁和桥没有什么区别，但从“舆梁”一词的所指来看，梁侧重指平直的桥。《孟子·离娄下》：“十二月，舆梁成。”孙奭疏：“今云舆梁者，盖桥上横架之板若车舆者，故谓之舆梁。”车舆指车辆，其车厢底部由长条木板拼接而成，平坦齐整，且两旁各有护栏。所以，其引申义“鱼梁”“屋梁”都有平直的特点。它还可以指并舟而成的浮桥。《诗经·大雅·大明》：“造舟为梁，不显其光。”孔颖达疏：“造其舟以为桥梁。”从此疏用语可看出，“梁”与“桥”同义，可构成连文。但由于“梁”替代了“宗”，表示建筑的水平承重构件，“桥”就泛指各种桥梁了。

### 二、渡口

津，金文作，从水，从隹，从舟；《说文》古文同，作，表示船只停泊之处。小篆变为，《说文 · 水部》：“水渡也。从水，𦘔声。”邵瑛《说文解字群经正字》：“今经典作津。”在古文献中，津是渡口的通称。所以，有“津人”一词，指渡船的船夫。《左传 · 昭公二十四年》：“冬十月癸酉，王子朝用成周之宝圭于河。甲戌，津人得诸河上。”王子朝将宝圭沉入黄河，向河神祈祷，渡船的船夫得到了宝圭。《论语 · 微子》：“长沮、桀溺耦而耕，孔子过之，使子路问津焉。”何晏集解引郑玄注：“津，济渡处。”此为成语“不敢问津”的出处。“无人问津”出自晋陶渊明《桃花源记》：“南阳刘子骥，高尚士也，闻之，欣然规往，未果，寻病终。后遂无问津者。”比喻没人探问、尝试或购买。“津关险塞”，指水陆山川险要之处。出自《史记 · 秦始皇本纪》：“秦并诸侯山东三十余郡，缮津关，据险塞，修甲兵而守之。”“盘踞要津”指占据显要的位置。“要津”比喻关键职务或重要位置。出自宋邵伯温《闻见前录》卷一一：“今观安石汲引亲党，盘踞要津，挤排异己。”“分守要津”，指分别把守要道。“要津”代指交通要道。出自明何良臣《阵纪 · 战机》：“以寡击众，务于隘塞，必于暮夜，伏于丛茂，要于险阴；以众击寡，务于广漫，利于旦辰，分守要津，绝彼运道。”“误入迷津”“指点迷津”，以“迷津”比喻迷失的方向。

以津为地名的成语有“延津剑合”“延津之合”，其中的“延津”即延平津，是古代渡口名。晋时属延平县，在今福建省南平市东南。据《晋书 · 张华传》载，丰城令雷焕得龙泉、太阿两剑，把其中之一给了张华。张华被诛，剑不知所踪。雷焕死后，其子持剑经过延平津，剑忽出鞘，落入水中。只见两龙盘萦，波浪惊沸，剑从此亡去。后以此比喻因缘会合。

## 第三节　汉字与运输工具之车马

我国古代的交通工具分为陆上和水上两种。前者为车马，后者为泭筏、舟船。车船最早出现的时间无法考证。关于其发明动因，《淮南子·说山训》认为是先民“见窾（kuǎn）木浮而知为舟，见飞蓬转而知为车”。前一句所说与《周易·系辞下》“刳木为舟”相承，即看见中空的木头漂于水上，就模仿着挖空木头做成船只；后一句讲的比较片面，飞蓬是一种干枯后根断，遇风飞旋的蓬草，它虽与车轮运转时的状态比较相像，但与整个车的结构相距甚远，所以，受飞蓬旋转的启发而发明车辆或许只是一个想象。从现实的角度来推测，原始人类应该是最早发明了拉东西的橇，进而发明了在橇下安装滚动的轮子，最后将其完善成车。

## 一、车辆

据《左传》《荀子》《吕氏春秋》《说文解字》等文献记载，夏代的奚仲是“造车鼻祖”，被夏王禹封为“车服大夫”（亦称“车正”）。至今其家乡山东省枣庄市薛城区奚村还流传着“祭拜奚仲，平安出行”的民谚，享有“造车鼻祖、奚仲故里”的称号。考古发现，河南偃师二里头遗址的地面上留有双轮车的辙痕，证明夏代已有车。《尚书·甘誓》记载了夏朝初年夏启讨伐有扈氏的誓师词，其中提到了对战车上的车左（尊者）、车右（骖右）及御者（中间驾车的人）的作战要求：“左不攻于左，汝不恭命；右不攻于右，汝不恭命；御非其马之正，汝不恭命。”意思是：车左如果不善于用箭射杀敌人，就是不奉行我的命令；车右如果不善于用矛刺杀敌人，就是不奉行我的命令；御者如果不懂得驾车的技术，就是不奉行我的命令。由此可见，当时车攻已成为战争的一种方式，这就要求车辆性能完备，驾驶者驾车技术成熟。

最早出土的车是商朝晚期的。1928 年在殷墟发现了一些车马坑，经过复原，车型为双轮、独辀、衡上系轭，辀与轴十字交叉处安有车厢。商代多以二马或四马驾车。[1]金文车字作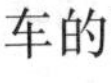，形象地反映了车的造型。后代的车辆在此基础上不断改进，如战国时的车缩小轨距，减短车辀，使车更具灵活性。车的种类也不断增加，出现了许多相关的专字。

---

① 孙机，《中国古代物质文化》，中华书局，2014 年，第 176 ～ 177 页。

车，金文也有简体的，小篆承之，《说文·车部》：“舆轮之总名。夏后氏奚仲所造。象形。”凡有厢有轮用以载人、物的陆行交通工具可统称车。它主要靠马、牛牵引，是各种车的总称。

（一）车种

辂，大车，从车，各声。多指帝王乘坐的车子。《尚书·顾命》：“大辂在宾阶面，缀辂在阼阶面，先辂在左塾之前，次辂在右塾之前。”孔安国传：“大辂，玉。”孔颖达疏：“《周礼》巾车掌王之五辂：玉辂、金辂、象辂、革辂、木辂，是为五辂也……大辂，辂之最大，故知大辂玉辂也。”“玉（大）辂、金（缀）辂、象（先）辂”分别是用玉、金、象牙装饰的大车。“革辂”是帝王乘坐的一种覆以皮革的兵车，用于作战或巡视诸侯国土或四境。“木辂”是指帝王所乘的一种只涂漆的车。“次辂”是副车。《礼记·乐记》云：“所谓大辂者，天子之车也。”也称作“龙辂”。东汉张衡《东京赋》：“龙辂充庭，云旗拂霓。”薛综注：“辂，天子之车也，故曰龙辂。”

帝王可将辂赏赐于功臣。如《史记·齐太公世家》：“周襄王使宰孔赐桓公文武胙、彤弓矢、大路，命无拜。”周襄王让宰孔赐给齐桓公祭祀周文王、周武王时用以求福的肉，朱漆弓和箭，用玉装饰的大车。秦始皇陵一号铜车马上设富丽典雅的硕大车伞，车体配以大量的金银构件，这就是辂。（图 8－1）辂，有时也作“路”。

**图 8－1　秦始皇陵一号铜车马**

**图 8－2　秦始皇陵二号铜车马（辌车）**

轻，《说文·车部》：“轻车也。从车，巠声。”段玉裁注：“轻本车名，故字从车。”轻车是兵车中最轻便的一类，可用于作战和打猎。《周礼·春官·车仆》：“掌戎路之萃……轻车之萃。”郑玄注：“轻车，所用驰敌致师之车也。”孙诒让正义：“轻车在五戎中最为便利，宜于驰骤，故用为驰敌致师之车，又兼用之田狩也。”也用于旅行。《楚辞·九辩》：“前轻辌（liáng）之锵锵兮，后辎乘之从从。”桂馥《说文义证》：“此言坐乘轻小之车也。”“轻”是各种轻便之车的总称。“辌”“辎”之义见后。

辌，可以卧息的车。《说文·车部》：“辌，卧车也。”轻车的一种。《楚辞·招魂》：“轩辌既低，步骑罗些。”王逸注：“轩、辌，皆轻车名也。”洪兴祖补注：“辌，音凉，卧车也。”也写作“凉”，如《史记·秦始皇本纪》：“棺载辒凉车中。”徐灏《说文解字注笺》：“凉与辌同。”可见，辌是一种车厢较大，有车帷和顶盖，开设车窗以调节车内温度的轻车。（图8-2）

辒（wēn），《说文·车部》：“卧车也。从车，昷声。”如《韩非子·内储说上》：“吾闻数夜有乘辒车至李史门者，谨为我伺之。”宋太宰戴驩听说连续几个夜晚有人乘坐卧车经过李史门前，便命人守候探查。辒与辌一样，都有较大的车厢，有帷幔和顶盖，但无车窗。从字形上看，声符“昷”含有藏义。如“煴（yūn，藏着火焰的烟）、愠（含着怒气）、蕰（积聚）、韫（蕴藏）”等。可见，辒有秘藏的特点。《史记·齐太公世家》：“桓公之中钩，详（通‘佯’）死以误管仲，已而载辒车中驰行。”又《秦始皇本纪》：“会暑，上辒车臭，乃诏从官令车载一石鲍鱼，以乱其臭。”辒车密闭，便于秘藏。不仅齐桓公佯装已死，藏于其中；秦始皇巡游时死在途中，李斯、赵高等人密不发丧，亦将尸体放在辒车里。

辒、辌皆是豪华舒适的轻车，仅是有无车窗之别。因秦始皇死后被安置于辒车内中，辒就成了丧车。而丧车所载灵柩中的尸首难免会散发出腐败的气味，故需有窗通气，于是，辒与辌连用为“辒辌车”。《史记·李斯列传》：“李斯以为上在外崩，无真太子，故秘之。置始皇居辒辌车中，百官奏事、上食如故。”裴骃集解引孟康曰：“如衣车，有窗牖，闭之则温，开之则凉，故名之‘辒辌车’也。”又引文颖曰：“辒辌车如今丧輀（ér，见下）车也。”这样，辒辌车就成为帝王或重臣的丧车。如西汉重臣霍光的灵柩就载于辒辌车。《汉书·霍光传》：“载光尸柩以辒辌车。”颜师古注：“辒辌本安车也，可以卧息。后因载丧，饰以柳翣（shà），故遂为丧车耳。辒者密闭。辌者旁开窗牖，各别一乘，随事为名。后人既专以载丧，又去其一，总为藩饰。而合二名呼之耳。”“柳翣”指出殡时柩车上的棺饰。“藩饰”指装饰或文饰。

后来，辒辌车形制稍变，由人牵挽。清毛奇龄《丧礼吾说篇·启殡行匶说》：“唐制，挽郎二百人，列辒辌前。”据五代聂崇义《三礼图》卷一九的文与图，可知辒辌车的车厢是大如床，呈方形，柩在其中，有门、盖，四周封闭；四轮二轴，设辂（hé，车辕上用来挽车的横木），人挽行。

輶（yóu），《说文·车部》：“轻车也。从车，酋声。”《诗经·秦风·驷驖（tiě，毛色赤黑的马）》：“輶车鸾镳，载猃（xiǎn）歇（通‘猲’）骄。”毛亨传：“猃、歇骄，田犬也。长喙曰猃，短喙曰歇骄。”郑玄笺：“轻车，驱逆之车也。”马瑞辰通释：“轻车，古为战车，田时盖以为副车。”此文描述了秦襄公狩猎归来的情景：轻车系着鸾铃，马衔叮当作响，车上歇息着长嘴和短嘴的猎犬。“輶”后常用作使者的乘车。唐杨炯《唐恒州刺史建昌公王公神道碑》：“乘使者之輶车，掌行人之旌节。”

軿（píng），顶部和四面皆障蔽的坐卧车。多是贵妇专乘。从车，并声。《释名·释车》：“軿车，軿，屏也，四面遮罩，妇人所乘牛车也。”《广韵·先韵》：“軿，四面屏蔽妇人车。”《后汉书·舆服志上》：“长公主赤罽（jì，毛织物）軿车。大贵人、贵人、公主、王妃、封君油画軿车。”此处指出长公主享受覆以红色毛毡的軿车。其余贵妇皆配以油彩涂绘的軿车。

辎，顶部和四面有帷幕的载重车，可卧息。从车，甾声。《释名·释车》：“辎车，载辎重，卧息其中之车也。”《管子·问》：“乡师车辎造修之具，其缮何若?”尹知章注：“辎，谓车之有防蔽，可以重载者。”又《史记·孙子吴起列传》：“于是乃以田忌为将，而孙子为师同，居辎车中，坐为计谋。”辎能载重，车体必大，坐卧于其中较为舒适。

轏（zhàn，同“輚”），是“栈”的今字，本指载柩车。《说文新附·车部》只解释为“车名。从车，孱声”，未说明其特点和用途。《玉篇·车部》：“輚，载柩车也。轏，同輚。”又《仪礼·既夕礼》“宾奠币于栈”郑玄注：“栈，谓柩车也……今文栈作輚。”来宾在柩车里放置祭品。也用作卧车，或作为兵车及士车。《集韵·产韵》：“輚，卧车也。一曰兵车。或作轏。”又《广韵·产韵》：“轏，车名，士所乘也。”以上材料是说明轏（輚）的用途。

至于其形制特点，我们可以通过分析古字“栈”及其今字“輚”的结构找到答案。《说文·木部》：“栈，棚也，竹木之车曰栈。从木，戋声。”段玉裁注：“竹木之车者，谓以竹若木散材编之为箱，如栅然，是曰栈车。”据此可知，栈是用竹木编成车厢的车，车厢的特点是像栅栏和棚子。《左传·成公二年》记载“丑父寝于轏中，蛇出于其下，以肱击之，伤而匿之，故不能推车而及”，证明了轏车可卧，且竹木之间有缝隙，蛇从缝隙中爬入车内，咬伤了逢丑父。

輴（chūn），载柩车。《礼记·檀弓上》“天子之殡也”郑玄注：“天子殡以輴车，画辕为龙。”后流入民间。《吕氏春秋·节丧》：“世俗之行丧，载之以大輴。”

轩，大夫以上乘坐的车，它有弯曲的独辕，在车轮上和车厢两旁伸出约半尺宽的靠手兼挡泥板。《说文·车部》：“轩，曲辀藩车。从车，干声。”徐锴系传：“轩，大夫以上车也。轓（fān），两旁壁也。”段玉裁注：“《艸部》曰：‘藩者，屏也。’……许于藩车上必云曲辀者，以辀穹曲而上而后得言轩。”其曲辀使轩的前部上翘，使之前高后低。既然是大夫以上的官员才能乘坐的车，那么其外观高大气派便可想而知。《庄子·让王》：“子贡乘大马……轩车不容巷，往见原宪。”子贡曾任鲁国、卫国之相，乘坐大马驾驶的轩车去拜见隐居的同门原宪，然而轩却宽大得无法进入巷子。上古时，使臣出行一般乘坐轩。如汉代扬雄曾写《輶轩使者绝代语释别国方言》，简称《方言》，作者自称为“輶轩使者”。历史上曾出现过一个溺爱鹤的国君卫懿公，他竟然让鹤乘轩。后以“轩中鹤”比喻无功无能而有禄位的人。此典出自《左传·闵公二年》：“冬十二月，狄人伐卫。卫懿公好鹤，鹤有乘轩者。将战，国人受甲者皆曰：‘使鹤，鹤实有禄位，余焉能战！’”昏庸的国君丧失了民心，国将不国。清赵翼《阅〈明史〉有感于流贼事》诗：“师行共指轩中鹤，寇去方追幕上乌。”作者用此典故讽刺无功受禄者。

轺（yáo），《说文·车部》：“小车也。从车，召声。”与“迢”同源。《释名·释车》：“轺，遥也，遥远也。四向远望之车也。”具体来讲，轺是一种从兵车发展而来的轻便小车，车厢四面无帷遮拦。原是立乘，汉代时改为坐乘，车中立有伞盖。具体有两种形式：1. 单马双辕，是一般官员的交通工具。《史记·季布栾布列传》：“朱家迺乘轺车之洛阳，见汝阴侯滕公。”司马贞索隐："谓轻车，一马车也。"轺车在汉代时地位一般，其伞盖或轓的颜色不同，体现等级差别。汉制：二百石以下的低级官吏用"白布盖"，三百石以上用"皂布盖"，六百石至一千石用"朱左轓"，千石以上者用"皂缯盖"，二千石者可"朱其两轓"。魏晋时，轺车受到重视，其形制和色彩也随着主人地位的高低而有所变化。《晋书·舆服志》："汉世贵辎軿而贱轺车，魏晋重轺车而贱辎軿。三品将军以上、尚书令轺车黑耳有后户，仆射但有后户无耳，并阜（同'皂'，涂黑）轮。尚书及四品将军则无后户，漆毂轮。"黑耳，指涂黑漆的轓。后户，指车后部出入的门。2. 二马驾车。《晋书·舆服志》："一马曰轺车，二马曰轺传。"轺传是使者所乘之车。《史记·儒林列传》："于是天子使使束帛加璧安车驷马迎申公，弟子二人乘轺传从。"这里是说汉武帝派使者载着捆为一束的五匹帛和璧，赶着四马驾的可乘坐的小车迎接鲁国大儒申公，其二位弟子乘轺传跟随。

轈（cháo），军中窥敌的瞭望车。《说文·车部》："轈，兵高车加巢以望敌也。从车，巢声。"段玉裁注："此形声包会意。"其具体形制，《通典·攻城战具附巢车》中有详细介绍："以八轮车，上树高竿，竿上安辘轳，以绳挽板屋上竿首，以窥城中。板屋方四尺，高五尺，有十二孔，四面别布。车可进退，围城而行，于营中远视。亦谓之巢车，如鸟之巢，即今之板屋也。"

辇，金文作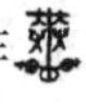，像二人挽车之形。清吴大澂《说文古籀补》："象二人挽车形。"小篆讹变为，《说文·车部》："辇，挽车也。"段玉裁注："辇设辂于车前，用索挽之。"辂是车辕上用来挽车的横木，用绳索连接以牵引。如《诗经·小雅·黍苗》："我任我辇，我车我牛。"这两句描写了役夫劳作的场景：有的肩扛，有的挽辇；有的扶车，有的牵牛。辇也可以推行。《汉书·货殖传》："秦破赵，迁卓氏之蜀，夫妻推辇行。"颜师古注："步车曰辇。"推辇相当于推架子车。

用人力牵引或推动辇前行比畜力拉车稳当舒适，所以，帝王后妃钟爱此法。《战国策·赵策四》："太后曰：'老妇恃辇而行。'"此为赵太后乘辇。三魏曹植《求通亲亲表》："若得……出从华盖，入侍辇毂，承答圣问，拾遗左右：乃臣丹情之至愿不离于梦想者也。"此为曹植上疏魏明帝曹叡的表文，以指皇帝车舆的"辇毂"而代指皇帝。故《通典》六六云："秦以辇为人君之乘，汉因之。”唐慧琳《一切经音义》卷二七引《玉篇》曰：“天子、皇后所乘车曰辇也。”

后来人们去掉辇的轮子，改为人抬着的类似轿子的代步工具，称“步辇”。《赵飞燕外传》：“帝即令舍人吕延福以百宝凤毛步辇迎合德。”赵合德是赵飞燕的妹妹，二人同侍汉成帝，以宠妃的身份乘坐步辇。唐代阎立本《步辇图》的右半部分是在宫女簇拥下坐在步辇中的唐太宗，显示了最高统治者的威严和尊贵。

**图 8－3　《步辇图》（唐 阎立本 绘）**

轿，轿子。义同“鞅（yàng）”。《广雅·释诂三》：“轿，鞅也。”王念孙疏证：“轿之言乔，鞅之言印，皆上举之意也。”从车，表明其为交通工具；从乔，表明其上举之义，乔亦声。《汉书·严助传》：“今发兵行数千里，资衣粮，入越地，舆轿而隃（同‘逾’）岭，拕（同‘拖’）舟而入水，行数百千里。”颜师古注：“服虔曰：‘轿音桥梁，谓隘道舆车也。’臣瓒曰：‘今竹舆车也，江表作竹舆以行，是也。’”“轿”与“桥”相通，皆有高义，便于在山中隘道通行，因以肩扛之，又称“肩舆”。《京本通俗小说·拗相公》：“荆公道：‘要往江宁，欲觅肩舆一乘，或骡或马三匹，即刻便行。’”但《汉语大字典》据《玉篇·车部》“轿，小车”及上引《汉书》例，认为轿指“古代行山用的一种轻便小车”[①]。《汉语大词典》所据为上引《汉书》例及《水浒传》第十九回“小喽啰抬过七乘山轿，七个人都上轿子，一径投南山水寨

---

① 汉语大字典编辑委员会编纂，《汉语大字典》，四川辞书出版社、湖北辞书出版社，1986 年，第 3556 页。

里来”等例，后例已用“抬”显示出轿的移动条件，而释义却显得很含糊：“古代过山用的交通工具”[①]，未突出其手抬肩扛的特点。

牲畜驾驶的轿用“轿车”表示。如明宋应星《天工开物·车》：“其驾牛为轿车者，独盛中州。两傍双轮，中穿一轴。其分寸平如水。横架短衡，列轿其上，人可安坐，脱驾不欹。”此段对轿车形制的描述十分详细，由此可见，轿车出现在轿子之后。

（二）结构

1. 车厢

与车厢构件相关的字有“舆、箱、较（jué，也作“较”）、轐（bú）、輹（fù）、轼、輢（yǐ，也作‘𫐐’）、轛（zhuì）、軨（líng，同‘轜’，亦作‘轵’）、轖（sè，同‘轖’）、畈或轓（fān）、轸（zhěn）、軓（fàn）”等。

舆（輿），车厢。多用来载人。《说文·车部》：“輿，车輿也。从车，舁声。”它是在车辕和车轴相交之处横加方形或长方形的木板，板四周设置围栏，前方安有扶手，后方栏板或围栏中间是车门，供乘车者上下。（图 8－4）东汉王符《潜夫论·相列》：“巧匠因象，各有所授，曲者宜为轮，直者宜为舆。”灵巧的木匠会因材打造车的部件：弯曲的木条做车轮，平直的木板做车厢。孔颖达为《周礼·春官·巾车》作疏时认为大车（牛车）车厢的平面近正方形，但无实物佐证。小车（马车）的车厢大的可容纳三人，文献中的相关材料很多，如《左传·成公二年》中提到齐、晋双方在鞌地的作战马车上的人员配置情况：尊者（君王或主帅）、御者和骖右三人。小者的车厢只能容纳二人，秦始皇陵一号铜车即是。

上车的方式很多，如甲士从车门跳跃而上，即“超乘”。《左传·僖公三十三年》记载秦师东进，准备偷袭郑国，经过周北门时，“超乘者三百乘”，以向周天子致敬。天子登车则要垫乘石。《周礼·夏官·隶仆》：“王行，洗乘石。”郑玄注引郑众曰：“乘石，王所登上车之石也。”贵妇人要垫几。《礼仪·士昏礼》：“妇乘以几。”除此之外，上车时还要抓紧车厢上安置的绳子，

① 罗竹风主编，《汉语大词典》（缩印本），汉语大词典出版社，1997 年，第 5866 页。

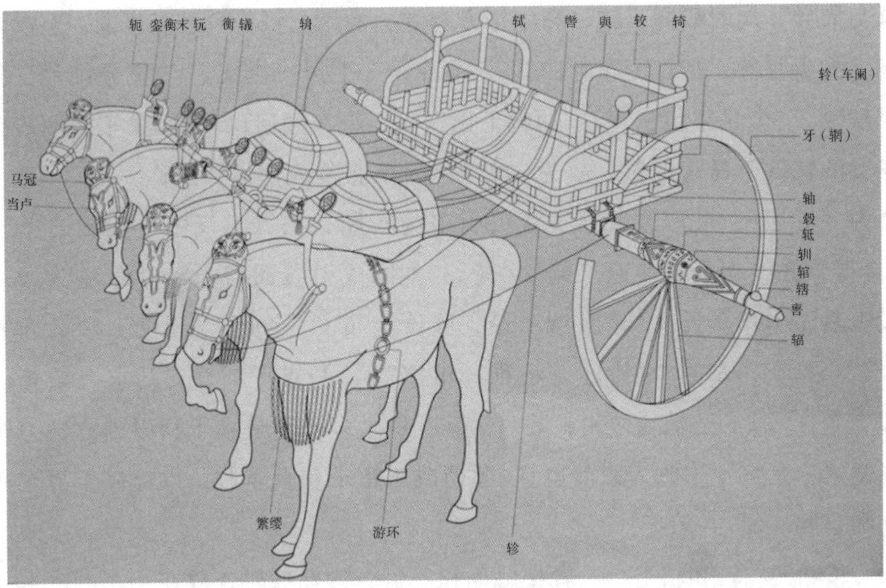


**图 8－4　车马图（局部）**

即绥。绥分正、副，正绥是君王或主人登车所执，副绥是御者（仆）或车右登车所执。正绥要由仆交给主人或君王，此为“仆人之礼”。如《礼记·曲礼上》：“凡仆人之礼，必授人绥。”有时是一方为另一方行仆人之礼，如《仪礼·士昏礼》：婿亲迎而“御妇车，授绥”。假如行仆人之礼者的地位低于乘车者，如士为大夫，大夫为卿等，那么乘车者就接过绥；否则，乘车者要从授绥者的手下方取过绥，以示不敢承受此礼。

箱，牛车的车厢。多用以载物。《说文·竹部》：“箱，大车牝服也。从竹，相声。”牝服，本指大车车厢两旁的横木。《周礼·考工记·车人》：“大车崇三柯，绠（bǐng）寸，牝服二柯有（通‘又’）参分柯之二。”柯本指斧子，因其柄三尺，故引申为三尺。绠指轮辐近轴处的凸出部分。此文讲大车高九尺，绠一寸，车厢两旁的横木长八尺。郑玄注：“牝服长八尺，谓较也。”孙诒让正义：“今以郑义推之，较者，舆两面上横木之称。马车、牛车皆有左右两较，但马车较左右出式而高，牛车较卑，无较式之别，是之谓平较。平较谓之牝服。较高者为牡，则平者为牝矣。”据此可知，较，即牝服，是设于车厢两旁栏板或軨格上的曲木。（图 8－4）从车，交声。也作“較”。《说文·车部》：“較，车輢上曲钩也。”段玉裁注：“盖汉与周异，周时较高于轼，高处正方有隅，故谓之较。较之言角也，至汉及圜之如半月然，故许云车上曲钩。”《诗经·卫风·淇奥》：“宽兮绰兮，猗重较兮。”朱熹集传：“较，两輢上出轼者，谓车两傍也。”因牛车之两较旁安置的轼低于马车的轼，故为“牝”；因车厢负载物体，故称“服”，二者合为“牝服”。牝服或较其实皆可引申为车厢。如《后汉书·舆服志上》：“金薄缪龙，为舆倚（通‘輢’）较。”刘昭注引《通俗文》：“车箱为较。”段玉裁注引郑众云：“牝服谓车箱，服读为负。”缘此，《说文》“大车牝服”当指大车车厢。《诗经·小雅·甫田》：“乃求千斯仓，乃求万斯箱。”郑玄笺：“成王见禾谷之税，委（wèi）积之多，于是求千仓以处之，万车以载之，是言年丰收入逾前也。”此谓成王祈求粮食丰收，以充满千万个粮仓和车厢。

车厢架在轴和辀上，二者接触面积不大，容易脱轴，故在小车的车厢下面安有钩住车轴的两块对称的半圆形垫木，称“轐”，因其形如蹲伏的兔子，故俗称“伏兔”，亦称“钩心木”。《说文·车部》：“轐，车伏兔也。从车，菐声。”与“伏”音同义通。《周礼·考工记序》：“轵（车轴头）崇三尺又三寸，加轸与轐焉，四尺也。”郑玄注引郑司农曰：“轐读为旃仆之仆，谓伏兔也。”贾公彦疏：“云谓伏兔也者，汉时名，今人谓之车屐是也。”孙诒让正义引阮元曰：“轐在舆底而衔于轴上，其居轴上之高，当与辀圜径同。至其两旁则作半规形，与轴相合。而更有二长足，少锲其轴而夹钩之，使轴不转钩，轴后又有革以固之。舆底有轐则不至与轴脱离矣。”“有二长足”的轐状如木屐齿，故又称“车屐”。小车一辕二伏兔，伏兔安在车厢下面的左右两侧。大车有两辕一伏兔，伏兔安在车厢正中处。孙诒让正义：“其伏兔有二，在车厢两旁。此经谓之轐。大车车辕居旁，其伏兔则一，在舆腹正中，当小车设辀之处。”

輹，捆绑伏兔与车轴的绳索。《说文·车部》：“輹，车轴缚也。从车，复声。”段玉裁注：“谓以革若丝之类缠束于轴，以固轴也。缚者，束也。”《周易·大畜》：“舆说（通‘脱’）輹。”陆德明释文：“輹，车下缚也。”《左传·僖公十五年》：“车说其輹。”杜预注：“輹，车下缚也。”孔颖达疏：“以绳缚于轴，因名缚也。”一说同“轐”。《广雅·释器》云：“轐、輹，伏兔也。是轐、輹同为伏兔之名。”又杨伯峻注上引《左传》例曰：“轐与輹异名而同实，俱在舆底轸下，为半规形，与轴同衔，状似伏兔，又与屐齿相类，亦谓之钩心。”①

处在两伏兔之间的部分车辕称“当兔”。《周礼·考工记·辀人》：“十分其辀之长，以其一为之当兔之围。”郑玄注：“辀当伏兔者也。”贾公彦疏：“当兔，谓舆下当横轴之处。”孙诒让正义引戴震曰：“当兔在舆下正中，其两旁置伏兔者。”

轼（軾），“式”的今字。设在车厢前供立乘者凭扶的横木。共有三面，左右两面安在较上方的位置，形如半框。（图8-4）《说文·车部》：“轼，车前也。从车，式声。”说解较简约，故段注：“此当作车舆前也。”轼可凭靠远望。如《左传·庄公十年》：“下视其辙，登轼而望之。”曹刿先下车察看齐军留下的车辙，然后登车扶轼远望齐军是否真正溃逃。《左传·僖公二十八年》：“君冯轼而观之。”城濮之战开战前，楚国主帅子玉派斗勃向晋君约战，意思是让晋君凭轼观看两军交战。

在古代，伏轼表示致敬。《汉书·万石传》：“过宫门阙必下车趋，见路马必轼焉。”颜师古注：“轼谓抚轼，盖为敬也。”宫殿的门阙、为君主驾车的马皆是礼敬的对象。《淮南子·修务训》：“段干木辞禄而处家，魏文侯过其闾而轼之。”高诱传：“轼，伏轼敬有德。”段干木是战国初年魏国的名士，魏文侯经过其住处要伏轼致敬。此事在《吕氏春秋·期贤》中记为：“魏文侯过段干木之闾而轼之，其仆曰：‘君胡为轼？’曰：‘此非段干木之闾欤？段干木盖贤者也，吾安敢不轼？’”后以“轼闾”表示向有德者致敬。同义词有“轼车”，即“轼于车”，出自汉刘向《说苑·善说》：“蘧（qú）伯玉使至楚，逢公子皙濮水之上，子皙捽（zuó，拔）草而待曰：‘敢闻上客将何之？’蘧伯玉为之轼车。”蘧伯玉是春秋时期的卫国大夫，以贤德而闻名。他出使楚国时碰见公子皙，公子皙言行有礼，感动了蘧伯玉，他以伏轼的方式还礼。但《礼记·曲礼上》云“兵车不式”，即乘兵车的人不行轼礼，因为军队崇尚威武，不注重崇敬之礼。

輢，车厢两旁可凭依的木板。（图8-4）也作“輙”。车厢前对着人的栏

---

① 杨伯峻，《春秋左传注》（一）（修订本），中华书局，1990年，第364页。

板称“轛”。《说文·车部》：“輢，车旁也。从车，奇声。”段玉裁注：“谓车两旁，式之后，较之下也。注家谓之輢。按輢者言人所倚也。前者对之，故曰轛，旁者倚之，故曰輢。”可见，二字是根据不同角度或作用来命名的。輢与“倚”同源；“轛”从车，从对（對），对亦声。兵车上的輢（辄）是设置斜插兵器的橐、弢处。《周礼·考工记序》“殳长寻有四尺”郑玄注：“戈、殳、戟、矛，皆插车輢。”辄，《说文·车部》：“车两輢也。从车，耴（yì）声。”段玉裁注：“车必有两輢，如人必有两耳，故从耴。耴，耳垂也。”朱骏声通训定声：“辄，谓车两旁可倚处。”缘此，辄是会意兼形声字，重形象，用隐喻法；輢，为声训之法，重功用。

如果车厢四周无拦板而用軨格，輢就指固定軨格的立柱。（图 8－4）《战国策·赵策三》：“今王憧（zhuàng）憧，乃辇建信以与强秦角逐，臣恐秦折王之椅也。”憧憧，憨愚无知貌。建信，指赵国建信君，是赵王的宠臣，他嫉贤妒能。椅，鲍彪本作“輢”，并注云：“輢，车旁也。”魏公子牟认为赵王心神不定，让建信君乘辇参与作战，与强秦角逐，恐怕秦国士兵会折断赵王车上的輢。

軨，车厢前面和左右两侧横直交结的栏木，呈方格状。（图 8－4）《说文·车部》：“軨，车轖间横木。从车，令声。轜，軨或从需。”段玉裁注：“车轖间横木，谓车輢之直者、衡者也。”战国楚宋玉《九辩》：“倚结軨兮长太息，涕潺湲兮下沾轼。”朱熹集注：“軨，车轼下纵横木也。”因軨是木条纵横交结而成，故称“结軨”，所倚之处当为左軨或右軨。軨的别称为“轵（zhǐ）”，从车，只声。《周礼·考工记·舆人》：“参分较围，去一以为轵围。”郑玄注：“轵，輢之植（直立）者、衡者也。”

轖（轕），在车厢左右两侧的外面以皮革交错结成的障蔽物。《说文·车部》：“车籍交错也。从车，啬声。”“啬”有阻塞不通义（见前“墙”），故亦表意。桂馥义证：“‘籍’当为‘藉（jiè）’，‘错’当为‘革’。”段玉裁注：“交革者，交犹遮也。谓以去毛兽皮鞔（mán，蒙上）其外。凡革鞔谓之轖……鞔之则格空遮蔽，故曰轖。”因为由皮革制成，故其异体为轕。其实，桂馥和段玉裁所释的轖与《说文》有异：前者意在两侧軨上蒙上皮革，可障蔽，可挡风寒；后者认为其是车厢底板上铺设的交叉革带的编织物，相当于皮垫子。藉，本指草垫子。不论是哪种意义，其交结的特点可令人联想，用以比喻心中郁结不畅。东汉枚乘《七发》："邪气袭逆，中若结轖。"李善注："言邪气入内而为逆，其坚若结也。"

与轖作用相当的是"軓"或"轓"。《说文·车部》："軓，车耳反出也。从车，从反，反亦声。"段玉裁注："车耳即較也。其反出者谓之軓。反出谓圜角有邪倚向外者也。"较或較像车厢左右两侧的耳朵，其弯曲之处向外延伸。汉代指在此基础上用竹席或皮革制成、用以遮蔽尘土的屏障。《广雅·释器》："轓谓之軓。"二字声近义同。《古今韵会举要·阮韵》引应劭曰："车轓为軓，以簟为之，或用革，所以为藩屏、翳尘泥也。"可见，"轓"从车，番声；番与藩相通。汉时，轓一般涂朱色，然而是在左面还是左右两面涂色与等级有关。《汉书·景帝纪》："令长吏二千石车朱两轓，千石至六百朱左轓。"

轸，车厢底部边框后面的横木。《说文·车部》："车后横木也。从车，㐱声。"段玉裁注："合舆下三面之材与后横木而正方，故谓之轸。"《周礼·考工记·序》："车轸四尺。"郑玄注："轸，舆后横木。"《汉书·司马相如传下》："是胡越起毂于下而羌夷接轸也，岂不殆哉！"颜师古注："轸，车后横木。"作者在此用比喻的方式描述紧张的局势：南北方的胡人、越人好像从车下起身，东西方的羌人、夷人在后紧追，已碰到我们车厢后面的横木了。后也泛指车厢底部四面的横木，即车厢底部的边框。段玉裁注"轸"："浑言之，四面曰轸。"《六书故·工事三》："轸，四面木匡合成舆者也。"轸是方形，可指车厢。《周礼·考工记·辀人》："轸之方也，以象地也。"贾公彦疏："云'轸之方也，以象地也'者，据舆方而言，不言舆言轸者，轸是舆之本，故举以言之。"也指车子。《国语·晋语四》："若资穷困，亡在长幼，还轸诸侯，可谓穷困。"韦昭注："还轸，犹回车。"

軓，《说文·车部》："车轼前也。从车，凡声。"其实指三物：1. 车厢前掩舆之横板。段玉裁注"軓"："戴先生云：'车旁曰輢，式前曰軓，皆揜（yǎn，遮蔽）舆版也。軓以揜式前，故汉人亦呼曰揜軓。'"（图 8－10）2. 与"轸"相对，指车厢底部边框的前、左、右三面的木板。也作"任正"。《周礼·考工记·辀人》："軓前十尺而策半之。"郑玄注："軓，法也，谓舆下三面之材，輢式之所尌（后作'树'），持车正也。"段玉裁注"轸"："析言之，輢式所尌曰軓，輢后曰轸。”即安置輢和轼之处。《周礼·考工记·辀人》：“凡任木、任正者，十分其辀之长，以其一为之围。”郑玄注：“任正者，谓舆下三面材，持车正者也。”孙诒让正义：“郑珍云：‘车箱（厢）三面之下，即轸之左、右、前三方也。’……黄以周云：‘任正者，任此正也。正谓车正，车正者，舆也。舆形方正，故谓之车正，其前、左、右三面材之尌輢式者，与古文“匚”“正”字同。’”任木，指位于车厢下方起支撑作用的木头。3. 位于舆之前轸下正中、形如半规的围辀之木。清阮元《考工记车制图解·舆解》：“当式下围辀者曰軓。軓之为物，盖在舆之前轸下正中，略如伏兔，为半规形，以围辀身。辀与舆之力，在后轸则有任正以持之，在前轸则有軓以衔之，故左右转戾不致败折。”

2. 车轴和车轮

车厢下的轴与两轮相贯。轴，《说文·车部》：“持轮也。从车，由声。”若具体来说，就是贯穿车轮以持之的柱形长杆。《释名·释车》：“轴，抽也，入毂中可抽出也。”此解从声训的角度揭示“轴”与“抽”的音义关系，当然也包含了轴与轮之间“贯”与“持”的关系。与车轮相关的专字有“轮、辁（quán）、辋（wǎng，輮）、辐（轑，lǎo）”等。

轮（輪），《说文·车部》：“有辐曰轮，无幅曰辁。从车，仑声。”段玉裁注：“轮之言仑也。从仑，仑，理也。三十幅两两相当而不迆（yǐ，斜倚），故曰轮。”轮之声旁“仑”亦表整齐、有顺序之义，如一轮共三十根辐条，它们两两相对，整齐有序，从不偏斜。《周礼·考工记·序》：“凡察车之道，必自载于地者始也，是故察车自轮始。”

辁（輇），亦作“輲”（chuán），用全木制成的没有辐条的小车轮。用于四轮二轴的小车。《礼记·杂记上》“载以輲车入自门”郑玄注：“輲读为辁……许氏《说文解字》曰：‘有辐曰轮，无辐曰辁。’”《周礼·地官·遂师》“蜃车之役”贾公彦疏：“四轮迫地而行即辁车，以二轴而贯四轮，即许氏《说文》云‘无辐曰辁’者也。”辁车用以载柩，同“輴”。《礼记·丧大记》“大夫葬用輴”郑玄注：“辁车，柩车也。”

辁薄而小，故用“辁才（辁材）”比喻小才、浅薄之才。《庄子·外物》：“已而后世辁才讽说之徒，皆惊而相告也。”陈鼓应《庄子今注今译》：“杨树达说：‘段注云：“因以为凡庳（bì，低矮）之称。”辁字义可通。’按‘庳轮’即小轮，故‘辁才’即小才。”

辋（輞），车轮的外框。（图8－4）“罔”的今字。《释名·释车》：“辋，罔也，罔罗周轮之外也。”故从车，从罔，罔亦声。《后汉书·舆服志上》：“猎车……重辋缦轮，缪（liào，缠绕）龙绕之。”重辋，车轮的双重外框。二者相重以便安稳。缦轮，无纹饰的车轮。缪龙，虬龙。此文描述皇帝的猎车有双重外框、无纹饰的车轮，虬龙纹饰绕着车毂。

辋也称“牙（yà）”。此为比喻。《周礼·考工记·轮人》：“毂也者，以为利转也；辐也者，以为直指也；牙也者，以为固抱也。”郑玄注引郑司农曰：“牙……谓轮輮也，世间或谓之罔。”孙诒让正义引阮元曰：“辋非一木，其曲须揉，合抱之处必有牡齿以相交固，为其象牙，故谓之牙。”辋由多个曲木咬合而成，交合处像牙一样。

也作“輮”，《说文·车部》：“车网也。从车，柔声。”段玉裁注：“车网者，轮边围绕如网然。”《广韵·有韵》：“輮，车辋。”东汉王褒《僮约》：“持斧入山，断輮裁辕。”

辐（輻），辐条。《说文·车部》：“辐，轮轑也。从车，畐声。”《诗经·魏风·伐檀》：“坎坎伐辐兮，置之河之侧兮。”亦作“轑”，与表示屋椽的“橑”声同义通。《说文·车部》：“轑……一曰辐也。”段玉裁注：“辐三十凑一毂，亦如椽然，故亦得轑名。”

轑，也指车篷的骨架。《说文·车部》：“轑，盖弓也。”段玉裁注：“轮人为盖，盖弓二十有八，以象恒星也。郑注曰：‘弓者，盖橑也。’盖弓曰轑，亦曰橑。橑者，椽也，形略相似也。”车盖像大遮阳伞，其顶篷呈穹隆状，骨架如伞骨，形曲如弓，故名盖弓。唐徐坚《初学记》卷二五引南朝梁沈约《宋书》：“翠羽盖黄里，所谓黄屋也。金华施轑。”金华，金质的花饰。

车轴穿出车轮之外的构件有“毂（gǔ）、辖、輨（guǎn）、軝（qí）、軎（wèi）”等。

毂（轂），是一截圆形木筒，中间粗两端细，位于车轮的中心，用以插轴；其中部外圈有凿榫眼以纳入车辐的一端。（图8－4）《说文·车部》：“毂，辐所凑也。从车，𣪊声。”轴在毂内随着车轮转动，由于没有滚珠，毂的内壁与轴易摩擦受损，因此为了增加毂轴的润滑度，就在车上安“輠（guǒ）”，一种盛油膏的器皿。“輠脂”就指车上润滑用的脂膏。唐段成式《酉阳杂俎续集·寺塔记上》：“桐至夏有汗，污人衣如輠脂，不可浣。”同时，为了使车轮在运转时稳固地穿在车轴和毂上，就在伸出毂外的轴头上钻孔置辖。辖，车轴两头的金属键，多为铜制，用以挡住车轮，使其不脱落。《说文·车部》：“辖……从车，害声。一曰辖，键也。”《左传·哀公三年》：“校人乘马，巾车脂辖。”校人，马官之长。巾车，以帷幕装饰车子。脂辖，用油脂涂抹辖。

毂和轮需涂漆，一是起保护作用，二是体现等级。王侯显贵之车是朱毂朱轮。故用“朱毂（轮）”代指王侯显贵所乘的车子。汉杨恽《报孙会宗书》：“恽家方隆盛时，乘朱轮者十人。位在列卿，爵为通侯。”李善注：“二千石皆得乘朱轮。”唐于鹄《长安游》诗：“绣帘朱毂逢花住，锦幨（chān，车帷）银珂（kē，白色似玉的美石，用为马勒的饰物）触雨游。”

毂较长，多车靠近或并行时容易交接在一处，故用“接毂”形容车多。《汉书·万章传》：“（万章）与中书令石显相善，亦得（石）显权力，门车常接毂。”毂的长度因车型而不同。大车毂短，小车较长，而兵车的毂最长，故用“畅（长）毂”代指兵车。《诗经·秦风·小戎》：“文茵畅毂，驾我骐馵（zhù，后足呈白色的马）。”毛亨传：“畅毂，长毂也。”孔颖达疏：“畅训为长，言长于大车之毂也。”朱熹集传：“大车之毂一尺有半，兵车之毂长三尺二寸，故兵车曰畅毂。”文茵，车中的虎皮坐褥。

包在车毂头上的里外金属套分别称作“釭（gāng）”和“輨”，用以保护和装饰毂。釭，《说文·金部》：“车毂口铁也。从金，工声。”《方言》卷九：“车釭……自关而西谓之釭。”钱绎笺疏：“釭之言空也。毂口之内，以金嵌之曰釭。”毂口外的金属套“輨”呈管状圆环形或六角形，多为铁质。（图8－4）《说文·车部》：“輨，毂端錔也。从车，官声。”段玉裁注：“毂孔之里，以金里之曰釭；毂孔之外，以金表之曰輨。輨之言管也。”官，声符兼义符。也作“轪（軑，dài）”，是南方方言。《说文·车部》：“轪，车輨也。从车，大声。”桂馥义证：“《方言》：‘关之东西曰輨，南楚曰轪。’”有时指车辖。战国楚屈原《离骚》：“屯（聚集）余车其千乘兮，齐玉轪而并驰。”王逸注：“轪……一云车辖也。”玉轪，以玉装饰的辖。

輨和键分别指车毂端上的铁箍和车辖，故用“輨键”喻事物的枢要、关键。清李慈铭《越缦堂读书记·书目答问》：“桂未谷氏之《说文义证》，为古义荟泽；皆学问之渊海，考据之輨键，稍知学者，宜首从事。”桂未谷氏，桂馥。也作“管辖”，指车子的关键部件。《吴子·论将》：“车坚管辖，舟利橹楫，士习战陈（后作‘阵’），马闲（通‘娴’）驰逐，是谓力机。”意思为战车的轮轴插销要做得坚固，船只的橹、桨要做得适用，士卒要熟习战阵，马匹要娴熟地驾驭驰骋，这就是充实力量的关键。后喻指重要的地位、枢要之所在。晋孙绰《为功曹参军驳事笺》：“纲纪居管辖之任，以紏司外内，驳议弹射，诚无所拘，然亦有所以献可替否，举直违枉者也。”纲纪，公府及州郡主簿。此处是说纲纪地位重要，管理内外事物，辩驳指摘，没有拘束，献上可行的计策，停止不当的谋划，举荐正直的人，远离邪僻的人。

軧，或从革。长毂两端用朱漆皮革装饰的部分。（图8－4）《说文·车部》：“軧，长毂之軧也。以朱约之。从车，氏声。”《诗经·小雅·采芑》：“方叔率止，约軧错衡，八鸾玱（qiāng）玱。”毛亨传：“軧，长毂之軧也，朱而约之。”孔颖达疏：“言‘朱而约之’，谓以朱色缠束车毂以为饰。”八鸾：铃在镳上叫鸾。一马口上有两鸾，四马八鸾。玱玱：玉声。此诗赞美周宣王卿士方叔率军出征的盛况：以朱漆皮革缠束兵车之毂，车辕前端的横木雕有花纹，八鸾玱玱作声。

为增强轮辐的载重力，在车轮外捆绑两条夹毂的直木，此木称“辅”，可装可卸。《诗经·小雅·正月》：“其车既载，乃弃尔辅……无弃尔辅，员（yún，加固）于尔辐。”孔颖达疏：“此云‘乃弃尔辅’，则辅是可解脱之物，盖如今人缚杖于辐，以防辅事也。”成语“辅车相依”出自《左传·僖公五年》：“谚所谓‘辅车相依，唇亡齿寒’者，其虞、虢之谓也。”关于辅、车，有两说：1. 用本义。《吕氏春秋·权勋》：“宫之奇谏曰：‘不可许也。虞之与虢也，若车之有辅也，车依辅，辅亦依车，虞虢之势是也。’”陈奇猷校释：“案明周祈《名义》云：‘辅乃车两旁木，所以夹车者……’此说甚是。”2. 引申义，面颊和牙床骨。杜预注此文：“辅，颊辅；车，牙车。”孔颖达疏：“牙车，牙下骨之名。”两相比较，各有其理，虽然具体所指不同，但喻义一致。

軎，金文作，中间像车厢，上下是两轮，两端横线是辖。小篆简化为，不但少了一个轮子，而且没了辖。《说文·车部》：“軎，车轴耑（后作‘端’）也。从车，象形。……轊，軎或从彗。”对照字形，当与辖和轴头有关，具体应指轴头的金属套筒，多以青铜或铁制成，用以阻毂外脱并保护轴头。（图8－4）在插辖处有孔，辖端也有一孔，以贯穿皮条绑定軎，防止脱落。“商代的軎都是铜制直筒形长軎，其长14厘米以上。内端（近毂端）粗，径插入毂内；外端较细、有底，上或有纹饰，套于车轴顶端。”[1]

3. 辀辕

辀（輈），小车的独辕，如田车、兵车、乘（shèng）车[2]上的辕皆称辀。（图8－5）《说文·车部》：“辀，辕也。从车，舟声。”朱骏声通训定声：“小车居中一木曲而上者谓之辀，故亦曰轩辕，谓其穹隆而高也。”《说文》以“辕”释“辀”是浑言。辀与轴相连，卸下则无法运行。如《左传·隐公十一年》：“公孙阏（yān）与颍考叔争车，颍考叔挟辀以走。”杜预注：“辀，车辕也。”此处讲郑庄公将要攻打许国，在太庙发放武器时，公孙阏与颍考叔争车，颍考叔挟辀就跑。独辕车至西汉后期衰落。

**图8－5　独辀小车**

至今能见到的我国最早的车的形象和实物均属商代晚期。在河南安阳殷墟先后发现了十八辆车，皆为独辀车，辐条多为18根，车厢平面为长方形，面积较小，一般为0.8米×1.3米，通常可立乘二或三人。衡多为长一米左右的直木棒，其两侧各缚一人字形轭，用以架马。从商代车马坑中大都埋一车

① 黄金贵，《古代汉语文化百科词典》，上海辞书出版社，2016年，第734页。
② 乘车：安车，即可以坐乘的小车。

两马来看，商代的车多为两马驾辕，至商末周初始见四马驾车。西周至春秋战国时期，是我国古代独辀车发展的鼎盛时期。[①]

辕（轅），普通大车、行于山地的大车[②]、羊车皆用双辕，为直木，左右各一。（图8－6）《说文·车部》："辕，辀也。从车，袁声。"此互训之法忽略了二者的差别。故段玉裁注："《考工记》：'辀人为辀'，'车人为大车之辕'，是辀与辕别也。"朱骏声通训定声："大车、柏车、羊车皆左右两木，曰辕。其形直，一牛在辕间。田车、兵车、乘车，皆居中一木穹隆而上，曰辀。其形曲，两马在辀旁。辕与辀对文则别，散文则通。"

**图8－6　双辕大车**

战国时已有双辕大车，汉代逐渐兴盛，魏晋时成为风尚。《晋书·舆服志》："古之贵者不乘牛车，汉武帝推恩之末，诸侯寡弱，贫者至乘牛车，其后稍见贵之。灵、献以来，天子至士，遂以为常乘。"从中可以看出，在西汉初年，牛车尚未流行，多为贫者所乘。《史记·游侠列传》："（朱家）家无余财，衣不完采，食不重味，乘不过軥（qú，车轭两边下伸反曲夹贴马颈的部分。详见下）牛。"《汉书·朱家传》："乘不过軥牛。"王先谦补注引沈钦韩曰："据此时贱牛车，而朱家所乘，并是挽軥之小牛，言其贫薄。"后因乘坐马车的礼仪繁缛，如"乘车之容""立车之容"等条规限制了人们自由出行，于是他们开始把喜好转向牛车。牛车行走缓慢而平稳，且车厢宽敞高大，如稍加改装，在车厢上装棚施幔，车厢内铺席设几，便可任意坐卧，这对于养尊处优、肆意游荡的士族大姓是最合适不过的了。所以，魏晋以降，牛车逐渐得到门阀士族的青睐，乘坐牛车不仅不再是低贱的事，而且已成为一种时髦的风尚了。特别是在东晋时期南渡以后，江左牛多马少，牛车自然流行。[③]

汉代的小车也大都改进成双辕。因马的项背高，而车厢低，故车辕长而

① 见 http：//www. yinews. cn/article/490050. shtm。

② 即柏车。柏，通"伯"，大义。

③ 见 http：//www. yinews. cn/article/490050. shtm。

上曲，上轭是半弧形，驾在马的项背上。（图8-7）

图8-7　双辕小车

4. 衡轭

车套在牛马身上才能运行。“驾”就是专门表示此义的字，《说文·马部》：“驾，马在轭中。从马，加声。”其实，“加”也表意。石鼓文作。驾车需要连接车辕和马具，这就是衡、轭、軥、輗（ní）、軏（yuè）、轙（yǐ）。

衡，本指绑在牛角上以防触人的横木。《说文·角部》：“衡，牛触，横大木其角。”金文作，从角，从木，行声。引申指车辕前端的横木。（图8-6）《释名·释车》：“衡，横也。横马颈上也。”《诗经·小雅·采芑》：“方叔率止，约軝错衡，八鸾玱玱。”毛亨传：“错衡，文衡也。”文衡，车辕前端雕花的横木。

轭（軛，同“軶”），分牛轭和马轭两种。前者是夹在两辕之间并且中有一半呈弧状的横木间（图8-8）；后者是驾在服马后项上的两个人字形器具（图8-9）。《说文·车部》：“軶，辕前也。从车，戹声。”段玉裁注：“辕前者谓衡也。自其横言之谓之衡，自其扼制牛马言之谓之轭。”《玉篇·车部》：“軶，……亦作轭。”其金文作，像车轭形，林义光《文源》：“戹，……实即軶之古文。”[①]容庚《金文编》：“戹象车戹形，《录伯簋》：‘金戹画轉（bó，车下绳索）。’即《诗·韩奕》之‘鞗（tiáo）革（鞗革：马络头的下垂装饰）金厄。’”[②]故“戹”是古字，同“厄”，今字“轭（軶）”从车，从戹（厄），戹（厄）亦声。据此可知，牛轭和衡实为一物，这与牛项上有凸起的峰有关；而马项无峰，不能直接承衡，只好搭建人字形的轭以驾至其脖颈上。故《说文》用“辕前”训“轭”并非全错，段注混淆了两种轭。清阮元《车制图解下》说得明白：“衡与车广等，长六尺六寸是也，两旁下有曲木。又马

---

① 转引自汉语大字典编辑委员会编纂的《汉语大字典》，四川辞书出版社、湖北辞书出版社，1986年，第2257页。

② 同上。

头谓之軛，衡軛木二物。”此处用“軛”专指马軛。

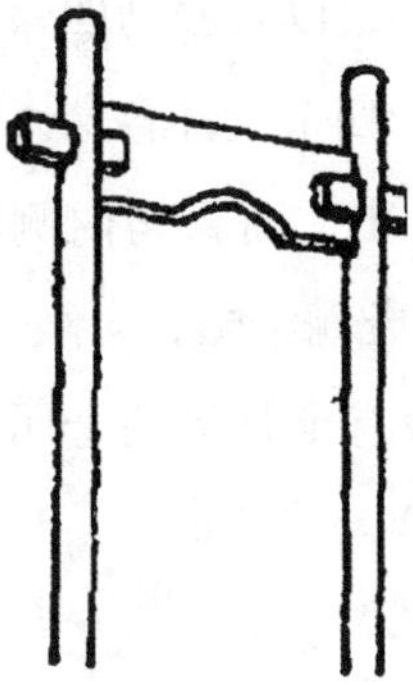

图8-8　牛軛[①]

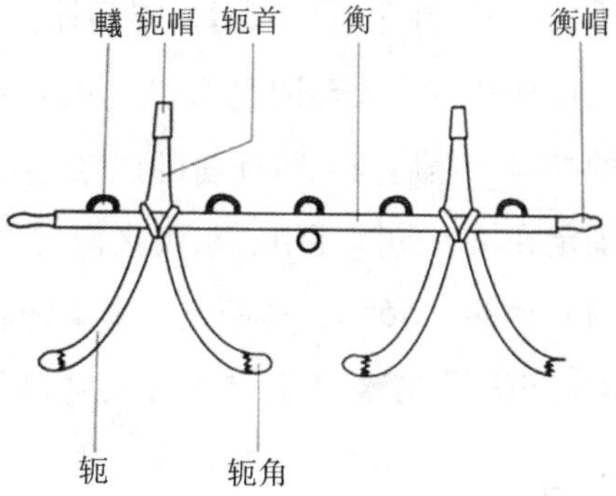


图8-9　马軛图[②]

軥，车軛两边向外反曲夹贴马项、用以牵引革带固定軛的部分。（图8-9）《说文·车部》：“軥，軶下曲者。从车，句声。”清朱骏声《说文通训定声》：“軶下为两坳以叉服马之颈者。”《左传·襄公十四年》：“射两軥而还。”杜预注：“軥，车軛卷者。”如图所示，軥实为圆木，其顶端削平插入軛角，以楔固定，末端向外揉成上翘的曲钩。故“軥”的声符有曲义，亦从句。軥可代指軛。如“軥牛”指挽軛的小牛。上引《汉书·朱家传》：“乘不过軥牛。”王先谦补注引沈钦韩曰：“据此时贱牛车，而朱家所乘，并是挽軥之小牛，言其贫薄。”此“挽軥”，即挽軛。

大车的衡和辕、小车的辀和軛的交接处安有活的插销，它们是半尺长的木橛，前者为輗，后者称軏（同“転”）。《说文·车部》：“輗，大车辕耑持衡者。从车，兒声。”段玉裁注：“辕与衡相接之关键也。”又“転，小车辕耑持衡者。从车，元声。”《集韵·月韵》：“転，或从兀。”《论语·为政》：“大车无輗，小车无軏，其何以行之哉?”因二者皆为关键，故用“軏輗”代称车子。宋沈辽《赠王伯虎》诗：“所向适殊涂，静得问軏輗。”

驾马还需用缰绳连接车衡，车衡上贯穿缰绳的左右对称的四个大环称“轙”。《说文·车部》：“轙，车衡载辔者。从车，义（義）声。”段玉裁注：

---

① 汉语大字典编辑委员会编纂，《汉语大字典》，四川辞书出版社、湖北辞书出版社，1986年，第3525页。

② 见 http：//360. mafengwo. cn/travels/info. php? id =3515108。

“四马八辔，除骖马内辔（即‘軜’，见下）纳于轼前之觼（jué，轼上以系辔的有舌的环），在手者惟六辔。骖马外辔，复有游环，以与服马四辔同入轭上大环，以便总持。大环谓之轙。”（图 8－9）意思为四个大环各穿入中间两匹服马的缰绳，然后与二骖外面的两条缰绳并握于手中，而骖马内侧的两条缰绳则固定在轼上的圆环中。东汉张衡《东京赋》：“龙辀华轙，金鋄（wàn，马首饰物）镂鍚（yáng，马额上的皮革饰物。其上缀有半月形的金属，马走动时振动有声）。”李善注引《尔雅》：“载辔谓之轙。”

## 二、马具

马具指装备马匹的用具，如辔、軜、缰（韁）、鞿（jī）、勒、衔、镳、韅（xiǎn）、靳、靷（yǐn）、鞅、靽（bàn）、策、鞍、镫等。

辔，甲骨文作，金文作，像驾驭马的缰绳。字形以车为衬体，三个绳子的符号表示多根缰绳。《诗经·邶风·简兮》：“有力如虎，执辔如组。”朱熹集传：“辔，今之缰也。”辔用以控制马的行进方向和速度，其与马的配置是：一马二辔，三马五辔，四马六辔。骖马内侧的辔称“軜”，《说文·车部》：“骖马内辔系轼前者。从车，内声。”段玉裁注：“軜之言内，谓内辔也。”故“内”亦表意。《诗经·秦风·小戎》：“龙盾之合，鋈以觼軜。”毛亨传：“龙盾，画龙其盾也。軜，骖内辔也。”郑玄笺：“軜之觼以白金为饰也。軜系于轼前。”朱熹集传：“消沃白金以为饰也。”消沃白金，镀金。

缰（繮，同“韁”），义同“辔”，汉时出现。《说文·糸部》：“缰，马绁也。从糸，畺声。”东汉班固《白虎通义·诛伐》：“秦伯将袭郑，入国掩人不备，行不假途，人衔枚（形如筷子，两端有带，系于颈上），马缰勒，昼伏夜行为袭也。”衔枚，横衔枚于口中，以防喧哗。亦作“韁”，从革，畺声。《汉书·叙传上》：“今吾子已贯仁谊之羁绊，系名声之韁锁。”颜师古注：“韁，如马韁也。”结合二字的形符可知缰绳是皮绳。另外，声符“畺”亦表意，是“疆”的古字。《释名·释车》：“韁，疆也，系之使不得出疆限也。”二字声同义通，含有缰绳控制马匹于车前范围之意义。

口中的缰绳称“鞿”。俗称“马嚼子”。《玉篇·革部》：“鞿，韁在口。”战国楚屈原《离骚》：“余虽好修姱（kuā，美好）以鞿羁兮。”王逸注：“鞿羁，以马自喻，在口曰鞿，革络头曰羁，言为人所系累也。”

勒，套在马头上带有嚼子的皮制笼头。（图 8－10）《说文·革部》：“勒，马头络衔也。从革，力声。”段玉裁注：“此云络衔者，谓落其头而衔其口，可控制也。”它是马笼头和嚼口（衔和镳）的合体。《后汉书·乌桓鲜卑传》：“男子能作弓矢、鞍勒。”李贤注：“勒，马衔也。”“勒”与“络”声同义通。《释名·释车》：“勒，络也。络其头而引之也。”《仪礼·既夕礼》：“缨辔贝勒。”郑玄注：“贝勒，贝饰勒。”辔的一端系在马口勒衔之环上，故辔、勒常连用。《大戴礼记·盛德》：“不能御民者，弃其德法，譬犹御马，弃辔勒而专以筴（同‘策’，驱赶役畜的鞭棒）御马，马必伤，车必败。”

**图 8－10　秦始皇陵一号铜车马示意图**[1]

羁（羇），没有嚼子的皮制笼头。笼头如网，故小篆作，《说文·网部》：“马络头也。从网，从䩻。䩻，马绊也。”段玉裁注：“既绊其足，又网

① 见 http：//www. photofans. cn/album/showpic. php？ picid = 1131595&year = 2010，图中有关车厢、车轮的部分说明有误，应以前文论述为准。

其头。今字作羈，俗作羇。”徐灏笺：“縶绊之义，从马而冂其足。隶不便于书而变为馽；羈则省而为马也，盖既络其头，亦不必更冂其足矣。”段注和徐笺解析了小篆字形及其今字和俗字的由来。羈，从网、革、马；羇，从网、革，奇声。上引《离骚》“余虽好修姱以鞿羈兮”王逸注：“革络头曰羈。”陕西省西安市长安区张家坡二号车马坑二号车的骖马头部带有皮条编制的饰贝笼头，马口无嚼子。

衔（銜），横在马口内的马嚼子，是青铜制或铁制的小棒。（图 8－10）《说文·金部》：“銜，马勒口中。从金，从行。銜，行马者也。”段玉裁注：“銜以铁为之，故其字从金……凡马提控其銜以制其行止，此释从行之意。”《庄子·马蹄》：“诡衔、窃辔。”成玄英疏：“诡衔，乃吐出其勒。”陆德明释文：“衔，口中勒也。”

镳（鑣），位于马口外两旁的马嚼子，与衔合用，材质有青铜、铁，圆形或方形，中央有孔；或用骨、角，多为长形。（图 8－10）《说文·金部》：“鑣，马銜也。从金，麃声。”字或从角。王筠释例：“案：上文‘銜’，马勒口中也；《革部》勒，马头络衔也。然则勒以革为之，所以系镳，镳与衔皆以金为之，镳在口旁，衔在口中，三物一体，故通其名，而所在不可不别也。”由此可明勒、衔、镳合为一套马笼头。《诗经·秦风·驷驖》：“輶车鸾镳，载猃歇骄。”朱熹集传：“镳，马衔也。”

成语“分道扬镳”出自《魏书·拓跋志传》：“洛阳我之丰沛，自应分路扬镳。自今以后，可分路而行。”扬镳，提起马嚼子，指驱马，本义表示分路而行。比喻目标不同，各走各的路。

鞅，马颈上的皮套圈。《说文·革部》：“鞅，颈靼（dá，柔软的皮革）也。从革，央声。”（图 8－10）其实，“鞅”与“婴（颈饰）”声同义通。《释名·释车》：“鞅，婴也。喉下称婴。言缨络之也。”《左传·僖公二十八年》：“晋车七百乘，韅、靷、鞅、靽。”古代驾战车入敌营挑战时，御者要下车整理马脖子上的皮带，以示御术高超，从容有余，此谓“掉鞅”。《左传·宣公十二年》：“吾闻致师者，左射以菆（zōu，好箭），代御执辔，御下，两马，掉鞅而还。”杜预注：“掉，正也；示闲暇。”“正”就是整理的意思。此例的意思为：我听说单车挑战，车左用利箭射敌，代替御者握持缰绳，御者下车，排齐马匹，整理好马脖子上的皮套圈，然后回车。

靳，服马当胸的皮套圈。图 8 - 10 所示靳在骖马，有误。《说文·革部》："靳，当膺也。从革，斤声。"夹辕两马的代称。《左传·定公九年》："吾从子，如骖之靳。"杜预注："靳，车中马也。猛不敢与书争，言己从书如骖马之随靳也。"孔颖达疏："古人车驾四马：夹辕二马谓之服，两首齐；其外二马谓之骖，首差退。《说文》云：'靳，当膺也。'则靳是当胸之皮也，骖马之首，当服马之胸，胸上有靳。"两骖之首在服马靳处，落后于服，故齐将王猛用"如骖之靳"比喻自己像骖马跟随服马一样在东郭书之后登晋城。后以"骖靳"比喻前后相随。清李慈铭《越缦堂读书记·大云山房集》："（恽子居）其文其学，殆与姚姬传并时骖靳。"此处是说恽子居的文章与学问和姚姬传前后相随。

韅，《说文·革部》作上顯下革结构："著掖（通'腋'）鞥（ēng，马缰绳）也。从革，显声。"指系在马腋、马腹下部分的皮圈。《释名·释车》："韅，经也。横经其腹下也。"《史记·礼书》："寝兕持虎，鲛韅弥龙，所以养威也。"裴骃集解引徐广曰："韅者，当马腋之革。"

靷，古今释义含糊混乱。《说文·革部》："靷，引轴也。从革，引声。"若据此，"引"亦表意。但怎样引轴，皮绳的顶端系在何处，未说明。《左传·哀公二年》："邮良曰：'我两靷将绝，吾能止之。'"孔颖达疏："古之驾四马者，服马夹辕，其颈负轭，两骖在旁，挽靷助之。"孔疏似乎明确了靷与骖有关，但以"挽"表示靷与车轴无关，而是手执。且左右两骖各有内侧、外侧的辔，靷指哪个呢？《诗经·秦风·小戎》："游环胁驱"毛亨传："游环，靷环也。游在背上，所以御出也。"胁驱，上系于衡、后系于轸的一根皮条，以限制骖马内入，当在衡中间，所以，游环也应处于衡所在的位置，其作用是控制骖马，防止其脱离。郑玄认为它"贯骖之外辔以禁其出"。缘此可知服马背上有皮环，《汉语大词典》据此将其解释为："古代马车驾具的一部分。用皮革制造，滑动在四驾马车当中的两匹马的背上，中穿旁边两匹骖马的缰绳，其作用是防止骖马外逸。"并引清凤韶《凤氏经说·车前马》为证："皮为环，当服马背上，骖马外辔，贯环而执之，游移前却，制骖马不外出曰游环。”[1]据此可知，靷当是御者手中所执的骖马外辔，但是《汉语大词典》注释“靷”时却说：“引车前行的皮带。骖马的外辔穿过服马的游环，系于车轴，以引车前进。”[2]《汉语大字典》也是如此解释。[3]两处皆将御者所执变为“系于车轴”，自相矛盾。不但如此，外辔怎么能先贯穿服马背上的游环再向下延伸到车轴呢，这岂不是很费事？另有一说认为“靷”是“引车前行的皮带，其前端系在骖马颈部的皮套上，后端系于车轴，引车前进”[4]，此释忽略了游环和辔的内外。纷纭之说主要集中在：第一，靷在轴上还是在御者手中；第二，骖马的外辔是否穿过服马的游环。

第一，靷若在御者手中，则是骖马外辔，无需穿过游环，故《说文》“引轴”之说可靠；第二，既“引轴”，又穿游环，那只能是在内辔之外又引一皮带（即“靷”）：内辔一头系在骖马内侧的镳孔，另一头系在轼上之軜；而靷则一头系于骖马颈部内侧的皮带（即“鞅”），穿过游环，向后延伸，系于车轴。因为服马在骖马前，骖马头与服马靳齐平，如此，其鞅处与游环基本平行，故骖马通过靷与服马相连，服在前迈步就带动了骖紧随其后，车轴也牵拉向前运行。成语“冯轼结靷”出自《史记·孟尝君列传》：“冯驩（同‘谖’）乃西说秦王曰：‘天下之游士冯轼结靷西入秦者，无不欲强秦而弱齐。’”意思是驾车奔走。其中靷需要“结”，则反映出其两头系结的特点。由此可见，外辔、内辔皆与靷无关，其各有分工。澄清此问题，许多车马示意图就不会张冠李戴了。如图8－10将“靷环”放在辀下，靷作“服马靷”，似与骖马无关。

羁和鞅、靷皆是套马的皮圈或皮带，两两联合可引申指车马的装备物。如清恽敬《与庄大久书》：“子振将车，如失落车辙中，大兄必洗其泥淖，整其羁鞅，方可就道。”唐韩愈《赠崔立之评事》诗：“子时专场夸觜距，余始张军严羁靷。”觜距，禽鸟的嘴和爪甲。喻指决胜的武力。

---

① 罗竹风主编，《汉语大词典》（缩印本），汉语大词典出版社，1997年，第3374页。
② 同上注，第7196页。
③ 汉语大字典编辑委员会编纂，《汉语大字典》，四川辞书出版社、湖北辞书出版社，1986年，第4329页。
④ 向熹编著，《诗经词典》（修订版），四川人民出版社，1997年第2版，第811页。

靽（绊），绊马索。《释名·释车》：“靽，半也。拘使半行，不得自纵也。”故字从革，从半，半亦声。《左传·僖公二十八年》：“晋车七百乘，韅、靷、鞅、靽。”刘文祺《左传旧注疏证》：“王念孙云：‘《说文》有绊无靽。绊，𫘝（同“馽、縶”）也。’案，王说是也。《释文》：‘靽，一云縶也。’”𫘝（馽、縶），本义绊住马足。小篆馽作，象形。引申指绊马索。如《左传·成公二年》：“韩厥执縶马前。”字亦作“绊”。《说文·糸部》：“绊，马縶也。从糸，半声。”

羁是网住马头的，绊是牵制马足的，二字相连则表示束缚、牵制。《汉书·叙传上》：“今吾子已贯仁谊之羁绊，系名声之缰锁。”

策，马鞭。《说文·竹部》：“马箠（chuí）也。从竹，朿声。”竹制，长五尺。《周礼·考工记·辀人》：“（辀）軓前十尺而策半之。”郑玄注：“策，御者之策也。”也作“长策”。汉贾谊《过秦论上》：“及至始皇，奋六世之余烈，振长策而御宇内。”若长度不及五尺，则称短策。《左传·襄公十七年》：“左师为己短策，苟过华臣之门必骋。”此例讲的是春秋时宋国大臣华臣杀害同宗，合左师向戌厌恶之，私下自制短的马鞭，在路过华臣门口时暗助御者赶马。但策无论长短，都碰不到马腹。“鞭长不及马腹”出自《左传·宣公十五年》：“古人有言曰：‘虽鞭之长，不及马腹。’”杜预注：“言非所击。”后比喻力所不能及。宋李之仪《雷塘行》：“鞭长不能及马腹，有限生涯时苦促。”

鞍（鞌），马鞍，放在牲口背上驮运东西或供人乘坐。多用皮革、木头或棉垫制成。从革，从安，安亦声。《管子·山国轨》：“被鞍之马千乘，齐之战车之具，具于此，无求于民。”鞍的发明者应是古匈奴人。他们善于骑马，为了舒适、稳当、安全地坐在马背上，就在马背上垫一块低平的松软之物。战国时赵武灵王胡服骑射，引进这种马鞍。一直到秦和西汉时，都保持着此种形制如垫子的马鞍。如秦始皇兵马俑坑和咸阳杨家湾西汉墓出土的陶战马。为了防止骑马者坠下，就在鞍的前后增设鞍桥，前高后低。三国时，在《魏百官名》一书中出现了“高桥鞍”一词。我国最早发现的高桥马鞍实物出现在东汉末年雷台汉墓出土的骑俑和鞍马彩绘木雕上。盛唐时期，马鞍更加完善，唐三彩、《贵妃上马图》中都描绘了前后高翘的马鞍和马镫。（图8-11）

图 8－11 《贵妃上马图》(局部)

马鞍虽然使骑者安于马背，但后鞍桥高于前鞍桥的形制导致上马很困难。于是，人们又发明了上马用的单马镫。甘肃武威南滩魏晋墓出土了一只单马镫。后在长沙金盆岭 21 号墓（西晋永宁二年，302 年）出土了单镫陶俑。单镫悬于马鞍左前侧，系绳较短，上马后镫就甩开不用了。单镫的作用有限，上马后的稳定需要双镫来实现。在晚于长沙金盆岭西晋墓 20 年（东晋永昌元年，322 年）的南京象山东晋琅邪王氏（王导、王羲之一族）墓葬群 7 号墓中出土了一件装备双镫的陶马。后又在辽宁北票西官营子出土了十六国时期（415 年）北燕冯素弗墓的三角形鎏金铜裹木质双马镫。[①]文献里较早出现表示马鞍两旁脚踏的“镫”字是《世说新语・规箴》中的“谢中郎在寿春败，临奔走，犹求玉帖镫。”玉帖镫，用玉装饰的马镫。据字形可知，人需伸一足登上脚踏方能起身上马，故“登”亦表意。但此“镫”与《说文・金部》中盛放熟食的器皿的“镫”无关。[②]应属同形字。

我国马镫的发明比欧洲早两个多世纪。公元六世纪，在匈牙利阿瓦尔人[③]

① 孙机，《中国古代物质文化》，中华书局，2014 年，第 191 ～ 192 页。

②《说文》：“镫，锭也。”锭，进熟食的有足蒸器。

③ 蒙古高原的柔然人后代。

的墓葬中发现了镫。在今伊朗地区，马镫直至萨曼王朝（十世纪）时才传入，当地人称其为“中国鞋”。

有了鞍和镫，骑马更舒适，出行、骑射更便捷。

## 三、驾车用马

上古时，马主要用于驾车，而不是骑乘。《说文·马部》：“驾，马在轭中。从马，加声。”段玉裁注：“驾之言以车加于马也。”此注更加明确了声符“加”亦表意。故《论语·雍也》“乘肥马，衣轻裘”中的“乘”指乘坐马车。《周易·系辞下》：“服牛乘马，引重致远。”其中“乘马”指驾马。

驾马最少有单匹，如汉代双辕单马小车；最多有六匹马并驾，如《荀子·议兵》：“六马不和，则造父不能以致远。”古礼，“天子驾六”。如《逸礼·王度记》：“天子驾六，诸侯驾五，卿驾四，大夫三，士二，庶人一。”天子车驾六马的仪仗队规模具体有三种形式：大驾、法驾和小驾。东汉蔡邕《独断》：“天子出，车驾次第谓之卤簿，有大驾，有小驾，有法驾。大驾则公卿奉引，大将军参乘，太仆御，属车八十一乘，备千乘万骑。”卤簿，仪仗队。大驾的规模不仅体现在服务者级别甚高：公卿在前牵引驾马，大将军做车右，太仆驱车，而且体现在附属车辆和随从甚众。因大驾是天子最高级的车马仪仗队，故引申为敬称。清吴趼人《二十年目睹之怪现状》第一〇八回：“久违了。大驾几时到的？”法驾等级略降。《史记·吕太后本纪》：“乃奉天子法驾，迎代王（即文帝）于邸。”裴骃集解引蔡邕曰：“天子有大驾、小驾、法驾。法驾上所乘，曰金根车，驾六马，有五时副车，皆驾四马，侍中参乘，属车三十六乘。”五时副车，指五色安车、五色立车各一。小驾再减损部分车马仪仗。多用在祠宗庙或行凶礼时。《后汉书·舆服志上》：“行祠天郊以法驾。祠地、明堂省什三（十分之三），祠宗庙尤省，谓之小驾。”2002年，河南洛阳周王城广场出土了“天子驾六”车马坑，印证了古之天子驾六马的乘舆制度。不过，春秋末，周室衰微，礼崩乐坏，诸侯僭越之风盛行，湖北荆州熊家冢遗址出土了楚王的车马阵，其中有一辆六马驾车。但此举非礼，会受到指责。《晏子春秋·内篇杂上》写齐景公“被发，乘六马，御妇人，以出正闺”，大臣刖跪“击其马而反（后作‘返’）之，曰：‘尔非吾君也。’”景公无颜上朝。六马驾车是天子身份的象征，而史传周穆王驾八匹骏马所拉之车西行拜见西王母，如《列子·周穆王》：“（王）命驾八骏之乘。”这八匹马分别叫赤骥、盗骊、白义、逾轮、山子、渠黄、华骝、騄駬（lù ěr）。甘肃省天水市麦积山石窟第127窟顶部壁画（北魏）以从左向右的长卷方式描绘了穆天子驾八骏西游的故事。六马、八马驾车并非实用，只不过是封建等级制度所规定的气派礼仪罢了。《晏子春秋·内篇谏上》记载了一则故事：翟王子羡为齐景公表演一车驾十六马，晏子反对，说：“夫驾八，固非制也，今又重此，其为非制也，不滋甚乎！且君苟美乐之，国必众为之，田猎则不便，道行致远则不可，然而用马数倍，此非御下之道也。”

一马驾车势单力薄，六马、八马驾车华而不实，所以，常见的是二马、三马、四马并驾，相关的字有“骈、骖、驷、騑”等。

骈（駢），两马并驾独辕车。《说文·马部》：“骈，驾二马也。从马，并声。”“并”亦表意。三国魏嵇康《琴赋》：“双美并进，骈驰翼驱。”骈有二马并行合驾之义，故“骈胁”表示肋骨紧密连为一体的畸形生理现象。《左传·僖公二十三年》：“（重耳）及曹，曹共公闻其骈胁，欲观其裸。浴，薄而观之。”杜预注：“骈胁，合干。”干，胁。汉魏时兴起了一种讲究对仗的偶句文体，多用四言或六言的句子对偶排比，称“骈文”或“骈四俪六”，与散文相对。唐柳宗元《乞巧文》：“骈四俪六，锦心绣口。”指用骈体写成的文章，别于散文而言。

骖（驂），三匹马并驾独辕车。《说文·马部》：“骖，驾三马也。从马，参声。”“参”有“三”义，如《左传·隐公元年》：“先王之制，大都不过参国之一。”这是说大城市城墙的规模不超过国都城墙的三分之一。故“参”亦表意。《诗经·小雅·采菽》：“载骖载驷，君子所届。”意思为乘坐着三马、四马驾的车，诸侯已来到。

驷（駟），四马驾的车。亦作“乘”。《说文·马部》：“驷，一乘也。从马，四声。”段玉裁注：“四马为一乘。”故字亦从四。《孙子兵法·作战》：“凡用兵之法，驰车千驷，革车千乘，带甲十万。”“驷”与“乘”相对，意义相同。也指驾车的四马。《诗经·郑风·清人》：“清人在彭，驷介旁旁。”郑玄笺：“驷，四马也。”此诗句的意思是清邑的军队驻守在彭地，驷马披甲，强壮有力。

驾车的四匹马由中间驾辀的两匹服马及其外侧的骖马组成。《诗风·郑风·大叔于田》:“执辔如组，两骖如舞。”郑玄笺:“在旁曰骖。”意思是四匹马的缰绳并入手中，如绶带或织带时的经线；两边的骖马同服马协调一致，像在舞蹈一样整齐。《荀子·哀公》:“两骖列，两服入厩。”杨倞注:“两服，马在中；两骖，两服之外马。”此义也作“骓”。《说文·马部》:“騑，骖，旁马。从马，非声。”《墨子·七患》:“彻（去掉）骖骓，涂（后作‘途’，道路）不芸，马不食粟，婢卑不衣帛，此告不足之至也。”孙诒让间诂:“毕（沅）云:‘高诱注《吕氏春秋》云:在中曰服，在边曰骓。’”一说服马的左边为骖，右边为骓。南朝宋颜延之《阳给事诔》:“如彼骓驷，配服骖衡。”李善注:“服谓中央两马，夹辕者在服之左曰骖，右曰骓。”

左骖随时可以解开用以送人、赎人、代人受过或用作盟誓祭品。《左传·僖公三十三年》记载秦晋崤之战后，秦国三员大将被俘，而晋襄公听信母亲文嬴之言，释放了三人，大臣先轸大怒，于是“公使阳处父追之，及诸河，则在舟中矣。释左骖，以公命赠孟明”。阳处父为了引诱孟明等人上岸，以便将其活捉，就灵机一动，解下左骖假托晋襄公之命赐予秦将。此以左骖为赠礼。《史记·管晏列传》:“越石父贤，在缧绁（léixiè，指监狱）中。晏子出，遭之涂，解左骖赎之，载归。”晏子解下左骖赎回了身为囚犯的越石父。《史记·司马穰苴列传》载齐景公派使者持节驶入司马穰苴的军中要赦免宠臣庄贾，而不知此时庄贾因迟到已被杀。穰苴“问军正曰‘驰三军法何?’正曰:‘当斩。’使者大惧。穰苴曰:‘君之使不可杀之。’乃斩其仆，车之左驸（通‘軵’。车厢外的立木），马之左骖，以徇三军”。此左骖代替使者而被杀。《韩非子·外储说左上》:“（晋文公）乃解左骖而盟于河。”文公多年流亡，在返国经过黄河时，为了取信于大臣子犯而杀左骖以盟誓。

相较之下，四马驾车马力大，速度快，故相关的成语皆用来比喻迅捷。如“驷之过隙”语出《墨子·兼爱下》:“人之生乎地上之无几何也，譬之犹驷驰而过隙也。”用以比喻光阴飞逝。“驷不及舌”出自《论语·颜渊》:“子贡曰:‘惜乎！夫子之说君子也，驷不及舌。’”何晏集解引郑玄曰:“过言一出，驷马追之不及舌。”意思是言已出口，驷车也难追回，谓说话当慎重。也作“一言既出，驷马难追”，出自宋欧阳修《六一笔记》：“俗云：‘一言出口，驷马难追。’”

驷马高车多为显贵者所乘，故用以指显贵者所乘的驾四马的高车。《汉书·于定国传》：“始定国父于公，其闾门坏，父老方共治之。于公谓曰：‘少高大闾门，令容驷马高盖车。我治狱多阴德，未尝有所冤，子孙必有兴者。’至定国为丞相，永为御史大夫，封侯传世云。”于定国之父于公命人加高扩大闾门，使驷马高车通过，后来其子于定国被封为宰相，于永成为御史大夫。故以“驷马高车”表示地位显赫。《太平御览》卷七三引晋常璩《华阳国志》：“升迁桥在成都县北十里，即司马相如题桥柱曰‘不乘驷马高车，不过此桥’。”亦作“驷马高盖”“驷马轩车”。用“驷马高门”（省作“驷马门”）表示门第显赫。元姚燧《王思廉之祖沂赠恒山郡庄惠侯制》：“伍符尺籍，事专司六部之间；驷马高门，报顾在百年之后。”伍符尺籍，指军士中各伍互相作保的守则和记载军令、军功的簿籍。专司，专门掌管。

驷车上一般有三人，左为尊者，中为御者，右为骖乘（即陪乘）。《汉书·文帝纪》：“乃令宋昌骖乘。”颜师古注：“乘车之法，尊者居左，御者居中，又有一人处车之右，以备倾侧。是以戎事则称车右，其余则曰骖乘。”戎车即兵车，车右为武士。若兵车常乘三人，所乘第四人曰“驷乘”。《左传·文公十一年》：“绵房甥为右，富父终甥驷乘。”杨伯峻注：“古代兵车一般乘三人，此则四人共乘，其第四人曰驷乘，职则为车右之副手。”

古代有严格的车服品级制度，车马配置与古人身份相配，既不能僭越，亦不能放弃享用。上引《晏子春秋·内篇杂上》载齐景公驾六马就是诸侯僭越天子的车服制度。《论语·先进》载孔子的弟子颜渊去世，其父请求用孔子的车做椁，孔子拒绝道：“以吾从大夫之后，不可徒行也。”大夫出门必须车载，否则违礼。即使颜渊是孔子最得意的弟子，也不能做违礼之事。不过，若遇到君王召见，则不等驾马。《论语·乡党》：“君命召，不俟驾行矣。”意思为国君召唤，孔子不等车辆驾好马，就立即先步行而去。

## 第四节　汉字与运输工具之泭筏、舟船

泭（fú）、筏是用竹、木平列编扎起来的水上交通工具，简易方便。舟船的发展经历了从独木舟到木板船，从小船到双体船再到大船的过程。可分为客船、货船、战船等。其形制有简有繁，有小有大，在湖、河、江、海中利用各种推进工具航行。

### 一、泭筏

泭，小竹筏、小木筏。《说文·水部》："泭，编木以渡也。从水，付声。"后作"桴"。《尔雅·释水》："庶人乘泭。"郭璞注："泭，併木以渡。泭音桴。"邢昺疏："《论语》（公冶长）曰：'乘桴浮于海。'（马融）注云：'桴，编竹木，大曰栰（同"筏"），小曰桴。'"《楚辞·九章·惜往日》："乘泛泭以下流兮，无舟楫而自备。"孔子说道不通行就乘桴漂于海上，屈原乘泭顺流而下，由此可见，桴或泭体小，渡人少。

筏，比泭大的竹木筏。《方言》卷九："筏，秦、晋之通语也。"从竹，伐声。其异体字作"栰"，从木，伐声。形符"竹"和"木"说明了其材质不同。《广韵·月韵》："筏，大曰筏，小曰桴，乘之渡水。"

箄（pái，同"簰、篺"），大筏。从竹，卑（或"牌、椑"）声。《集韵·佳韵》："篺，大桴曰篺。"《东观汉记·张堪传》："（张堪）乃选择水军三百人，斩竹为箄渡水，遂免难。"《陈书·陈宝应传》："（章）昭达深沟高垒，不与战，但命军士伐木为簰。俄而水盛，乘流放之。"二例皆用于军队，可见其大。

箄与筏同义，合成同义连文"箄筏"，指大筏。《宋书·索虏传》："（拓跋）焘至瓜步，坏民屋宇，及伐蒹苇，于滁口造箄筏，声欲渡江。"箄与船功用相同，联合成词"箄船"，指当船用的竹木筏。《后汉书·西南夷传·哀牢夷》："建武二十三年，其王贤栗（哀牢王名）遣兵乘箄船，南下江汉，击附塞夷（东部少数民族）鹿茤（lùduō，西南少数民族名）。"李贤注："缚竹木为箄，以当船也。"

二、舟船

我国最早的船是渔猎时代的独木舟。《蜀王本纪》是一部旧题汉扬雄所撰、记载历代蜀王的传记，书中提到大禹治水时在四川梓潼尼阵山砍断大树造独木舟之事。舟，甲骨文作或，金文作，三个简体的字形都像中间有深槽的独木舟。“俞”的古字的形体结构体现了造独木舟的方法。其金文作，左像舟，右像凿子，合在一起表示用凿子刳空树木做船。小篆讹变为，但仍从舟，原凿子形稍有变化。《说文·舟部》：“俞，空中木为舟也。”段玉裁注：“空中木者，舟之始。”这是先民们看见中空之木能在水上漂移而受启发的结果，于是他们在木头上凿出一个槽子，从而发明了独木舟。它是早期的重要生产工具，乘坐它可进行捕捞、采摘等一些水上作业。最早的独木舟实例出现在浙江杭州萧山跨湖桥新石器时代遗址，它是用火烧出槽腔后再用石器刳制而成的。后在山东荣成毛子沟发现了商周之际的独木舟，在江苏武进奄城发现了西周、战国独木舟各一艘。[①]独木舟的长度和宽度受制于木料的大小，一般为 4 米长，奄城出土的战国独木舟长 11 米。独木舟延续久长，陆续有浙江宁波的唐代遗物、江苏扬州的宋代遗物等出土。

殷商时期兴起了一种小型木板船，既是生产工具，又是运输工具，其字也用“舟”表示。甲骨文或作繁体，金文或作繁体，小篆作，像中间有隔板、艏艉（船头和船尾）稍翘起的小船，此为改进独木舟后的新型船。它以独木舟为船底，两侧对称拼接舷侧板，中设隔舱，增强防水功能，加大容量，有助于合理利用船的空间。后来人们受到竹木筏的启发，完全用木板拼接成舟，为了防水防腐，人们刷桐油和油漆，用磨成丝的麻皮粘上调配好的油灰嵌缝。1975 年江苏省武进县出土了一只西汉木船。残船一侧的船舷由木榫和木梢连接而成，船底由 3 块木板搭结起来。从独木舟发展到木板小船，这与工具的革新和技术的进步关系密切。

文献中出现的“舟”可泛指船。《诗经·邶风·二子乘舟》：“二子乘舟，泛泛（船在水中前行的样子）其景（通‘憬’。远行的样子）。”成语“同舟

① 孙机，《中国古代物质文化》，中华书局，2014 年，第 195 页。

共济”出自《孙子·九地》：“夫吴人与越人相恶也，当其同舟而济，遇风，其相救也如左右手。”“破釜沉舟”出自《史记·项羽本纪》：“项羽乃悉引兵渡河，皆沉船，破釜甑，烧庐舍，持三日粮，以示士卒必死，无一还心。”这些“舟”既指客船，也指战船；可二人同乘，可多人共坐，实是因为它是各种船只的滥觞。

船（舩、舡），沿江河航行的大船。《释名·释船》：“船，循也，循水而行也。”《说文·舟部》“船”仅用“舟”释义，而朱骏声通训定声云：“以其沿水而行曰船。”段玉裁注亦云：“船之言溯沿也。”缘此，船是巡行于江河的、能经受住风浪的大船。字从舟，从沿省。《吕氏春秋·知度》：“绝江者托于船，致远者托于骥。”此处说船能横跨长江，可见其大。《韩非子·功名》：“千钧得船则浮，锱铢失船则沉。”此处说明船承重之大，其体量必大于小木板船。《左传·僖公四年》提到公元前977年周昭王乘坐了一只以胶黏弥缝隙的木板船，行至江心，船被渗入的江水解体，结果船沉人亡。可见，西周时已有船。但船字出现于战国文献中，此后成为“舟”的口语词。

方，甲骨文有简体的、，像相并的两个泭筏，头部用“一”相连，“├─┤”两侧的竖线像泭筏外侧的两根竹木，尾部向两边分开。繁体的增“水”，构成会意兼形声字，表示双体泭筏在水上运行。（图8－12）《诗经·周南·汉广》：“江之永矣，不可方思。”毛亨传：“方，泭也。”此“方”活用作动词，义为用泭摆渡。诗句的意思是：汉江水绵长不尽，不可用泭筏摆渡。双体泭筏增加了载人或物的面积和浮力，稳定性更强。但泭筏难以避水，只能在平静的河面上通行，因此，人们将两只独木舟合并在一起就克服了以上的不足。后来有了船，也采用此法并两船，即《尔雅义疏·释水》所说的“比併于船，加板于上”，可以济江渡河、水上作业、水上攻战，大大增加了船的实用性。《说文·方部》：“方，併船也。”段玉裁注：“併船者，并两船为一。”此释义忽略了“方”字的原始义，只说明了其改进形式。图8－13是1975年在山东平度胶河岸出土的一艘隋代双体独木舟，图8－14是双体帆船，它们皆可称为方舟。虽然有以上优点，但这些方舟摩擦力大，速度缓慢，不够机动灵活。晋以后，方舟盛极而衰，唐时尚有余绪，文献记录绵延不绝，至今长江流域仍有其身影。[①]

图 8－12　双体泭筏[②]

图 8－13　双体独木舟和楫

图 8－14　双体帆船和桨

双体船可用“舫”表示。《尔雅 · 释言》：“舫，舟也。”郭璞注：“并两船。”从舟，从方，方亦声。如《战国策 · 楚策一》：“舫船载卒，一舫载五十人。”鲍彪注：“舫，并船也。”舫可随时连接成一体，也可随时拆散成两条单船。《太平御览》卷七七〇引王隐《晋书 · 顾荣传》：“遂解舫为单舸，一日一夜行五六百里。”后也泛指并连起来的船。《南史 · 孙玚传》：“及出镇郢

① 黄金贵，《古代汉语文化百科词典》，上海辞书出版社，2016 年，第 766 页。
② 见 http：//uzone. univs. cn/news2_ 2008_ 59047. html。

州，乃合十余船为大舫，于中立亭池，植荷芰。”将十几条船连为一体，规模宏大。将其用之极致的例子出现在《三国演义》第四十七回“庞统巧授连环计”中。曹操麾师南下，在赤壁准备与吴国开战，但北军不习惯水战，庞统献计说：“北兵不惯乘舟，受此颠簸，便生疾病。若以大船小船各皆配搭，或三十为一排，或五十为一排，首尾用铁环连锁，上铺阔板，休言人可渡，马亦可走矣，乘此而行，任他风浪潮水上下，复何惧哉?”将三十或五十只小船用锁链连接成大舫，北军渡江如履平地。在四十八回“锁战船北军用武”中，曹操采纳庞统之计。在四十九回“三江口周瑜纵火”中，黄盖火烧曹操的连环战船，曹操大败而归。从此例可以看出，舫的优势和劣势并存。

航（斻、杭），船的别名。从舟，亢声。晋左思《吴都赋》：“于是乎长鲸吞航，修鲵吐浪。”李善注引刘逵曰：“航，舡之别名。”也指两船相并而成的方舟。《淮南子·氾论训》：“古者大川名谷，冲绝道路，不通往来也，乃为窬（yú，挖空）木方版，以为舟航。”高诱注：“舟相连为航也。”窬木，中间挖空的木头。此舟指窬木而成的独木舟，以方形木板连接二舟便是航。也作“斻”。《集韵·唐韵》：“斻，《说文》：‘方舟也。’”航也指用船只连接成的浮桥。《陈书·高祖纪上》：“高祖（陈霸先）尽命众军分部甲卒，对冶城（今江苏南京朝天宫一带）立航渡兵，攻其水南二栅（营寨）。”立航，连接船只成浮桥。此义也作“杭”。北魏郦道元《水经注·渐江水》：“渐江，《山海经》谓之浙江也。浙江又北径歙县东，与一小溪合……溪广二百步，上立杭以相通。”明田汝成《西湖游览志馀·帝王都会一》：“所谓方舟，殆今浮桥是也。盖神禹至此，溪壑萦回，造杭以渡。”

航或杭可引申为动词，意为渡或航行。如《诗经·卫风·河广》：“谁谓河广，一苇杭之。”三国魏曹丕《至广陵于马上作》诗引为：“谁云江水广，一苇可以航。”古人用“云海”指广阔无垠的云，将天上的云和大海联系了起来。如唐张说《相州前池别许郑二判官景先神力》诗：“无因留绝翰，云海意差池。”故飞机在天空中飞行就犹如船只在海上航行。于是有了“航空”“航天”等词。

舸，大船。从舟，可声。《方言》卷九：“南楚、江、湘，凡船大者谓之舸。”南朝梁陆倕《石阙铭》：“弘舸连舳（zhú，船尾持舵的部位），巨槛

（上下四方加板的船）接舻（船尾）。”舸以“弘”修饰，可见其大。但有时也指小船。《三国志·吴志·周瑜传》：“又豫备（即‘预备’）走舸，各系大船后。”走舸，轻便快速的战船，系在大船后。成语“百舸争流”出自《礼记·中庸》：“百舸争流，奋楫者先”，以示众人奋勇当先。毛泽东《沁园春·长沙》亦用此成语：“看万山红遍，层林尽染；漫江碧透，百舸争流。”

艑（biàn），行驶在长江中下游的大船，载客或载货。从舟，扁声。唐玄应《一切经音义》卷一引东汉服虔《通俗文》：“吴船曰艑，晋船曰舶，长二十丈，载六七百人者是也。”吴地在长江中下游一带。又如《宋书·吴喜传》：“从西还，大艑小艒（mù），爰及草舫，钱米布绢，无船不满。”辅国将军吴喜平定荆州后，为了运载西征的战利品，无船不满。《通俗文》描述艑的承载量虽然有些夸张，但称“大艑”是适宜的。

舶，航海的大船。从舟，白声。唐慧琳《一切经音义》卷二〇引《埤苍》：“舶，大舩也，长二十丈，载六七百人是也。”又卷三一引《埤苍》：“舶，海中大舡也。”故“海舶”连称。如宋王安石《寄育王山长老常坦》诗：“道人少贾海上游，海舶破散身沈浮。”又“舶船”连称。宋孔平仲《续世说·政事》：“李勉在广州，性廉洁，舶船米都不检阅。先是，舶船泛海至者岁才四五，勉之末年，至者四十余。”舶船航行于大海，与外域相通，所以，舶是国外货物的运输工具。如“舶来”指外洋船舶载货前来。唐元稹《送岭南崔侍御》诗：“蛟老变为妖妇女，舶来多卖假珠玑。”“舶来品”旧指从国外进口的物品。鲁迅《伪自由书·从幽默到正经》：“当提倡国货声中，广告上已有中国的‘自造舶来品’，便是一个证据。”“舶物”指国外运来的货物。《南史·王僧孺传》：“外国舶物、高凉生口岁数至，皆外国贾人以通货易。”高凉，岭南的古郡县名。生口，牲畜。“舶货”犹舶物。《元史·食货志二》：“元自世祖定江南，凡邻海诸郡国与蕃国往还互易舶货者，其货以十分取一，粗者十五分取一，以市舶官主之。”“舶贾”指国外来的商人。《新唐书·淮阳王汉传》：“（唐）敬宗侈宫室，舶贾献沉香亭（直）材。”

艚，漕运所用的船舶，本是双体船。从舟，从曹（或从漕省），漕省声。《小尔雅·广言》：“曹，偶也。”可知艚是双体船。漕，漕运。此字构形复杂，意义综合，可用同义连文“方艚”表示。如《宋书·恩倖传序》：“南金北毳（毛纺织品），来悉方艚；素缣丹魄，至皆兼两。”素缣，白色的绢帛。丹魄，琥珀，其色赤。兼两，不止一辆车。南北朝以后，南方成为重要的产粮区，用漕运将南粮北调到北方的都城成为常态，“艚”字就多出现在此时。一直到唐、宋、明皆以河运为主，元、清以海运为主。

舰（艦），大型战船。从舟，见声（或从槛省，槛省声）。《释名·释船》：“上下重床曰舰，四方施板以御矢石，其内如牢槛也。”牢槛，关动物的大笼子、栅栏。舰有上下两层，四面设高高的护板，与“槛”音同义通，像监狱。《三国志·吴志·周瑜传》：“刘表治水军，蒙冲斗舰，乃以千数。”蒙冲，一种战船，用生牛皮蒙船，船舱两边开掣棹孔，左右有弩窗、矛穴。

舲，有窗的小船。从舟，令声。《玉篇·舟部》：“舲，小船屋也。”《广韵·青韵》：“舲，舟上有窻。”舲与軨同源，軨是车上的棂格，犹如窗。北周庾信《舟中望月》诗：“舟子夜离家，开舲望月华。”船工夜晚出船，打开舱棚的窗子仰望明月。也作“舲船”。《楚辞·九章·涉江》：“乘舲船余上沅兮，齐吴榜（bàng，船桨）以击汰（水波）。”王逸注：“舲船，船有牕牖者。吴榜，船棹也……士卒齐举大棹而击水波。”

舠，小船。从舟，刀声。《玉篇·舟部》：“舠，小船。”南朝梁刘勰《文心雕龙·夸饰》：“是以言峻则嵩高极天，论狭则河（黄河）不容舠。”“河不容舠”出自《诗经·卫风·河广》：“谁谓河广？曾不容刀。”毛亨传：“小船曰刀。”刀，通“舠”。以黄河不能容纳一只小船极言其狭窄。

艖（chā），小船，长江中下游地区的方言。从舟，差声。《方言》卷九：“南楚、江、湘，凡船大者谓之舸，小舸谓之艖。”郭璞注：“今江东呼艖，小底者也。”唐皮日休《太湖诗·销夏湾》：“小艖或可汎，短策或可支。”此义也作“艒”。从舟，冒声。《广韵·屋韵》：“艒，小艖。”例见前。

艇，轻便的小船。《释名·释船》：“二百斛（一斛为十斗）以下曰艇。艇，挺也，其形径挺，一人、二人所乘行者也。”可见，艇与挺音同义通，其形平直狭小，可容一至二人，或二百斛货物。《说文新附·舟部》：“艇，小舟也。从舟，廷声。”既然明确其小，那么小到何种程度呢？《淮南子·俶真训》：“越舲蜀艇，不能无水而浮。”高诱注：“蜀艇，一版之舟。”舲和艇皆为小船，而艇竟然是“一版之舟”，可见其小其轻，故后云“不能无水而浮”，表示它再轻也离不开水。南朝齐谢朓《酬德赋》:“巾帝车之广轼,棹河舟之轻艇。”以“轻”修饰“艇”,指明其轻便的特点。今词“游艇”“救生艇”皆含有轻便小巧之义。

艘,船的总称。《广韵·萧韵》:“艘,船揔(同‘总’)名。”从舟,叟声。晋葛洪《抱朴子·勗学》:“欲凌洪波而遐济,必因艘楫之器。”遐济,渡过广阔的河流。引申为计船只的量词。三国魏曹丕《浮淮赋》:“浮飞舟之万艘兮,建干将之铦(xiān,锋利)戈。”干将,古剑名。泛起万艘的飞舟,竖立起如干将一样锋利的戈。

### 三、推进工具

犹如车需要牛马驾驶一样,舟船也需要各种工具来推进,如篙、桨、楫、棹、榜、橹、舵等形制不一但功能相同的工具;帆与樯(或桅)是悬挂于空中的推进器。

篙,撑泭筏、船只的竹竿或木杆。《说文新附·竹部》:“篙,所以进船也。从竹,高声。”其实“高”亦表意。篙是最早出现的手动推进工具,它制作简单,使用方便,将细长的竹子和木杆插入水中或钩、或推、或拉就可以控制泭筏、船只。《摩诃僧祇律》卷三:“时比丘尼默然不应,便以篙擿(tī,发动)船而去。”

桨(槳),划船的木制用具,比较短小。其上端为圆柱形,下端作板状。(图8-14)从木,将声。浙江河姆渡新石器时代(七千年前)遗址曾出土了六支木桨,分别用单块木料制成,应与独木舟相配。前文提到的杭州萧山遗址出土的独木舟旁就有两把半成品的木桨,长一米左右。虽然实物出现得早,但“桨”字却在中古文献中才见,是吴方言口语词。《乐府诗集·清商曲辞四·黄竹子歌》:“一船使两桨,得娘还故乡。”又南朝梁刘孝威《采莲曲》:“金桨木兰般(通‘斑’。花纹),戏采江南莲。”小船配双桨,大船配多桨。湖北江陵凤凰山西汉墓出土的遣册曰:“大舟皆口廿三桨。”因桨成双成对,故应当为十一对(廿二个)桨,剩余一支是起舵的作用的艄。[①]

① 孙机,《中国古代物质文化》,中华书局,2014年,第196页。

楫（同“檝”），短的船桨。（图 8－13）《说文·木部》：“楫，舟櫂（zhào，同‘棹’）也。《周易·系辞下》：“刳木为舟，剡木为楫，舟楫之利，以济不通。”桂馥义证：“或作‘檝’。《字书》：檝，舟旁拨水者。短曰檝，长曰櫂。”成语“击楫中流”出自《晋书·祖逖传》：“中流击楫而誓曰：‘祖逖不能清中原而复济者，有如大江。’”东晋偏安于南方，失去北方及中原的大部分土地。祖逖率领 100 多名家人渡江北伐，在长江中游击楫，发誓收复中原。后用此典故比喻立志奋发图强。“枕戈击楫”出自清浴日生《海国英雄记·坐朝》：“便凭着这肝胆轮囷，枕戈击楫，逐鞑虏早复神京也呵！”轮囷，硕大貌。此典用枕着兵器、拍击船桨的形象来显示杀敌意愿强烈而迫切。“盐梅舟楫”出自元柯丹邱《荆钗记·春科》：“际风云，盐梅舟楫，一德务臣君。”此典用盐和梅调和、舟和楫相配来比喻辅佐君王的贤臣。成语“渡江亡楫”出自《汉书·贾谊传》：“若夫经制不定，是犹渡江河亡维（系船之绳）楫，中流而遇风波，船必覆矣。”此典用过江时船上没有桨之例比喻没有准备。

櫂（同“棹”），长的船桨。《说文新附·木部》：“櫂，所以进船也。从木，翟声。或从卓。”“卓”有高义，《说文·匕部》：“卓，高也。”故棹（櫂）指长桨。《楚辞·九歌·湘君》：“桂棹兮兰枻（yì，船舷），斵冰兮积雪。”一般吊置在船舷上。图 8－15 的印泥盒描摹了宋赵佶《雪江归棹图》的局部图景，图中的船夫正在摆棹行舟。

**图 8－15　粉彩雪江归棹图印泥盒（民国 何许人 制）**

橹，从木，鲁声。是一种比桨长而大、且固定在船尾部和一侧船舷的划船工具。（图 8－16）《释名·释船》：“在旁曰橹。橹，旅（膂）也。用膂力然后舟行也。”《正字通·木部》：“桨，行舟具，长大曰橹，短小曰桨；纵曰橹，横曰桨。”橹是桨改进后的结果。桨在船的两侧前后运作：向前离水，向后入水，用反作用力推动船前进，用“划桨”表示。因其出水后再接着划要耗虚功，浪费人力，人们受到鱼儿摆尾前行的启发发明了能连续左右运作、通过和水的作用力的分力推动船前进的橹，用“摇橹”表示。《三国志·吴志·吕蒙传》载吕蒙欲发奇兵袭击关羽，就“尽伏其精兵𦪇𦨴（gōulù，船名）中，使白衣摇橹，作商贾人服，昼夜兼行”。橹一般多用于民船上，所以吕蒙为了掩饰其军事行动，就在交通工具和服饰的选用上冒充老百姓和商人。摇动有支点的橹柄，橹叶连续地在水中左右绕“8”字形摆动，这是利用杠杆原理做纵向划动，阻力小，升力大，大大节省了人力，兼具推进和操纵航向的功能，但控制方向不如桨。随着船体加大，人们将数橹并用，多的能达到十六橹。橹的形体也可增大，以至于同时需要几十人摇动。此现象大致出现于宋元时的海船上。[1]

**图 8－16　摇橹图**

桨和橹是舵（柂、椸、柁）的前身。舵发明于汉代，设于船尾正中，直接控制船舰等行驶的方向。1955 年在广州东郊先烈路东汉墓中出土了一艘明器陶船，通高 16 厘米，长 54 厘米，整体呈长条形，头、尾较窄，中部稍宽，船底较平，是一艘内河航船。它有三间舱室，前舱低矮宽阔，篷顶是两面坡形，可能是个货舱。中舱比前舱稍高一些，上面有一个顶部微微凸起的圆形篷盖，两侧各有一门，便于人员出入，这大概是船工的住处。后舱也叫舵楼，舱顶也是两面坡形。它的旁边有一个低矮的小屋，还开着一个门，这是船上的厕所。[2]船尾正中伸出的就是舵。（图 8－17）文献对舵

① 黄金贵，《古代汉语文化百科词典》，上海辞书出版社，2016 年，第 769 页。
②《广州汉代陶船》，http：//baike. so. com/doc/6695922－6909833. html。

的描述较多。《淮南子·说林训》："心所说（后作'悦'），毁舟为杕；心所欲，毁钟为铎。"高诱注："杕，舟尾。"心里喜欢，就拆毁船做成舵；心有所想，就毁坏大钟做成大铃。高诱用"舟尾"相注只能说明舵所在的位置。《方言》卷九："（船）后曰舳（zhú）。……舳，制水也。"郭璞注："今江东呼柂为舳。"此例借"舳"的引申义说明了舵的"制水"功能。《三辅黄图·池沼》："以文梓为船，木兰为柁。"用有纹理的梓树做船，用木兰木做舵。此例显示其材质为木，从而证明了"杕、柂、柁"三个形声字从木的理据。《玉篇·舟部》："舵，正船木也。"此释语既明确了舵的功能，也显示了其材质。其字换"舟"为形旁。正如《释名·释船》所云：舵能"弼正船，使顺流，不使他戾（违逆）"。弼正，纠正。若描写其强大的作用，宋人周去非《岭外代答》赞为"如一丝引千钧于山岳震颓之地，真凌波之至宝也"。

**图 8－17　装舵的汉代陶船**

舵的发明有个漫长的过程。最初因船体小，吃水不深，用篙或桨就能控制船的方向。随着船体加大，吃水变深，用篙就撑不到河底，使不上劲了；若用桨，则需用多桨，就需多人来划并共同控制方向，十分不易。于是桨分成了专管划水的桨和专管控制方向的桨。后一种桨由船身的两侧移到船的尾部，就成了舵桨，即船舵。图 8－18 展示的是 1975 年在湖北江陵凤凰山出土的西汉（公元前 1 世纪）木船模型，前有四支桨，划船用；船尾一侧的桨即舵桨。陶船上的舵比舵桨叶宽，居于尾中，是专用于操纵船身的舵。这是中国人对世界航运史所做出的一个杰出贡献，它比欧洲早 1000 多年。船舵由舵手控制。在这只陶船尾部，有一个舵手左手扶着后舵篷沿，右手向侧方伸出，似乎很用力。科学家按照这些人的身高比例推算，这只陶船所仿照的船大约有20米长、5米高，能装载一万斤左右的物品，这在当时算中型船。[①]

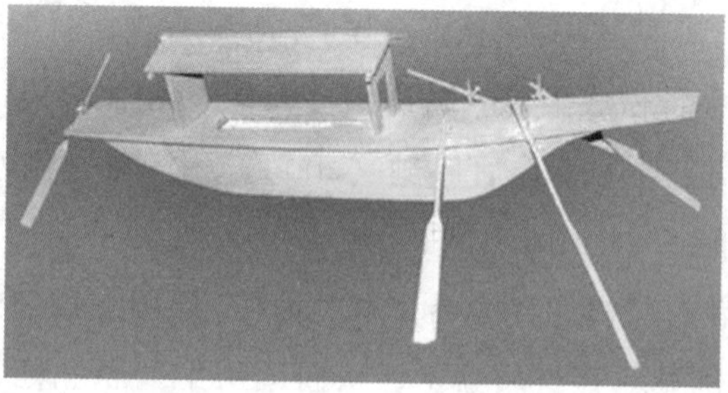

**图8－18　装舵桨的汉代木船**

成语“见风使舵（看风使舵、见风转舵、顺风使舵、随风倒舵、看风转舵、随风转舵、乘风转舵、回船转舵、顺风转舵等）”本指根据风向调整舵，比喻并引申为看形势或别人的眼色行事。宋释普济《五灯会元·法元法秀禅师》：“看风使舵，正是随波逐流。”

古人很早就发明了利用风力使船前进的帆。《释名·释船》：“帆，随风张幔曰帆。帆，泛也，使舟疾泛泛然。”从巾，凡声。东汉马融《广成颂》：“施云帆，张蜺帱。”蜺帱，彩色的帷帐。至晚在春秋战国时人们已使用帆，帆被固定悬挂后正对船头，不能转动以调整角度顺应风力和风向，只能顺风而行。至迟到东汉，出现了新的挂帆和操帆技术，《太平御览》卷七七一载三国吴朱应《南州异物志》中记载：“其四帆不正前向，皆使邪移，相聚以取风。吹风后者激而相射，亦并得风力。若疾，则随意增减之。”有的大海船竟张开七面帆。[②]

我国古代的帆除了用布制成的软帆外，还有用竹篾、蒲叶等材料编成的硬帆，《天工开物·舟车》称“用析篾成片织就”，故又称“帆席”。晋木华《海赋》：“维（系住）长绡（通‘梢’），挂帆席。”李善注：“刘熙《释名》曰：‘随风张幔曰帆。’或以席为之，故曰帆席也。”长绡，挂帆的长木。福建泉州法石出土的宋代海船上即有竹帆，帆两侧用竹管封边。帆席上还有均匀地横向结扎成排的竹竿，既可支撑船帆，也可折叠、调整角度、利用侧风。

① 《广州汉代陶船》，http：//baike. so. com/doc/6695922－6909833. html。
② 黄金贵，《古代汉语文化百科词典》，上海辞书出版社，2016年，第770页。

加上帆架和索具设计合理，船员不但在甲板上就能操纵帆的升降，而且能据风力的大小、顺逆或“绝顶张篷”，即把帆挂到桅顶；或“只带一两叶”（《天工开物·舟车》），即张开一部分。[1]帆的使用虽然晚于西方，但硬帆较软帆灵活方便，且能与舵密切配合，或迎或拒来风和水流，有效控制航向，保证行船的速度和安全。

带“帆”的成语很多，其中常见的“一帆风顺”出自唐孟郊《送崔爽之湖南》诗：“定知一日帆，使得千里风。”“千帆竞发”形容事物生机勃勃地向前发展，出自唐刘禹锡《酬乐天扬州初逢席上见赠》诗：“沉舟侧畔千帆过，病树前头万木春。”

挂帆的柱杆称“樯”。从木，啬声。《玉篇·木部》：“樯，船上樯杆。”东汉王粲《从军诗》之二：“拊衿倚舟樯，眷眷思邺城。”宋苏轼《念奴娇·赤壁怀古》词：“羽扇纶巾，谈笑间，樯橹灰飞烟灭。”亦作“桅（桅）”。《释名·释船》：“其前立柱曰桅。桅，巍也，巍巍高貌也。”《玉篇·木部》：“桅，船上樯杆。”唐韩愈《忆昨行和张十一》诗：“念昔从君渡湘水，大帆夜划穷高桅。”字从木，从危，危亦声。“危”有高义。如《国语·晋语八》：“拱木不生危，松柏不生埤。”高诱注：“危，高险也。”上例中，马融用“云帆”夸张地描写帆之高，竟入云端。湖南长沙走马楼出土的三国吴简中记载“大樯一枚长七丈”，相当于16.75米。

四、停泊工具

船行进时，以舵控制航向；当它停泊时，则用锚。锚（錨），从金，苗声。铁制的停船工具，一头有两个以上的钩爪，另一头用铁链连在船上，抛在水底或岸边，以使船舶稳定。《玉篇·金部》收“锚”字，但释义笼统：“锚，器。”《正字通·金部》则较为明了：“锚，即今船首尾四角叉，用铁索贯之，投水中，使船不动摇者。”

碇（矴），从石，从定，定亦声（或石，丁声）。作用同锚的石礅。《三国志·吴志·董袭传》：“（黄）祖横两蒙冲挟守沔口，以栟（bīng）闾大绁

---

① 孙机，《中国古代物质文化》，中华书局，2014年，第204页。

系石为矴。”蒙冲是一种有进攻性的快艇。又作“艨冲、艨艟”。栟闾，亦作“栟榈”，即棕榈。唐韩愈《唐正议大夫尚书左丞孔公墓志铭》：“蕃舶之至泊步，有下碇之税。”马其昶注：“碇，锤舟石，与矴同。”泊步，码头。

金属锚的发明历经久远。最初人们利用河岸边的树木、石块等拴系船只；若无现成物，就埋置木桩以系船。随着造船技术的进步和航行范围的扩大，船在海上连续航行，如果要暂停于水中，就要解决固定问题，于是“系石为碇”。开船时，再提起碇。后用坚硬的木头制成带有爪的木锚，靠爪的抓力增强船停泊时的稳定性。大约在距今1500年时，我国才开始使用金属锚。

## 第五节　汉字与传递工具

远古时期，人们以“击鼓传声”的办法报告敌情或以物示意。周朝设置驿传制度，因为此时的诸侯国相对独立，国与国之间关系复杂，为了满足政治和军事上的需要，就在大道上设置驿站，先用步递投递公文，然后提供驿马和邮车以保障官员出巡、转运官物和传送公文。春秋时期的邮驿通信已经很完备。可见，驿站就是方便信使、邮卒换用马匹和人员住宿的中途转换处。相关的字有“驿、传、驲（rì）、遽、邮”。

驿（驛），驿马。《说文·马部》：“驿，置骑也。从马，睪声。”置，义同“驿”。《广雅·释诂》：“置，驿也。”故“置骑”指驿马。驿马可拉车运送来往的官员。如《吕氏春秋·士节》：“齐君闻之，大骇，乘驿而自追晏子，及之国（都城）郊，请而反之。”齐景公乘坐的就是驿马拉的车。《史记·汲郑列传》：“（郑当时）每五日洗沐，常置驿马长安诸郊，存诸故人，请谢宾客。”郑当时每逢五天一次的休假日，就常在长安各郊外安排驿马，驾车去慰问老朋友，迎来送往。驿马也可坐骑，传递公文。《汉书·陈汤传》：“西域都护段会宗为乌孙兵所围，驿骑上书。”驿骑，指骑驿马送信、传递公文的人。《后汉书·西域传论》：“立屯田于膏腴之野，列邮置于要害之路，驰命走驿，不绝于时月。”邮置，驿站。走驿，骑驿马快跑传信。后驿引申指驿站。唐韩愈《记宜城驿》：“此驿置在古宜城内，驿东北有井，传是昭王井，有灵异。”如今有的地名还留有痕迹，如“马嵬驿”“龙泉驿”等。

传，甲骨文中有“传氏（致）孟伯”的记录，其中的“传”指传车，即驿车。从人，专声。《周礼·秋官·行夫》：“掌邦国传遽之小事媺（同‘美’）恶而无礼者。”郑玄注：“传遽若今时乘传骑驿而使也。”其中的“传遽”指传车驿马。二者也合称乘传车驿马的使者。《诗经·大雅·江汉》“告成于王”郑玄笺：“克胜则使传遽告成于王。”若按声训，传为驿站。《释名·释宫室》：“传，转也，人所止息而去，后人复来，转转相传，无常主也。”驿站的特点就是供宾客和车马辗转停留。《战国策·齐策五》：“昔者赵氏袭卫，车舍人不休传。”赵国袭击卫国，管理兵车的人不在驿站休息停留。亦用同义连文“传舍”“亭传”表示。如《史记·廉颇蔺相如列传》：“秦王度之，终不可强夺，遂许斋五日，舍相如广成传舍。”《后汉书·陈忠传》：“发人修道，缮理亭传。”

驲，驿站供尊者专用的车。《说文·马部》：“驲，驿传也。从马，日声。”段玉裁注：“驲，《尔雅》舍人曰：‘驲，尊者之传也。’《吕览》注曰：‘驲，传车也。’按：驲为尊者之传用车。”《左传·文公十六年》：“楚子乘驲，会师于临品。”杜预注：“驲，传车也。”后亦指驿马。《宋书·何承天传》：“若盛师连屯，废农必众；驰车奔驲，起役必迟。”连屯，村庄相连貌。奔驲，驱车赶马。起役，动工。故有“驲骑”一词，指骑马送信、传递公文的人。《孔丛子·问军礼》：“若不幸军败，则驲骑赴告于天子。”后指驿站。明谢谠《四喜记·帝阙辞荣》：“永昌，快去驲中催趱（zǎn，催）船夫，就此起程。”此义也用“驲站”“驲递”表示。清刘献廷《广阳杂记》卷二：“山川之阨塞险要，驲站之迂直远近……已纤悉毕具矣。”清无名氏《秋灯录·裁驿递》：“流贼之起，始于裁驲递。”

“驲”所指丰富，构词能力强。从相关词汇可以看到古代传输信息的方式和制度。如当差的人称“驲夫”。清俞樾《茶香室丛钞·明季流寇起衅于妇人》：“羽健恚极，迁怒于驲递，倡为裁驲夫之说。”羽健气愤至极而迁怒于邮差，提出裁撤他们。管理驿站的人称“驲丞”。如明谢谠《四喜记·帝阙辞荣》：“驲丞禀事：船夫具已齐备了。”传递用车递或马递，驲皆可表示这两种功用，既表传车，也指驿马。（见上）“驲遽”可笼统地指驿递。唐刘禹锡《山南西道新修驿路记》：“唯驲遽之途，攲（qī，倾斜）危隘束，其丑尚存。”所传递的消息用“驲书（驿传书信）”或“驲讣（急传的讣闻）”表示。如唐陆贽《论边缘守备事宜》：“戎虏驰突，迅如风飙，驲书上闻，旬月方报。”唐柳宗元《为安南杨侍御祭张都护文》：“驲讣爰（到）来，抚躬益恨（遗憾）。循顾增哀，瞻容莫及。”抚躬，反躬自问。

遽，传车。《说文·辵部》：“遽，传也。……从辵，豦声。”《左传·僖公三十三年》：“及滑，郑商人弦高将市于周，遇之……且使遽告于郑。”杜预注：“遽，传车。”秦军到了滑地，郑国商人弦高将去周地做生意，遇见他们……派人驾着传车回郑国相告。遽是普通人所用的传车，与“驲”相对。此例是商人用遽。与“传”连用时，指驿马。如上引《周礼·秋官·行夫》：“掌邦国传遽之小事媺恶而无礼者。”郑玄注：“传遽若今时乘传骑驿而使也。”特指为普通人驾驿车的马。《说文·马部》“驲，驿传也。”段玉裁注：“按：驲为尊者之传用车，则遽为卑者之传用骑。”《周礼》提到的行夫是地位较低的使臣，管理的事物当与之匹配，较为普通；再者，遽本指一般的传车，故引申为“卑者之传用骑”。

邮（郵），驿站。《说文·邑部》：“邮，境上行书舍。从邑、垂。垂，边也。”段玉裁注：“会意。在境上，故从垂。”据此可知，邮是设在边境交通线上靠步递传送文书的驿站，不接待使客或官员。东周时已设“马传为置”“步传为邮”的邮递组织形式，以传递官府文书和边防军情。步递就需要邮和邮之间距离短。《史记·留侯世家》：“自疆起，至曲邮。”司马贞索隐引《汉书仪》：“五里一邮，邮人居间，相去二里半。”五里长的距离，传递者居于其间，便于在两邮之间传递文书。秦始皇统一六国后，颁布了“秦邮法”，邮自此就成为通信机构。各地交通线上设置邮，保留在地名里。如上引《史记》提到的“曲邮”，秦将白起被赐死于杜邮等。邮也作“邮亭”。汉贾谊《新语·至德》：“邮亭无夜行之吏。”此语描述国家安定太平之状，无紧急公文传递。《汉书·薛宣传》：“过其县，桥梁邮亭不修。”颜师古注：“邮，行书之舍，亦如今之驿及行道馆舍也。”二例皆指明了“邮亭”步递文书的特点。

邮亭是国家公文传递的必经之地，管理甚严。成语“邮亭醉尉”就成了官吏干涉夜游者的典故。《史记·李将军列传》：“（李）广家与故颍阴侯孙屏野居蓝田南山中射猎。尝夜从一骑出，从人田间饮。还至霸陵亭，霸陵尉醉，呵止广。广骑曰：‘故李将军。’尉曰：‘今将军尚不得夜行，何乃故也！’止广宿亭下。”霸陵亭，即设在霸陵的邮亭。即使是故将军李广夜晚经过此处也被拦阻。清赵翼《白云庵遇故总兵华珠将赴军效用》诗：“部曲偏裨多已贵，邮亭醉尉漫相凌。”诗人用此典讽刺小人得势、好人受欺的可悲现实。

当“邮”与同义词“置”连用时，其步行传递之义不显。《孟子·公孙丑上》：“孔子曰：‘德之流行，速于置邮而传命。’”焦循正义：“置、邮、传三字，同为传递之称。以其车马传递谓之置邮，谓之驿。其传递行书之舍，亦即谓之置邮，谓之驿。”“置、邮”皆表示传递信息。汉代“改邮为置”，连用后既表示车马传递，也表示驿站。又如《后汉书·郭太传》：“（郭太）又识张孝仲刍牧之中，知范特祖邮置之役。”李贤注：“《广雅》曰：‘邮，驿也。’《风俗通》曰：‘汉改邮为置。置者，度其远近之间而置之也。’”原例的意思为郭太又识张孝仲于樵夫牧者之中，在驿使里知遇了范特祖。虽然，“邮”的步递义被隐含，但传递文书之义尚存，从而使之有别于“驿”。

随着邮递的形式逐渐改为马递或车递，驿站的功能也扩大为运送官物和出巡的官吏。如“邮马（骑）”指驿站供邮卒和过往官吏乘用的马匹。唐沈亚之《栎阳县丞小厅记》：“大者乘马至百，小者不下十余，邮马尽死于道。”也转指骑马传递公文邮件的人。清昭梿《啸亭杂录·黄文襄设幕馆事》：“公镇日危坐中堂，其邮骑至，直入馆院。”“邮舍（馆、传）”合指驿站、馆驿，是公文、官物、官员停留之处。《旧唐书·杨发传》：“（杨）发以严为理，军乱，为军人所囚，致于邮舍。”又《张建封传》：“太守韩择木具礼郊迎，置于邮馆。”宋王禹偁《商于驿记后序》：“吴、越、江、淮、荆、湘、交、广，郡吏上计，皇华宣风，憧憧往来，皆出是郡，盖半天下矣。故邮传之盛，甲于它州。”憧憧，往来不绝貌。

从周朝到隋、唐、宋，驿传制度延续不断，公文驿递要迅速、准确、保密，历代均受法律约束。唐时还细分为陆驿、水驿和水陆兼办三种，驿站共有 1600 余处，各种邮驿每天的行程也有具体规定。元代称其为“站赤”，明清称为“驿站”，此时皇家邮政体系已经非常完善。不过，民间书信往来与此无关，主要靠他人捎带、家丁专送，或委托钱庄、商号捎带。直到明朝永乐年间，东南沿海地区才出现了由商人组织起来的“民信局”，经营传递书信、物品的业务，兼办代送现金。

练习题：

1. 举字例说明中国古代道路的分布情况。
2. “桥”和“梁”的区别是什么？
3. 举例说明古代车辆的种类和用途。
4. “分道扬镳”和“南辕北辙”中的“镳”“辕”分别指什么？
5. 对照秦始皇陵铜车马图写出有关车、马的字。
6. 举例介绍中国古代水上交通工具的发展情况。
7. 举例介绍中国古代传递信息的工具的发展情况。

# 参考文献

## 一、著作

〔英〕爱德华·泰勒，《文化的起源》，哈泼和罗出版社，1958 年（Edward Burnett Tylor, *The Origins of Culture*, NewYork: Harper and Row, 1958）。

[清] 段玉裁，《说文解字注》，江苏广陵古籍刻印社，1997 年。

高明，《中国古文字学通论》，北京大学出版社，1996 年。

何九盈，《汉字文化学》，辽宁人民出版社，2000 年。

何九盈、胡双宝、张猛，《中国汉字文化大观》，北京大学出版社，2002 年。

黄德宽、常森，《汉字阐释与文化传统》，中国科学技术大学出版社，1995 年。

黄金贵，《古代文化词义集类辨考》，上海教育出版社，1995 年。

黄金贵主编，《中国古代文化会要》（上），西泠印社，2007 年。

黄穆灿，《中华字谜大全》，江西科学技术出版社，2000 年。

黄穆灿，《中华字谜鉴赏大典》，江西科学技术出版社，2002 年。

[北魏] 贾思勰，《齐民要术》，中国农业出版社，1998 年。

荆贵生，《古代汉语》（修订本），黄河出版社，1997 年。

李景生，《汉字与上古文化》，中国社会科学出版社，2009 年。

李璠，《中国栽培植物发展史》，科学出版社，1984 年。

李孝定，《甲骨文字集释》，中央研究院历史语言研究所，1970 年。

〔日〕笠原仲二，《古代中国人的美意识》，魏常海译，北京大学出版社，1987 年。

刘志基，《汉字文化综论》，广西教育出版社，1996 年。

陆宗达，《训诂浅谈》，北京出版社，1964 年。

罗振玉，《增订殷虚书契考释》，东方学会印本，1927 年。

邵英，《古文字形体考古研究》，科学出版社，2010 年。

沈从文，《中国古代服饰研究》，上海书店出版社，2005 年。

宋兆麟等，《中国原始社会史》，文物出版社，1983 年。

孙机，《中国古代物质文化》，中华书局，2014 年。
王力，《汉语史稿》，中华书局，2004 年。
王宁等，《〈说文解字〉与中国古代文化》，辽宁人民出版社，2000 年。
王赛时、齐子忠，《中华千年饮食》，中国文史出版社，2002 年。
王智英，《成语接龙游戏》，21 世纪出版社，2010 年。
韦荣先、王传章等，《文字游戏大全》，沈阳出版社，1989 年。
许嘉璐，《中国古代衣食住行》，北京出版社，2002 年。
［东汉］许慎，《说文解字》，中华书局，1963 年。
杨树达，《积微居甲文说·释农》，上海古籍出版社，2006 年。
于省吾主编，《甲骨文字诂林》，中华书局，1979 年。
喻遂生，《文字学教程》，北京大学出版社，2014 年。
张家骥，《简明中国建筑论》，江苏人民出版社，2012 年。
朱狄，《原始文化研究》，生活·读书·新知三联书店，1988 年。

二、研究论著

陈寅恪，《沈兼士学术论文集》，中华书局，1986 年。
高广仁、邵望平，《中国史前时代的龟灵与犬牲》，《中国考古学研究》，文物出版社，1986 年。
郭耕，《兔子的自然文化史》，《科学时报》，2011 年 3 月 4 日。
郭孔秀，《中国古代鹿文化试探》，《农业考古》，2000 年第 1 期。
呼林贵，《古代仓名考》，《农业考古》，1985 年第 1 期。
姜亮夫，《“家”之来源与中国古代士庶庙祭考》，《民族月刊》，1944 年第 1 卷。
李水成，《中国境内考古所见早期麦类作物》，《亚洲文明》，2008 年第 4 集。
梁冬青，《“宫”字说》，《古汉语研究》，1991 年第 1 期。
刘朴兵，《中国古代的食狗之风》，《文史知识》，2006 年第 3 期。
马里扬，《“纶巾”考》，《寻根》，2010 年第 4 期。
裘锡圭，《汉字的性质》，《中国语文》，1985 年第 1 期。

裘锡圭，《甲骨文中所见的商代农业》，《古文字论集》，中华书局，1992 年。

申小龙，《中国古代思维之语言表象》，《中国文化源》，百家出版社，1991 年。

沈兼士，《沈兼士学术论文集》，中华书局，1986 年。

孙雍长，《从甲骨文看殷周时代的田猎文化》，《广州大学学报》，2007 年第 1 期。

王仁湘，《新石器时代葬猪的宗教意义》，《文物》，1981 年第 2 期。

王赛时、杨恩业，《中国古代食用野禽的史实考察》，《中国烹饪研究》，1998 年第 2 期。

徐中舒，《怎样研究中国古代文字》，《古文字研究》第 15 辑，中华书局，1986 年。

徐中舒，《徐中舒历史论文选辑 · 耒耜考》，中华书局，1998 年。

薛瑞兆，《元杂剧中的“点汤”》，《文史》第 21 辑，中华书局，1983 年。

闫艳，《古代“馒头”义辩证——兼释“蒸饼”“笼饼”“炊饼”》，《南京师范大学学院学报》，2003 年第 1 期。

于省吾，《释盾》，《古文字研究》第 3 辑，中华书局，1980 年。

张海钟，《中国民俗文化中女性经血禁忌的心理象征意义臆说》，《中国民族学》，2009 年第 2 期。

三、工具书

《辞海》（缩印本），辞海编辑委员会，上海辞书出版社，1980 年。

《古代汉语文化百科词典》，黄金贵主编，上海辞书出版社，2016 年。

《汉语大词典》（缩印本），罗竹风主编，汉语大词典出版社，1997 年。

《汉语大字典》，汉语大字典编辑委员会编纂，四川辞书出版社、湖北辞书出版社，1986 年。

《甲骨文字典》，徐中舒主编，四川辞书出版社，1988 年。

《诗经词典》（修订版），向熹编著，四川人民出版社，1997 年第 2 版。

# 后记

《汉字文化教程》是在讲义《汉字文化》的基础上增补改写的。从动笔至定稿历经四个春秋，其间有过迷惘、倦怠和痛苦的挣扎。有时，繁重的教学任务令我无暇顾及，但教学工作的需要和自我提升的愿望所合成的巨大力量始终推动着我咬紧牙关，坚持不懈，像蚕食桑叶一样克服一切困难，如析字释义的疑惑、文化知识的欠缺、章节框架的设定、实物图和示意图的选择、雅俗共赏的追求等，直至达到目标。虽然努力为之，但因个人才力见识所限，难以尽善尽美。比如初衷是穷尽古代各类文化事项，然篇幅有限，在文化蕴含部分只涉及了生产方式和衣食住行；本想写得多灵气，少匠气，求生动，忌死板，但并非所有的释义都具有故事性，这样，我们不能为了通俗性、生动性而牺牲了专业性和严肃性。所以，为了避免哗众取宠，文字学和训诂学的基本理论和方法要贯彻始终，汉字文化学的视域也不可偏颇。缘此，本书是结合专业性和通俗性写作的尝试，难免存在疏漏和不足，有待大方之家批评指正。

在漫长的写作过程中，自己的内心不断地经受着历练和感动，专业知识和素养日益得以扩展和深化。可以说，这是一个考验意志、提升自我的益智探索，是使内心充实的源头活水。衷心感谢西安外国语大学设立了这个教改项目，为自己提高专业水平、实现个人的追求目标搭建了平台；感谢恩师浙江大学黄金贵教授、陕西师范大学迟铎教授和胡安顺教授，他们都在百忙中提出了中肯意见；感谢商务印书馆的工作人员不厌其烦地提出宝贵意见，反复修改；感谢家人的一贯支持和配合；感谢自己不泯的上进心和对教学工作的赤子之心。

王 琪

2017 年 7 月于西安外国语大学